利率市场化、存款保险制度与银行风险承担

项后军 等／著

中国财经出版传媒集团
中国财政经济出版社

图书在版编目（CIP）数据

利率市场化、存款保险制度与银行风险承担／项后军等著. --北京：中国财政经济出版社，2022. 5

ISBN 978-7-5223-1408-2

Ⅰ. ①利… Ⅱ. ①项… Ⅲ. ①利率市场化-研究-中国②存款保险制度-研究-中国③银行业-风险管理-研究-中国 Ⅳ. ①F832. 2②F842. 69

中国版本图书馆 CIP 数据核字（2022）第 074699 号

责任编辑：王　芳　　　　责任校对：胡永立
封面设计：卜建辰　　　　责任印制：党　辉

利率市场化、存款保险制度与银行风险承担
LILYU SHICHANGHUA CUNKUAN BAOXIAN ZHIDU YU YINHANG FENGXIAN CHENGDAN

中国财政经济出版社 出版

URL：http：//www. cfeph. cn
E-mail：cfeph@ cfeph. cn

社址：北京市海淀区阜成路甲 28 号　邮政编码：100142
营销中心电话：010-88191522
天猫网店：中国财政经济出版社旗舰店
网址：https：//zgczjjcbs. tmall. com
北京财经印刷厂印刷　各地新华书店经销
成品尺寸：170mm×240mm　16 开　28 印张　404 000 字
2022 年 5 月第 1 版　2022 年 5 月北京第 1 次印刷
定价：88. 00 元
ISBN 978-7-5223-1408-2
（图书出现印装问题，本社负责调换，电话：010-88190548）
本社质量投诉电话：010-88190744
打击盗版举报热线：010-88191661　QQ：2242791300

本书为广东省普通高校省级创新团队（社会科学类）资产管理创新团队（2018WCXTD004）和国家自然科学基金面上项目“利率市场化视角下的货币政策风险承担渠道问题研究”（71573224）的研究成果。

目录

第一章

绪　论

第一节 研究背景

2008 年全球金融危机的爆发使得学术界和政策制定者认识到，银行在货币政策传导中并非是风险中立的，而是存在货币政策的风险承担渠道（Taylor，2009；Adrian 和 Shin，2009；Borio 和 Zhu，2008；Jiménez 等，2014），也即，长期过度宽松的低利率货币政策，会通过影响金融中介尤其是银行的风险感知和风险容忍度，造成银行体系风险的过度积累，进而影响到货币政策的传递，这也是此次金融危机爆发的重要原因之一。

值得注意的是，Dell'Ariccia（2013、2014）的研究表明，货币政策的风险承担渠道中，政策利率是通过银行贷款利率的利率传递效应和影响存款利率的风险转移效应来影响银行的风险承担行为。其核心和实质在于利率是可以自然地市场化调节的（也即银行可以根据自身的风险感知对不同风险级别贷款的利率进行调节）。而我国利率的管制（利率的非市场化）则显然极大地限制了这种货币政策对银行风险承担的调节能力。

因此，即便是我国银行在长期宽松货币政策下（如同国外同行一样）也会有较高的风险承担意愿，但我国利率的管制（非市场化）在很大程度上限制了银行实际上的风险承担行为（使得我国货币政策风险承担渠道表现得并不明显）。比如，金鹏辉（2014）等人的研究就发现，中国货币政策的风险承担渠道仅是货币政策传导渠道中一个比较小的渠道而已。究其原因，一个重要方面很可能是我国利率市场并未完全开放。

值得注意的是，近年来，我国利率市场化进程正在不断加快，特别是 2013 年 7 月我国全面放开金融机构贷款利率管制；2015 年 5 月放开了小额外币存款利率管制；2015 年 10 月，放开了存款类金融机构存款利率上限的管制。放开存款利率上限是显性利率管制的最后一步，与之配合的存款保险制度也同时宣告开放。这对我国利率水平的市场化调节以及经济波动、金融稳定显然会产生不可忽视的影响。

有鉴于此，全面的利率市场化对我国银行实际风险承担行为的影响值得深入研究。我们希望通过本书的研究，通过详细分析利率市场化进程（以及这一阶段的存款保险制度变革）对货币政策银行风险承担渠道影响作用的方式和程度，从而在利率市场化进程下重新对我国风险承担渠道加以审视，以期对我国货币政策当局在利率市场化进程中能够有的放矢地采取针对性策略，实施更加有效的货币政策，对实现我国金融稳定和经济增长的目标有所参考和助益。

第二节 研究的内容与结构

本书共分为十四章，具体研究的内容与结构如下。

第一部分，为货币政策风险承担渠道的准确识别，以及风险非中性的元理论（货币政策风险承担渠道的存在性问题）分析。

第一步，文献梳理（第二章）。

这一部分研究内容非常重要，作为本书研究的基础，通过认真梳理，归纳提炼出一些颇有价值的研究方向。在对比分析了国内外的研究情况后，发现目前国内的相关研究有几个值得拓展的问题。有鉴于此，本书按照风险承担渠道存在性（为何会存在）、“纯正”的风险承担渠道的准确识别、诸多作用路径的机理整合这一逻辑进路，对国内目前货币政策银行风险承担渠道的研究进行了较为全面的梳理、反思与再研究，力图为相关研究提供一个有价值的参考。

首先，就作用机理来看，本章细致研究了货币政策通过何种路径影响银行风险承担意愿和行为的机理问题。在理论方面，发现目前国内部分的研究忽视了不同作用路径的内在联系，在阐述银行风险承担渠道整体作用机理时，简单并列一些看似不同，但本质重合的作用路径，人为复杂化了这一渠道的作用机理。为解决上述问题，本书追根溯源深入分析这些看似不同作用路径的真实含义，厘清了它们之间的内在联系，并排除了一些实际上不能完全算作风险承担渠道作用机理的路径。最终将国内相关研究文献中出现最多的10种重要的作用路径归纳总结到一个整体机理框架，试图为今后对这一渠道的研究提供一个有价值的参考。

其次，就银行风险承担渠道存在性问题来看，鉴于国内目前暂时还没有充分认识并研究为何银行会有自己的风险感知或风险容忍度这一问题的情况，本章从国外文献中所强调的代理问题的角度深入分析了银行非风险中立性的原因，为货币政策银行风险承担渠道存在性问题提供了比较重要的理论支持。在一定程度上弥补了目前这一部分研究的缺失。

最后，本章注意到国内目前研究中存在的另外一个多有忽视的问题，即风险承担渠道的识别问题。由于风险承担渠道是基于传统货币政策传导渠道之上的一个“微调”机制，因此很容易与其他传导渠道混淆。更重要的是，对渠道识别的忽视可能造成有偏甚至错误的研究结论。因此，正确识别“纯正”的银行风险承担渠道是精确研究这一渠道的前提和保障。故本章总结了两种国外可以借鉴的比较好的渠道识别处理方法，这也为今后我国货币政策银行风险承担渠道的研究提供了非常重要的借鉴作用。

第二步，在此基础上，本书还针对上述总体文献回顾中的两个方面进行了实证研究。

（1）仔细探究了我国货币政策银行风险承担渠道的存在性问题（元问题），这一部分构成了本书的第三章。

首先，彼时国内风险承担渠道存在性的相关研究似存在以下不足：这些研究对银行为何非风险中立这一风险承担渠道存在的前提缺乏相应的关注，实际上，国内的研究多趋向于直接实证估计出风险承担渠道的存在性，而忽略了对这一渠道为何存在做更为深入的理论探讨；其次，更重要的是，对货币政策银行风险承担渠道存在性的经验估计因为颇具挑战性，不仅需要理论上的再诠释，还需要构造相应的数据集配合，而国内对此的研究相对匮乏。

基于此，特别是鉴于在经验估计方面的挑战性，本章首先从代理理论出发分析了银行非风险中立这一银行风险承担渠道存在前提的原因，并采用2006—2014年我国155家银行面板数据，将其分为高低风险组，在此基础上，本章还在国内首次尝试从贷款质量转移的角度，并进而采用我国16家上市银行2007—2014年的贷款五级分类数据构建了贷款质量指数进行再估计。

（2）货币政策银行风险承担渠道渠道识别的经验研究，这一部分构成了本书的第四章。

如前所述，对货币政策银行风险承担渠道的识别而言，若没有正确识别“纯正”的货币政策的银行风险承担渠道，将会对这一渠道的研究带来很大的问题。而且，银行风险承担渠道是由多个影响机制综合作用的，国内目前的研究多只关注了其中某个机制，而对于其他的影响机制（特别是类金融加速器机制）则有所忽视。

基于此，本章通过构建一个两阶段回归模型解决了渠道识别问题，并较为全面地对我国银行风险承担渠道的多个影响机制进行了实证研究。

接下来的第二部分，是本书最初设想的一个重点部分——利率市场化的直接效应和价格约束效应与银行的风险承担渠道，这一部分构成了本书的第五章。

这一部分主要讨论利率市场化的直接效应和价格约束效应与银行的风险承担渠道（特许权价值效应将在后文重点研究）。此前国外相关的主流研究认为，政策利率影响银行风险承担行为的前提在于利率是可以市场化调节的，即银行可以根据自身的风险感知，对不同风险级别贷款的利率进行调节。而我国此前的利率管制则显然极大地限制了货币政策对银行实际风险承担行为的影响（即便银行在长期宽松货币政策下会有较高的风险承担意愿，但我国的利率管制还是在很大程度上限制了银行的实际风险承担行为）。故此，随着近年来我国利率市场化进程的不断加快，利率市场化进程对银行实际风险承担的影响如何，需要进行较为深入的研究。

据此，本章正是针对彼时文献中以下一些可以拓展的空间展开的：①从利率市场化对货币政策风险承担渠道影响机理出发进行的研究相对而言还十分缺乏；②国内关于利率市场化与银行风险承担关系的研究，在方法上大多是简单地将利率市场化的时间设置成虚拟变量来分析，且一般是将贷款利率市场化和存款利率市场化两者分开研究，缺乏一个连贯、整体的分析及不同方法的集成研究；③彼时的相关研究大多是基于上市银行，银行的样本数目过少，且涵盖面也较为狭窄。

针对上述问题，本章从梳理利率市场化度量方法的思路来加以改进。首先，从两种利率市场化的间接度量方法及其背后蕴藏的理论机理——直接效应与价格约束效应方面，较为深入地分析利率市场化对货币政策风险承担渠道的影响机理。其次，则从利率市场化直接度量以及综合度量的维度，分别通过引入贷款利率市场化的时间虚拟变量和综合存贷款利率市场化方面信息的利率市场化指数来分析利率市场化对货币政策风险承担渠道的影响。此外，本章还将我国的银行进行分类，通过利率市场化的不同度量方法和数理模型及理论分析利率市场化对货币政策风险承担渠道的影响在不同类型的银行之间是否存在。

第三部分，集中讨论了本书内容设计中的一个较大的方面——基于市场约束的视角研究利率市场化、存款保险制度与银行风险承担，这一部分构成了本书的第六章和第七章。

基于市场约束的视角从利率市场化、存款保险制度两个方面来分析银行风险承担行为的研究，具体分为两个部分：

（1）市场约束视角的存款保险制度与银行风险承担（第六章）。

市场约束旨在通过利益相关者的市场化行为来约束银行的经营风险，是影响银行风险承担的重要因素之一。市场约束作为巴塞尔协议Ⅱ三大支柱之一以及衡量金融深化的重要标准，是近年来相关研究的热点之一。而2015年4月1日我国推出的《存款保险条例》（国务院令2015年第660号），作为中国银行业相关的一项极为重要的制度变革，其实施对于市场约束产生怎样的影响，进而又对银行的风险承担产生怎样的影响，值得深入研究。

对此，本章基于回归控制法重点从显性存款保险制度的角度研究了市场约束与银行风险承担，当然，也是围绕着彼时既有研究中以下的一些可拓展之处展开的：国内对于我国显性存款保险制度的探讨大多还停留在理论和定性研究的层面，有关实证研究的文献相对而言仍然较为缺乏。至于样本对照组选取、样本全面性等方面彼时的文献也存在一定的争议。最后，从同时考虑市场约束与存款保险制度视角的文献来看，国内外只有少量的文献同时涉及两者的作用，但这些文献基本上都未能应用政策评估方法来研究存款保险实施的政策效应，也未能结合市场约束来深入探讨两者对银行风险承担的影响。

基于此，本章从方法和样本选择方面对前人的研究进行了补充和完善，采用了我国 141 家商业银行 2010—2016 年的数据，运用主流政策评估的回归控制法，考察了存款保险制度的实施效果，并细致地考虑了我国银行业异质性的影响。进一步，本章还使用了非线性双重差分探讨了市场约束与存款保险制度的相互作用如何影响我国银行的风险承担。

（2）在上文的基础上，进一步纳入利率市场化因素，基于市场约束视角更深入地探讨了利率市场化、存款保险制度这两者对银行风险承担行为的影响（这一部分构成了本书的第七章）。

随着当前中国利率市场化改革的不断推进，一个很自然的问题是，这些举措对我国银行业的市场约束效应（即市场约束对银行风险承担的作用）会产生什么影响呢？进而，若该效应的影响真的有所变化，那么，在考虑利率市场化与存款保险制度框架的大背景下，市场约束对银行风险承担的影响又如何？尤其是国外的经验显示，恰好是利率市场化完成以及存款保险制度推出初期的冲击与影响情况，尤为需要观察与分析。

基于此，本章从市场约束的角度，在考虑利率市场化进程的大背景及考虑到存款保险制度的情况下，重新讨论市场约束与银行风险的关系，并借此来评估存款保险制度推进的政策影响及探讨利率市场化在其中所起的作用。

第四部分，重点从前述研究中未能涉及，但本书研究计划中强调的特许权价值效应出发，研究利率市场化及存款保险制度与银行风险问题，与上面一部分类似，这一部分分为三块（第八章、第九章和第十章）。

（1）研究存款保险制度与银行风险问题（第八章）。

这一部分分为两章。值得注意的是，一般来说，中国存款保险制度中最鲜明的制度创新之一就是“基准费率 + 风险差别费率”的费率设定模式。那么，这种特色的风险差别费率设定是否真的有效，是否确实降低了银行的风险，又是否产生了另外一些“副作用”呢？

针对上述问题，本书基于中国 190 家银行 9 年的面板数据研究了差别费率存款保险制度的有效性，进而研究了其对银行风险的影响。这一部分构成了本书的第八章。

（2）显性存款保险制度如何影响银行风险？基于因果中介分析的视角（第九章）。

接下来从因果中介分析的视角本书进一步研究显性存款保险制度对银行风险的影响，作为金融安全网三大核心支柱之一的存款保险制度，其建立的目的之一就是防范和化解金融风险。然而，既有研究却表明存款保险制度的实施显著增加了银行的风险，这显然与存款保险制度实施的初衷是相悖的。

有鉴于此，本章结合中国存款保险制度从完全隐性转变成有限显性的特殊背景，基于因果中介分析的视角，采用119家银行2009—2017年的微观数据，研究了显性存款保险制度影响银行风险的因果中介机制。

（3）在上文基础上，进一步纳入利率市场化因素，从利率市场化和存款保险制度两个方面来分析银行特许权价值本身的变化规律（第十章）。

近10年来，随着我国金融领域的改革不断深化，银行特许权价值下降趋势明显。而已有研究又表明，美国最近两次银行倒闭潮都与特许权价值持续下降有关。那么，对于特许权价值日渐下降的趋势，作为最核心的金融深化改革之一的利率市场化对于银行特许权价值日渐下降趋势的具体影响机制如何呢？另外，纵观各国存款保险制度的建立均与利率市场化改革进程密切相关，我国也正是在利率市场化改革的关键时期建立了存款保险制度。存款保险制度作为现代金融安全网的三大支柱之一，是我国推进利率市场化改革过程中处置金融风险的重要平台和管理金融风险的关键制度设计。故一个自然而然的问题是，存款保险制度的实施对于特许权价值是否会产生影响？更重要的是，其从整体上加剧还是缓解了这种趋势？对于不同性质的银行是否具有不同影响？

在利率市场化改革趋于由基本完成向彻底完成转变的最后关键时期[2015年10月23日，人民银行宣布放开人民币存款利率上限。这是利率市场化的重要里程碑，但并不意味着利率市场化的彻底完成。在一段时间内央行仍然在公布存贷款基准利率（纪敏等，2016）。仍然有窗口指导，因此目前的利率市场化正处于由“基本完成”向“彻底完成”的重要时期]，对上述问题的分析无论是对于银行的特许权价值本身，还是对于利率市场化进一步深化以及存款保险制度实施效果的政策评价而言，显然都是很有研究价值的。鉴于此，本书针对上述问题，不仅探讨了利率市场化进程与存款保险制度影响商业银行特许权价值变动的机理，而且还对不同类别银行表现出影响的异质性进行了研究，并借此讨论了利率市场化进程及存款保险制度实施的政策效应评价问题。

这一部分构成了本书的第十章。

第五部分，则是一些与时俱进的研究，包括一些重要的金融创新业务（理财产品业务、同业业务等）以及金融监管与银行风险承担问题等，这一部分也分为三章（第十一章、第十二章及第十三章）。

（1）理财产品膨胀、利率市场化与银行风险承担问题的研究（第十一章）。

本章主要从理财产品膨胀的角度来分析利率市场化与银行风险承担问题。2005 年起理财产品持续快速发展，已逐步发展成了某种表外的银行体系或者说“银行的影子”，其对我国金融产生的影响需引起高度的重视并亟待深入研究。而利率市场化与理财产品之间可能具有较为复杂的关系（实际上，形形色色的理财产品曾经多多少少地承担着“绕过”利率管制的部分功能），且可能影响到两者对银行风险承担的作用。对此，本书关注了理财产品与利率市场化之间的复杂关系，并从如下几个方面的问题展开研究（或者说但仍然有以下几点需引起重视）：

其一，国内仅有少数文献对理财产品对于银行风险承担影响方面的研究略有提及，均忽略了理财产品在银行经营中具有的初步绕过利率管制的特征以及存款替代趋势造成的影响，对理财产品如何影响银行风险承担机理方面的论述很不充分。

其二，有关利率市场化对银行风险承担的影响的研究方面，国内研究对不同方式利率市场化推进造成的不同影响分析不够透彻，且通常忽略了利率市场化通过货币政策立场对银行风险承担的作用，对利率市场化影响的刻画不够清晰全面。

其三，我国的理财产品发展与利率市场化政策有密不可分的关系，利率市场化对理财产品市场发展具有重要影响，而理财产品也在一定程度上推动了利率市场化。然而，国内对理财产品、利率市场化之间的复杂关系，及其对于商业银行风险承担影响分析着墨甚少，更缺乏两者通过货币政策理财对银行风险承担影响的讨论。

针对以上问题，本章从以下方面进行改进：①在货币政策立场影响银行风险承担的理论基础上，本章重点关注了理财产品对于我国商业银行风险承担的影响，及其是否会影响货币政策立场对银行风险承担的作用；②将尝试对利率市场化做出不同方式的刻画，更清晰全面地分析利率市场化对银行风险承担的影响，及这种作用是否会通过货币政策立场影响银行风险承担；③尝试分析理财产品及利率市场化间的相互作用，进而对理财产品与利率市场化对银行风险承担作用，及这种共同作用是否通过货币政策立场影响银行风险承担做出一定的分析。

（2）宽松性刺激政策、利率市场化与银行风险承担渠道（第十二章）。

本章研究之初，针对经济刺激计划与银行风险承担渠道关系的研究很少。基于此，作为本章研究的边际贡献，不仅重新从理论上分析宽松性刺激政策在2010年后对银行风险承担的影响，而且还引入了宽松性刺激政策的实体变量，对宽松性刺激政策和利率市场化对银行风险承担渠道变化的影响进行了实证分析，试图从银行风险承担渠道的角度出发，更加客观地评论剧烈的宽松性刺激政策和渐进式的利率市场化改革措施的影响效果。

（3）银行业竞争、金融监管与银行风险承担问题（第十三章）。

这一部分“利率双轨制”转向“市场轨”是我国利率市场化能否彻底完成的关键，而近年来利率市场化阶段性的深入推进使得利率在我国的作用不断提高，这必然导致银行市场竞争的日趋激烈。故本章基于利率市场化改革下市场竞争对银行风险承担影响的重要性以及监管日益趋严的金融大背景，采用2009—2017年的面板数据考察了利率市场化改革下银行的多重市场竞争如何影响了其风险承担，并进一步引入不同监管维度的视角，从多个方面探讨了利率市场化及金融监管下多重市场竞争对银行风险承担的影响。

最后，则是本书的最后一章第十四章：结束语。

在这一章中，按照个人的偏好对本书的一些重点内容进行了一个简洁的回顾总结。

总体而言，全书内容结构如图1－1所示。

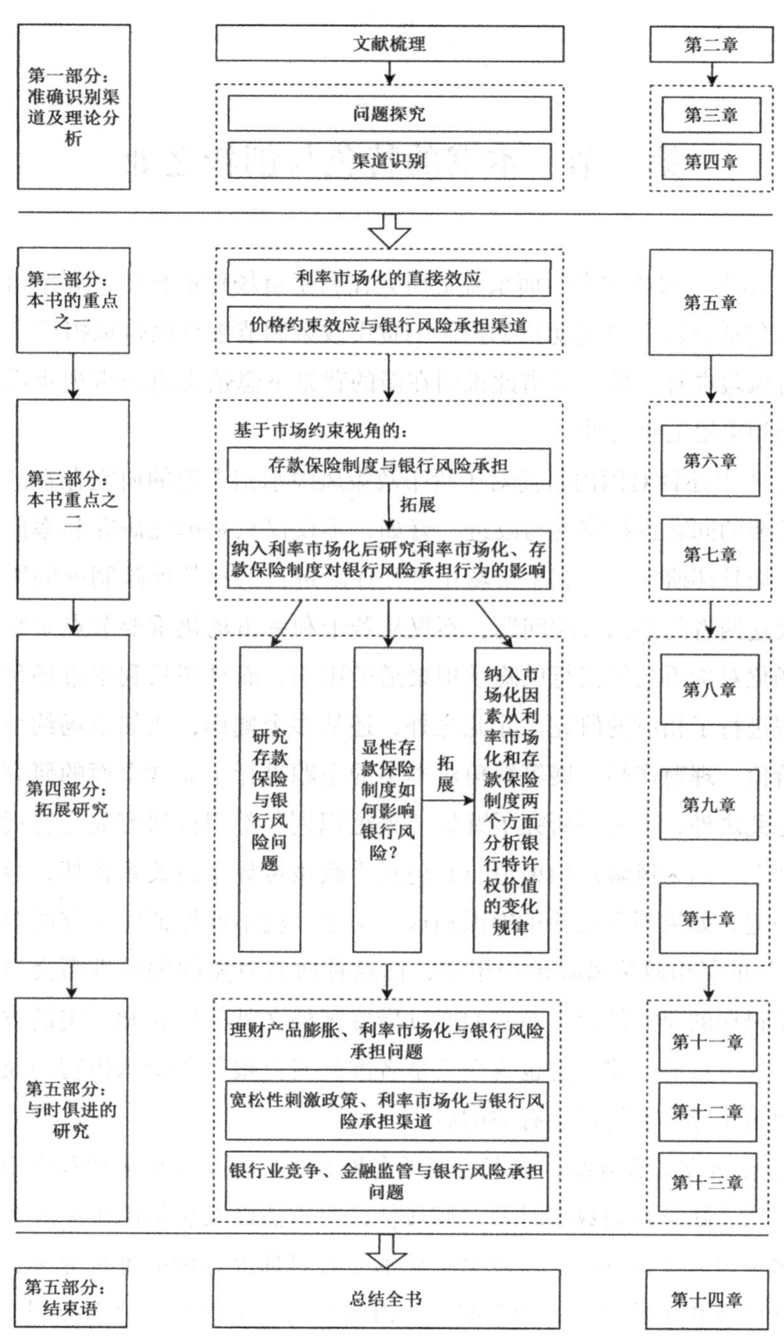

第一部分：准确识别渠道及理论分析
文献梳理
第二章
问题探究
渠道识别
第三章
第四章
第二部分：本书的重点之一
利率市场化的直接效应
价格约束效应与银行风险承担渠道
第五章
第三部分：本书重点之二
基于市场约束视角的：
存款保险制度与银行风险承担
拓展
纳入利率市场化后研究利率市场化、存款保险制度对银行风险承担行为的影响
第六章
第七章
第四部分：拓展研究
研究存款保险与银行风险问题
显性存款保险制度如何影响银行风险？
拓展
纳入市场化因素从利率市场化和存款保险制度两个方面分析银行特许权价值的变化规律
第八章
第九章
第十章
第五部分：与时俱进的研究
理财产品膨胀、利率市场化与银行风险承担问题
宽松性刺激政策、利率市场化与银行风险承担渠道
银行业竞争、金融监管与银行风险承担问题
第十一章
第十二章
第十三章
第五部分：结束语
总结全书
第十四章

图 1－1　全书内容结构

第三节　本书的特色与创新之处

1. 本书首次尝试全面而系统地研究在利率市场化进程中，利率市场化进程（包括存款保险制度）如何影响货币政策调节银行风险承担行为（以及银行风险本身）的。并借此说明在新的背景下恐怕需重新审视货币政策风险承担渠道的重要性。

2. 本书还针对国内目前对于货币政策风险承担渠道的研究存在的一些比较重要的问题进行完善与改进。譬如，不仅仅只是单纯研究利率市场化问题，而且还研究了与利率市场化进程伴随进行的存款保险制度的影响问题以及这两者的共同影响问题；不仅从若干利率市场化重要节点研究了利率市场化对货币政策银行风险承担渠道的影响，而且还从利率市场化的整体进程进行了相应的研究。除此之外，还从多个侧面，比如市场约束、特许权价值、理财产品发展等视角对本书的主题进行了非常全面的研究。当然，除此之外，本书还研究了譬如“渠道识别”等以往研究完全忽视了的一些问题，因为风险承担渠道与其他货币政策传导渠道关系密切，容易混淆在一起，如果不重视并正确识别这一渠道，就不能保证所研究的对象是“纯正”的货币政策风险承担渠道，而这种研究对象的偏误进而会导致有偏甚至错误的研究结论。而我们通过借鉴国外文献的经验和一定的方法创新克服这一重要缺陷，这也为今后学者准确研究银行风险承担行为及这一货币政策传导渠道提供了有益的启示。

3. 在研究方法方面，本书应用了多种方法，主要有从多种利率市场化度量方法、缺乏相关数据时的“间接估计”方法以及包括因果中介方法在内的多种因果识别方法等。故本研究不仅有对理论方面的推进完善，更从方法（以及相关数据）方面为我国货币政策当局更加准确地掌控利率市场化进程如何影响货币政策调节银行风险承担，从而更有针对性地采取更加有效的策略提供了理论和经验依据。

第二章

理解货币政策的银行风险承担渠道

——反思与再研究

第一节 引 言

货币政策广泛地影响到银行风险和金融稳定（Dell'Ariccia 等，2013），因此，货币政策的传导机制一直是经济学家们研究的一个热点问题。2007年末爆发的全球金融危机动摇了货币政策的传统运作形式。危机发生后，人们开始重新审视银行等金融中介在货币政策的传导中所扮演的角色。

传统的宏观经济模型通常集中关注于货币政策变化引起的信贷数量的改变，而不是其信贷质量以及从风险的概念中抽象出来的银行风险承担行为（Dell'Ariccia 等，2013）。即人们在研究货币政策对宏观经济影响的时候，通常假设银行为风险中立，忽视了银行自身的风险感知或风险容忍度对货币政策传导的影响。但是，利率和中央银行反应函数特征的改变都能直接或间接地影响风险承担——通过影响风险感知或风险容忍度。这一影响机制被 Borio 和 Zhu（2008）[①] 首先给出明确定义，即货币政策的“银行风险承担渠道”[②③]。故随着金融危机的爆发以及对其的反思，国外学者开始就这一问题展开了深入研究。

与此同时，近年来我国学者也结合我国实际情况从不同的角度对这一问题展开了广泛研究，取得了很多成果。尽管如此，在对比分析了国内外文献的研究情况后，我们发现，目前国内的研究仍有许多值得探讨的

---

① Claudio Borio 和 Haibin Zhu 最早于2008 年在其工作论文中准确给出风险承担渠道这一概念，后来这篇论文经过较多修改后于2012 年才正式发表，但为了表现出一些概念的提出时间的重要性，本章这里当做两篇论文引用处理。

② Borio 和 Zhu（2008）定义银行风险承担渠道为：政策利率的改变对银行风险感知和风险容忍度的影响，进而对资产组合的风险程度、对资产定价、对融资的价格和非价格条款的影响。

③ 必须要说明的一点是，实质上，Borio 和 Zhu（2008）提出的货币政策的风险承担渠道应该是包括银行在内的所有金融中介。但鉴于银行在各国金融系统，特别是央行货币政策调控中的绝对重要性以及银行与其他类别金融中介之间的紧密联系，所以不论是传统的货币政策传导渠道还是银行风险承担渠道的研究都基本上是集中于银行。自然的，国内外对于货币政策风险承担渠道的研究也都是围绕银行，也即货币政策的银行风险承担渠道。

地方。

首先，从货币政策风险承担渠道为何存在的根源上来看，传统的货币政策传导渠道中都是假设银行是风险中立的，而风险承担渠道存在的关键就是打破这一传统假设。那么，为何银行不应该是风险中立？国内研究大多对这一根本性的“元”问题缺乏相应的关注，更不用说做出合理的解释了（实际上，国内研究大多都习惯于直接从实证上证明风险承担渠道的存在性），因此对银行风险承担渠道存在性问题的溯源探本的追问即为本章首先需要面对的主题。

其次，从风险承担渠道的实证情况来看，近年来国内有很多文献从实证方面开始研究银行风险承担渠道的存在性，如张雪兰和何德旭（2012a、2012b）、江曙霞和陈玉婵（2012）、牛晓健和裘翔（2013）、金鹏辉和张翔（2014a、2014b、2014c）、徐明东和陈学彬（2012）、方意等（2012）、冯宗宪和陈伟平（2013）等。但是，要证明或研究新的货币政策传导渠道，首当其冲的问题应该是如何准确识别银行风险承担渠道（Altunbas，2014；Bonfim 和 Soares，2014；Buch 和 Eickmeier，2014 等），也即如何排除货币政策其他渠道[①]的干扰后再研究银行风险承担渠道。然而，国内目前大部分对银行风险承担渠道的研究并没有明确考虑这个问题，仅金鹏辉和张翔（2014b）在其研究中提及了渠道识别问题（但也未作为研究重点）。特别是鉴于银行风险承担渠道和其他货币政策传导渠道的易混淆性，如果不重视并正确识别这一渠道，就不能保证所研究的对象是“纯正”的货币政策银行风险承担渠道，而这种研究对象的偏误会导致有偏甚至错误的研究结论。因此，本章探讨的第二个主题就是如何解决这个渠道识别问题。

最后，从银行风险承担渠道作用机理问题上来看，国外很多学者基于不同的研究目的，提出了一些看似不同的货币政策影响银行风险承担意愿和行为的具体作用路径（平均来说每篇不同文章提到 2—4 种不重合的具体作用路径），然而目前国内一部分学者在进行相关研究的时候，特别是近年来的一部分研究中，只是将国外不同学者或国内早期研究这一问题的

① 本章中，货币政策其他渠道主要是指相对于银行风险承担渠道的传统货币政策传导渠道，包括下文要阐述的货币渠道和信贷渠道。

学者提及的这些具体作用路径进行简单扩充或并列组合（即同一篇文章中重复并列阐述名称不同，但内在机理相似的6—8种具体作用路径），忽视了看似不同的作用路径之间的内在联系和共通之处，人为地复杂化了这一渠道的核心作用机理。显然，从完整性和简洁性考虑，这种简单并列的处理方式是失之偏颇的。那么这些作用路径之间内在联系是什么？该如何归类并统一到一个整体的作用机理框架下？这将是本章接下来考虑的第三个主题。

综上所述，本章拟按照风险承担渠道的存在性问题→渠道识别问题→作用路径的机理再整合这一逐步递进的逻辑进路，对银行风险承担渠道进行全面梳理、反思与深入的再研究。

本章接下来的安排如下，第二部分从代理问题角度探讨货币政策银行风险承担渠道存在的原因；第三部分分析了渠道正确识别在研究银行风险承担渠道中的重要性，并给出了解决这一问题的两条思路；第四部分针对不同文献中提到的主要的10种银行风险承担渠道作用路径，在追根溯源分析其内在含义后将它们梳理整合到一个由三大类具体作用路径构成的整体作用机理框架中；第五部分是本章总结。

第二节　银行为何非风险中立：货币政策银行风险承担渠道存在性的基本前提研究

货币政策银行风险承担渠道最根本的问题便是这一渠道的存在性（是否存在）问题，也即需要弄清楚银行为何是非风险中立的。如前所述，目前国内研究大多急于从实证中验证银行风险承担渠道的存在性，十分缺乏从理论上对银行非风险中立性的追问和诠释，忽视了对渠道存在性这一根源问题（逻辑前提）的探讨。

事实上，众所周知传统的货币政策传导渠道包括货币渠道和信贷渠道①，其中信贷渠道②又包括银行贷款渠道和资产负债表渠道③。然而这些传统的货币政策传导机制都假设银行等金融中介是风险中立的，因此在央行使用的传统货币经济模型中最主要的摩擦就是商品和服务的价格黏性，而银行等金融中介并没有发挥作用，只是一个被央行用来实施其货币政策的被动角色（Adrian 和 Shin，2010）。然而金融危机的发生表明，银行在货币政策的传导中并不是一个风险中立或风险容忍度为常数的机构，即银行本身对风险情况是有感知的，且这个感知会影响到货币政策的传递（Maddaloni 和 Peydró，2013；Jiménez 等，2014）。那么为何在现实经济中，银行不应该是风险中立的？国外许多经济学家是从“代理问题”角度来考虑这个问题。

一、代理理论视角下的银行风险承担渠道存在性问题探究

金融危机发生后，许多学者开始考虑银行风险承担渠道中银行非风险中立性的深层次原因。其中，最重要的探究就是从信息不对称引致的代理问题角度来考虑。将储蓄者作为委托人，银行作为代理人，那么由信息不对称理论，事前的信息不对称会导致逆向选择，即在事前信息不对称情况下，储蓄者无法有效监测到银行追求较高收益的高风险承担行为。因此也

---

① Laidler（1999、2002）将货币扩张区分为“货币渠道”（Money Channel）和“信贷渠道”（Credit Channel）。货币渠道是指央行通过改变货币供给影响利率、汇率、资产价格，进而影响经济活动；信贷渠道是指，货币政策通过影响银行的信贷规模，进而影响投资、消费及总产出（Bernanke 和 Blinder，1988；Mishkin，1995）。

② 信贷渠道的产生，最早可以追溯到 Rossa（1951）。信贷观点强调银行的资产和负债一样均会对货币政策的传导产生影响。只要金融市场是不完全的，厂商、银行的融资结构就会影响货币政策和经济行为（Mazzoli，1998）。其中，信贷渠道中的资产负债表渠道又被称为金融加速器渠道或广义信贷渠道。

③ 最早对银行贷款渠道做出研究的经济学家之一是 King（1986）。银行贷款渠道观点认为，如果中央银行的操作使银行的储备下降，那么银行的可贷资金供给就会减少，其强调的即是货币政策是如何通过影响银行向厂商提供贷款的数量和价格来影响实际经济的。最早 Bernanke 和 Gertler（1994）提出了货币政策传导机制的资产负债表渠道。资产负债表渠道侧重于强调借款者的财务状况对其外部融资升水及投资需求的影响。

就不能对有着不同风险承担倾向的银行按其风险级别有区别地要求回报率①。这导致，尤其是在刺激经济的长期低利率环境下，高风险承担的银行因为有较高预期收益，可以向储蓄者提供较高回报率，最终迫使低风险的借款人（银行）逐步退出市场。而又由于信息的事后不对称会产生道德风险，即，为争取存款而提高的存款利率将导致银行成本增加，这将诱使借款人（银行）投资于高风险高回报的项目，特别是当政策利率又很低的时候，由于利率传递效应，银行贷款利率也会相应降低，即银行收益降低。这种存贷款利率差的减小将会使银行产生很强的激励去搜寻更高收益的投资或不断增加其杠杆，即银行风险承担意愿增强。因此，银行也就不是风险中立的角色了。

银行代理问题模型的来源最早可以追溯到 Bernanke 和 Gertler（1989），虽然他们研究的是由非金融公司借款者和整体金融市场之间的不对称信息引发的代理问题。然而将其模型中的借款者重新解释为银行，就能研究银行代理问题。最早，Holmstrom 和 Tirole（1997）的“双层”风险模型就是一个针对这种重新解释的很好的例子，这个模型中银行业部门作为一个受到其贷款人（储蓄者）借贷约束的借款者而进入模型。在这个模型中，有两层代理问题。在底层，是一个需要融资来开展项目的非金融借款者和一个提供资金的银行之间的道德风险问题。Gertler 和 Kiyotaki（2009）认为，这个道德风险问题存在的关键是因为银行能够“偷取”投资项目的部分成果（即可分得投资所获取的收益）。因此解决这个道德风险问题就需要一个最优合同，激励、约束、规定借款人在这个项目中要有足够股份来保证他们采取好的行动，而不是采取产生私人利益的无效行为。借款者净值的重要性或“风险共担”的激励是 Holmstrom 和 Tirole（1997）与 Bernanke 和 Gertler（1989）共同研究的主题。然而 Holmstrom 和 Tirole（1997）的创新在于有第二层代理问题。即银行作为一个主要从储蓄者手中获得资金的金融中介，其自身也可以看作一个借款者，会受到道德风险问题的影响，

① 即不能有效对风险承担越大、风险越高的银行要求越高的存款利率。从这个角度，意味着只能是银行向储蓄者提供存款利率选择，所以风险承担意愿越高的银行提供的存款利率很可能越高。

因此该银行自身就有了一个必须时刻保持的最小股权资本的约束。在这方面，该银行的最小资本要求是以一个代理问题的内生特征而出现。因此，通过拓展 Bernanke 和 Gertler（1989）的模型，我们就能从代理问题角度分析银行为何不是风险中立的角色。

这个代理问题和银行自身资本（或杠杆）有密切联系。对于储蓄者，Dell'Ariccia（2011、2013、2014）认为，由于银行和储蓄者之间存在信息不对称，储蓄者作为代理人无法知道银行对于资金的使用及安全情况，即无法监测银行的行为，而只能推断其均衡行为。并且过去几十年银行复杂度的增加可能降低了投资者监测的有效性，因为这使得“外部人”更难去评估银行承担的风险类型和级别（Brandao Marques 等，2013）。因此，为减少代理问题，人们简单直观的判断就是银行必须保持一个最小的“风险共担”的比例，即银行要保持一个最小的资本比率。从而当信贷损失或者资产价格下降的时候，银行会因为担心自己的损失而及时从风险程度高的贷款中取回资金（Adrian 和 Shin，2010）。这意味着更高的资本（更低的杠杆）将会降低储蓄者对银行风险承担的预期，这使得储蓄者更放心，即降低了对银行的监测激励，从而也就降低了这类银行存款和债务成本。

对于银行，一方面，因为持有资本的代价很高所以银行有激励动机去提高杠杆化程度（Dell'Ariccia，2014）；另一方面，资本可以作为一种“风险共担”的承诺信号，限制银行风险承担，并且由于上面提到的储蓄者对银行均衡行为的推断，从而还可以帮助银行减少债务和存款成本。但是在有限责任下，银行不用内化对储蓄者的损失，且随着利率的降低，资产价值上升，各种贷款风险也降低。因而储蓄者的选择对银行成本影响有限，即持有资本的好处将相对下降，因此银行有更大激励去提升杠杆，并承担过多风险①。而且最近这些年由于金融创新，银行大力发展表外业务，使

① 一般认为，政策利率越低，银行的风险承担越高（Altunbas，2010）。但是，由于道德风险，较高的利率可能普遍增加借款者的风险承担激励（Stiglitz 和 Weiss，1981；Maddaloni 和 Peydró，2013），并通过大幅度降低银行的资产净值或特许权价值以至于使得“孤注一掷”（gambling for resurrection）的策略更加有吸引力（Kane，1989）。这种代理问题程度不一致而带来的抵消效应使得短期利率对信贷风险承担的影响最终成为一个重要然而很大程度上却未解决的实证问题。

得银行可以在其资产负债表的资本要求或杠杆完全符合监管规定的情况下，加大其真实的隐性杠杆。Altunbas（2010）表示，转移信贷风险的金融创新以及更广泛的新方法的使用已经开始降低标准银行资产负债表指标的信息含量①。这最终导致：一方面资本充足率从银行的资产负债表数据上看很高，因而储蓄者监测激励会降低，银行可享受到存款成本下降的好处；另一方面银行也能通过金融创新享受到其真实的隐性杠杆提升带来的巨大盈利机会。但是，这显然严重加剧了银行与存款者之间的代理问题，并容易导致银行过度承担风险。

二、代理理论视角下的银行非风险中立性的实证研究

越来越多的文献开始研究在存在信息不对称和资金流动性风险的情况下，货币政策如何影响银行的风险承担和脆弱性。这些研究表明，如果在货币政策是扩张的并且代理问题也比较严重的情况下，银行可能会从事高风险的活动（如 Adrian 和 Shin，2010；Freixas、Martin 和 Skie，2011；Diamond 和 Rajan，2012；Dell'Ariccia，Laeven 和 Marquez，2013；Acharya 和 Naqvi，2012）。直观上，由代理问题视角下的银行风险承担元问题探究可知，限制了代理问题就能降低银行过多承担风险的激励。Maddaloni 和 Peydró（2011）研究发现，较高的银行监管标准，通过减轻银行代理问题，降低了低利率对贷款标准放松的效果。而另一些研究发现，在银行风险承担行为中有一些异质性也与代理理论一致（Kashyap 和 Stein，2000；Freixas，2008）。Ioannidou 等（2009）观察到风险承担较高的银行一般有着较低的资本比率或较高的不良贷款率以及有着更多流动资产，这样的银行也更容易产生代理问题。Brissimis 和 Delis（2010）发现，美国和欧元区有着较高流动性和资本充足率的银行，代理问题也较小，货币政策变化对其信贷风险几乎没有影响。然而平均来说，随着扩张的货币政策，银行的信贷风险增加。Altunbas 等（2014）也发现，参与更多非传统业务的银行代理

① 这是因为很多风险信息都没有反映在资产负债表中。

问题更加严重，并倾向承担更多风险。Buch 和 Eickmeier（2014）使用美国 1997—2008 年的联邦储备委员会的商业贷款调查数据发现，在低利率时期，只有小的国内银行采取风险承担行为，然而外国银行降低了他们的风险承担，大的国内银行的行为没有表现出一个有意义的变化。在 Acharya 和 Naqvi（2012）的模型中，当银行流动性泛滥的时候，银行管理者和委托人之间的代理问题会引致银行管理者去承担过度风险。现实中，当宏观经济风险较高时，就经常出现这种情况，因为在这种情形下央行通常会放松它们的货币政策。Jiménez 等（2014）最近的理论研究表明，扩张的货币政策，通过增加银行获得的，来自家庭和其他机构提供的资金，可能导致贷款风险的转移。当银行面临强烈的道德风险问题时——特别是银行只有较低数量的自有股份情况下，这些银行就不需要完全内化贷款违约的损失。一个低的短期利率减少了无风险资产的吸引力，并可能导致金融中介在短期内的利益搜寻。即一个较低的货币政策利率刺激银行更多的风险承担。因此，货币政策对信贷供给组成的影响超过了已知的银行贷款渠道和公司资产负债表渠道的影响。与“过度”风险承担一致的是，那些资本充足率较少的银行，即被代理问题困扰得更多的银行，会批准更多的贷款申请以及更多的信用贷款额度给事前高风险的公司，并且这些银行对这类事前高风险公司的抵押物要求更低，所以这些银行未来将在他们批准的贷款上面临更多的违约问题。

综上所述，由于存在银行与储蓄者之间的信息不对称引致的代理问题，银行作为代理人，会对货币政策和宏观经济情况产生相应的风险感知。最终，银行会为了追求自身利益而采取不同的风险承担行为。所以，银行在货币政策的传导过程中不应该是风险中立的。即代理理论从理论上为货币政策银行风险承担渠道的存在性问题给出了一个合理的解释。

在解决存在性问题后，作为进一步的研究，我们接下来将分析如何准确识别“纯正”的银行风险承担渠道。

第三节　为什么渠道的识别是至关重要的：货币政策银行风险承担渠道实证研究中的“渠道识别”问题

风险承担渠道作为货币政策传导渠道整体中的一个，与其他传导渠道密切相关，这导致如果我们要单独研究银行风险承担渠道就不得不考虑如何排除其他渠道干扰后再研究这个渠道，即如何准确识别“纯正”的银行风险承担渠道问题（Altunbas，2014；Bonfim 和 Soares，2014；Buch 和 Eickmeier，2014）。

一、渠道识别重要性

一直以来，能否正确识别渠道是验证新的货币政策传导渠道是否存在的关键问题。比如在研究信贷渠道中的银行贷款渠道问题时，最早 King（1986）就开始对银行贷款机理进行研究，但是一直以来，很多经济学家对银行贷款渠道的存在性还是有疑虑的，关键问题就是银行贷款渠道难以确认。如由于货币政策引致的银行储备紧缩将导致银行资产和负债的同时下降，所以难以区分产出的下降是由于货币渠道还是由于信贷渠道，抑或是两者共同作用的结果。直到 Kashyap 和 Stein（1993）的研究出现，他们通过区分来源于银行和非银行的两种不同信贷，降低了识别问题给分析带来的困难，即在排除货币渠道影响后，给出了影响货币政策传导的信贷渠道存在的证据①。

如上文所述，因为传统的货币政策传导渠道包括货币渠道和信贷渠

---

① 他们的文章指出：紧缩的货币政策导致厂商通过银行获得的贷款额的下降幅度大大超过厂商通过其他渠道获得资金额的下降幅度，对于厂商的这种融资构成的变化，可以用来解释独立的“信贷渠道”的存在。因为如果“货币观点”提出的是关于货币政策传导机制的完整解释的话，紧缩的货币政策会引起厂商各种来源的贷款额的下降，而不应仅是贷款构成结构的变化。

道。而货币渠道的观点假定资本市场是完美而同质的，并假设整个市场仅有可完全替代的货币和债券两种金融资产。因此，传统的货币政策传导机理理论很难对货币政策的放大效应、时效性及支出效应的构成等方面做出全面的解释（Bernanke 和 Gertler，1995）。所以，后续研究基本上是集中在信贷渠道，这一渠道包含两种不同的传导机理：银行贷款渠道和资产负债表渠道。前者，一个宽松的货币政策，通过银行准备金的扩张会增加存款，并且最终增加银行贷款数量（Bernanke 和 Blinder，1988；Disyatat，2011）。后者资产负债表的渠道是基于金融加速器的概念并通过信贷市场的需求方起作用（Bernanke 和 Gertler，1989、1995）。在这种情况下，一个紧缩的货币政策降低了借款人的资产净值，放大了初始冲击对消费和产出影响的效果。

在这些传统的传导渠道中，都是假设银行风险中立。而银行风险承担渠道存在的关键在于打破了传统货币政策理论中银行风险中立的假设，即银行本身对风险情况有一个感知的变化，这个感知影响到货币政策的传递，从银行贷款角度具体来说就是影响到银行贷款供给中贷款组成成分的变化（Maddaloni 和 Peydró，2013；Jiménez 等，2014）。而通过传统的货币政策传导渠道，如上所述，货币政策的改变主要是影响银行贷款总量。比如，政策利率的降低通过传统货币政策的传导渠道会增加银行对所有类型的贷款，但是，银行风险承担渠道认为，银行会根据其风险感知来调整其贷款供给组成，也就是给不同风险级别的贷款批准不同的信贷额度。所以，直观理解上来说，银行风险承担渠道类似于一个加成机理，即货币政策传统传递渠道都在起作用，关键变化是银行不再是风险中立的，银行会根据自身对风险的感知或容忍度在细节上调整其贷款的供给。正如 Borio 和 Zhu（2012）指出的，本质上来说，银行风险承担渠道不是一个全新的渠道，它一直都存在于货币政策的传导渠道中，只是以往没有得到重视。因此，正因为银行风险承担渠道是一种基于传统传导机制之上的银行自身的“微调”机制，所以很容易与货币政策传统传导渠道相混淆。

比如说从资产负债表渠道来看，政策利率降低，资产价值上升，因此企业自身净值以及企业放在银行的抵押物价值都上升，通过这种 Bernake

(1989、1994) 提到的资产负债表渠道，银行对企业的贷款本身就会扩张。并由于金融加速器效应，不断反馈增强。而银行风险承担渠道强调的是银行自身对风险的感知，由于上述变化增加了借款者的资产净值并带来了他们信誉的整体提升。在这种情况下银行就有一个很强的激励去放松对借款者的金融限制，并增加对他们的贷款（Matsuyama，2007）。即银行感知到风险下降，风险容忍度上升，因此在上述资产负债表渠道的基础上再次扩大贷款规模。

从银行贷款渠道来看，Altunbas（2014）指出，银行风险承担渠道在某些方面也与银行贷款渠道相关。因为当利率低的时候，信贷预期就会增加（Bernanke 和 Blinder，1988），这可能会导致当利率较低的时候，不论好的还是坏的借款人都会有更多机会得到银行贷款，这就是银行贷款渠道的作用。并且由于银行感知到的风险下降以及银行的逐利机制，银行在这种情况下会相对增加对高风险借款人的贷款数量。

如果没有正确识别银行风险承担渠道，将会给这一渠道的研究带来比较大的问题。学界目前的共识是低利率会增加银行风险承担意愿，即利率与银行风险承担负相关。但是，当没有排除其他渠道干扰时，特别是如果银行风险承担变量又选为不良贷款率的时候，Ramayandi 等（2014）、Jiménez 等（2014）、Altunbas 等（2014）的相关研究都表明在没有合理识别风险承担渠道情况下，短期利率的上升会增加贷款转变为不良贷款的概率，因为更高的利率使得偿还贷款的压力更大，增加了借款者的负担，从而导致更高的违约率。且鉴于不良贷款是信贷风险的一种事后度量，其更倾向于捕捉货币政策的资产负债表渠道——高的利率会降低借款者的信用，因而会增加不良贷款的比例。也即，若没有考虑渠道识别，且使用不良贷款率作为银行风险承担代理变量，那么由于货币政策的资产负债表渠道的干扰，很可能得出与现实相反的结论——利率与银行风险承担正相关[①]。

所以排除货币政策其他渠道干扰后，正确识别银行这种“微调”机制才是验证和研究“纯正”的银行风险承担渠道的关键。鉴于此，如何正确排除其他渠道干扰或如何正确识别银行风险承担渠道对于这个渠道的研究尤为重要（Bonfim 和 Soares，2014；Buch 和 Eickmeier，2014；Altunbas，2014）。

二、国内实证问题中的一个重要疏忽：来自渠道识别的分析

遗憾的是国内研究几乎没有人很明确地区分银行风险承担渠道和货币政策的传统渠道，仅金鹏辉和张翔（2014b）提到了渠道区分问题并使用银行贷款审批条件指数来衡量银行自身贷款意愿，通过这个指数度量银行对于发放贷款的事前风险的感知。但是他们没有将渠道区分问题作为研究重点。目前大部分的国内研究都是通过银行风险承担变量的选取来达到识别银行风险承担渠道的效果。但是对于银行风险承担变量的选取也存在一些问题：一方面由于研究本身没有注意到渠道识别的重要性，另一方面由于我国贷款详细数据很难得到的限制，所以一般都借鉴货币政策早期研究成果，使用偏向于银行风险的指标来间接度量银行的风险承担大小，其内在联系为：一般银行风险承担越大，银行风险就可能会越高[②]。国内目前银行风险承担变量的选取主要有 4 类：（1）银行不良贷款率（徐明东和陈学彬，2012；张雪兰和何德旭，2012b 等）；（2）Z 值（刘晓欣和王飞，2013；陶雄华和罗瀛，2014 等）；（3）风险加权资产占总资产比例（冯宗

① 国内张雪兰、何德旭（2012）借鉴 Altunbas、Jiménez 等人的研究方法，使用我国 2000—2011 年经济金融数据，发现短期政策利率与银行风险承担之间呈现显著的正向关系，而只有在一定程度上排除了其他货币政策传导渠道干扰的泰勒规则利率之差与银行风险承担之间呈现负向关系。

② 如 Buch 和 Eickmeier（2014）表明，银行风险可能会因为额外流动性的增加而增加，因为这个额外流动性的增加，降低了银行的风险厌恶。这也说明，银行风险承担意愿提高（银行风险厌恶的降低），与银行风险的增加在一定程度上确实是正相关的，Altunbas（2014）的研究结果也显示，风险承担高的银行，因为发放更多贷款给事前高风险的企业，所以往往这类银行在未来更有可能面临贷款违约问题，也就有较高的风险。

宪和陈伟平，2013；方意和赵胜民，2012 等）；（4）贷款损失准备占贷款总额比例（张雪兰和何德旭，2012b；李华威，2014 等）。

1. 对于银行的不良贷款率，虽然利率降低后银行风险承担增加，银行给以前被认定为高风险借款人的贷款数量也增加了，从而很可能最终导致银行的不良贷款率上升，但是，一方面这只是银行风险的一个事后度量，银行本期的风险承担行为可能要滞后几期才会带来银行不良贷款率的提高。而由于滞后几期的其他干扰因素增多，因此不能确切地说不良贷款率的提升就是由银行风险承担增加所导致的。另一方面，如上文所述，在没有合理分离其他货币政策传导渠道的影响时，政策利率对银行不良贷款率的影响可能呈现正相关。因此，这种客观事后的静态风险指标，即银行总的不良贷款率，并不能很好地度量银行在风险承担上的主动动态选择。

2. 对于 Z 值，众所周知，其衡量的是一种基于违约距离度量的银行破产概率，因此也不能体现银行对于风险承担的主动选择。

3. 对于银行风险加权资产占总资产比例，由于风险加权资产是根据银行现金、证券、贷款、固定资产、无形资产等各类资产赋予不同风险权重后的加总，也是一个偏向风险度量的概念，即便银行不采取任何风险承担行为，这个比例也会因为这些资产市场价格的波动而发生变化，因此也不能很好度量银行在风险承担上的主动选择。

4. 对于贷款损失准备占贷款总额比例，由于贷款损失准备反映的是银行对当前整体贷款风险的感知。当银行感知到当前风险上升，贷款损失准备也会相应提高，因此理论上是可以相对较好地度量银行风险承担意愿。但是在没有正确识别银行风险承担渠道的情况下，贷款损失准备也会因为其他货币政策传导渠道的影响而变化。

国外研究中对于如何排除货币政策传统渠道主要有两种思路。第一种是强调通过模型控制变量来控制其他渠道干扰。如在 Altunbas（2014）的研究中，为了独立出货币政策的风险承担效果，他们不得不控制了如金融加速器和银行贷款渠道之类的其他更多的标准货币政策传递机制，并且考虑如竞争、证券化活动和监管强度等的制度因素。然后他们通过引入宏观变量和银行微观变量分别控制了资产负债表渠道和银行贷款渠道，研究了欧元区和美国的银行风险承担渠道。Ramayandi 等（2014）使用亚洲 10 个经济体中银行的数据，利用 4 种不同的银行风险承担度量，通过控制变量控制其他货币政策传导渠道后也实证了货币风险承担渠道在亚洲的存在。

第二种就是强调采用能反映银行自身风险感知变化的数据，即通过研究贷款组成成分或不同贷款利率的变化来排除其他货币政策传导渠道干扰，直接检验和研究银行风险承担意愿。这是近年来最主流的方法，因为其几乎能完全排除其他渠道的干扰，有效地识别银行风险承担意愿和行为。如 Ioannidou 等（2009）使用玻利维亚 1999—2003 年贷款分级数据研究了货币政策的改变对新增贷款价格的影响，他们发现当利率低的时候，银行不仅增加了新增高风险贷款的数量还降低了高风险贷款的相对利率。Paligorova 和 Santos（2012）利用 1990—2010 年美国银行贷款分级数据也发现，当联邦基金利率下降的时候，银行对高风险借贷者和低风险借贷者之间收取的贷款利差也降低了。Jiménez 等（2013）使用欧洲贷款调查数据发现，低的政策利率引致资本单薄的银行去批准更多的贷款给事前高风险公司。Dell'Ariccia（2013）根据银行使用的内部评级数据发现，低利率与高风险贷款的增长有关。Maddaloni 和 Peydró（2013）也使用欧元区贷款调查数据，他们的研究结果表明在金融危机发生之前，随着货币利率的降低，银行甚至对他们认为是高风险的借款人也放松了抵押贷款的利率。这一结果在进一步考虑到长期利率和加总的银行资本和流动性（从而控制了传统意义上的银行贷款渠道）后也是稳健的。Buch 和 Eickmeier（2014）使用美联储商业贷款调查数据区分了跨越不同类型银行的不同贷款风险类别上的新增贷款数量和贷款利差。他们的研究表明，平均来说小的国内银行在扩张货币政策冲击后显著增加了对高风险借款者的新增贷款，即小的银行贷款供给组成转向了更高风险的贷款。大的国内银行也发放了更多新的高风险贷款，但是他们贷款资产组合的组成并没有显著改变，国外银行仅仅在 20 世纪中期承担了更多风险。所以小银行的风险承担意愿比大的国内银行更高，且一般来说银行更愿意转移他们的新增贷款组合到高风险贷款上，并对这些高风险贷款只收取一个相对较低的风险溢价，即银行承担风险意愿加强，然而这些风险承担行为没有通过风险溢价的增长而得到补偿。Bonfim 和 Soares（2014）使用葡萄牙的一个独特的银行贷款级别的数据和不同的方法来检测是否当货币政策利率较低的时候，银行承担了更多信贷风险。他们发现当利率较低的时候，高风险企业获得更多信贷。Vas-soIoannidou（2014）研究了玻利维亚的货币政策的风险承担渠道。他们发现，一个较低的政策利率刺激了对有着较差信用历史、较低事前内部评级和较差的事后表现的借款人的高风险贷款的发放。Jiménez 等（2014）使用了西班牙银行贷款数据，通过一个两步模型，不仅分析了贷款申请数据，而且还分析了贷款结果数据，评估了贷款的集约和广延边际，从供给数量以及需求的质量和数量中分离了信贷供给的组成成分的变化。通过这个贷款供给组成成分的变化，识别货币政策的风险承担渠道。

基于上述分析，总体来看，国内目前对银行风险承担渠道的实证研究最大的问题就是没有明确强调渠道识别，而这是研究“纯正”的银行风险承担渠道最重要的问题，特别是对于实证银行风险承担渠道存在性的问题而言。因此，我国对于银行风险承担的研究确实还存在较大的改进空间①。

第四节　货币政策银行风险承担渠道作用机理的梳理与再整合

为了理解货币政策到底如何影响银行的风险承担意愿和行为，国内外很多学者都投入到对其作用机理的研究，但是由于各自研究方向和思路的不同，在不同的研究中提出的货币政策影响银行风险承担意愿的作用路径在形式上有着较大差别，这些学者前后提出有数十种看似不同的作用路径。针对这个问题，本章的这一部分集中研究了目前国内研究中出现得比

① 除开本章提出的若干值得改进的进展空间外，还有过度风险承担方面的研究。Borio 和 Zhu（2012）还指出较高的风险承担，过了某一点后就会变成过度风险承担，并且他们认为正是这种过度的风险承担和资产负债表的过度扩张，导致了宏观经济中偶发的繁荣—萧条周期。近期国内学者金鹏辉、张翔（2014c）也注意到过度风险承担问题。

较多的10种作用路径，对每一路径，均追根溯源地剖析、比较彼此之间内在的有机联系和共同之处后，对其进行了梳理和重新整合，从而使银行风险承担渠道作用机理更加准确和清晰。

一、作用路径1：估值、收入和现金流效应

这一作用路径也被称为“类金融加速器”机制，即与货币政策的资产负债表渠道类似。最早由Borio和Zhu（2008）总结提出，国内较早有张雪兰和何德旭（2012a）、张强和张宝（2011）等学者也阐述了这一机理。在这个机理中，低利率会提高资产和抵押品的价值从而提高银行收入和利润，这反过来又会降低银行对风险的感知和增加银行对风险的容忍度，进而释放银行的风险预算并鼓励风险承担。特别是经济中风险价值（VaR）等度量风险方法的广泛使用更是加强了这种效应的形成（Altunbas，2014）[①]。

与金融加速器机制（Bernanke等，1994）相比较，相同的是，它们都假定由于信贷市场不完善，导致借款人和银行之间的信息不对称，使得银行无法准确知道每个借款人的偿付能力。因此抵押物价值的增加，会降低借款人的贷款约束。不同的是，第一，在标准的金融加速器框架下，经济主体被假设为风险中立或者风险厌恶，即风险容忍度为常数。而风险承担渠道中，经济主体在信贷周期中风险态度是时变的。直观地讲，随着时间变化的风险容忍度倾向于产生随着时间变化的风险定价，并放大信贷市场固有的顺周期。第二，违约的假设不同，在标准金融加速器模型中，银行经常被假定为零利润并且从不违约，同时借款者的违约和退出被当作两个没有关联的问题，从而债务契约的违约不会给经济带来任何干扰。这在金融危机中已经多次被重复观察到——经济周期下行阶段，公司违约和银行压力之间强烈的非线性的相互作用的事实严重不符。Adrian和Shin（2010）认为，风险承担渠道区别但互补于金融加速器，它专注于扩大机

---

① 类似的，Adrian和Shin（2010）描述了货币政策的风险承担渠道，并表明当风险价值VaR对资本有约束的时候，扩张的货币政策增加了银行的贷款发放和银行的风险承担。

理。如利率的减少导致借款者净值的增加，降低了预期违约率，使得借款者去承担更多债务并扩大投资，而投资的扩大又刺激了资产价格的提升，这进一步推高了净值和投资，形成一种乘数扩大效应。进一步，Borio 和 Zhu（2012）认为，这个资产价格不断提升放大的积累取决于风险感知和风险定价不足的程度，这个程度随着利率下调的幅度以及低利率环境的持续时间而增加。所以他们认为风险承担渠道要比金融加速器（资产负债表渠道）更为广泛，它允许对风险度量和定价更为丰富的处理，因此可以看作是对金融加速器机制“加强版”的一种方式。

二、作用路径2：利益搜寻效应

利益搜寻效应最早出现在 Rajan（2005）的文章中，其认为市场利率与目标收益率之间的差距导致了金融机构的利益搜寻。Borio 和 Zhu（2012）进一步阐述了“利益搜寻”效应的狭义定义——利率的减少会与黏性的回报率目标形成交互，以至于增加了风险容忍度。由于银行负债一般都是固定名义利率的长期合同，因此银行的目标收益率具有“黏性”（Rajan，2005；Borio 和 Zhu，2012），即银行会有一个预期的目标收益率，这个收益至少要能满足银行负债和经营成本。宽松的货币政策会由于利率传递效应而导致银行贷款利率降低（Dell' Arricia，2012），从而银行实际收益降低，这种要达到预期目标收益的激励使得银行增加了风险容忍度。国内有些学者也将其阐述为追逐利益效应（方意和赵胜民，2012）或逐利锦标赛效应（江曙霞和陈玉婵，2012）。总的来说，这一路径起作用是因为政策利率的降低导致无风险资产的收益下降，而银行为了达到预期的利润，就会寻求高收益高风险的资产。

三、作用路径3：央行沟通和反应函数

这一作用路径最早由 Borio 和 Zhu（2008）、Blinder（2008）等人提出，国内张雪兰和何德旭（2012a）、代军勋和海米提（2014）等人都进行

了相关阐述。央行的货币政策承诺和货币政策透明，会影响金融机构对未来经济环境的预期，随后这些金融机构会根据自身情况调整信贷供给等金融活动，从而影响央行货币政策对实际产出的效果。政策透明度的提升以及央行承诺的兑现，能够减轻金融机构对未来通胀和利率等因素的不确定性，从而有助于压缩风险溢价，增强银行资产定价和负债能力（Blinder，2008；Blattner，2008）。但是，在有限责任下，金融机构预期央行能有效阻断经济下行风险的时候，利率的变动对银行风险承担有不对称影响，即减少利率鼓励的风险承担远超过增加同等利率抑制的风险承担——一种"保险"效应（Borio 和 Zhu，2012）。这种对央行的预期而影响银行风险承担的效果还与央行承诺的可行度有关，Svensson 和 Woodford（2004）认为，全球大量的央行都逐步地转向严格的通胀目标，并以控制通胀作为他们促进经济增长的最好的贡献。而在通胀目标制度下，货币政策的传导与央行的这种承诺的可信度高度相关。这是因为较高的可信度只要较小的利率变动就能控制通胀（de Mendonça 和 de Guimarãese Souza，2009；Montes 等，2014）。也即，若央行承诺可信度较高，那么银行对央行行为的预期更加准确，在一些对银行更有利的承诺面前，银行风险承担的意愿就会更强。

四、作用路径 4：利率传递与风险转移效应

国内学者如方意和赵胜民（2012）主要研究的是风险转移效应。利率传递和风险转移效应这个整体最早是由 Dell'Ariccia 等（2010）提出，他在有限责任和信息不对称的假设下，站在银行微观资产负债表的角度发现政策利率通过两个正好相反的作用路径影响了银行的风险承担。

第一个是通过资产负债表资产方起作用的利率传递效应，无风险利率的降低将传导到贷款利率降低上，这个效应取决于银行所在的市场结构。Dell'Ariccia 等（2010）指出，贷款利率的降低降低了银行在其资产组合中的收益情况，从而降低了银行对贷款监测的激励，这种效果类似于资产组合选择模型中的资产组合再分配效应，当安全资产的真实收益率下降时，银行通常会增加对风险资产的需求。因此风险转移效应的实质也就是利益

搜寻机理，政策利率的下降，导致银行资产收益下降，正是由于这种与目标收益差距的拉大，使得银行风险承担意愿加强，这与利益搜寻效应的原理是一致的。

第二个是通过资产负债表负债方起作用的风险转移效应，无风险利率的降低也将传递到存款利率上，这个效应取决于银行自身的资本结构。如无风险利率的下降会降低银行存款利率，也就是降低了银行债务成本，因而银行不用冒太多风险就能达到目标收益。这里也能看出，风险转移效应的本质也是通过降低银行债务成本，使得银行在较低风险的资产组合下就能达到目标收益，从而降低了银行利益搜寻的激励，这其实与利益搜寻效应的原理也是一致的。

因此，Dell' Ariccia 等（2010）提出的这两个货币政策影响银行风险承担的作用路径，实质上就是 Rajan（2005）与 Borio 和 Zhu（2008）等人总结的上述作用路径 2 的利益搜寻效应影响银行个体风险承担的具体表现。

五、作用路径 5：习惯形成路径

习惯形成是指投资者的消费或投资的历史会影响其现在的消费或投资。历史习惯的形成可以分为内在性习惯形成和外在性习惯形成。Angeloni（2011）研究表明，思维定式效应能够影响金融市场投资者的风险承担。如 Campbell 和 Cochrane（1999）研究表明，在经济上行时期，经济繁荣，消费水平会相对增加，投资者包括银行都会继续对市场保持乐观态度，从而降低风险规避水平。国内张雪兰、何德旭（2012a）与李华威（2014）等学者也进行了相关阐述，且代军勋、海米提（2014）将其阐述为思维定式效应。但是根据 Borio 和 Zhu（2008）给出的风险承担渠道的定义，可以知道其强调的是政策利率的改变带来的银行风险感知和容忍度的变化，而这个习惯形成路径从本质上没有涉及政策利率变化，只是一种基于过去的预期，就算政策利率不发生变化，这个习惯形成路径还是会影响银行对风险的态度，所以这个习惯形成路径确实是会影响银行风险承担，是影响风险承担的不可忽视的因素，但总归还不能算作是构成货币政策的风险承担渠道作用机理的一个传导作用路径。

六、作用路径6：资产替代效应

国内方意和赵胜民（2012）等学者将资产替代效应作为独立作用路径对其进行了单独阐述。这一作用路径来源于 De Nicolò 等（2010）的研究，较低的利率导致安全性资产收益下降，从而使得银行降低其资产组合中安全性资产的比重。但是深入分析这个作用路径后会发现，这个机制相当于利率传递效应的影响。安全性资产收益下降的原因是低利率传导到银行资产负债表资产方的贷款利率上，使得银行低风险贷款等资产的真实收益下降，这种情况下银行通常会增加对风险资产的需求（Dell'Ariccia 等，2013）。进一步结合前面利率传递效应的分析，利率下降时，银行为何要增加其风险资产比重，本质原因就是利率下降与目标收益率之间的差距引致了利益搜寻机制，使得银行为了达到其预期收益而不得不提高高风险资产的比重。并且 De Nicolò 等（2010）的研究也将其总结为资产替代和追逐收益机制。所以这一资产替代效应同作用路径 4 的利率传递与资产转移效应一样，也是上述作用路径 2 的利益搜寻效应的一种表现。

七、作用路径7：格林斯潘卖权

国内学者江曙霞和陈玉婵（2012）等将其作为独立机制阐述。格林斯潘卖权是指 1987 年和 1998 年美国两次资产价格暴跌时，美联储主席格林斯潘通过降息来为市场提供流动性的做法。之后，美国的资产价格很快止跌回升，于是人们戏谑地将格林斯潘这种在资产价格暴跌时的救市行为称为格林斯潘卖权。因此，格林斯潘卖权是市场对央行救市的一种预期，Farshi 和 Tirole（2009）认为，这种对中央银行在经济下行或在不利冲击威胁到银行系统稳定时将采取强有力措施的预期会导致所谓的保险效应，进而鼓励风险承担。而这一预期的效果与政策透明度和可信度正相关，江曙霞和陈玉婵（2012）指明，其考虑的就是货币政策透明度和最后贷款人职能对风险承担的影响。所以这一机理实质上也就是上述作用路径 3 的央行沟通和反应函数作用机理的一种具体表现。

八、作用路径 8：竞争效应

国内徐明东和陈学彬（2012）等学者将竞争效应阐述为在其他因素不变的情况下，宽松的货币政策（如低利率）将使得银行业的竞争更加激烈，引起银行边际利润和存贷款利差的下降。迫于竞争压力和现实目标收益率，银行可能会放宽借贷标准，增加风险资产在资产组合中的比例，导致银行特许价值权降低，增加银行的风险（Rajan，2005）。而盯住绝对收益率目标的管理者报酬计划以及金融监管的失效也无疑将加剧银行业竞争对风险承担的影响（Delis 和 Kouretas，2011）。江曙霞和陈玉婵（2012）将银行利益搜寻效应来源分为三个方面：定期还款契约约束、收益挂钩薪酬制度和激烈的市场竞争，因此市场竞争效应是银行利益搜寻效应产生的一个原因。并且 Dell'Ariccia 等（2010、2013、2014）研究表明，风险转移效应取决于银行的市场结构，即市场竞争程度决定了风险转移效应的大小。所以不管是迫于竞争压力还是为了实现目标收益率，这些都是银行努力追逐利益的表现，所以这个竞争效应同作用路径 4 和作用路径 6，都是上述作用路径 2 的利益搜寻效应的作用机理。

九、作用路径 9：风险定价模型效应

国内学者江曙霞、陈玉婵（2012）直接将其阐述为低利率通过对价值、收入和现金流的影响，进而影响银行的风险承担。刘晓欣、王飞（2013）也认为各种风险定价模型和 VaR 技术的广泛应用，使风险和资产价值相联系。所以很容易看出其实这个也就是前面所述作用路径 1 的估值，收入和现金流效应的作用机理。

十、作用路径 10：预期效应

对于预期效应的产生，Bernanke 和 Kuttner（2005）认为货币政策利率的减少，提高了银行资产负债表上资产的价格和抵押价值，这反过来能够调整银行对于违约的损失率和波动率的估计。金融资产价格的上升和它们波动性的降低一起转换成对预期风险的良性估计。国内学者刘晓欣、王飞（2013）将其阐述为低利率的货币政策影响市场参与者对金融市场的预期。低利率政策使得市场有充分的流动性，市场形势较好，这影响银行预期和消费者预期。流动性充裕使得银行预期市场繁荣，并通过定价模型将风险溢酬下调，内生地降低风险规避水平。同样，消费者盲目乐观的预期、“棘轮效应”也会导致消费者的风险偏好趋于上升。

这个效应本身比较复杂，一方面预期可以基于过去的货币政策环境，即类似于前面的习惯形成路径，都是由过去习惯或经济环境影响到现在的风险承担行为。也即不论货币政策变动与否，它都能影响市场参与者的风险承担，所以只是影响风险承担的因素，而不是货币政策风险承担渠道作用机理。另一方面，预期可以是对未来货币政策环境改变的预测，比如预期未来央行货币政策透明度上升，这种情况下可以将其归结为作用路径 3 的央行沟通和反应函数作用机理。

综上所述，对国内不同学者关于银行风险承担渠道机理研究中提及的最重要的 10 种作用路径，在经过上述每个作用路径的仔细梳理与整合分析后，我们将一部分作用路径 10 代表的预期效应归结到习惯形成路径，通过对上述研究进一步深入分析，发现这个习惯形成路径应该只能算影响银行风险承担行为的一个重要因素而不是作用机理，因此最终将其从银行风险承担作用机理框架中排除。

再将剩下的作用路径 9 归纳到作用路径 1 代表的估值、收入和现金流效应，将作用路径 4、作用路径 6、作用路径 8 归结到作用路径 2 代表的利益搜寻效应，将作用路径 7 归纳进作用路径 3 代表的央行沟通和反应函数机制。最终，剩下的这 8 种作用路径将被归纳到由三大类作用路径构成的机理框架，由此得到如图2－1所示的货币政策银行风险承担渠道作用机理的整体框架图。

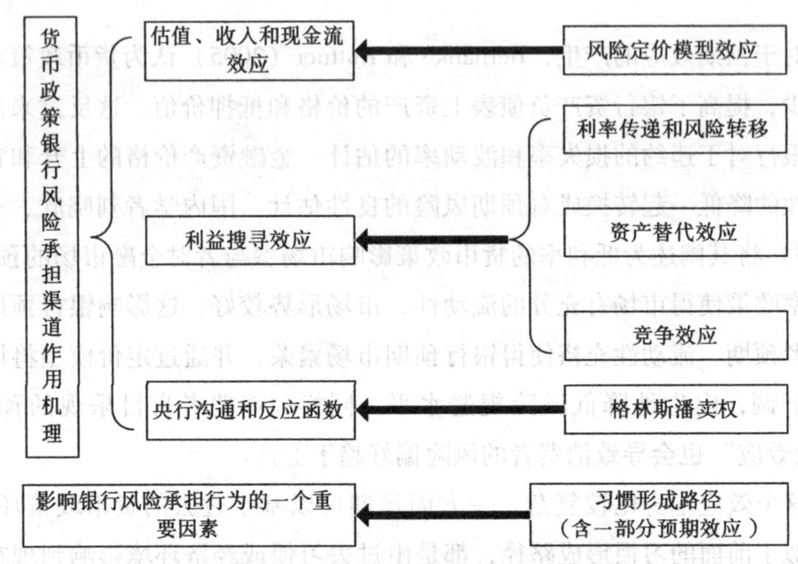

图2－1 货币政策银行风险承担渠道作用机理重新整合归纳图

注：箭头方向表示，箭头右边的作用路径可以包括进箭头左边的作用路径或内容当中。

通过上述详细分析与梳理并结合框架图，可以看到，货币政策的银行风险承担渠道作用机理最全面的概括其实还是Borio和Zhu（2008）提出的三个作用路径，其他的作用路径或是其变形，或是其具体表现。而本章的学术贡献在于试图将纷繁复杂的文献中提到的作用路径追根溯源厘清其关系后重新整合到一个整体的（包含几条最基本的）作用机理框架下，更加深刻而清晰地展现货币政策的风险承担渠道是如何起作用的，并排除了部分不能构成实质作用机理的影响因素，使得以后的研究更加直观和有效。

值得注意的是，将所有这些作用路径经过分析后归到上述整体框架下并不意味着所有关于风险承担渠道的研究都要从这三大类的机理框架开始考虑。这个统一框架一方面有助于后续研究者更深刻地理解货币政策银行风险承担渠道的作用路径，另一方面有利于根据不同研究目的快速定位其作用路径以及路径背后的具体作用机理，比如说要研究银行市场结构对风险承担影响，就可以先忽略或控制住风险承担渠道的其他作用路径，在利益搜寻机制作用机理框架下直接研究利率传递和风险转移效应这一作用路径如何通过银行市场结构来影响银行风险承担。

第五节　本章小结

尽管国内对于货币政策银行风险承担渠道研究已经取得一定进展，但仍然存在一些问题值得我们深入探究。因此，本章基于对我国目前货币政策银行风险承担渠道的理论和实证研究的问题，按照风险承担渠道存在性问题→渠道识别的实证问题→作用路径的机理再整合这一逻辑进路进行反思与再考察。

首先，就银行风险承担渠道存在性问题来看，鉴于国内目前暂时还没有充分认识并研究为何银行会有自己的风险感知或风险容忍度这一问题的现状，本章从国外文献所强调的代理问题的角度深入分析银行非风险中立性的原因，为货币政策银行风险承担渠道存在性问题提供了比较重要的理论支持。在一定程度上填补了国内目前对于这一部分研究的缺失。

其次，本章注意到国内目前的研究存在的一个重要缺陷，即风险承担渠道的识别问题。由于风险承担渠道是基于传统货币政策传导渠道之上的一个“微调”机制，因此很容易与其他传导渠道混淆。再加上目前大部分国内研究都是通过银行风险承担变量的选取来达到间接识别银行风险承担渠道的效果，并且对于风险承担代理变量的选取大多偏向于测度银行事后风险的，虽然银行风险承担和银行风险有一定相关性，但是也存在一些重要区别①。这使得在最后实证结果中，虽然货币政策确实显著影响了这些代理变量，却无法证明到底是货币政策传统渠道的影响还是银行风险承担渠道的影响。缺漏渠道识别的过程使得研究对象无法完全集中在银行风险

---

① 如陈玉婵（2012）也提出了一点比较重要的区别，他认为银行风险承担与银行风险之间存在一定的差异。银行风险承担是动态的概念，是对风险选择的一种刻画。而银行风险是静态的概念，是银行现有资产风险状况的刻画。

承担渠道上，更重要的是，对渠道识别的忽视可能造成有偏甚至错误的研究结论。因此，正确识别“纯正”的银行风险承担渠道是精确研究这一渠道的前提和保障。所以，本章最后总结了两种国外可以借鉴的比较好的渠道识别处理方法，这也为今后我国货币政策银行风险承担渠道的研究提供了重要的借鉴作用。

最后，就作用机理问题来看，本章进一步细致研究了货币政策通过何种路径影响银行风险承担意愿和行为的机理问题。发现在理论方面，目前国内部分学者的研究忽视了不同作用路径的内在联系，在阐述银行风险承担渠道整体作用机理的时候，简单并列一些看似不同但本质重合的作用路径，人为复杂化了这一渠道的作用机理。为解决上述问题，本章追根溯源深入分析这些看似不同作用路径的真实含义，厘清了它们之间的内在联系，并排除了一些实际上不能完全算作风险承担渠道作用机理的路径。最终将国内文章中出现得最多的10种重要的作用路径归纳总结到一个整体机理框架下，试图为今后对这一渠道的研究提供一个有价值的参考。

第三章

货币政策银行风险承担渠道“存在性”问题的再检验

——基于代理理论和银行非风险中立的视角

第一节 引 言

2008年金融危机的爆发使得学术界和货币政策当局认识到，银行在货币政策的传导中并非风险中立的，而是存在着货币政策的银行风险承担渠道。自此，国外学界对于上述问题展开了较为深入的研究，尤其对银行风险承担渠道存在性的根本的“元”问题——即存在性问题展开了深入的研究。

首先，从代理理论视角来审视银行非风险中立性问题发现，由于银行本身对风险是有所感知的，且这个感知会影响到货币政策的传递（Maddaloni和Peydró，2013；Jiménez等，2014）。也正是基于此，Borio和Zhu（2008）提出了货币政策银行风险承担渠道概念（简称“银行风险承担渠道”），指出政策利率的改变对金融中介的风险感知和风险容忍度的影响，进而对资产组合的风险程度，对资产定价，对融资的价格和非价格条款的影响。那么，需要进一步地思考的是，为何在现实经济中，追根溯源地看，银行不是风险中立的呢?

国外许多经济学家试图从信息不对称引致的“代理问题”角度来考虑这个问题。也即，将储蓄者作为委托人，银行作为代理人，那么根据G. Akerlo（1970）等提出的信息不对称理论，事前的信息不对称会导致逆向选择，因此也就不能对有着不同风险承担倾向的银行按其风险级别有区别地要求回报率。这导致，尤其是在对经济进行刺激的长期低利率环境下，高风险承担行因为有着较高的预期收益，所以可以向储蓄者提供较高回报率，最终迫使低风险的借款人（银行）逐步退出市场。而又由于信息的事后不对称会产生道德风险，这将诱使借款人（银行）投资于高风险高回报的项目，特别是当政策利率很低的时候，由于利率传递效应（Borio和Zhu，2008），银行贷款利率也会相应降低，即银行收益降低。这种存贷款利率差的增大将会使银行产生很强的激励去搜寻更高收益的投资或不断增加其杠杆，即银行风险承担意愿增强（如 Adrian 和 Shin，2010；Diamond 和 Rajan，2012）。因此，银行也就不是风险中立的角色了。也即如果银行代理问题越严重（银行非风险中立），那么银行的风险承担激励越强，货币政策银行风险承担渠道的影响也就越大。

其次，从代理理论视角看货币政策银行风险承担渠道存在性，越来越多的文献开始研究在存在信息不对称和资金流动性风险的情况下，货币政策如何影响银行的风险承担和脆弱性。这些研究表明，代理问题越严重，银行风险承担意愿越强，这一渠道对货币政策传导的影响也就越大。如在 Acharya 和 Naqvi（2012）的模型中，当银行流动性泛滥的时候，银行管理者和委托人之间的代理问题会引致银行管理者去承担过度风险。现实中，当宏观经济风险较高时，就经常出现这种情况，因为在这种情形下央行通常会放松它们的货币政策。Jiménez 等（2014）最近的理论研究表明，那些资本充足率较少的银行，即被代理问题困扰得更多的银行，会批准更多的贷款申请以及更多的信用贷款额度给事前高风险的公司，并且这些银行对这类事前高风险公司的抵押物要求更低，所以此类银行未来会在他们的贷款批准上面临着更多的违约问题。由于存在银行与储蓄者之间的信息不对称引致的代理问题，银行作为代理人，会对货币政策和宏观经济情况产生相应的风险感知。最终，银行会为了追求自身利益而采取不同的风险承担行为。所以，银行在货币政策的传导过程中不应该是风险中立的。

最后，从贷款质量转移角度来分析货币政策银行风险承担渠道存在性的话，不难发现，传统的宏观经济模型通常集中关注货币政策变化引起的信贷数量的改变，而不是其信贷质量以及从风险的概念中抽象出来的银行风险承担行为（Dell'Ariccia 等，2013）。从 Borio 和 Zhu（2008）对货币政策风险承担渠道的定义来看，货币政策变化不仅会引起贷款数量的变化，而且会影响到贷款质量的变化，即货币政策的改变使得银行贷款资产组合的风险程度、贷款的增值和盈利能力发生改变。如 Gerlach 和 Peng（2005）专门探讨了银行和某些行业企业的关系，比如银行贷款和房地产价格的关系，研究结果发现，银行贷款质量会受到所贷款行业整体状况的影响。

从银行的风险管理方面来看，宽松的低利率政策尤其是长时期宽松的低利率政策使得企业的抵押物资产净值上升，由于银行贷款给企业多是需要固定资产抵押物，抵押资产价值的上升会造成银行更愿意持有固定地产抵押物，且对于企业的还款能力会保持过于乐观的态度，导致银行放松对企业的贷款标准，增加对企业的贷款。但国外许多学者对于房地产和信贷风险的研究表明，房地产行业存在着巨大的泡沫，一旦泡沫破灭，抵押物资产价格严重下跌，会造成企业偿债困难，银行的大量贷款无法回收，故银行增加对企业贷款时其潜在的不良贷款率上升，贷款质量下降，内在的风险承担增大。从业务因素方面来看，由于银行的本质是营利性的金融机构，其目的性在于通过贷款利息等手段获取利润，而低利率政策使得银行的营利降低，此时银行受利益搜寻机制驱使的激励较为明显，一是会增加给高风险企业的贷款以期获得更高的收益；二是会因此放松其贷款标准，甚至对于以前它们认为是高风险的贷款人也放松了抵押贷款的利率，由此银行一部分的贷款对象由低风险的贷款人转移到了高风险的贷款人，也即银行收回贷款资产本金的可能性程度下降从而贷款质量下降，导致银行风险承担的增加。

如 Jiménez 等（2013）使用欧洲贷款调查数据发现，低的政策利率引致资本稀薄的银行会批准更多的贷款给高风险公司。如 Altunbas 等（2014）研究认为，在危机发生前，取得较高利润水平的某些银行恰好就是那些承担风险最多的银行。再者，银行市场持续增加的竞争压力以及信贷扩张，会迫使银行为提高利润和满足资本市场的期望而放松信贷标准，继而导致风险暴露增加（Dell'Ariccia 和 Marquez，2006；Maddaloni 和 Peydró，2011；Jiménez，2014）。

近年来国内有很多文献从实证方面开始研究银行风险承担渠道的存在性。例如，张宝和张强（2011）最早从起源、理论机理和国外学者的实证研究这三个角度对国外风险承担渠道进行了综述。张雪兰和何德旭（2012a）在梳理与货币政策银行风险承担渠道相关的国内外最新文献的基础上，探讨了货币政策的银行风险承担渠道、传导路径和内在作用机理，发现并验证了我国的货币政策银行风险承担渠道至少存在时间和作用对象上的不对称性。方意和赵胜民（2012）通过利用我国 72 家商业银行

2003—2010 年面板数据研究了货币政策的银行风险承担问题。实证结果表明，我国的货币政策影响了银行的风险承担，且资本充足率在其中起重要作用。

而徐明东和陈学彬（2012）利用 1998—2010 年我国 59 家商业银行的年度数据，运用 GMM 动态面板模型，对我国货币政策变化对商业银行风险承担的影响进行了实证分析，验证了我国货币政策银行风险承担渠道的存在性，并指出我国的货币政策与银行风险承担呈现负相关的关系。江曙霞和陈玉蝉（2012）则基于我国 14 家上市银行 2008—2011 年的季度平衡面板数据，采用门限面板模型实证分析了货币政策对银行风险承担的影响，发现紧缩的货币政策对银行风险承担具有抑制作用，且货币政策对银行风险承担的影响取决于银行资本状况。金鹏辉和张翔（2014）从我国银行业整体层面对货币政策和银行风险承担行为之间的关系进行研究，结果发现在我国，宽松货币政策对银行风险承担的激励体现在银行资产选择的行为上，而非其负债选择的行为上。并进一步构建了银行贷款审批条件指数，将风险承担渠道与货币政策的资产负债表渠道区分开，发现银行的贷款标准会随着货币政策放宽而降低，表明风险承担渠道是独立于传统资产负债表渠道而存在的。

从上述文献可以看出，相关的国外研究不仅颇具理论深度，而且在实证检验方面极富挑战性。相较而言，目前国内的研究仍存在着以下几点不足：

其一，这些研究对银行为何非风险中立这一银行风险承担渠道存在的前提缺乏相应的关注。实际上，正如前文中提到的，国内研究多趋向于直接从实证上估计银行出风险承担渠道的存在性，而忽略了对这一渠道为何存在做更为深入的理论探讨。

其二，更重要的是，对货币政策银行风险承担渠道存在性的经验估计因为颇具挑战性，不仅需要理论上的再诠释而且还需要构造相应的数据集配合，而国内对此的研究仍极为匮乏。

因此，对于货币政策银行风险承担渠道这一问题还存在着一些拓展空间。针对上述这些问题，本章做出了如下方面的改进：

首先，我们从代理理论视角出发，对银行为何非风险中立这一货币政策银行风险承担渠道存在的前提做出了较为全面的分析，并且通过贷款质量转移理论探讨了这一渠道的存在性。

其次，基于银行非风险中立的视角，将银行分为高低风险组，实证研究了具有不同风险级别的银行对于货币政策的反应来验证货币政策银行风险承担渠道的存在性。进一步地，本章还通过尝试构建贷款质量指数，从贷款质量转移的角度对前述结论的准确性进行了检验。

本章余下部分的安排如下：第二部分是货币政策银行风险承担渠道存在性的实证研究及结果分析；第三部分是基于 Bootstrap 方法的稳健性检验；第四部分是研究结论和启示。

第二节　实证研究

一、研究设计

如前面的文献综述部分所述，银行风险承担渠道与其他货币政策的传导渠道相比，最大的区别在于这一渠道中，银行不再是风险中立的，而是存在风险感知的，即不同风险级别的银行对货币政策的反应应该是有显著区别的。本章存在性实证就是建立在这一逻辑之上。如果我国不存在货币政策的银行风险承担渠道，即在我国银行都是风险中立的，那么同样的货币政策对不同银行贷款增长的影响应该是没有显著差异的。因此，我们先对我国境内的所有银行按照其 Z 值进行分级，取前 1/4 作为高风险组，后 1/4 作为低风险组，然后以贷款增长率作为因变量，以贷款基准利率作为货币政策的代理变量，使用面板模型，观察计算这两个不同风险组之间，货币政策对银行贷款增长率的影响有无显著差异，如果出现显著差异即证明，我国不同风险级别的银行对同一货币政策的反应不同，也即证明了我国是存在着货币政策的银行风险承担渠道的。

因为银行的贷款增长具有一定的滞后性，因此我们最终设定基础模型为动态模型。这一实证模型分为三步：

第一步，先通过比较Z值大小，从样本银行中，得到高风险银行组和低风险银行组。

第二步，再通过构建模型1，分别研究高风险组和低风险组贷款增长率和政策利率关系：

$$LOAN_{i,t} = \lambda LOAN_{i,t-1} + \alpha RL_t + \sum_{k=1}^{3} \varphi kM\_ \ Control_{k,t} + \sum_{k=1}^{4} \beta kB\_ \ Control_{k,i,t} + \varepsilon_{i,t} \quad (1)$$

第三步，通过Bootstrap的方法比较高风险组和低风险组之间货币政策对其贷款增长率的影响是否存在统计意义上的显著差异。

目前多数实证是通过比较不同组别之间的系数显著性和符号来判断其差异性，但该方法缺乏统计上的说服力。本章采用“自举法”（Bootstrap）（Efron和Tibsbirani，1993；连玉君，2010）来进行组间差异性的检验。原假设是H_0：$d_0=0$。检验的统计量是由“自举法”计算得出的实证p值。它表示我们实际观察到的组间系数差异可能出现的概率，步骤为：（1）从原始的n家样本银行中随机抽取n_1家和n_2家银行，并把它们分别定义为高风险组和低风险组；（2）分别对这两个组的系数值进行估计，并记录系数差异d_i；（3）将第一步和第二步反复进行k次（本章k=3000），继而计算出d_i，（i=1，2，...k）大于实际系数差异d的百分比，即得到实证p值。

二、变量说明

1. 银行风险分级变量Z-Score。我们首先使用Z-Score对所有样本银行进行分级（Laeven等，2009）：Z=（ROA+CAR）/σ（ROA）

其中ROA是资产回报（Return on Assets）；CAR是资产资本比（Capital Asset Ratio），即银行的资本充足率；σ（ROA）是单个银行的资产回报

ROA 的标准差。因为它是度量违约距离，是损失超过股权的概率的相反数，即 Prob（ - ROA > CAR），因此 Z 值越大银行风险越低（Laeven 等，2009；Brandao Marques 等，2013）。

2. Z - Score 的一个特征是高度偏倚的。由于这个原因，我们使用 Z - Score 的自然对数。对于 σ（ROA），我们采用 3 年滚动标准差的方式计算（如 Brandao Marques，2013；刘晓欣和王飞，2013），且由 Z 值计算公式可知，每家银行每年都会有 Z 值，即实际 Z 值是时变的，而 Z 值在我们实证中只是提供银行分级标准。因此我们采用类似 Altunbas（2010）的处理方式，即取每家银行的年度平均后的 Z 值作为该银行的分层依据 Z 值。

3. 银行贷款增长率 LOANR。这是每年银行贷款增长率，样本总体的贷款增长率命名为 LOANR。

4. 货币政策代理变量 RL。我国货币政策的代理变量有存款基准利率、贷款基准利率、银行间拆借利率以及基于泰勒规则的利率缺口等，鉴于我们因变量为贷款增长率，我们使用贷款基准利率作为货币政策的代理变量。

5. 宏观经济控制变量。包括名义 GDP 的增长率（GDPR）、固定资产投资价格指数增长率 FAR、股票市场指数（STOCK）。

（1）名义经济增长率 GDPR：经济增长对货币政策的风险承担渠道的影响目前有两种不同的观点，一种观点认为经济增长的变动使得银行对于未来盈利能力的预期和现有信贷的风险产生积极的影响，从现金流的角度看，降低了违约概率（López 等，2011）。另一种观点认为宏观经济环境对银行的风险承担行为具有顺周期性，即经济增长与银行的风险承担正相关（陈玉婵、钱丽珍，2012）。

（2）固定资产投资价格指数增长率 FAR。因为银行贷款多对抵押物有所要求，且抵押物尤以固定资产居多（无形资产价值不好度量），因此如果固定资产价值发生变化，就会导致银行抵押物价值变化从而影响到银行的贷款增长率。

（3）股票市场指数 STOCK。上证综合指数的月度指标按成交量加权平均。因为股市的年度指数都是每年最后一个交易日的收盘价，而往往一年我国股市波动很大，因此不能准确反映一年股市的变化，因此，我们选取上证综合指数（虽然沪深300指数更全面，但沪深300指数数据只从2011年开始，这使得我们要损失5年数据，所以我们选取上证综合指数）的月度指标，再按成交量加权而获得一年的指数。

6. 银行微观异质性控制变量。广义上说，紧缩货币政策之后，会有贷款总额的减少，且不同银行保护贷款组合的能力也会有不同。特别是资本较少的银行，它们在金融市场中受到高度的信息摩擦，在吸收各种存款上，面临着较高的成本，并且在减少它们的贷款上受到的约束也更多，而缺乏流动性的银行，更难以抵御紧缩货币政策对贷款的影响（Altunbas，2010）。因此为了控制这些效应，我们引进一些银行微观异质性控制变量，包括：

（1）银行规模Size。本章选取总资产的对数来对银行规模大小进行衡量。规模不同的银行对于贷款的资产组合和风险管理技术方面存在差异，因而会影响到银行的贷款增长率。

（2）银行资本充足率Cap。资本充足率是一个银行的资产总额对其风险加权资产的比率。资本充足率的统计口径多有不同，常用的比率有资本对负债的比率、资本对存款的比率、资本对风险资产的比率、资本对总资产的比率等。由于本章被解释变量选取的是贷款增长率，所以本章采用资本对资产的比率作为资本充足率的口径。

（3）流动性比率Liq。这里我们用流动资产对总借款额及存款额的比率表示。多数研究学者发现，银行的流动性越强，其风险越低，因而拥有着较高流动性比率的银行具有较低的贷款增长率。但也有研究表明，流动性与银行风险呈正相关，如Ioannidou等（2009）观察到一般风险承担较高的银行有着较低的资本比率或较高的不良贷款率或有着更多的流动资产。

（4）净息差NIM。反映银行的盈利能力。由于我国长期存在着利率管制，国内银行最稳定且占比较大的利润来源是存贷款的净息差，所以盈利能力越强的银行，其不会由于利益搜寻效应而放松贷款标准或者寻求更高风险的贷款以期获得更高的收益。因此，一般银行的净息差越大，其盈利能力越强，贷款增长率越低。

三、样本选择及描述性统计

本章采用2006—2014年我国155家银行的年度数据构造面板模型。其中包括5家国有商业银行①、12家股份制商业银行②、33家外资银行③和105家地方性商业银行④。由于我国银行数据整体不太透明，因此存在部分银行某些年份数据的缺失，因此本章是非平衡面板数据。银行的微观数据来自Bankscope数据库（使用Wind数据库补充了部分银行部分年限的缺失数据）。货币政策代理变量以及宏观控制变量数据均来自同花顺iFind数据库。总体数据描述性统计如表3-1所示。

表3-1　　样本总体描述性统计

变量名	观测值总数	均值	标准差	最小值	最大值
LOANR	769.00	27.05	78.36	-88.88	1070.21
RL	1395.00	5.38	0.83	3.42	6.34
Size	979.00	18.27	1.84	13.55	23.75
Cap	964.00	17.53	26.53	-4.82	446.00
Liq	602.00	31.86	25.83	5.85	403.62
NIM	940.00	3.11	1.20	0.17	10.45
ROAA	939.00	1.00	0.65	-6.53	3.09
STOCK	1395.00	17.07	49.74	-27.26	141.10
GDPR	1395.00	9.84	2.21	7.27	14.20

① 5家国有商业银行包括中国建设银行、中国工商银行、中国农业银行、交通银行和中国银行。

② 12家股份制商业银行包括华夏银行、招商银行、兴业银行、浦发银行、中国民生银行、中信银行等。

③ 33家外资银行包括东亚银行、渣打银行、花旗银行、汇丰银行、恒生银行等。

④ 5家地方性商业银行包括上海农村商业银行、北京银行、上海银行、徽商银行、成都农村商业银行等。

四、基于银行非风险中立的实证估计结果及分析

首先根据Z值对银行分组，表3－2给出了前20家风险最低和风险最高的银行及相应平均Z值。所有银行的平均Z值的范围为6.40—3.25。

表3－2　风险最低的前20家商业银行和风险最高的前20家商业银行

风险最低的前20家商业银行（平均Z值越大风险越低）		风险最高的前20家商业银行（平均Z值越小风险越高）	
银行名称	平均Z值	银行名称	平均Z值
天津银行	6.3978	厦门银行	3.2511
上海农村商业银行	6.3659	浙江泰隆商业银行	3.3245
兴业银行	5.6414	德阳银行	3.3524
徽商银行	5.5925	九江银行	3.3849
哈尔滨银行	5.5229	中国广发银行有限公司	3.4228
宁波银行	5.5128	法国巴黎银行（中国）	3.4231
北京银行	5.4620	德意志银行（中国）	3.4711
上海银行	5.4417	汇丰银行（中国）有限公司	3.4854
天津滨海农村商业银行	5.3852	烟台银行	3.4957
河北银行	5.3631	华商银行	3.5441
中国农业银行	5.2765	沧州银行	3.5521
内蒙古银行	5.2574	韩亚银行（中国）	3.5730
澳大利亚和新西兰银行（中国）	5.2338	大同城市商业银行	3.5952
大都会银行（中国）	5.1918	潍坊银行	3.6143
中国银行	5.1709	中国邮政储蓄银行	3.6625
上海浦东发展银行	5.1569	恒生银行（中国）	3.6302
昆仑银行有限公司	5.1554	天津农村商业银行	3.6804
浙江民泰商业银行	5.1413	华侨银行（中国）	3.6856
中国光大银行	5.1277	大连银行	3.7154
重庆农村商业银行	5.1024	翼航银行（中国）	3.7622

从表3－2可以看出，风险最高的前20家商业银行（平均Z值最小的）主要集中于部分城市商业银行，以及外资银行。

我们再根据样本中155家银行的平均Z值，取Z值大小排序的前35家银行作为低风险银行组，取Z值大小排序的后35家银行作为高风险组。这么做的原因在于，根据相关研究表明，Z值越大银行风险越小，若银行为风险中立的机构，即银行只是央行用来实施货币政策的风险容忍度为常数的被动角色，那么不管是高风险组还是低风险组，在实证结果中，其贷款增长率对于同一货币政策的反应程度应该是相同的；而若在实证结果中，高低风险组的贷款增长率对于同一货币政策的反映具有统计意义上的显著差异，则说明银行是非风险中立的，也即我国是存在货币政策的风险承担渠道的。

在此基础上，我们根据模型（1），分别研究高风险组和低风险组的银行贷款增长率对货币政策的反应。因为模型中右边的解释变量含有被解释变量的滞后一期项，会有内生性问题，所以我们采用动态广义矩的方法对其进行估计。

为了解决这一问题，本章采用动态面板数据系统广义矩法（SYS-GMM）对模型进行估计。且本章的面板数据是典型的时间维度短但横截面宽的短面板数据，十分适合这一方法。实证的估计结果如表3-3所示。

表3-3　高低风险组贷款增长率对货币政策反应的研究结果

	高风险组（系统广义矩）	高风险组（系统广义矩）	低风险组（系统广义矩）	低风险组（系统广义矩）
	H_ LOANR	H_ LOANR	L_ LOANR	L_ LOANR
	(1)	(2)	(1)	(2)
L. LOANR	0.236***	0.230***	-0.433***	-0.440***
	(11.73)	(9.66)	(-6.91)	(-11.52)
RL1	-15.16***		-11.39***	
	(-4.20)		(-5.64)	
RL2		-11.17***		-14.38***
		(-4.74)		(-10.99)
Size	-14.78***	-17.01***	-3.947**	-3.659***
	(-9.82)	(-8.78)	(-3.20)	(-4.85)
NIM	-7.536***	6.417***	-7.656***	7.177***
	(-4.64)	(3.27)	(-9.89)	(9.52)

续表

	高风险组（系统广义矩）	高风险组（系统广义矩）	低风险组（系统广义矩）	低风险组（系统广义矩）
Cap	-1.146***	-1.426***	-0.844***	-1.127***
	(-8.46)	(-7.35)	(-5.15)	(-7.37)
Liq	-0.510***	-0.473***	-0.0210	0.017
	(-10.85)	(-7.51)	(-0.34)	(0.27)
GDPR	-0.462	-0.588	1.174	1.795***
	(-0.31)	(-0.66)	(1.56)	(7.58)
FAR	0.806	0.594	0.985**	0.904***
	(1.47)	(1.50)	(2.82)	(6.43)
常数项	304.8***	416.3***	78.25**	167.3***
	(6.89)	(10.37)	(3.13)	(11.8)
AR（2）（P值）	0.4696	0.3530	0.0320	0.0380
Sargan（P值）	0.9734	0.9897	0.9990	0.9969
N	107	107	94	94

注：括号里为t值；*、**、***分别表示在10%、5%和1%的水平上显著。

在建立动态面板模型时，为了保证模型估计的有效性，我们还需要看两个检验：其一，扰动项序列相关检验。我们需要检验扰动项的差分是否存在二阶或更高阶的自相关，若存在二阶相关，则表示选取的工具变量不合理。其二，过度识别检验：采用Sargan检验判断工具变量是否存在过度识别的问题，原假设是工具变量不存在过度识别。

由表3-3可知，在10%显著性水平上，Sargan检验和二阶序列相关检验结果均不能拒绝原假设，说明本章模型的差分扰动项不存在二阶自相关，也不存在工具变量过度识别的问题。因此，使用系统GMM估计模型是合理的。

从表3-3的估计结果可以看出：

1. 从解释变量的回归结果来看，不论高、低风险组，以及不论货币政策变量是选取的3—6个月贷款基准利率RL1还是作为稳健性检验的1—3年贷款基准利率RL2，回归结果都显示货币政策与银行贷款增长率在1%的显著水平上呈显著的负相关，即宽松的货币政策（贷款利率下降）会使得银行贷款增长率显著提高。可能的原因是，宽松的低利率政策使得银行的盈利水平降低，由于银行的本质是获取盈利为目的的金融机构，此时银行受利益搜寻机制驱使的激励较为明显，一是会增加给高风险企业的贷款以期获得更高的收益，导致其贷款增长率提高；二是会放松其贷款标准，甚至对于以前它们认为是高风险的贷款人也放松了抵押贷款的利率，给更多的高风险贷款人发放贷款，由此导致银行贷款增长率的提高。且初步来看，高风险组和低风险组的贷款增长率对货币政策的反应系数是不同的，也即高风险组和低风险组的银行贷款增长率对同一货币政策的反应存在差异，系统广义矩下高低风险组 RL1 系数的差异为 3.77。但现在还无法得知这种差异是否具有统计意义上的显著性。

2. 根据控制变量的回归结果，从银行微观特征变量来看，无论是高风险组还是低风险组，银行的规模与贷款增长率在 1% 的水平上呈显著的负相关，即银行规模越大，其风险承担越小。可能的原因是规模大的银行具有更强的资金实力和风险管理技术优势，因此规模较大的银行风险承担较低。净息差与贷款增长率在 1% 的水平上呈显著的负相关，即银行盈利越多，其风险承担越小。可能的原因是，由于净息差目前仍是我国银行最稳定且较大的利润来源，净息差越大，表明银行的盈利能力越强，其不会由于利益搜寻机制而贷款给高风险的企业，因此风险承担较小。资本充足率与贷款增长率在 1% 的水平上呈显著的负相关，表明银行的资本充足率越高，风险承担越小。可能的原因是资本充足率较高的银行自有资本较多，且贷款较为审慎，故资本充足率较高的银行，其风险承担越小。

从宏观经济环境变量来看，对于高风险组，GDP 增长率与贷款增长率呈不显著的负相关，表明经济增长有利于高风险银行降低其风险承担。可能的原因是，一方面由于经济增长使得高风险银行对于未来盈利能力有着良好的预期，因此拥有着较低的风险承担意愿，从而风险承担较低；另一方面由于经济增长对于现有信贷的感知风险产生了积极的影响，从现金流的角度来看，其降低了高风险银行的违约概率（López 等，2011）。而对于低风险组，经济增长却助长了其风险承担。我们认为，可能的原因是低风险的银行对经济增长拥有着较为明显的顺周期效应，因此其风险承担较高。不论是高风险组还是低风险组，固定资产投资价格指数与贷款增长率呈正相关，但低风险银行系数更为显著。这一方面表明固定资产投资增加时，银行的风险承担会增大。可能的原因是固定资产投资价格指数增加时，提高了资产和抵押物的价值，从而使得银行低估了信贷者的违约概率、损失率和波动，进而提高了银行的风险容忍度，导致银行风险承担行为的增加。另外，可能由于低风险的银行具有更高的信誉，当资产和抵押物价值上升时，其对于信贷者的违约率、损失率和波动没有高风险银行那么敏感，更容易低估信贷者的违约率、损失率和波动，因此风险容忍度增加得越多，导致低风险银行的系数更为显著。

五、基于贷款分类五级数据的进一步估计

尽管前文已经对货币政策银行风险承担渠道的存在性进行了相当程度的研究分析，但仍然不够，故在前文的基础上，我们再经由另外一个很重要的角度来对其存在性进一步检验。

事实上，根据前文的理论分析，我们知道，货币政策风险承担渠道的另一个本质表现就是货币政策的变化会影响银行贷款质量从而影响到其风险承担行为。对此，国外一般通过贷款分级数据的方法来研究货币政策变化对于贷款质量的影响。但考虑到国内贷款分级数据的难获得性，我们采用 iFind 数据库中我国上市银行的贷款分类五级数据构建整体的贷款质量指数来近似地替代贷款分级数据法，以整体的贷款质量指数对货币政策变化的反应来从经验上验证货币政策银行风险承担渠道的存在性。如果我国存在着货币政策的风险承担渠道，那么贷款质量指数会随着货币政策的变化而改变，尤其是在宽松货币政策的环境下，我们预期贷款质量指数是会降低的，也即宽松的货币政策会导致银行风险承担的增大。

首先，我们借鉴平安证券构建利率市场化指数的方法，采用加权平均法，设各个风险级别的贷款（从正常至损失）为 R_i，$i=1, 2, ..., 5$，每个风险级别的贷款各自对应的权重为 β_i，$i=1, 2, ..., 5$，我们取第四季度的数据作为年度数据，通过量化后的贷款质量指标乘以各个级别贷款

的权重，将各个风险级别的贷款加权平均来构建年度的整体贷款质量指数 $LQI = \sum_{i=1}^{5} \beta_i R_i, i = 1,2,...,5$，具体步骤如下：

1. 1998 年 5 月，人民银行参照国际惯例，结合我国国情，制定了《贷款分类指导原则》，要求商业银行以借款人的实际还款能力标准将贷款标准分为五大类，即按风险程度将贷款划分为五类：损失、可疑、次级、关注、正常，其中前三种为不良贷款。因为这五个指标属于定性指标，为了构建贷款质量指数，我们首先对这五个指标进行量化处理。具体处理方法如下：①取值区间设定为［0，1］，其中 1 表示正常级别的贷款，0 表示损失贷款；②值越大表明贷款安全性越高，风险越小；③根据贷款损失的概率，以此为依据设置每个风险级别贷款的取值区间。具体取值和说明如表 3－4 所示。

2. 由于数据可获得性的限制，我们采用同花顺 iFind 金融数据库提供的我国 16 家上市银行[①] 2007—2014 年的贷款五级分类所占比重的季度数据，确定其为各个风险级别贷款所占的权重。

3. 在完成前两项工作的基础上，通过量化后的贷款质量指标乘以由季度数据表确定的各银行各个风险级别贷款所占比重，通过各个风险级别贷款的加权平均就可以求出年度的贷款质量指数 LQI，各个银行从 2007—2014 年的贷款质量指数数据如表 3－5 所示。

表 3－4　　定性指标打分细则及说明

取值	含义	说明
(0—0.25)	损失贷款	指借款人已无可能偿还本息，无论采取怎样的措施和履行怎样的程序，贷款都注定要遭受损失，或者虽然能收回极少的部分，但其价值也微乎其微，从银行的角度看，也没有再将其作为银行资产从账目上保留下来的意义，对于这类贷款，应是在履行了必要的法律程序之后立即予以注销，其贷款损失的概率在 75%—100%

① 16 家上市银行分别是平安银行、宁波银行、浦发银行、华夏银行、民生银行、招商银行、南京银行、兴业银行、北京银行、中国农业银行、中国银行、中国工商银行、交通银行、中国建设银行、中信银行、光大银行。

续表

取值	含义	说明
(0.25—0.5)	可疑贷款	借款人无法足额地还本付息，即使执行抵押或担保，也必定会造成一部分的损失，只是由于存在借款人重组、合并、兼并、未决诉讼等待和抵押物处理等未决定因素，具体损失金额还未能确定，贷款损失的概率在50%—75%
(0.5—0.8)	次级贷款	借款人的还款能力出现较为明显的问题，若完全依靠其正常营业收入，则无法足额还本付息，需要通过对外融资或处分资产乃至执行抵押担保才能够还款付息。贷款损失的概率在30%—50%
(0.95—1)	关注贷款	尽管借款人目前有一定能力偿本付息，但同时也会存在一些可能对偿还产生不利影响的因素，如若这些因素继续下去，借款人的偿贷能力将会受到影响，贷款损失的概率不会超过5%
1	正常贷款	借款人能够履行合同规定，一直能够正常偿还贷款本息，不存在任何影响贷款本息以及及时全额偿还的消极因素，银行对借款人按时足额还本付息有充分把握。贷款损失的概率为0

注：说明来源于我国1998年5月制定的《贷款分类指导原则》。

根据平安证券公司（2012）对于利率市场化指数的量化处理，对于正常、关注、次级、可疑和损失贷款，我们具体取值分别为1、0.975、0.65、0.375、0.125。

从贷款质量指数数据（见表3－5）来看，由于各个银行各年份的贷款质量指数变动比较微小，实证出来的结果可能很不明显，故此次实证模型中的货币政策变量、银行微观特征变量以及宏观环境变量基本依照前文的模型（1）所述，但被解释变量我们参照Altunbas等（2010）和张雪兰和何德旭（2012）的研究，采用贷款质量指数的差分量，即贷款质量指数的当期值减去前一期贷款质量指数的值作为被解释变量，使用动态面板模型，采用系统广义矩（SYS－GMM）估计法来观察货币政策的改变（尤其是宽松货币政策）是否改变了（降低了）贷款质量指数的变动。如果货币政策的改变（尤其是宽松货币政策）导致贷款质量指数变动的改变（降低）从而增大了银行的风险承担行为，那么也就证明我国存在着货币政策的银行风险承担渠道。模型中的货币政策变量、大部分银行微观变量以及宏观环境特征变量来自同花顺 iFind 数据库，而流动性比率来自 Bankscope 数据库。

表 3-5　　2007—2014 年 16 家上市银行贷款质量指数（%）

银行＼年份	2007	2008	2009	2010	2011	2012	2013	2014
平安银行	98.92	99.73	99.65	99.69	99.70	99.55	99.49	99.26
宁波银行	99.59	99.41	99.52	99.58	99.59	99.53	99.45	99.42
浦发银行	99.20	99.39	99.57	99.68	99.71	99.63	99.63	99.47
华夏银行	98.76	98.86	99.21	99.36	99.43	99.42	99.37	99.27
民生银行	99.25	99.32	99.49	99.60	99.64	99.61	99.60	99.49
招商银行	98.88	99.21	99.41	99.50	99.60	99.62	99.53	99.45
南京银行	98.92	99.16	99.43	99.43	99.54	99.58	99.52	99.56
兴业银行	99.39	99.55	99.68	99.70	99.75	99.77	99.61	99.43
交通银行	—	99.08	99.28	99.34	99.46	99.48	99.34	99.25
工商银行	98.64	98.83	99.10	99.29	99.41	99.49	99.45	99.42
建设银行	98.57	98.88	99.12	99.36	99.41	99.44	99.42	99.38
中国银行	98.53	98.71	99.18	99.34	99.38	99.41	99.43	99.33
北京银行	—	—	99.18	99.43	99.54	99.60	99.62	99.37
农业银行	—	97.73	98.30	98.73	99.00	99.14	99.20	99.01
光大银行	96.83	98.57	99.03	99.41	99.54	99.54	99.53	99.32
中信银行	99.05	99.10	99.43	99.59	99.65	99.60	99.47	99.27

注：—表示这一年份的数据缺失，表格内的数据都为百分比。

实证研究的估计结果与分析如表 3-6 所示。

表 3-6　　贷款质量对货币政策反应的研究结果

	被解释变量：DLQI	
	(1)	(2)
L. DQI	0.361 ***	0.347 ***
	(2.78)	(2.68)
BLR	0.125 ***	
	(6.17)	

续表

	被解释变量：DLQI	
	（1）	（2）
BDR		0.172 *** （3.81）
Size	-0.159 *** （-1.87）	-0.131 （-1.15）
Cap	-0.196 ** （-2.52）	-0.014 ** （-2.1）
Liq	-0.002 （0.14）	-0.0008 （-0.26）
NIM	-0.134 * （-1.82）	-0.115 （-1.12）
GDPR	0.051 *** （4.69）	0.068 （4.1）
FA	-0.006 * （-1.70）	-0.004 （-1.43）
常数项	4.477 *** （1.79）	3.472 *** （0.98）
AR（2）（P值）	0.8431	0.9156
Sargan 检验（P值）	0.9997	0.9988
N	92	92

注：括号里值为t值，*、**和***分别表示在10%、5%和1%的显著水平上显著。

由表3-6可知，在10%显著性水平上，Sargan检验和二阶序列相关检验结果均强烈不能拒绝原假设，说明本章模型的差分扰动项不存在二阶自相关，也不存在工具变量过度识别的问题。因此，使用系统GMM估计模型是合理的。

从表3-6的估计结果可以看出：

1. 从解释变量的回归结果来看，根据表3-6中（1）列和（2）列的估计结果：货币政策的代理变量一年期贷款基准利率BLR与用来做稳健性检验的一年期存款基准利率BDR均与表示银行风险的贷款质量在1%的显著水平上呈显著的正相关，表明我国在宽松的货币政策（即低利率政策）

下银行贷款质量是呈下降趋势的，也即宽松的货币政策会导致银行风险承担水平的上升，可能的原因是，以营利性为目的的银行在宽松的低利率政策下：一是其盈利能力会有所下降，导致其贷款质量相应下降；二是其所获利润会有所减少，此时其受利益搜寻机制驱使的激励较为明显，因此会相对增加给高风险人的贷款，由于贷款给高风险贷款人通常伴随着更大的风险，因此银行收回贷款的可能性程度下降了，也会导致贷款质量下降。此研究结果同样验证了我国货币政策银行风险承担渠道的存在性，且使用不同的货币政策代理变量都获得了相同的结论，这也表明了我们研究结论的相对稳健性，同样与国内诸多研究的结果和现实的情况相符合。

2. 根据控制变量的回归结果，从银行微观特征变量来看，银行的规模与其贷款质量在1%的显著水平上呈显著的负相关，这与 Haldane（2009）的研究结论一致，因为大型银行可以通过金融安全系统转移经营损失的风险，而非完全将投资损失内部化，即存在“风险共担”效应，从而银行信贷投放的风险偏好上升，因而规模较大的银行违约概率更高，拥有更高的风险承担倾向。从宏观经济环境变量来看，其研究结果与前文和大多数文献的结果相一致，也符合现实的经济情况。

第三节　稳健性检验：基于 Bootstrap 方法的再检验

在货币政策风险承担渠道理论中，与货币政策其他渠道最大假设即是，在这一渠道当中银行并非风险中立的，而是会根据不同货币政策来调整其贷款质量或数量。因此在我们的实证中，证明不同风险组的银行对同一货币政策反应的差异是否存在统计意义上的显著性（即高低风险组中 RL 的系数差异是否存在统计意义上的显著性）是我们实证判断我国是否存在货币政策的银行风险承担渠道的重要依据。

对于组间系数差异显著性的检验，为克服 Wald 检验的小样本偏误，我们采用 Bootstrap 的方法来检验组间差异的显著性（Efron 和 Tibsbirani，

1993；连玉君，2007）。原假设是：H_0：$d_0=0$，即组间的系数估计值不存在显著差异。检验的统计量是由 Bootstrap 方法计算得出的经验 p 值，它揭示了我们实际观测到的组间系数差异可能出现的概率。原理如下：

把来自高风险组和低风险组的样本银行混合起来，假设来自两个组中的银行数目分别为 n_1 和 n_2，则共有 $n=n_1+n_2$ 家样本银行。

在每一轮模拟中，从这 n 家样本银行中随机抽取 n_1 和 n_2 家银行，并把他们定义为高风险组和低风险组。分别对这两个不同风险组中的系数值进行估计，并记录系数差异 d_i。将第 2 步和第 3 步反复进行 k 次（本章 k =1000），继而计算出 d_i 大于实际系数差异 d_0 的百分比，即得到经验的 p 值，它与传统 p 值具有相同的含义。实证结果如表 3 -7 所示。

表 3 -7　　Bootstrap 组间系数差异检验结果

栏目	RL（系统广义矩）
高风险组银行	-15.16 ***
低风险组银行	-11.39 ***
实证 p 值	0.0093
自抽样次数	1000

从表 3 -7 的实证结果可以看到系统广义矩的估计结果，不论是高风险组还是低风险组，用 Bootstrap 方法得到的实证 p 值都是显著拒绝组间的系数估计值不存在显著差异这一原假设的，即证明我国不同风险级别的银行对于同一货币政策的反应是有显著差异的，即我国银行并非风险中立，也就是我们对风险承担渠道存在的关键假设——银行非风险中立性证明了我国确实是存在货币政策的银行风险承担渠道。

除此之外，我们基于 Bootstrap 方法对贷款分级数据也重新进行了估计，大致证实了前述的结论①。

① 在这里我们未列出检验结果，备索。

第四节　本章小结

通过理论分析与实证研究本章主要得出以下几点结论：

第一，从银行代理问题的角度看，由于存在银行与储蓄者之间的信息不对称引致的代理问题，银行作为代理人，会对货币政策和宏观经济情况产生相应的风险感知（风险非中立）。最终，银行会为了追求自身利益而采取不同的风险承担行为。

第二，进一步地从银行非风险中立的角度来看，根据平均后的 Z 值大小将银行分为高低风险组，实证研究了其对于货币政策变化反应的结果显示高低风险组的基准利率系数对同一货币政策的反映不一致，且这种不一致确实具有统计上的意义，表明我国确实存在着货币政策的银行风险承担渠道。

第三，从贷款质量转移理论的角度看，货币政策的变化会使得银行贷款资产组合的风险程度、贷款的增值和盈利能力发生改变，尤其是长时期的低利率政策引致银行对于以前其认为是高风险的贷款人也放松了贷款标准，导致银行的风险承担行为增大。以上两种情况说明，银行在货币政策的传导中不应该是风险中立的。进一步地，从银行贷款质量转移的经验研究结果来看，贷款质量对于货币政策变化是存在着反应的，其随着货币政策变量的变动而变动，从而更为深入地验证了我国货币政策的银行风险承担渠道的存在性。

本章的研究结论对于政策建议方面有如下两点启示：

首先，货币政策的银行风险承担渠道在我国的存在性证据表明，我国不仅需要关注货币政策对于银行的风险承担行为的影响，而且随着 2015 年 10 月我国放开了金融机构存款利率，我国利率市场化进程基本完成，这预示着相较利率管制时，宽松的货币政策会更为明显地增加银行的风险容忍度，从而使得银行更多地增加其实际风险承担水平。因此，在利率市场化的背景下，我国的货币政策当局需要更谨慎地使用宽松的货币政策，这点在目前有很重要的意义，从而防止我国银行业的风险积累，破坏金融稳定。

其次，随着利率市场化进程的逐步推进，银行高盈利的存贷利差模式也将逐渐消弭，因此要警惕银行由于利益搜寻效应而导致的高风险贷款行为，并且从研究结果来看，银行微观特征变量和宏观环境变量对于银行的风险承担也有着相当的影响，因此，我国在制定货币政策时，要充分考虑相关可能因素的影响和变化。要建立健全中国的宏观审慎管理框架，完善中国的市场经济体制，以市场经济为主导，辅之以宏观审慎管理，更有针对性地制定合理的货币政策来促进银行的发展和防范银行风险，从而维护金融稳定。

第四章

基于“渠道识别”的货币政策银行风险承担渠道问题研究

第一节 引 言

2008 年全球金融危机的爆发使得学术界和政策当局认识到风险承担渠道不可忽视的重要性。问题是，作为货币政策传导渠道之一的风险承担渠道，与其他传导渠道密切相关，这使得我们在对该渠道进行单独考察时，需事先排除掉其他渠道的干扰，而后才能准确地研究这个渠道，即存在着一个需要事先准确地识别出该渠道的问题（Buch 等，2014；等；Bonfim 和 Soares，2014；Altunbas 等，2014）。

事实上，此前国外已经有部分研究注意到了这一点，包括渠道识别问题的界定及其方法探讨等。

以彼时的银行贷款渠道问题为例，检验这一传导渠道的存在性同样取决于能否正确识别出该渠道。问题是传统的货币政策传导渠道包括货币渠道和信贷渠道，其中，信贷渠道又包含资产负债表渠道（Bernanke 和 Gertler，1995）以及银行贷款渠道（King，1986）。故早先 King（1986）在研究银行贷款渠道问题时，很多学者对此渠道的存在性是颇有疑虑的，其困惑之处正是在于该渠道的确难以确认。直到 Kashyap 等（1993）通过区分来源于银行和非银行的两种不同信贷，降低了区分渠道问题所带来的困难，达到了识别信贷渠道的效果①。

回到风险承担渠道，就本质而言，风险承担渠道并非一个崭新的渠道，而是包含于货币政策的传导渠道中，其与传统渠道不同之处关键在于否定了银行风险中立的假设，即银行自身对风险变化有所感知，且这个感知会影响货币政策的传导（Jiménez，2014；Maddaloni 和 Peydró，2013）。

---

① 他们的文章指出：紧缩的货币政策导致厂商通过银行获得的贷款额的下降幅度大大超过厂商通过其他渠道获得资金额的下降幅度，对于厂商的这种融资构成的变化，可以用来解释独立的“信贷渠道”的存在。因为如果“货币观点”提出的是关于货币政策传导机制的完整解释的话，紧缩的货币政策会引起厂商各种来源的贷款额的下降，而不应仅是贷款构成结构的变化。

故若要准确地刻画这一渠道就必须剔除传统的传导渠道。显然若没有事先准确地剔除传统渠道的干扰（即完成识别工作），将会对该渠道研究的准确性造成较大的困扰。

对此，目前国外的研究主要有两种识别（排除传统渠道干扰）的方法：一种是数据方面的。即通过银行贷款分级数据来排除其他传导渠道的干扰，直接对银行的风险承担意愿进行研究和检验。这种方法在近年较为流行，因为其几乎能够完全排除其他渠道的影响。如 Ioannidou 等（2009）基于 1999—2003 年的玻利维亚贷款分级数据，研究了新增贷款价格对货币政策变动的反应，发现当利率较低时，银行不仅新增了高风险贷款的数量还降低了对其的相对利率。项后军等（2017）则利用国内贷款分类五级数据构建贷款质量指数以近似地替代银行贷款分级数据，验证了我国银行风险承担渠道的存在性问题。另一种则是变量控制方面的。在实证模型中加入控制变量以控制其他渠道干扰。如在 Altunbas 等（2014）的研究中，通过引入宏观环境变量和银行特征变量分别控制了资产负债表渠道及银行贷款渠道，然后再单独研究了美国和欧元区的风险承担渠道。

国内文献几乎没有人对风险承担渠道及相关的传统渠道进行明确区分，甚至没有对渠道识别这一问题予以足够的重视，仅金鹏辉和张翔（2014）在他们的文章中提及了渠道区分问题，并采用贷款审批条件指数来度量银行的贷款意愿，同时衡量了其对于发放贷款的事前风险感知。然而，他们研究的重点却并非渠道的识别问题。

除识别问题之外，还有一点需要指出的是，货币政策的银行风险承担渠道是由多个影响机制综合作用的。切实地研究该渠道，还要较为全面地考虑这些影响货币政策传导效果的机制，具体而言，需要考虑如下三个影响机制（项后军等，2016）：

其一是收入、估值和现金流效应，该路径亦被称为“类金融加速器”机制，由 Borio 和 Zhu（2008）最早总结并提出。这一机制的作用原理大致可归纳为：低利率会使抵押品和资产的价值提高从而使银行利润相应提高，但这反过来又会使银行的风险感知降低进而容忍度增加，从而鼓励了其风险承担。尤其是风险价值（VaR）等风险度量方法的使用更是使这种效应进一步得到增强（Altunbas 等，2014）[①]。其二是利率追逐效应机制，该理论认为，市场利率与目标收益率之差导致了金融机构的利率追逐（Rajan，2005）。Borio 和 Zhu（2012）在此基础上给出了该效应的狭义定义——若利率降低，则其会与（黏性）回报率目标相互作用，从而使得风险容忍度增加（张强和张宝（2011）、方意等（2012）等诸多文献也对此效应进行过较为详细的探讨）。其三是央行沟通和反应函数，这一机制由 Borio 和 Zhu（2008）、Blinder 等（2008）最早提出。具体来说就是央行的政策承诺及透明度，会改变金融机构（尤其是银行）的预期，从而使得其根据自身状况调整贷款供给等活动，最终改变货币政策作用于实际产出的效果。除此之外，这种预期的影响效果还与央行承诺的可信度有关，当可信度较高时，银行也能够更加准确地预期央行行为，尤其在面对银行更有利的承诺时，其风险承担意愿会表现得更强。

问题是，国内定量研究风险承担渠道的传导机制多只将注意力放在利益追逐机制上（通常亦称利益搜寻机制），且研究这一机制时多采用两类代理变量进行研究，一类研究主要以基准利率 IR 为主（为我国价格型货币政策的基准利率，理论上包括我国的存贷款基准利率和银行间市场同业拆借利率），特点是较为直观，如徐明东和陈学彬（2012）以及江曙霞和陈玉婵（2012）等采用基准利率 IR 作为利率追逐的代理变量，检验了银行风险承担对于货币政策的反应，发现两者呈显著负相关，也即其使用 IR 作为利率追逐机制的回归结果为负。

另一类是 TGAP（定义为基准利率与泰勒规则利率的利差），这一研究基本上采取了近期国外主流研究的做法，直观性要差些，处理起来也更复杂一点。如张雪兰和何德旭（2012）以及牛晓健和裘翔（2013）采用 TGAP 作为利率追逐机制的代理变量，其中张雪兰和何德旭（2012）使用贷款损失准备占贷款总额比作为主要衡量指标，考察了货币政策立场（即利率追逐机制）对我国银行风险承担的影响。研究结果发现，利率追逐机制显著影响银行风险承担，且其受到银行资产负债表特征以及市场结构的

---

① 类似的，Adrian 和 Shin（2010）描述了货币政策的风险承担渠道，并表明当风险价值 VaR 对资本有约束的时候，扩张的货币政策增加了银行的贷款发放和银行的风险承担。

影响。

总结上述研究，发现仍然存在着以下几点可以拓展的空间：

其一，如前所述，若没有事先区分渠道识别，就不能保证我们所探讨的是“真正”的风险承担渠道。譬如说，在没有进行渠道识别的情况下，由于其他渠道（如资产负债表渠道）的干扰，极有可能得到跟实际情况相悖的结论。

其二，从银行风险承担渠道的多个影响机制来看，国内文献多将注意力放在利率追逐机制上，缺乏全面综合地研究其他影响机制（特别是类金融加速器机制）的作用情况，且何种代理变量更适合用来度量利率追逐机制其实也是需要厘清的。

其三，渠道识别和风险承担渠道的多个影响机制之间是密切相关的，渠道识别的目的是为了研究“真正”的货币政策的银行风险承担渠道，而货币政策银行风险承担渠道的传导又依赖于多个影响机制的综合作用。即，如果没有影响机制，纯粹的渠道识别便没有实际意义；而如若没有渠道识别，就不能准确地刻画出多个影响机制的综合作用。

因此，本章试图针对上述问题展开较为全面的研究。文章其余部分安排如下：第二部分是研究设计；第三部分是实证分析；第四部分为稳健性检验；第五部分为研究结论与启示。

第二节　研究设计：基于渠道识别的银行风险承担渠道的影响机制研究

一、模型设定

正如前文再三强调的，正确识别货币政策银行风险承担渠道研究重要的前提是需要剥离其他货币政策传导渠道的影响。基于我国银行贷款分级数据获取的困难性，识别的机制方面我们主要考虑借鉴 Altunbas 等（2010、2014）以及 Ramayandi 等（2014）等学者的研究，通过控制变量（控制住某些渠道的影响）来达到渠道识别的目标。

（一）未考虑渠道识别的货币政策银行风险承担渠道的模型设定

首先，我们根据国内目前主流的研究设置基准模型以便对比，参照张雪兰和何德旭（2012）以及牛晓健和裘翔（2013）设定基准模型 1 如下：

$$RISK_{i,t} = \lambda RISK_{i,t-1} + \alpha TGAP_t + \sum_{k=1}^{4} \phi_k B\_\ Control + \sum_{k=1}^{2} \pi_k M\_\ Control + \xi_{i,t} \tag{1}$$

其中，ε_{it}为随机扰动项；下标 i 和 t 分别表示银行 i 和第 t 年。被解释变量 $Risk_{it}$为银行的风险承担；TGAP 代表利率追逐机制。对于该机制，我们主要参照 Altunbas 等（2010、2014）以及 Ramayandi 等（2014）等学者的研究，采用基准利率与泰勒规则利率的利差 TGAP 来度量。若 α 为负，则表明实际利率越低于政策利率，银行风险承担越大。为了有效识别货币政策对银行风险承担的影响，还有一些其他影响银行风险的重要变量需要加以控制，如银行微观特征变量和宏观环境特征等变量。在本章中，银行微观特征变量我们主要控制银行规模（Size）、资本充足率（Cap）、流动性（Liq）和净息差（NIM）。宏观经济环境变量我们控制了经济增速（GDPR）和股票市场指数增长率（STOCK）。

然而，首先有一个问题需要厘清。国内部分研究在未经渠道识别时使用更为直观的 IR 作为利率追逐机制的代理变量，且其回归结果为负。但从我国实际情况来看，我国贷款基准利率 IR 与银行不良贷款率的散点关系图如图 4－1 所示。

从图 4－1 中我们可以看出，在剔除极端值之后，就实际情况而言，我国贷款基准利率 IR 与银行的不良贷款率呈现较为明显的正相关关系。

事实上从理论上看，银行贷款基准利率越高，贷款人还款成本也相应升高，银行的不良贷款率也会随之上升，所以理论上来说贷款基准利率 IR 与 NPL 的关系也应为正值。

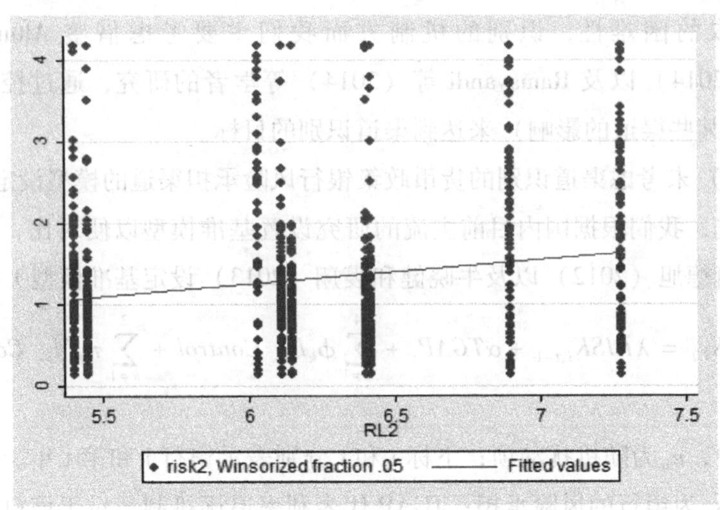

图 4－1 贷款基准利率与不良贷款率的散点图①

除此之外，我们重新回到利率追逐机制的定义来看，它是由市场利率与目标收益率之差导致的，单纯的用基准利率来衡量该机制的确有失合理性。这样看来，无怪乎近来的主流研究更多地用 TGAP 而非 IR 来衡量利率追逐机制。如 Altunbas 等（2014）控制基准利率对银行风险承担的影响以剥离出银行贷款渠道的研究表明，IR 代表的是银行贷款渠道。实际上张雪兰和何德旭（2012）也使用 IR 作为控制变量以分离出利率对银行风险承担的影响。且由银行贷款渠道理论可知，该渠道正是通过实际利率对银行贷款的质量组合产生影响，进而影响到银行的风险承担。显然，这些研究显示 IR 并非完全不重要，而是它另有所任，扮演着银行贷款渠道的角色。

其次，另一个是渠道识别基础上的多影响机制问题——货币政策的银行风险承担渠道主要是通过类金融加速器机制、利率追逐机制以及央行沟通和反应函数这三个机制来影响到货币政策的传导效果。鉴于目前国内的相关研究大都只提及了利率追逐机制，很少提到银行风险承担渠道的其他影响机制。因此，我们将在模型（1）的基础上引入渠道识别并在此基础上通过加入其他的影响机制（如模型（3）里的 SFA（表示类金融加速器

① 为了剔除极端值的影响，我们在画图时对变量进行了相应的缩尾处理。

机制，即金融加速器机制基础上的“微调”机制））来较为全面地研究银行风险承担渠道。然而，对于央行沟通和反应函数这一机制，一方面，其影响作用相对于前两个机制来说是最小的（Borio 和 Zhu，2008；Altunbas 等，2014）；另一方面 Borio 和 Zhu（2008）也承认其很难独立识别，因为中央银行给出明确未来政策信号的时期一般都是与政策利率长期异常低的时候重合（BIS，2007）。因此我们研究的重点在于利率追逐机制和类金融加速器机制。

（二）渠道识别基础上的风险承担渠道的多机制模型设定

具体地，我们进一步参考钟海燕和冉茂盛（2010）以及方红星和金玉娜（2013）等学者的研究，类似地设计了一个两阶段回归模型①，以期达到渠道识别和多个影响机制定量研究的目的。

第一阶段，渠道识别②模型：

$$RISK_{i,t} = \lambda_1 RISK_{i,t-1} + \alpha_1 IR_t + \beta_1 FA_t + \varepsilon_{i,t} \tag{2}$$

其中，IR 和 FA 分别代表银行贷款渠道以及资产负债表渠道，其余变量均与模型（1）中对应的变量相一致。

---

① 具体来说，这个两阶段回归模型构造思路如下

$$\varepsilon_{i,t} = \alpha_2 TGAP_t + \beta_2 SFA_t + \sum_{i=1}^{4}\gamma_k B\_\ Control_{i,t} + \sum_{i=1}^{2}\varphi_k M\_\ Control_t + \xi_{i,t} \quad (1)$$

$$RISK_{i,t} = \lambda_1 RISK_{i,t-1} + \alpha_1 IR_t + \beta_1 FA_t + \varepsilon_{i,t} \quad (2)（即模型1）$$

$$\varepsilon_{i,t} = \alpha_2 TGAP_t + \sum_{i=1}^{4}\gamma_k B\_\ Control_{i,t} + \sum_{i=1}^{2}\varphi_k M\_\ Control_t + \xi_{i,t} \quad (3)$$

$$\varepsilon_{i,t} = \alpha_2 TGAP_t + \beta_2 SFA_t + \sum_{i=1}^{4}\gamma_k B\_\ Control_{i,t} + \sum_{i=1}^{2}\varphi_k M\_\ Control_t + \xi_{i,t} \quad (4)（即模型2）$$

从模型（2）到模型（3）是直接使用模型（2）的残差作为模型（3）的被解释变量，即模型（2）和模型（3）完全可以组合成模型（1），这里将模型（1）分开为模型（2）和模型（3）是为了更好体现出“渠道识别”的作用。即模型（2）取残差作为模型（3）的解释变量完全是为了从模型（2）中更加明显地表达剔除货币政策的银行贷款渠道和资产负债表渠道作用，因此模型（3）的被解释变量虽然是残差，但简单还原可知模型（3）解释变量的回归系数仍然与模型（1）中的经济意义一致。

而模型（4）是在模型（3）的基础上增加变量 SFA，为的是在我们“渠道识别”后，再研究真正风险承担渠道中的类金融加速器机制。

② 事实上，通过该模型还未达到完整的渠道识别目的，须通过第二阶段模型中残差的提取才算真正完成了渠道识别的工作，因此第一阶段和第二阶段的模型是一个相辅相成、不可分割的整体。

第一阶段回归的作用是为了完成渠道识别的第一步——剔除银行贷款渠道和资产负债表渠道对被解释变量的影响①。而银行贷款渠道主要是通过基准利率去影响银行贷款供给，因此我们考虑使用银行基准利率 IR 去控制这一渠道②。如果 α_1 为正，则表示银行贷款渠道与银行风险承担呈正相关；而资产负债表渠道主要是通过金融加速器机制从企业资产价值的变化去影响到银行贷款需求，因此我们使用资产价值变化 FA 来控制资产负债表的金融加速器机制。若 β_1 为负，意味着资产负债表渠道与银行风险承担负相关。

通过第一阶段回归模型的变量 IR 和 FA，分别控制了银行贷款渠道和资产负债表的影响后，得到的残差项就能够较为接近地度量“真正的”银行风险承担渠道的变化，或者说就是排除了银行贷款渠道和资产负债表渠道影响后银行主动承担不良贷款风险的变化因素。国内以往研究多是将这一剩余的变化因素单纯解释为控制变量的影响，而忽略了其中还包含有货币政策带来的银行风险承担渠道的影响，我们研究的关键一步就是力图从这些剩余变化中，剥离出银行风险承担渠道的影响，以冀更加准确地研究我国货币政策的银行风险承担渠道。因此，从银行风险承担渠道研究的角度来说，这个排除了银行贷款渠道和资产负债表渠道影响之后剩余的相当一部分因素才是“真正”的银行风险承担变量，即是“真正”的银行风险承担渠道③。

第二阶段，渠道识别基础上的多机制作用模型：

$$ET_{i,t} = \alpha_2 TGAP_t + \beta_2 SFA_t + \sum_{k=1}^{4} \phi_k B\_\ Control + \sum_{k=1}^{2} \pi_k M\_\ Control + \xi_{i,t} \tag{3}$$

① 本章被解释变量选取为了与目前主流的研究相对照，仍然采取目前使用最多的不良贷款率，而在后文中采用风险加权资产占总资产比例作为稳健性检验。

② 影响银行贷款渠道的应该还包括银行异质性的微观控制变量，但鉴于我们研究重点在于风险承担渠道，且银行风险承担渠道在于银行异质性对风险的反应，所以更需要控制银行异质性的微观控制变量，因此，我们将银行微观控制变量放在第二步回归模型之中。

③ 这个“真正”打引号的原因，是因为这个因变量中不仅有影响银行风险承担渠道的关键机制作用的影响，还有一直存在的控制变量的影响。理论分析及模型设定上，我们其实都可以将控制变量和银行贷款渠道以及资产负债表渠道都放在第一阶段模型中回归，回归后的残差就是真正的（货币政策风险承担渠道对初始因变量的影响）的银行风险承担变量。

其中，ET（从 ε_{it} 提取出来）为剔除了银行贷款渠道和资产负债表渠道后的不良贷款率的残差；SFA 代表类金融加速器机制，其余变量均与前文模型（1）一致。

对于类金融加速器机制，从理论上来说因为其来源就是金融加速器机制基础上的微调作用，为了达到表现出这种微调效应的目的，我们在第二阶段回归模型中，仍然（类似前文）采用第一阶段回归中的金融加速器机制 FA 来作为类金融加速器机制 SFA 的代理变量①。若 β_2 为正，则表明类金融加速器机制的效果越明显，银行风险承担越大。

最后，在第二阶段回归中选取银行微观控制变量和宏观经济控制变量，我们通过这一特殊的两阶段回归模型设计，达到了渠道识别和对货币政策风险承担渠道多影响机制定量研究的目的。

二、变量说明

（一）被解释变量

1. RISK 的代理变量不良贷款率 NPL。国内目前银行风险承担变量的选取主要有 4 类：（1）银行不良贷款率；（2）Z 值；（3）风险加权资产占总资产比例；（4）贷款损失准备占贷款总额比例。由于我国利率市场化还未完全实现，市场化程度相比国外不够完善，资产证券化等新业务尚不够成熟，目前国内银行最主要的业务还是存贷款，因此信用风险是我国银行面临的最主要的风险。

故我们参照张雪兰和何德旭（2012）等学者的研究，也使用不良贷款率作为银行风险承担的代理变量，但考虑到不良贷款率作为银行主动风险承担衡量的指标可能存在一定的局限和改进的空间（方意，2015），我们还使用了风险加权资产比例（用以更好地衡量银行的主动风险承担）作为

① 理论上来说，在第二阶梯模型中，银行风险承担变量再次对资产价值变化做出的反应，表示在第一次反应剔除资产负债表渠道影响后的第二次微调效果。实证上即是再次使用 FA 的数据在第二步中回归，在这里我们主要参考了钟海燕和冉茂盛（2010）以及方红星和金玉娜（2013）此前曾经应用过的这种处理方法。

后文的稳健性检验。

2. 第一阶段回归的残差项 ET（从 ε_{it} 提取出来）。第一阶段回归模型的变量 IR 和 FA，分别控制了银行贷款渠道和资产负债表的影响后，得到的残差项就刚好是银行风险承担渠道的变化，即是“真正”的银行风险承担变量。

（二）解释变量

1. 对于货币政策银行风险承担渠道中的 TGAP 的代理变量，我们在参考 Altunbas 等（2014）的处理基础上考虑我国特殊国情，最终分别使用四种 TGAP。

其中前两者为只考虑利率的价格型 TGAP。具体包括：

（1）TGAP1——为真实名义短期利率和标准“泰勒规则”的利率之差。Taylor 和 John（1993）提出了如下标准的泰勒规则利率：

$$i_t = r^* + \pi_t + \alpha_1(\pi_t - \pi^*) + \alpha_2 y_t$$

其中：i_t 是联邦短期名义利率目标值；r^* 是长期均衡实际利率，泰勒假定处于潜在增长率和自然失业率水平下的通货膨胀率都对应着一个均衡实际利率；π_t 是通货膨胀率；π_t^* 是短期通胀目标；y_t 是产出缺口，通过对美国和欧洲各国的经验分析，Taylor（1993）将通胀和产出缺口系数都设为0.5，通胀目标和均衡实际利率都设为2%，从而得到经典的标准“泰勒规则”原式：

$$i_t = 2 + \pi_t + 0.5(\pi_t - \pi^*) + 0.5y_t$$

（2）TGAP2——为真实名义短期利率和有着利率平滑“泰勒规则”利率的差（即 $i_t = \rho i_{t-1} + (1-\rho)[\alpha + \beta_1(\pi_t - \pi^*) + \beta_2 y_t]$，参考 Altuanbas 等（2012）以及张雪兰和何德旭（2012）的研究我们设置 $\beta_1 = 1.5$，$\beta_2 = 0.5$，利率平滑参数 ρ 设置为 0.85，α 是当产出和通胀在目标水平时候的真实利率，也设置为2%，均衡目标通胀 π^* 设置为2%）。

而后两者是考虑到我国数量货币政策的数量型 TGAP。具体包括：

（3）考虑到我国国情的 TGAP3A——为真实名义短期利率和考虑利率平滑的前瞻性“泰勒规则”利率的利差。参照 Clarida 等（2000）的设定，前瞻性的泰勒规则可以线性地表示为：

$$i_t^* = r_t^* + \pi^* + \beta(E[\pi_{t,k} | \Omega_t] - \pi^*) + \gamma E[y_{t,q} | \Omega_t]$$

其中，i_t^* 表示期望利率水平；r^* 表示均衡的实际利率；E 表示期望算子；$\pi_{t,k}$表示 t 期到 t + k 时期的通胀水平；π^* 表示目标通胀率；$y_{t,q}$表示 t 时期到 t + q 时期的产出缺口；Ω_t 表示 t 时期的信息集；β，γ 为待估参数。

考虑到我国数量型货币政策的重要性，最终本章参考张屹山和张代强（2007）的结论，使用如下加入货币供应增长率的利率平滑的前瞻性“泰勒规则”：

$$i_t = \beta_0 + \rho i_{t-1} + (1 - \rho)\pi_{t-1} + \beta_1(\pi_{t+1} - \pi^*) + \beta_2 y_{t+1} + \beta_3 M_{t-1} + \varepsilon_t \tag{4}$$

其中，M_t 为 t 期的货币供应增长率（实证中我们取 M1 的供应增长率）；ρ 是利率平滑系数，其他变量与 TGAP1 一样，但考虑到张屹山和张代强（2007）以及熊海芳和王志强（2013）的研究结论，我国利率平滑系数要高于国外，且我们主要采用的是拆借利率，所以利率平滑系数采用 0.95。$\beta_0 = (1 - \rho) r^*$，β_1、β_2、β_3 都设置为 0.05，其中 π_{t+1}与 y_{t+1}涉及对 2015 年的预测值，我们取央行 2015 年 6 月 9 日发布的中国 2015 年宏观经济预测报告中的通胀预测值 1.4% 和实际 GDP 增长率 7%，从而得到前瞻的 π_{2015}，以及通过 HP 滤波处理得到前瞻的 y_{2015}，鉴于我国经济增长率以及货币供应量增长率都长期高于欧美国家，且近几年我国政府工作报告中通胀目标都是在 3% 以上，因此，这里将通胀目标设置为 3% 水平，名义均衡利率按照熊海芳和王志强（2013）的做法取样本中隔夜拆借利率的中值。

（4）TGAP3B——鉴于我国 GDP 增长率长期较高，因此将 TGAP3B 中的通胀目标设置为 3.5%。

类似 Altunbas 等（2014）的处理，四种 TGAP 的趋势图如图 4 - 2 所示①。

---

① 由于 TGAP3A 和 TGAP3B 的每个变量值只差 0.02，因此在图 4 - 2 中看起来可能几乎重合，而并非只有三条折线。

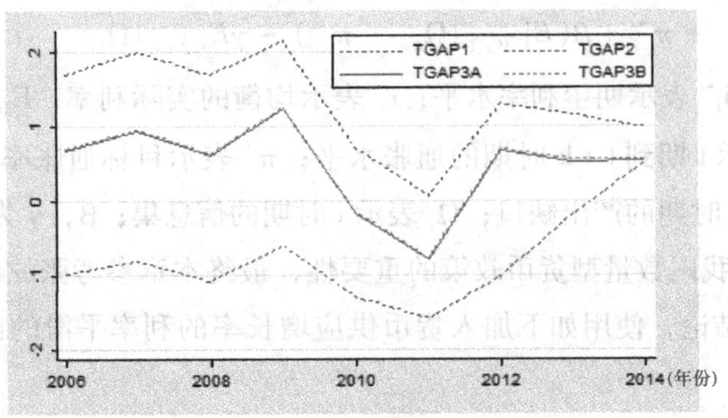

图4-2 四种TGAP的年度趋势图

2. 对于银行风险承担渠道中的类金融加速器机制SFA，为体现银行风险承担渠道中类金融加速器机制是在资产负债表渠道（金融加速器机制）基础上的微调效果这一本质，我们仍使用固定资产投资价格指数FA作为类金融加速器机制的代理变量。

（三）控制变量

1. 对于银行微观控制变量，我们选取大多数学者使用的四个指标。

（1）银行资产规模SIZE：取银行总资产的对数来衡量，规模越大的银行由于风险管理技术较好且贷款的资产组合多元化，其风险承担通常较小。

（2）银行资本充足率CAP：本章采用银行总资本与总资产的比率作为资本充足率的口径。一般认为银行自有资本越多，银行会越小心谨慎，即存在"利益共担"效应。故一般资本充足率较多的银行其风险承担程度相对较小。

（3）流动性比率LIQ：是银行证券或者其他流动性资产比的总资产。流动性越强的银行，其应对危机和资金周转的能力越强，因此一般流动性较高的银行风险承担越低。

（4）净息差NIM：反映银行的盈利能力。盈利能力越强的银行，其不会轻易放松贷款标准或者寻求更高风险的贷款以期获得更高的收益。因此，一般银行的净息差越大，其风险承担越低。

2. 对于宏观控制变量，我们取股票市场指数增长率STOCK和GDP增长率GDPR。

（1）股票市场指数增长率 STOCK 是上证综合指数按月均成交量加权平均值。因为如果直接取上证综合指数的年度值，它是该年最后一个交易日的收盘指数，可以从年线上看到每年上证的振幅都比较大，所以这么取较难准确衡量一年中股市的真实情况。而若按日指数加权平均则运算过程过于烦琐，所以取月度指数，按当月平均交易额作为权重加权得到年化指数。

（2）GDP 增长率 GDPR，一般认为经济增长的变动使得银行对于未来盈利能力的预期和现有信贷的风险产生积极的影响，从现金流的角度看，降低了违约概率。因此，经济增长与银行风险承担通常呈负相关。

3. 对于控制银行贷款渠道的变量 IR，理论上包含存贷款基准利率或银行间市场拆借利率，但鉴于我们风险承担因变量为银行不良贷款率，因此优先考虑的是银行贷款基准利率。而又鉴于我国银行资产负债表存在比较严重的期限错配问题，这意味着银行存款大多是短期，贷款大多数是长期贷款，因此我们选取的是 1—3 年贷款的基准利率作为政策利率 IR，来作为代理变量控制银行贷款渠道。

4. 对于控制资产负债表渠道的变量 FA，使用固定资产投资价格指数作为其代理变量。因为这一指数度量的是当年固定资产投资的价格，所以也能比较好地度量企业固定资产的当年价值。

三、样本选择及描述性统计

本章的银行特征数据主要来源于全球银行与金融机构分析库和同花顺 iFind 数据库，宏观统计数据来自国家统计局网站，货币政策的利率数据来自中经网—中国经济统计数据库。考虑到数据的缺失和可得性，我们选取了 2006—2014 年 155 家银行的年度数据构造面板模型，包括 5 家国有商业银行①、12 家股份制商业银行②、33 家外资银行③和 105 家地方性商业银行④。且为了剔除极端值的影响，我们对银行的特征数据进行了头尾 1% 的缩尾处理。数据的描述性统计如表 4－1 所示。

表 4－1　样本数据描述性统计

变量名	观测值总数	均值	标准差	最小值	最大值
RISK	908.00	1.69	3.76	0.00	74.27
IR	1395.00	6.24	0.57	5.40	7.28
FA	1395.00	102.67	3.28	97.60	108.94
TGAP1	1395.00	1.31	0.63	0.07	2.17
TGAP2	1395.00	－0.78	0.60	－1.59	0.52
TGAP3A	1395.00	0.48	0.57	－0.78	1.24
TGAP3B	1395.00	0.50	0.57	－0.76	1.26
CAP	964.00	17.53	26.53	－4.82	446.00
SIZE	979.00	18.27	1.84	13.55	23.75
LIQ	602.00	31.86	25.83	5.85	403.62
NIM	940.00	3.11	1.20	0.17	10.45
STOCK	1395.00	17.07	49.74	－27.26	141.10
GDPR	1395.00	9.84	2.21	7.27	14.20

第三节　实证分析

考虑到 Altunbas 等（2010、2014）等多位学者的研究，银行风险承担确实具有滞后性，因此我们确定使用动态面板模型进行估计。对于基准模

① 5 家国有商业银行包括中国工商银行、中国建设银行、中国农业银行、中国银行和交通银行。

② 12 家股份制商业银行包括招商银行、兴业银行、浦发银行、中信银行、中国民生银行、华夏银行等。

③ 33 家外资银行包括汇丰银行、东亚银行、渣打银行、花旗银行、恒生银行等。

④ 105 家地方性商业银行包括北京银行、上海银行、徽商银行、成都农村商业银行、上海农村商业银行等。

型，我们采用系统广义矩进行估计，以便与加入渠道识别后的模型进行控制和对比。而对于加入渠道识别后的模型，鉴于我们特殊设计的是一个两阶段回归模型，且第二阶段回归的解释变量是第一阶段回归的残差，因此我们选择在第一阶段回归模型上使用动态面板估计，第二阶段回归模型上使用静态面板估计①。由于一阶差分广义矩估计量会导致一部分样本信息的损失，并且当因变量在时间上有持续性时，工具变量的有效性将减弱从而影响估计结果的渐进有效性，即会出现有限样本偏误。而系统广义矩估计可以增强差分估计中工具变量的有效性（冯宗宪和陈伟平，2013），因此我们使用系统广义矩的残差作为第二阶段回归模型的因变量。且在下文结果的相关部分中我们均列出了二阶序列相关检验和 Sargan 识别检验的结果。

一、未考虑渠道识别的基准模型回归估计结果及分析

根据模型的回归结果（见表 4－2）可知：

表 4－2　　　　基准模型回归的结果

	被解释变量：RISK 不良贷款率（系统广义矩）			
	(1)	(2)	(3)	(4)
$RISK_{t-1}$	0.135***	0.139***	0.143***	0.143***
	(14.04)	(13.95)	(14.23)	(14.23)
$RISK_{t-2}$	0.0368***	0.0407***	0.0392***	0.0392***
	(14.67)	(15.66)	(14.91)	(14.92)
TGAP1	−0.295***			
	(−12.60)			
TGAP2		−0.457***		
		(−12.57)		
TGAP3A			−0.211***	
			(−10.19)	

① 因为第一阶段回归我们采取的是动态面板提取残差，因此第二阶段的残差已经包括在第一阶段的动态面板中，故第二阶段我们考虑采用静态面板估计。

续表

	被解释变量：RISK 不良贷款率（系统广义矩）			
	(1)	(2)	(3)	(4)
TGAP3B				-0.211*** (-10.18)
SIZE	-0.0248 (-0.84)	-0.00101 (-0.04)	-0.0124 (-0.43)	-0.0122 (-0.43)
CAP	-0.00662 (-1.03)	-0.00273 (-0.45)	-0.00372 (-0.59)	-0.00371 (-0.58)
LIQ	0.00692 (1.31)	0.00749 (1.41)	0.00723 (1.36)	0.00722 (1.36)
NIM	-0.210** (-2.44)	-0.176** (-2.05)	-0.189** (-2.18)	-0.189** (-2.18)
GDPR	-0.0684 (-1.57)	-0.0268 (-0.59)	-0.0595 (-1.35)	-0.0594 (-1.35)
STOCK	0.00108*** (7.20)	0.00124*** (8.58)	0.000884*** (6.07)	0.000882*** (6.06)
常数项	0.372 (0.58)	-0.285 (-0.45)	0.268 (0.43)	0.275 (0.44)
N	377	377	377	377
AR（2）（P 值）	0.1561	0.1759	0.2241	0.2246
Sargan（P 值）	0.2250	0.2573	0.4341	0.4340

注：（1）下标 t－i 表示变量的滞后 i 期值，如果没有注明下标的，则表示变量的当期值。（2）*** 表示统计量在 1% 水平上显著，** 表示统计量在 5% 水平上显著，* 表示统计量在 10% 水平上显著，括号内为 t 值（后表同）。

系统广义矩的估计结果显示，不良贷款率的滞后一期和二期的系数都显著为正，这意味着银行上一期的不良贷款越高，其下一期的不良贷款率也通常越高。

代表利率追逐机制的 TGAP 变量与不良贷款率呈现显著的负相关，这确定了风险承担渠道的效果：如果实际利率低于政策基准利率，那么银行确实会承担更多风险（Altunbas 等，2012）。此结果与目前主流的研究结果相符，意味着利率追逐机制与银行风险承担负相关，即实际利率越低于政策利率（TGAP 值为负且绝对值越大时），银行利率追逐的激励就越大，银行风险承担越高。这是因为，银行贷款盈利是其传统且占比较大的盈利模式，实际利率越低使得银行可获得的盈利越低，而其本质上是以获取盈利为目的的金融机构，此时银行受利益驱使的动机较为明显，一是会增加对高风险企业的贷款以期获得更高的收益；二是会因此放松贷款标准，甚至对以前认为是高风险的贷款人也放松了抵押贷款的利率，给更多的高风险贷款人发放贷款，由此导致银行风险承担增大。

但考虑到上述基础模型回归结果还未经过渠道识别，且目前主要研究的模型设定都未考虑其他影响机制的作用，因此接下来我们会在渠道识别的基础上加入其他影响机制进一步检验其准确性和可靠性。

至于银行微观特征变量和宏观环境变量，其系数相对大小与主流研究的差异大致在可以接受的范围内，且回归结果的系数符号也基本与目前的主流研究一致，因此在此不一一赘述。

二、基于渠道识别的两阶段回归模型的估计结果及对比分析

（一）第一阶段：渠道识别的回归模型的估计结果及分析（见表 4 - 3）

表 4 - 3　　第一阶段回归模型的估计结果

	被解释变量：RISK（不良贷款率）	
	差分广义矩	系统广义矩
$RISK_{t-1}$	0.146***	0.104***
	(27.38)	(36.85)
$RISK_{t-2}$	0.107***	0.0816***
	(29.43)	(46.63)
IR	0.245***	0.318***
	(7.10)	(11.00)
FA	-0.0221***	-0.0109**
	(-5.27)	(-2.41)

续表

	被解释变量：RISK（不良贷款率）	
	差分广义矩	系统广义矩
常数项	1.426 *** (4.93)	-0.0336 (-0.10)
N	457	589
AR (2)（P值）	0.1915	0.1523
Sargan（P值）	0.2091	0.2342

从第一阶段的回归结果我们可以看到：

无论差分广义矩还是系统广义矩，贷款基准利率IR衡量的银行贷款渠道都与不良贷款率正相关，这意味着，货币政策通过银行贷款渠道的影响是：在其他条件不变的情况下，贷款基准利率越高，银行不良贷款率越高。如果利率降低，那么银行贷款组合的整体质量将有所提升，这与Jiménez等（2009）的发现以及Dubecq等（2009）的预测一致，即较低的短期利率降低了未偿贷款的信用风险。

同时，这也与前文的理论分析相一致，表明实际上IR和TGAP确实代表着货币政策中的两种不同的影响力量，而且，只有经过“渠道识别”排除银行贷款渠道IR的影响之后，才能准确地揭示出货币政策的银行风险承担渠道（银行风险承担渠道中利率追逐机制TGAP与银行风险承担负相关）。由此可见，我们在经过渠道识别后，一是更加准确地表明了IR与TGAP在货币政策传导中起到的不同作用；二是可以进一步准确研究TGAP（至于渠道识别前后TGAP差异的对比，我们将在后文中具体分析），即“真正的”银行风险承担渠道。

FA衡量的资产负债表渠道与不良贷款率呈显著的负相关，这意味着，通过资产负债表渠道，资产价值越高，银行不良贷款率越低。这是因为，资产价值升高时，企业的资产净值也会随之升高，由于银行贷款多对抵押物有所需求，从而银行贷款中的抵押资产（多为房产等固定资产）的价值也随之升高，由此企业的偿债难度降低从而违约率相应降低，不良贷款率随之降低。

（二）第二阶段：渠道识别基础上的多机制回归结果及对比分析

上述动态面板模型回归后的残差，就是剔除了货币政策的银行贷款渠道和资产负债表渠道后，真正的风险承担渠道变量。第二阶段回归本章使用固定效应面板模型（Hausman 检验的结果 P 值为 0.000，因此最终选择固定效应模型）进行估计，结果如表 4-4 所示。

表 4-4 第二阶段回归模型的估计结果

	被解释变量：res（res 为第一阶段系统广义矩估计的残差）			
	(1)	(2)	(3)	(4)
TGAP1	-0.604*** (-4.34)			
TGAP2		-0.884*** (-3.23)		
TGAP3A			-0.729*** (-4.26)	
TGAP3B				-0.731*** (-4.27)
SFA	0.0912*** (3.35)	0.0649** (2.38)	0.122*** (3.59)	0.123*** (3.60)
CAP	-0.0427*** (-2.61)	-0.0391** (-2.36)	-0.0414** (-2.53)	-0.0414** (-2.53)
NIM	-0.224** (-2.57)	-0.183** (-2.10)	-0.215** (-2.48)	-0.216** (-2.48)
SIZE	-0.0470 (-0.27)	-0.119 (-0.72)	-0.0243 (-0.15)	-0.0259 (-0.16)
LIQ	-0.00832 (-1.57)	-0.00889* (-1.65)	-0.00810 (-1.52)	-0.00808 (-1.52)
STOCK	0.00354*** (5.02)	0.00373*** (4.64)	0.00396*** (5.22)	0.00396*** (5.22)
GDPR	-0.227*** (-3.46)	-0.113** (-2.03)	-0.260*** (-3.64)	-0.261*** (-3.64)
常数项	-8.490* (-1.75)	-5.208 (-1.02)	-10.51** (-1.99)	-10.50** (-1.99)
N	377	377	377	377

由第二阶段回归的结果我们不难发现：

首先，如前文所述，我们充分讨论了 IR 代表利率追逐机制的局限性问题，并阐述了TGAP作为度量利率追逐机制的代理变量更能契合利率追逐机制本身的定义，因此其相比IR来说更适合一些，故我们将以TGAP作为利率追逐机制的代理变量，来考察其在渠道识别前后的差异。对于利率追逐机制的代理变量TGAP，与基准模型中的TGAP相较而言，考虑渠道识别后，其符号仍然为负且在1%的显著水平上显著，这进一步确认了利率追逐机制的作用效果。值得注意的是，无论哪种TGAP的系数绝对值都显著增大了（与未经渠道识别的基准模型相比，两者系数最小相差0.309，最大相差0.520），且考虑数量型货币政策之后的TGAP差值要比只考虑价格型货币政策的TGAP差值更大。

由此可见，如若没有渠道识别，尤其是在我国考虑数量型货币政策的背景下，我们对于利率追逐机制的作用就会有更明显的低估，这会对研究结果的准确性造成一定的扭曲，并对相关的政策建议产生扭曲。

而类金融加速器机制的代理变量SFA的符号为正且同样在1%的显著水平上显著，这确定了类金融加速器机制的作用效果。说明通过类金融加速器渠道，资产价值越高，银行风险承担越大。因为资产价值越高，企业抵押品的净资产价值越高，银行贷款越安全，在此种情况下，银行会对于企业的偿债能力抱有过于乐观的估计，因而导致其放松贷款标准，银行的风险承担增大。

其次，不论取哪种TGAP的系数绝对值（最小为0.604）都大于类金融加速器机制（最大为0.123）①，说明确如国外文献所言，利率追逐机制占主导地位。而且Altunbas等（2012）曾表明，利率的降低会增加银行投资组合中未偿贷款的价值低利率进而增加借款人抵押物的价值，因而他们的可能违约的概率也下降了。相比之下，若利率水平下降到基准之下则会引起“利率追逐”过程，有助于去增加新的银行风险承担。但我国的情况表明，不论取哪种TGAP，利率追逐机制的系数绝对值都大于类金融加速器效应，因此一个低利率的政策，通过利率追逐机制引发的银行风险承担上升的程度要高于基础资产价值上升带来的类金融加速器效应而引发的银

① 当然，我们也做了数据对中（去心化）处理（包括后文的系数比较）后的回归估计，标准化系数显示结果仍然如此，限于篇幅，有兴趣者备索。

行风险承担减少的程度。因此，总的银行风险承担是上升的。

但同时可以看到，当考虑我国特殊国情（数量型货币政策）后的TGAP3A和TGAP3B模型中，类金融加速器机制与利率追逐机制的影响力差异（两者系数差为0.002）比按国外文献中常用的估计方法（多为价格型货币政策）得到的TGAP1和TGAP2模型中的差异（两者系数差为0.28）要小。这意味着在我国，因为数量型货币政策较为重要，因此其与单纯考虑价格型货币政策下的TGAP值的差异说明，我国利率追逐机制的重要性的绝对程度是小于国外的。

第四节 稳健性检验

一、初步的稳健性检验

为保证结果稳健性，我们还使用了（更能有效体现主动风险承担）的风险加权资产比例指标作为银行风险承担RISK的代理变量，实证结果如表4-5所示。为了表达更加简洁方便，我们这里将这个两阶段回归模型的估计结果并在同一张表中展示。

表4-5 初步的稳健性检验：基于风险加权资产比例指标

第一阶段回归结果		
	被解释变量：RISK1（风险加权资产比率）	
	差分广义矩	系统广义矩
$RISK1_{t-1}$	0.545***	0.932***
	(11.67)	(108.3)
$RISK1_{t-2}$	-0.210***	-0.231***
	(-6.17)	(-13.04)

续表

第一阶段回归结果		
	被解释变量：RISK1（风险加权资产比率）	
	差分广义矩	系统广义矩
IR	4.284 *** (7.40)	2.723 *** (4.10)
FA	-0.0509 *** (-5.23)	-0.156 ** (-2.61)
常数项	65.67 *** (7.92)	-19.06 ** (-2.09)
N	316	464
AR（2）（P值）	0.1201	0.1573
SARGAN（P值）	0.3379	0.2211

第二阶段回归结果				
	被解释变量：res（res为系统广义矩下第一阶段回归结果的残差）			
	(1)	(2)	(3)	(4)
TGAP1	-7.882 * (-1.94)			
SFA	0.845 * (1.87)	1.387 ** (2.43)	1.584 ** (2.29)	1.586 ** (2.29)
CAP	-0.116 (-0.23)	-0.176 (-0.36)	-0.124 (-0.25)	-0.124 (-0.25)
NIM	-1.084 ** (-2.29)	-1.385 ** (-2.37)	-1.307 ** (-2.35)	-1.309 ** (-2.35)
SIZE	-1.264 (-0.20)	-0.316 (-0.05)	-1.278 (-0.22)	-1.308 (-0.22)
LIQ	-0.212 ** (-1.98)	-0.210 * (-1.95)	-0.203 (-0.95)	-0.203 (-0.94)
STOCK	0.00902 (0.32)	0.0123 (0.40)	0.00144 (0.05)	0.00145 (0.05)
GDPR	-3.292 ** (-2.35)	-2.566 ** (-2.26)	-4.244 *** (-2.61)	-4.242 *** (-2.61)

续表

第二阶段回归结果				
	被解释变量：res（res为系统广义矩下第一阶段回归结果的残差）			
	(1)	(2)	(3)	(4)
TGAP2		-22.8** (-2.21)		
TGAP3A			-11.48* (-1.80)	
TGAP3B				-11.49* (-1.80)
常数项	17.44* (2.10)	133.0*** (2.73)	91.25** (2.48)	91.66** (2.48)
N	333	333	333	333

由初步的稳健性检验结果可知，在使用了更能体现银行主动风险承担的风险加权资产比例作为初步稳健性检验之后，IR和各TGAP的估计结果与原表4-3和表4-4中所用的倾向于度量银行被动风险承担的不良贷款率的回归结果仍较为接近：具体为两种估计方法的结果均显示银行贷款渠道与风险加权资产比例呈显著正相关；同时资产负债表渠道以及四种TGAP的力量都与风险资产加权比例呈显著负相关；这表明关键变量系数的显著性和符号与前文基于渠道识别的实证结果相差不大。由此说明原两阶段回归模型使用不良贷款率作为银行风险承担RISK的代理变量的估计结果和相关结论是稳健的。

二、进一步的稳健性检验

借鉴Altunbas等（2012）的研究方法，我们还通过每次只使用IR和

TGAP 两个变量中的一个来检验关键变量 IR 和 TGAP 符号的稳健性①。回归结果如表 4－6 所示。

表 4－6　进一步的稳健性检验

	被解释变量：RISK（不良贷款率）			
	(1) 只使用 IR	(2) 只使用 TGAP1	(3) 只使用 TGAP2	(4) 只使用 TGAP3A
$RISK_{t-1}$	0.130*** (14.68)	0.0515*** (6.37)	0.0741*** (7.35)	0.0549*** (6.24)
$RISK_{t-2}$	0.0590*** (12.11)	0.0323*** (11.80)	0.0407*** (13.85)	0.0364*** (12.47)
IR	1.690*** (11.72)			
FA	0.287*** (11.83)	0.154*** (13.87)	0.101*** (10.65)	0.187*** (14.11)
CAP	-0.00303 (-0.42)	-0.00325 (-0.45)	-0.00104 (-0.15)	-0.00148 (-0.20)
SIZE	-1.747*** (-9.72)	-0.263*** (-3.43)	-0.487*** (-5.68)	-0.384*** (-4.78)
LIQ	0.0000103 (0.01)	-0.00483** (-2.38)	-0.00812*** (-3.76)	-0.00576*** (-2.77)
NIM	-0.0932** (-2.15)	-0.167*** (-4.47)	-0.123*** (-3.60)	0.164*** (-4.55)
GDPR	-1.078*** (-13.08)	-0.443*** (-15.74)	-0.265*** (-11.64)	-0.475*** (-15.92)
STOCK	0.00138*** (7.36)	0.00312*** (14.50)	0.00325*** (15.99)	0.00363*** (15.67)

① 具体实证方法是将上述两阶段回归合并为一步，并使用动态面板系统广义矩来估计系数。因为在我们的两阶段模型中，变量 IR 只出现在第一阶段，而变量 TGAP 只出现在第二阶段回归，所以当我们只单独使用变量 IR 和 TGAP 来检验其符号的稳健性时就没必要继续使用两阶段模型，如表 4－6 所示，模型（1）表示没有 TGAP，只有 IR 时候的回归结果，模型（2）、模型（3）、模型（4）表示没有 IR 只有不同 TGAP 时候的回归结果。

续表

	被解释变量：RISK（不良贷款率）			
	(1) 只使用 IR	(2) 只使用 TGAP1	(3) 只使用 TGAP2	(4) 只使用 TGAP3A
TGAP1		-0.846*** (-18.16)		
TGAP2			-1.094*** (-14.50)	
TGAP3A				-0.960*** (-17.56)
常数项	24.11*** (8.47)	-5.326*** (-3.35)	0.650 (0.36)	-6.759*** (-3.81)
N	271	271	271	271

进一步，稳健性检验的估计结果如表4-6所示。可以看到当只考虑两个变量中的任意一个时，IR 的系数 α_1 和 TGAP 的系数 α_2 的符号方向及统计显著性并未发生明显变化。这表明了 IR 和 TGAP 在货币政策风险承担渠道中确实代表了如上面描述的两种不同力量。

第五节 本章小结

正确识别银行风险承担渠道是准确地进行相关研究的前提和保障。以此为出发点，本章采用了2006—2014年我国155家银行的年度面板数据，通过一个两阶段回归模型来达到渠道识别的效果，对于货币政策银行风险承担渠道的影响机制重新进行了详细的分析和研究。研究结果表明：

第一，基准模型的回归结果与当前主流的研究结果大致相同，实际利率越低于政策利率，银行利率追逐的激励就越大，银行风险承担越高。进而对不同利率所扮演的渠道角色进行了仔细辨析和讨论，在此基础上通过基于渠道识别的多机制作用模型发现，渠道识别阶段（即第一阶段回归）所估计出的衡量银行贷款渠道的实际利率 IR（符号为正），这与以往用 IR 作为利率追逐代理变量且未经渠道识别的部分研究结果是有差异的。

第二，此外，在剔除了影响不良贷款率的银行贷款渠道和资产负债表渠道（即引入渠道识别）后，我们发现，一是利率追逐机制代理变量的系数绝对值（尤其是考虑数量型货币政策的 TGAP 值）有显著的提高，表明如若未经渠道识别，我们对于利率追逐机制的作用效果会有所低估。二是类金融加速器机制的代理变量 SFA 的符号为正且显著，说明通过类金融加速器渠道，资产价值越高，银行风险承担越大。

第三，通过利率追逐机制与类金融加速器机制的系数比较，发现利率追逐机制在我国也占主导地位。由于在我国数量型货币政策也比较重要，而数量型和价格型 TGAP 各自之间的系数差（代表国内、外利率追逐效应重要程度上的差别）表明，我国利率追逐机制的重要性的绝对程度是小于国外的。

根据上述研究结果，对于政策方面有如下三点启示：

首先，由上述实证的研究结果可知，利率追逐机制在我国占据主导地位，因此，在制定货币政策时，要充分考虑银行的利益搜寻，尤其是在当前利率市场化已基本完成的背景下，银行高盈利的存贷利差模式将会逐渐消弭，因此要警惕银行由于利益搜寻效应而导致的高风险贷款行为。

其次，在考虑货币政策的传导效果时，应重视和区别银行贷款渠道和风险承担渠道这两种不同的力量。同时，类金融加速器机制也显著影响银行的风险承担，因此，货币政策的执行也应考虑此微调机制对银行风险承担的正向影响。

最后，银行微观特征变量和宏观环境变量对于银行的风险承担也有着相当的影响，因此，我国在制定货币政策时，要充分考虑相关可能因素的影响和变化。要建立健全中国的宏观审慎管理框架，完善中国的市场经济体制，以市场经济为主导，辅之以宏观审慎管理，更有针对性地制定合理的货币政策来促进银行的发展和防范银行风险，从而维护金融稳定。

第五章

利率市场化视角下的货币政策风险承担渠道问题研究

第一节 引 言

2008 年全球金融危机的爆发使得学术界和政策当局认识到，银行在货币政策传导中并非风险中立，长期过度宽松的货币政策会通过影响金融机构尤其是银行的风险感知和风险容忍度，造成银行体系风险的过度积累，进而影响到货币政策的传递，即货币政策风险承担渠道。

近年来，国内很多学者研究发现中国确实存在货币政策风险承担渠道。但是金鹏辉和张翔（2014）的研究则认为货币政策风险承担渠道仅是货币政策传导渠道中一个比较小的渠道（即这一渠道在中国表现相对不明显）。那么，是什么原因导致货币政策风险承担渠道在中国表现不明显呢？究其原因，Dell'Ariccia 等（2013）的研究表明，政策利率影响银行风险承担行为的前提在于利率是可以市场化调节的，即银行可以根据自身的风险感知，对不同风险级别贷款的利率进行调节。而我国利率的管制则显然极大地限制了货币政策对银行实际风险承担行为的影响（即便银行在长期宽松货币政策下会有较高的风险承担意愿，但是我国的利率管制在很大程度上限制了银行的实际风险承担行为）（Dell'Ariccia 等，2013）。

随着近年来我国利率市场化进程的不断加快，特别是，自 2015 年 10 月 24 日起，中国人民银行决定对商业银行和农村合作金融机构等不再设置存款利率浮动上限，意味着我国目前已经基本实现了利率市场化。这必将对利率的市场化调节以及经济波动、金融稳定（包括货币政策风险承担渠道）等方面产生重大的影响。

基于此，本章试图较为全面地分析利率市场化对货币政策风险承担渠道的影响。以期在利率市场化的背景下，中国货币当局能够重新审视货币政策风险承担渠道，实施有效的措施来防范利率市场化所带来的风险，维持我国的金融稳定和经济增长。

第二节　文献综述

一、货币政策风险承担渠道的研究现状

货币政策风险承担渠道的概念首先是由 Borio 和 Zhu（2008）提出的，他们认为政策利率的改变会影响金融中介的风险感知和风险容忍度，进而对资产组合的风险程度、资产定价、融资的价格和非价格条款产生影响。理论上，货币政策可通过如下具体渠道影响到银行的风险承担（Borio 和 Zhu，2008）：

1. 估值、收入和现金流效应。这一作用路径是通过利率对估值和现金流的影响来实现的。在这个机理中，低利率会提高资产和抵押品的价值从而提高银行收入和利润。这反过来又会降低银行方面对风险的感知和增加银行对风险的容忍度，进而释放银行的风险预算并鼓励风险承担。

2. 利益搜寻效应。市场利率与目标收益率之间的差距导致了金融机构的利益搜寻。由于银行的负债一般都是固定名义利率的长期合同，因此银行的目标收益率具有“黏性”，即银行会有一个预期的目标收益率，这个收益至少要能满足银行负债和经营成本。而宽松的货币政策会因为利率传递效应，导致银行贷款利率降低，进而银行实际收益降低，这种要达到预期目标收益的激励使得银行增加了风险容忍度。

3. 央行沟通和反应函数。央行的货币政策承诺和货币政策透明会影响金融机构对未来经济环境的预期，随后这些金融机构会根据自身情况调整信贷供给等金融活动，从而影响央行货币政策对实际产出的作用效果。政策透明度的提升以及央行承诺的兑现，能够减轻金融机构对未来通胀和利率等因素的不确定性，从而有助于压缩风险溢价，增强银行资产定价和负债能力。

目前的研究还表明，不仅低的政策利率会增加银行的风险承担意愿或风险容忍度，以下因素也会影响到货币政策的风险承担渠道。Montes 和 Peixoto（2014）的研究表明，一个有着稳定价格的金融环境降低了金融机构的风险感知并导致银行降低了贷款损失准备。Maddalonia 和 Peydró（2011）研究表明货币政策对贷款标准放松的影响会被更加严格的银行资本监管所降低。Altunbas 等（2014）研究认为，在危机发生前，取得较高利润水平的某些银行恰好就是那些承担风险最多的银行。Jiméneze 等（2014）发现低的短期利率使得资本充足率较低的银行放松了他们的贷款标准并相对增加了高风险借款者的贷款数量。Soedarmono 等（2013）认为，当市场中银行数量达到一定门槛后，银行会将其资本集中于自己擅长的特定领域以抵抗来自竞争者的威胁，而银行资本集中于特定领域的行为强化了市场中企业的逆向选择，导致银行风险承担加大。Maddaloni 和 Peydró（2011）发现在欧元区和美国，资产证券化会导致贷款标准的放松，放大了来自低政策利率的影响。

国内的许多学者对货币政策风险承担渠道也进行了深入的研究，得出了许多有意义的结论。张雪兰和何德旭（2012）的研究结果显示货币政策立场会影响银行风险承担，且受银行特征变量的影响。金鹏辉等（2014）的研究发现我国货币政策风险承担渠道体现在银行的资产选择行为上，而不在银行的负债选择行为上。江曙霞和陈玉婵（2012）认为货币政策对银行风险承担的影响取决于银行资本状况。方意等（2012）也研究发现资本充足率在货币政策与银行风险承担的关系中起重要的作用。徐明东和陈学彬（2012）验证了我国确实存在着货币政策风险承担渠道，每个银行由于规模和资本的不同，其风险承担行为对货币政策的敏感性是不同的。

二、利率市场化对银行风险承担影响的研究现状

国外讨论利率市场化与银行风险承担的关系，通常是将利率市场化纳入到金融自由化的范围中，讨论金融自由化与银行风险承担的关系。金融自由化会增加银行业危机发生的可能性（Daniel 和 Jones，2007）。Cubillas

和 Gonzalez（2014）的研究表明金融自由化会通过不同的渠道增加银行风险承担。Gruben 等（2013）研究发现金融自由化会增加风险贷款，并且缺少市场约束也会增加风险贷款。Demirgüc – Kunt 和 Huizinga（2002）研究发现明确的存款保险制度会降低市场对银行风险承担的约束。

随着我国利率市场化的不断深化，国内已经有学者开始研究利率市场化与银行风险承担之间的关系。张宗益等（2012）研究发现贷款利率上限取消并不会直接影响到银行信贷风险调整行为，但却可能造成其阶段性的经营风险。王耀青和金洪飞（2014）研究发现贷款利率上限取消后，价格竞争加剧，银行风险承担增大，并且价格竞争对银行风险承担的影响依赖于货币政策。而李成和刘生福（2015）则得出了与上述相左的结论，认为在利率市场化的改革中，商业银行的风险承担非但没有加剧，反而会出现下降的趋势。王道平和杨骏（2014）也认为利率市场化并不一定会提高银行风险水平，取决于利率市场化改革所带来的净效应。

从上述文献可以看出，目前的研究仍然存在一些可议之处：其一，从利率市场化对货币政策风险承担渠道影响机理出发进行的研究相对而言还是十分缺乏；其二，国内关于利率市场化与银行风险承担关系的研究，在方法上大多是简单地将利率市场化的时间设置成虚拟变量来分析，且一般是将贷款利率市场化和存款利率市场化这两者分开研究，缺乏一个连贯、整体的分析及不同方法的集成研究；其三，国内的相关研究大多是基于上市银行，银行的样本数目过少，且涵盖面也较为狭窄。

针对上述问题，本章拟从利率市场化度量方法的逻辑进路来加以改进：首先，从两种利率市场化的间接度量方法及其背后蕴藏的理论机理即直接效应与价格约束效应方面，较为深入地分析了利率市场化对货币政策风险承担渠道的影响机理。其次，从利率市场化直接度量以及综合度量的维度，分别通过引入贷款利率市场化的时间虚拟变量和综合存贷款利率市场化方面信息的利率市场化指数来分析利率市场化对货币政策风险承担渠道的影响。此外，本章还增加了所研究的银行样本的数量，并将我国的银行进行分类，分析利率市场化对货币政策风险承担渠道的影响在不同类型的银行之间是否存在着差异。

本章余下的安排如下：第三节是理论分析、度量方法与模型；第四节是实证分析，包括数据描述和计量结果与分析；第五节是结论与政策建议。

第三节　理论分析、度量方法与模型

一、利率市场化的间接度量及其影响货币政策风险承担渠道的机理：直接效应与价格约束效应

本章主要讨论利率市场化与货币政策产生的相互作用，具体从两个不同的影响效应来考察利率市场化对货币政策风险承担渠道的影响。

贷款利率市场化的直接效应（从度量方法上看，则又是间接的，主要是以存贷款的净息差来度量这种效应）。贷款利率市场化主要影响的是银行自身对不同风险贷款收取差别利率的能力。当贷款利率市场化之后，由于银行间对贷款的竞争，导致银行的总体贷款利率下降，这将直接影响到银行的盈利，银行为了维持盈利目标，倾向于更加冒险的行为，将贷款借给高风险的客户以便得到高收益。即通过直接效应影响到货币政策对银行实际风险承担行为的调节效果。而在贷款利率受到管制的时候，即便银行愿意贷款给高风险的企业来收取较高的贷款利率。但是其无法自主调节贷款利率，银行便没有贷款给高风险企业的激励，即货币政策对银行的实际风险承担行为的影响被限制。因此，贷款利率市场化可能会通过直接效应影响我国货币政策的风险承担渠道。

存款利率市场化的价格约束效应（从度量方法上看，同样也是比较间接的，主要是以付息率来度量这种效应）。从存款利率市场化方面来看，其更多地表现在“价格约束”限制效应影响方面。存款利率市场化主要影响的是银行自身对存款利率的调节能力，从而影响货币政策对银行风险承

担的调节效果。价格约束是市场约束的方式之一，指储蓄者通过要求高风险的银行支付更高的利率来获得风险补偿，从而对高风险的银行造成融资成本的压力，促使其降低风险（Berger，1991）。而许友传和何佳（2008）的研究表明我国地方城市商业银行不存在显著的价格约束，其主要原因是我国存款利率并未完全市场化，这使得银行自身无法调节存款利率，因此也相应限制了储蓄者向高风险银行索取较高利率的能力。但是随着存款利率市场化，银行可以自主调节存款利率，价格约束的作用会更加明显，储蓄者可以通过价格约束来限制银行的风险承担行为（翟光宇，2015）。因此，存款利率市场化可能会通过价格约束效应影响我国货币政策的风险承担渠道。

二、利率市场化的直接度量方法

现有文献关于利率市场化对银行风险承担影响的研究最常见的方法是直接度量方法，即选择某项重要的利率市场化改革政策作为参照，通过设置时间虚拟变量来研究两者之间的关系（张宗益等，2012；王耀青和金洪飞，2014）。典型的如李成和刘生福（2015）将2007年推出上海银行间同业拆借利率作为利率市场化进程标志性事件，通过设置时间虚拟变量来研究利率市场化对银行风险承担之间的关系。

三、利率市场化的综合衡量方法

利率市场化是一个动态和连续的过程，简单地设置虚拟变量多是从利率市场化的某一单边维度考虑，并不能反映出利率市场化各方面的信息以及变化趋势。利率市场化指数的构建则很好地解决了这个问题，利率市场化指数是结合利率市场化各方面的整体信息，综合评价我国的利率市场化进程。如王舒军和彭建刚（2014）通过选取存贷款利率、货币市场利率等4个一级指标和人民币存款利率、外币存款利率等12个二级指标来定量评估利率市场化程度。陶雄华和陈明珏（2013）通过选取实际利率水平、利率决定方式和利率浮动的范围3个指标，并对这3个指标的利率市场化程度进行赋值，采用简单平均法来合成利率市场化指数。

四、理论模型构建

为了考察利率市场化对货币政策风险承担渠道的影响，本章在Feyzioglu等（2009）的模型基础上，构建了围绕银行监控努力程度（来代理衡量银行的风险承担水平）的理论模型。首先提出以下的假设：

1. 假设经济社会中有n个银行，其中银行i从存款市场吸收存款D_i，对于这些存款，银行被要求保持α的比例作为存款准备金存放在央行。银行吸收的存款在满足存款准备金的要求后，会以贷款利率r_L贷给企业和家庭部门或者以银行间利率r贷给其他金融机构。

2. 假设经济社会中的银行面临着分别由存款利率决定的存款供给曲线，以及由贷款利率决定的贷款需求曲线。整个社会的存款供给曲线表示为r_D（D），贷款需求曲线为r_L（L），其中$D = \sum_{i=1}^{n} D_i$，$L = \sum_{i=1}^{n} L_i$。

3. 假设银行的存款准备金和银行持有的其他政府债券都以银行间利率r获得收益。并且假设单个银行只是被动地接受这一均衡的（或给定的）银行间市场利率。

4. 假设银行的监控努力程度为q，银行的监控努力程度越高，贷款回收的可能性也越高，即银行的实际风险承担水平越低。因此，q也可以代表贷款的偿还概率。而银行的贷款监控会给每单位的贷款带来$\frac{cq^2}{2}$的监控成本，其中c为大于零的常数。

5. 银行既可以通过存款或发行债务来获得资金，也可以利用他们的自有资金。假设k为银行总资产（这里为了简化，银行总资产为银行发放的贷款总额）中自有资金的比例，那么总资产中1-k的部分为来自银行的存款（其中0<k<1）。为求得银行自有资金的成本r_E，假设银行的自有资金全部投入到贷款中。由上述可知，一单位银行的自有资金所带来的总资

产（贷款总额）增加量为$\frac{1}{k}$，对应的存款为$\frac{1-k}{k(1-\alpha)}$。那么，一单位自有资金所对应的存款成本为$\frac{1-k}{k(1-\alpha)}r_D$。又因为银行的监控努力程度越高，贷款的回收可能性越高，贷款的风险越低，此时的银行对自有资金投入到贷款中所要求的回报率越低。所以，银行的自有资金成本 $r_E=\frac{(1-k)r_D}{(1-\alpha)kq}+\varepsilon$，其中 $\varepsilon\geqslant 0$，ε 为银行其他因素所引起的异质性风险溢价。

6. 银行 i 在经营的过程中除了需要支付存款和自有资金的成本，还需要支付管理存贷款时的管理成本和其他费用。存款的管理成本与存款数量直接相关，可用 $d_i(D_i)$ 表示。贷款的管理成本包括两部分，一部分是与贷款数量直接相关，可用 $l_i(L_i)$ 表示。另一部分是与银行对贷款监控努力程度相关的，即每单位贷款的监控成本$\frac{cq^2}{2}$。其他费用可设为 F_i，F_i 是一个外生给定的值。

根据以上的假设，以银行间市场为中介，银行的收益来自两部分，第一部分是存款方面，第二部分是贷款方面。银行存款方面的收益是 $(r-r_D)D_i$。而银行贷款资金来源于自有资金和存款两部分，将自有资金贷出去所获得的收益为$\left[(r_L-r_E)q-\frac{cq^2}{2}\right]L_i\times k$，其中 $r_E=\frac{(1-k)r_D}{(1-\alpha)kq}+\varepsilon$。将存款贷出去所获得的收益为$\left[(r_L-r)q-\frac{cq^2}{2}\right]L_i\times(1-k)$。因此，如果存贷款利率不存在管制，银行 i 为实现利润最大化的目标函数和约束函数条件如下：

$$max\,\pi=\left[(r_L-r)q-\frac{cq^2}{2}\right]L_i\times(1-k)+\left[(r_L-r_E)q-\frac{cq^2}{2}\right]L_i\times k+$$

$$(r-r_D)D_i-d_i(D_i)-l_i(L_i)-F_i s.t.\ L_i(1-k)\leqslant D_i(1-\alpha)$$

将约束条件代入目标函数之后，并分别对变量 D_i，L_i，q，k 和乘数 λ 求一阶偏导，并令一阶偏导数等于零可得：

$$\frac{\partial\pi}{\partial D_i}=-\frac{(1-k)L_i}{1-\alpha}r_D{'}-r_D{'}D_i+r-r_D-d_i{'}(D_i)+\lambda(1-\alpha)=0 \tag{1}$$

$$\frac{\partial\pi}{\partial L_i} = r_L{}'qL_i + r_Lq - \frac{cq^2}{2} - rq(1-k) - \left[\frac{(1-k)r_D}{(1-\alpha)k} + \varepsilon q\right]k - l_i{}'(L_i) - \lambda(1-k) = 0 \tag{2}$$

$$\frac{\partial\pi}{\partial q} = r_LL_i - cqL_i - rL_i(1-k) - \varepsilon kL_i = 0 \tag{3}$$

$$\frac{\partial\pi}{\partial k} = rqL_i - \left[\frac{(1-k)r_D}{(1-\alpha)k} + \varepsilon q\right]L_i + \frac{r_DL_i}{(1-\alpha)k} + \lambda L_i = 0 \tag{4}$$

$$\frac{\partial\pi}{\partial\lambda} = D_i(1-\alpha) - L_i(1-k) = 0 \tag{5}$$

由式（3）可得银行的监控努力程度最优解 $q^* = \frac{1}{c}(r_L - r + rk - \varepsilon k)$。为了得到 q^* 与 r_D，r_L 的关系，分别对 r_D 和 r_L 求一阶偏导：

$$\frac{\partial q^*}{\partial r_D} = \frac{k-1}{c}\frac{\partial r}{\partial r_D} \tag{6}$$

$$\frac{\partial q^*}{\partial r_L} = \frac{1}{c}\left[1 + (k-1)\frac{\partial r}{\partial r_L}\right] \tag{7}$$

为了求得$\frac{\partial r}{\partial r_D}$和$\frac{\partial r}{\partial r_L}$，本章进行以下的分析。由于模型中包括了银行间市场，因此，央行可以选择盯住银行间拆借利率或者允许其由市场上的流动性资产内生决定。而在排除央行的操作目标的影响之后，可知，只有当进入银行系统的资金供给（来自于银行存款）等于资金需求（来自于银行贷款、政府和央行的票据以及参与到银行间市场的非银行机构）的时候，银行间市场才得以出清。根据以上的分析，银行间市场的出清条件为：

$$D(r_D) = L(r_L) + B + N(r) \tag{8}$$

其中，$D(r_D)$ 为银行存款；$L(r_L)$ 为银行贷款；B 为银行持有的政府和央行票据的净值；$N(r)$ 为非银行机构对资金的净需求。

根据 Feyziglu 等（2009）的研究，银行的存款利率越高，银行吸收的存款就会越多。而银行会把存款投放到贷款业务或者银行间市场中，当银行间市场的利率越高，银行投入到银行间市场中的资金就越多。但是，贷款利率越高，银行能贷出去的资金就会越少。为了便于分析，本章采用线性的资金需求以及供给函数。将 $D(r_D)$、$L(r_L)$ 以及 $N(r)$ 分别设为：

$$D(r_D) = A_D + P_D r_D \tag{9}$$

$$L(r_L) = A_L - P_L r_L \tag{10}$$

$$N(r) = A_N + P_N r \tag{11}$$

其中，P_D、P_L 和 P_N 均大于零。将式（9）至式（11）代入到式（8）可得：

$$r = \frac{1}{P_N}(A_D + P_D r_D - A_L + P_L r_L - B - A_N) \tag{12}$$

并分别对 r_D 和 r_L 分别求一阶偏导可得：

$$\frac{\partial r}{\partial r_D} = \frac{P_D}{P_N}, \frac{\partial r}{\partial r_L} = \frac{P_L}{P_N} \tag{13}$$

将式（13）代入到式（6）和式（7）可得

$$\frac{\partial q^*}{\partial r_D} = \frac{k-1}{c}\frac{\partial r}{\partial r_D} = \frac{k-1}{c}\frac{P_D}{P_N} \tag{14}$$

$$\frac{\partial q^*}{\partial r_L} = \frac{1}{c}\left[1 + (k-1)\frac{\partial r}{\partial r_L}\right] = \frac{1}{c}\left[1 + (k-1)\frac{P_L}{P_N}\right] \tag{15}$$

由于 $0<k<1$，c，P_D 以及 P_N 均为大于零的常数，因此，$\frac{\partial q^*}{\partial r_D}<0$，即银行的监控努力程度 q^* 与存款利率 r_D 之间呈负相关关系。并且，由于贷款的市场一般是比非银行机构的市场大，利率的波动对银行贷款需求的影响往往会较小，即银行贷款的利率需求弹性 P_L 一般是小于非银行机构的利率需求弹性 P_N。因此，可得 $k>0>1-\frac{P_N}{P_L}$，即有 $\frac{\partial q^*}{\partial r_L}>0$。这意味着银行的监控努力程度 q^* 与贷款利率 r_L 之间呈正相关关系。随着利率市场化的推进，银行之间对于存贷款的竞争可能会使得存款利率有一个短暂的上升，而贷款利率会出现短暂的下降（巴曙松、严敏和王月香，2013）。这都将导致银行的监控努力程度出现下降，即银行的风险承担水平至少在短期内会出现上升的情况。

五、实证模型设定

1. 货币政策风险承担渠道研究的基础模型设定参考相关文献（Altun-

bas 等，2014；徐明东、陈学彬，2012），设定动态的基准模型如下：

$$Risk_{it} = \beta_0 + \gamma Risk_{i,t-1} + \beta_1 MP_t + \beta_2 SIZE_{it} + \beta_3 CAP_{it} + \beta_4 ROAA_{it} + \beta_5 GDPR_t + \beta_6 HPR_t + \beta_7 MC_t + u_i + \varepsilon_{it} \tag{16}$$

其中，u_i 为个体效应，ε_{it}为随机扰动项。被解释变量 $Risk_{it}$为银行实际风险承担行为，核心解释变量为货币政策 MP_t。为了有效识别货币政策风险承担渠道，还必须控制其他影响银行风险承担的重要变量，如银行规模（SIZE）、资本状况（CAP）、盈利状况（ROAA）、GDP 增速（GDPR）、房地产价格增速（HPR）以及银行市场结构（MC）。

2. 以直接效应来衡量的贷款利率市场化对货币政策风险承担渠道的影响。2013 年 7 月 20 日，央行全面放开金融机构贷款利率管制，由金融机构根据商业原则可以自主确定贷款利率水平。为了研究这一政策的推行对货币政策风险承担渠道的影响，设定如下的模型：

$$Risk_{it} = \beta_0 + \gamma Risk_{i,t-1} + \beta_1 MP_t + \beta_2 DE_{it} + \beta_3 MP_t \times DE_{it} + \beta_4 SIZE_{it} + \beta_5 CAP_{it} + \beta_6 ROAA_{it} + \beta_7 GDPR_t + \beta_8 HPR_t + \beta_9 MC_t + u_i + \varepsilon_{it} \tag{17}$$

3. 以价格约束效应来衡量的存款利率市场化对货币政策风险承担渠道的影响。中国人民银行于 2015 年 10 月 23 日宣布对商业银行和农村合作金融机构等不再设置存款利率浮动上限。这意味我国利率市场化的最后一步——存款利率市场化已经基本完成。为了研究存款利率市场化对货币政策风险承担渠道的影响，设定如下的模型：

$$Risk_{it} = \beta_0 + \gamma Risk_{i,t-1} + \beta_1 MP_t + \beta_2 PD_{it} + \beta_3 MP_t \times PD_{it} + \beta_4 SIZE_{it} + \beta_5 CAP_{it} + \beta_6 ROAA_{it} + \beta_7 GDPR_t + \beta_8 HPR_t + \beta_9 MC_t + u_i + \varepsilon_{it} \tag{18}$$

4. 运用虚拟变量方法来直接衡量利率市场化对货币政策风险承担渠道影响的模型设定。2013 年 7 月中国人民银行放开了对贷款利率的管制。因此，本章以 2013 年为界限设置贷款利率市场化时间虚拟变量，将 2013 年之前的年份赋值为 0，2013 年以及之后的年份赋值为 1，设定如下的模型：

$$Risk_{it} = \beta_0 + \gamma Risk_{i,t-1} + \beta_1 MP_t + \beta_2 MP_t \times Dumtime + \beta_3 SIZE_{it} + \beta_4 CAP_{it} + \beta_5 ROAA_{it} + \beta_6 GDPR_t + \beta_7 HPR_t + \beta_8 MC_t + u_i + \varepsilon_{it} \tag{19}$$

5. 基于整体利率市场化指数的模型设定。利率市场化是一个动态和连续的综合过程，设置贷款利率市场化时间虚拟变量只能从单边的贷款利率市场化进行研究，并不能反映出利率市场化各方面的信息以及变化趋势。因此，为了考察整体的利率市场化进程对货币政策风险承担渠道的影响，设定如下的模型：

$$Risk_{it} = \beta_0 + \gamma Risk_{i,t-1} + \beta_1 MP_t + \beta_2 IRLF_t + \beta_3 MP_t \times IRLF_t + \beta_4 SIZE_{it} + \beta_5 CAP_{it} + \beta_6 ROAA_{it} + \beta_7 GDPR_t + \beta_8 HPR_t + \beta_9 MC_t + u_i + \varepsilon_{it} \tag{20}$$

六、指标选取

1. 被解释变量 $Risk_{it}$：根据现有研究货币政策风险承担渠道的文献，衡量银行风险承担水平常用的指标主要有不良贷款率、贷款损失准备金率、Z 值和预期违约概率。其中，与前文数理模型相匹配的银行风险承担度量指标为贷款方面的指标。因此，本章采用不良贷款率（NPL_{it}）作为银行风险承担的主要代理变量，采用贷款损失准备金率（LLR_{it}）作为稳健性检验。

2. 主要解释变量：本章采用一年期的贷款基准利率（RL_t）作为货币政策 MP_t 的主要代理变量，采用法定存款准备金率（RR_t）作为稳健性检验；采用银行净息差作为贷款利率市场化直接效应 DE_{it}的代理变量；采用付息率作为存款利率市场化价格约束效应 PD_{it}的代理变量；采用平安证券公司公布的利率市场化指数（IRLF1）作为衡量利率市场化进程的主要代理变量，采用王舒军和彭建刚构建的利率市场化指数（IRLF2）作为稳健性检验。

3. 控制变量：本章对银行的总资产取对数来衡量银行规模（$SIZE_{it}$）；采用总资本充足率来衡量资本状况（CAP_{it}）；采用平均资产回报率来衡量盈利状况（$ROAA_{it}$）；采用 CR_4 来衡量银行市场结构（MC），CR_4 为四大国有商业银行的资产总值占所有商业银行资产总值的比例。此外，本章还采用名义 GDP 增长率（$GDPR_t$）和房地产价格增速（HPR_t）作为宏观经济方面的控制变量。

第四节 实证分析

一、数据来源及描述性统计

本章的银行特征数据主要来源于 BankScope 数据库和同花顺 iFind 数据库，考虑到数据的缺失和可得性，选取 2006—2014 年 155 家银行的年度数据构造面板模型。货币政策代理变量以及宏观控制变量数据均来源于同花顺 iFind 数据库。数据的描述性统计见表 5 - 1。

表 5 - 1 主要变量的描述性统计

变量	观测值总数	均值	标准差	最小值	最大值
NPL	908	1.69	3.76	0.03	38.22
LLR	843	2.41	1.43	0.05	22.02
RL	1395	6.11	0.57	5.31	7.18
RR	1395	7.92	2.92	8.00	17.17
SIZE	979	18.27	1.84	13.55	23.75
CAP	964	17.53	26.53	-4.82	72.62
ROAA	939	1.00	0.65	-6.53	3.09
DE	940	3.11	1.20	0.17	10.45
PD	935	3.39	7.97	0.12	44.81
IRLF1	1395	0.80	0.05	0.79	0.89
IRLF2	1395	0.71	0.12	0.59	0.94
MC	1395	46.81	4.44	39.79	53.76
GDPR	1395	9.84	2.21	7.27	14.2
HPR	1395	-0.69	4.62	-9.38	7.46

注：除资产规模和利率市场化指数以外，其余变量均是以%为单位。

二、计量结果与分析

由于式（16）至式（20）中都含有被解释变量的一期滞后项，会导致解释变量具有内生性。因此，通常的OLS估计和固定效应模型估计均为有偏估计。为了解决这一问题，本章主要采用系统广义矩估计法进行估计（本章的面板数据是系统GMM所要求的时间维度短但横截面巨大的短面板数据）。

为了保证模型估计的有效性，需要进行两个重要的检验：（1）扰动项序列相关检验：Arellano - Bond估计要求模型的扰动项不存在自相关。而通常差分后的扰动项仍存在一阶自相关。因此，需要检验扰动项的差分是否存在二阶或更高阶的自相关，若存在二阶相关，则表示选取的工具变量不合理。（2）过度识别检验：采用Sargan检验判断工具变量是否存在过度识别的问题，原假设是工具变量不存在过度识别，所有工具变量都是有效的（此外还通过最多使用被解释变量的三期滞后项作为工具变量的方法，以防止出现弱工具变量的问题）。

1. 货币政策风险承担渠道的研究：基准模型的估计。根据式（16）分析货币政策对银行实际风险承担行为的影响。表5-2为货币政策风险承担渠道的研究结果。

表5-2　货币政策风险承担渠道的估计结果

变量	被解释变量：NPL		被解释变量：LLR	
	(1)	(2)	(3)	(4)
$Risk_{t-1}$	0.188*** (99.84)	0.187*** (103.20)	0.125*** (10.88)	0.124*** (10.99)
RL	-0.027* (-1.80)	—	-0.038* (-1.91)	—
RR	—	-0.067*** (-8.50)	—	-0.011* (-1.72)

续表

变量	被解释变量：NPL		被解释变量：LLR	
	(1)	(2)	(3)	(4)
SIZE	-0.511***	-0.653***	-0.335***	-0.326***
	(-8.69)	(-9.48)	(-6.59)	(-6.50)
CAP	-0.006	-0.017**	-0.004***	-0.005***
	(-0.91)	(-2.05)	(-4.32)	(-4.76)
ROAA	-0.721***	-0.557***	-0.385***	-0.386***
	(-7.70)	(-5.47)	(-3.32)	(-3.17)
MC	-0.031***	-0.059***	-0.093***	-0.093***
	(-2.76)	(-5.21)	(-11.23)	(-11.05)
GDPR	0.023	-0.128***	-0.047***	-0.029
	(1.34)	(-5.34)	(-4.29)	(-1.62)
HPR	-0.014***	-0.041***	-0.001	-0.005*
	(-4.54)	(-12.42)	(-0.51)	(-1.88)
常数项	12.696***	15.528***	12.814***	12.421***
	(8.96)	(8.87)	(11.00)	(11.02)
观测值	621	621	612	612
AR（2）（P值）	0.252	0.225	0.731	0.711
Sargan检验（P值）	0.314	0.312	0.123	0.105

注：*，**，***分别表示在10%，5%，1%的水平上显著；括号内为t值（后表同）。

由表5-2可知，在10%显著性水平上，Sargan检验和二阶序列相关检验结果均不能拒绝原假设，说明本章模型的差分扰动项不存在二阶自相关，也不存在工具变量过度识别的问题（所有的工具变量都是有效的，不存在弱工具变量的问题）。因此，使用系统GMM估计模型是合理的。

从表5-2的估计结果可以发现，货币政策代理变量的估计系数为负，表明在其他因素不变的情况下，宽松的货币政策将导致银行更高的实际风险承担水平，验证了我国存在货币政策风险承担渠道。因为扩张性的货币政策会通过利益搜寻效应使得银行放松贷款标准，增加事前高风险借款者从银行获得贷款的概率，从而使银行的实际风险水平上升。这一结论也与近年来我国货币政策调控现实相符，为了刺激经济增长，央行多次降息降准。虽然，这一系列政策会促使银行扩张信贷数量以促进投资等。但是，也可能会导致银行的贷款质量下降，进而造成银行的实际风险承担水平上升。

从银行特征变量来看，除个别系数不显著，资产规模（SIZE）、资本状况（CAP）和盈利状况（ROAA）的估计系数总体上是显著为负的。资产规模的估计系数为负既可能是由于我国对于大银行的监管要求更为严格，也可能是由于大银行的风险管理和风险处理能力都强于小银行。资本充足率越高的银行，其投资行为就会越谨慎，对于贷款对象的选择会更加严苛，因此，其实际风险承担水平往往会较低。盈利状况较差的银行，其实际风险承担水平往往会较高。因为盈利状况较差的银行，为了能够达到盈利目标，往往会倾向于采取更冒险的策略。

从银行市场结构来看，MC 的估计系数显著为负。表明市场的竞争越激烈，银行的实际风险承担水平就越高。可能的解释是银行间持续增加的竞争压力，会迫使银行为了提高利润、满足资本市场的期望从而放松信贷标准，继而导致银行的实际风险承担水平上升。

从宏观经济变量来看，除个别系数不显著，GDP 增长率（GDPR）的系数显著为负，表明了经济形势较好的环境中，企业的还贷能力增加会降低银行的实际风险承担。房地产价格增速（HPR）的系数也显著为负，表明在房地产行业快速发展的时候，房地产行业的盈利会增加，使得其还款能力增加，降低了银行原有贷款的风险率，使得银行的实际风险承担水平下降。

2. 利率市场化对货币政策风险承担渠道的影响：基于利率市场化不同度量方法的估计。根据式（17）至式（20），基于利率市场化的不同的度量方法，分别研究利率市场化对货币政策风险承担渠道的影响，估计结果见表 5 – 3。

表5-3　基于利率市场化不同度量方法的估计结果

变量	被解释变量：NPL				被解释变量：LLR			
	(1)	(2)	(3)	(4)	(5)	(6)	(7)	(8)
RL	-1.317*** (-8.34)	-0.141** (-2.41)	-0.058*** (-2.63)	-0.587*** (-10.57)	-0.210*** (-3.01)	-0.045** (-2.13)	-0.094** (-2.11)	-0.283*** (-2.91)
DE	-2.111*** (-7.20)	—	—	—	-0.417* (-1.83)	—	—	—
RL×DE	0.368*** (7.85)	—	—	—	0.212*** (3.06)	—	—	—
PD	—	-0.145 (-1.51)	—	—	—	-0.197* (-1.69)	—	—
RL×PD	—	0.109 (1.46)	—	—	—	0.135 (1.56)	—	—
RL×Dumtime	—	—	-2.533*** (-13.83)	—	—	—	-0.102* (-1.70)	—
IRLF1	—	—	—	1.494*** (15.52)	—	—	—	0.220** (2.23)
RL×IRLF1	—	—	—	-0.230*** (-15.39)	—	—	—	-0.035** (-2.21)
观测值	620	621	621	621	611	612	612	612
AR（2）（P值）	0.358	0.190	0.724	0.957	0.587	0.879	0.696	0.704
Sargan检验（P值）	0.431	0.445	0.290	0.175	0.203	0.172	0.145	0.180

通过上表列（1）、（5）的研究结果可以发现，以直接效应衡量的贷款利率市场化的估计系数显著为负，说明随着贷款利率市场化进程的展开，银行间的竞争加剧，最直接的影响是导致银行的净息差下降，此时银行不得不考虑高风险高收益的投资来维持原来的盈利目标，导致贷款的质量下降，银行的实际风险承担水平上升。

货币政策代理变量的估计系数显著为负，而直接效应与货币政策代理变量的交叉项估计系数显著为正。说明在贷款利率受到管制时，银行的净息差均较高，银行的利润能够维持自身的盈利目标。此时，在宽松的货币政策影响下，即便高净息差的银行愿意贷款给高风险的企业来收取高额的贷款收益，但是由于银行无法自主调节贷款利率，甚至连贷款给高风险企业的机会都没有。因而，在贷款利率受到管制时，银行抵消货币政策影响的能力普遍较强，货币政策与银行风险承担之间的负相关程度相对较小。但随着贷款利率市场化进程的展开，各银行的净息差均开始不同程度的下降，净息差的下降会使得银行收益无法达到其原先的程度。为了弥补这一点，银行不得不采取相对更激进一些的应对措施，而贷款利率管制的解除恰好使银行获得了通过贷款给高风险企业来收取高额收益的权力与机会。再加上一段时间以来宽松货币政策的影响，银行更容易增加其风险承担。

通过上表列（2）、（6）的研究结果可以发现，货币政策代理变量的估计系数显著为负，而以价格约束效应衡量的存款利率市场化以及价格约束效应和货币政策代理变量交叉项的估计系数除了个别显著之外，大部分都不显著。这说明现阶段的价格约束效应并没有像预期一样有能力限制银行的实际风险承担行为，而且也未对货币政策风险承担渠道产生显著的影响。可能的解释是我国刚刚于近阶段实现存款利率市场化，而且价格约束效应发挥作用需要公众具有较强的金融风险意识和风险识别能力。但是，我国政府长期实行隐性保险，并且我国的国有银行存在“大而不倒”的问题，使得公众普遍认为银行是不会破产的（也即公众对高风险银行索取较高利率的能力在一定程度上仍然未能发挥出来）。因此，现阶段价格约束效应显然尚未发挥出预期的效果。

通过上表列（3）、（7）的研究结果可以发现，货币政策代理变量以及货币政策代理变量与贷款利率市场化时间虚拟变量交叉项的估计系数均显著为负。说明未实现贷款利率市场化时，货币政策与银行风险承担之间的负相关程度较小。而2013年贷款利率市场化以后，货币政策与银行风险承担之间的负相关程度较大，与之相伴的宽松货币政策会使得银行相对于之前采取更加冒险的策略，导致银行的风险承担水平上升。

通过上表列（4）、（8）的研究结果可以发现，利率市场化指数 IRLF1 的估计系数显著为正。说明随着利率市场化进程的加快，银行的实际风险承担水平会上升。可能的解释是：利率市场化的进程会在一定程度上使得银行的竞争加剧，导致银行的边际利润降低，银行为了弥补利润下滑的损失和维持市场的占有率，其风险的容忍度往往会增加，从而不得不增加高风险贷款的数量，导致银行的实际风险承担水平上升。货币政策代理变量以及利率市场化指数与货币政策代理变量交叉项的估计系数均显著为负，这再一次显示，银行风险承担会受到货币政策和利率市场化的共同影响，宽松的货币政策会使得银行风险容忍度增加，并且在利率市场化以后，银行的利率管制放松，银行有了更多的贷款给高风险企业来收取高收益的激励和现实条件，从而引致银行的实际风险承担增加。

3. 根据我国银行业的实际情况，不同类型的银行在资产规模、经营模式等方面存在着很大的差异。因此，有理由认为利率市场化对货币政策风险承担渠道的影响在不同类型银行之间可能存在着差异。为了检验上述假设，本章将总体样本分成大型商业银行、地方性商业银行和外资银行，根据式（20），采用系统广义矩（SYS－GMM）进行分样本回归。

由表5－4可以发现，在大型商业银行的样本中，货币政策代理变量、利率市场化指数以及货币政策代理变量与利率市场化指数交叉项的估计系数的绝对值都是最小的。这说明利率市场化对货币政策风险承担渠道的影响在不同类型的银行间存在着差异。在大型商业银行的样本中，利率市场化对货币政策风险承担渠道的影响相对较小。主要可能有以下几个原因：一是大型商业银行的营业网点遍布全国，客户基数大，经营收入多元化，投资渠道广泛，风险管理水平高。因此，即使是在利率市场化的情况下，货币政策的变动也不会使大型商业银行冒失地增加风险承担。二是大型商业银行大多是上市银行，为了能够吸引更多的资金投资，其必须保持较低的实际风险承担水平。因此，与地方性商业银行相比，其风险偏好更为保守。此外，在利率市场化的背景下，货币政策对外资银行的实际风险承担水平影响要强于大型银行和地方性商业银行，就其束缚程度更轻的情况来看，放开利率市场化，货币政策的变化会使得外资银行的风险承担行为更为明显。

表 5-4 基于银行分类的估计结果

样本	大型商业银行	地方性商业银行	外资银行	大型商业银行	地方性商业银行	外资银行
变量	被解释变量：NPL					
RL	-0.055* (-1.71)	-0.523*** (-7.16)	-0.784*** (-7.56)	-0.061* (-1.94)	-0.258*** (-5.47)	-0.570*** (-8.30)
IRLF1	0.981*** (15.29)	1.301*** (11.01)	1.483*** (9.50)	—	—	—
RL × IRLF1	-0.146*** (-14.76)	-0.192*** (-10.27)	-0.244*** (-9.24)	—	—	—
IRLF2	—	—	—	1.097*** (8.77)	1.770*** (8.93)	2.745*** (14.41)
RL × IRLF2	—	—	—	-0.144*** (-8.66)	-0.158*** (-8.08)	-0.309*** (-15.13)
观测值	115	396	110	115	396	110
AR（2）（P值）	0.369	0.542	0.968	0.248	0.337	0.823
Sargan 检验（P值）	1.000	0.208	1.000	1.000	0.141	1.000

第五节 本章小结

本章以中国的商业银行为研究样本，实证分析了利率市场化对货币政策风险承担渠道的影响。研究结果发现：

第一，我国存在货币政策风险承担渠道。进一步从利率市场化间接度量的维度来看，在考虑以直接效应衡量的贷款利率市场化之后，银行的实际风险承担水平上升，其实际风险承担对货币政策变动的反应相对变得更为明显。在考虑以价格约束效应衡量的存款利率市场化之后，这种变化则并不明显，价格约束效应还未能发挥出预期的效果。

第二，从利率市场化直接度量的维度来看，通过直接引入单边的贷款利率市场化虚拟变量的方法，研究发现贷款利率市场化会使得货币政策对银行实际风险承担水平的影响更明显。进一步从利率市场化综合度量的维度来看，通过引入综合了存贷款利率市场化整体信息的利率市场化指数的研究发现随着利率市场化进程的深入，银行的实际风险承担水平会上升，货币政策风险承担渠道的传导效果变得明显。

第三，利率市场化对货币政策风险承担渠道的影响在不同类型银行间存在着差异。在外资银行中，利率市场化对货币政策风险承担渠道的影响最明显，地方性商业银行次之，大型商业银行相对最小。

根据本章的研究结果，不难得出以下的政策启示：在利率市场化的背景下，我国的货币政策当局需要谨慎使用宽松的货币政策，以防止我国银行业的风险积累，破坏金融稳定。并且，利率市场化的政策需要渐进地推行，不可能一蹴而就。相关监管部门在利率市场化进程中需要加强监管，防范银行的风险积累。此外，在利率市场化的进程中，外资银行和地方性商业银行需要扩大客户群体，发展中间业务和个人零售业务，实现收入的多元化，加强抵御风险的能力。当然，大型商业银行也不能忽视利率市场化所带来的风险，需要加强对贷款的审批，防止更多劣质贷款的产生。

第六章

市场约束、显性存款保险制度与银行风险承担

——基于回归控制法的研究

第一节 引 言

市场约束是影响银行风险承担的重要因素之一，旨在通过市场化的行为来约束银行的经营风险，迫使其审慎经营。早在 2004 年的《新巴塞尔协议》中即已将其作为新的“三大支柱”之一纳入了银行业监管框架，随着当前全球金融背景和认知的不断深化，市场约束渐已成为国外学者关注和研究的焦点之一。

而与此同时，随着我国利率市场化的不断推进，市场约束在我国银行业格局中的影响也开始逐渐显现。尤其是，2015 年 10 月 24 日起，央行对商业银行和农村合作金融机构等不再设置存款利率浮动上限，此项举措真正触及了中国金融体制中利率管制的根本环节，标志着我国历经近 20 年的利率市场化基本完成。此外，2015 年 4 月 1 日正式推出的《存款保险条例》作为中国银行业相关的一项极为重要的制度变革，它的诞生对于市场约束有何影响，以及进而对银行风险承担的影响如何，从某种意义上来说也是很值得关注的。一方面，该制度的实施能够更好地维护存款人的利益，降低由风险传递引发的银行挤兑（Merton，1977）；另一方面，其也可能由于弱化了存款人的市场约束激励从而诱发道德风险问题（Dowd，1993），进而导致银行的风险承担增加。因此，在当前背景下研究市场约束与存款保险制度对我国银行风险承担的影响具有较强的理论和现实意义。

基于此，本章采用我国 141 家商业银行 2010—2016 年的数据，运用回归控制法研究了我国推行存款保险制度对银行风险承担的影响。进一步地，本章还使用了非线性双重差分法探讨了市场约束与存款保险制度的相互作用如何影响我国银行的风险承担。文章其余部分安排如下：第二节为文献综述，第三节为研究设计，第四节为实证分析，第五节为稳健性检验，第六节为结论与政策建议。

第二节　文献综述

一、市场约束与银行风险的研究综述

从市场约束与银行风险的关系来看，学界对此从多个不同的角度展开了研究。其中，由 Berger（1991）较早地给出了市场约束的经典定义，他认为，该约束行为是指银行的利益相关者在考虑其自身利益的状况下，会在不同程度上关注其存款所在银行的经营及风险状况，并基于所掌握的相关信息进行理性分析和判断，在必要时采取防范措施，通过对该银行的利率或存款造成影响来约束其经营及风险承担，最终来迫使银行提升管理、稳健经营的过程。

随后，美国一些学者逐渐展开相关方面的研究，并给出了市场约束效应存在的相关证据。如 Martinez 等（2001）基于阿根廷三国在经济危机前后的历史背景，得出了存款人市场约束可以显著降低银行风险的结论。而且他们发现市场约束基本可划分为两类：利率（价格）约束和数量约束，其传递原理在于索要更高存款利率的惩罚机制以及“用脚投票”的数量转移机制（Demirgüc - Kunt 等，1999；Martinez 等，2001）。后续学者也多从实证方面检验并进一步深化了他们的研究，所得结论基本支持了市场约束的有效性。如 Forsbaeck（2011）使用全球几百家银行的数据证实了债权人的市场约束与银行风险承担负相关，且股东控制权的增加大大增强了市场约束对资产风险的负向影响。Tandelilin（2015）等基于印度尼西亚商业银行财报数据的研究结果发现，两类市场约束均抑制了银行的风险承担。

国内目前也有不少学者围绕市场约束展开了较为具体的研究，然而并未如国外般得出基本一致的结论。其研究结果主要可归纳为三类：第一类认为我国银行业不存在市场约束效应（张正平和何广文，2005；许友传，

2009；巴曙松等，2010）。第二类则发现我国市场约束中仅有某一种效应能够有效地减少银行的风险，但具体结论也存在差别和争议（李晓庆和刘江慧，2016；余红，2018）。第三类的研究结果则表明我国双重市场约束均有效地降低了银行的风险行为（赵珈等，2015）。然而，上述文献所存在的一些问题是，要么结合某一视角但样本期相对偏早，且并未着重考虑显性存款保险制度新框架的推出所带来的冲击和影响，要么对于银行风险的研究并未考虑我国银行业较大的异质性从而进行全面地分类。

二、存款保险制度对银行风险影响的相关综述

从存款保险制度与银行风险的角度来看，1933 年美国率先推出了存款保险制度，故就国外文献而言，美国学者率先展开了存款保险制度的相关研究。一些学者认为存款保险制度会引致银行风险承担的增加（Martinez等，2001；Ioannidou，2006），他们的研究结果显示，存款保险制度的实施会使得银行有将部分破产损失转嫁给保险机构的激励，进而导致其风险承担增加。另一些学者则持相反的观点，如 Chernykh 等（2011）采用双重差分法的实证结果表明存款保险制度的实施有利于银行风险的降低。Anginer等（2014）研究发现，存款保险制度的“道德风险影响（即容易诱发银行的道德风险）”在良性时期占主导地位，而在危机时期存款的“金融稳定效应（即有助于提升银行系统的稳定性）”则占优势。但总的来看，国外存款保险制度的研究由于与国内存款国情、制度等方面的差异，其方法与结论是否最适合于我国本土制度的研究还有待进一步挖掘。

由于我国在 2015 年之前尚未推出（显性）存款保险制度，因此实证方面的文献较为缺乏，此前国内学者主要基于国际经验和理论模型，从多个角度探讨我国建立该制度所需关注的问题。早期的文献多从如何降低存款保险制度引致的风险来探讨其特征设计及引入问题（颜海波，2004；姚东旻等，2013）；而后续部分学者的理论研究则关注存款保险对银行挤兑或系统性风险的影响（田国强等，2016）。此外，在我国存款保险制度推出后，不少学者也从理论微观层面定性分析了该制度的实施对我国商业银

行的影响及冲击（曾淑华，2016）。基于上述文献，我们确实可以发现，对于我国显性存款保险制度的探讨多还停留在理论和定性研究的层面，有关实证研究的文献仍然较为缺乏。

至于本章所重点关注的实证方面，国内文献则主要通过跨国数据对存款保险制度与银行多种风险间的影响进行研究，如王道平（2016）基于全球88个国家的数据研究了利率市场化改革及存款保险制度对系统性银行危机的影响。类似地也有其他较多学者从微观层面考察了存款保险制度对银行风险或金融稳健性的影响（段军山等，2018；赵胜民和陈蓓，2019；王晓博等，2019）。但近期的文献仅有郭晔和赵静（2017）以及张俊超（2019）等少数学者详细地探讨了国内存款保险制度对银行风险的影响。然而，本章发现，他们的文章在对照组选取、样本全面性等方面存在着一定的争议。由此可见，国内有关新推行的显性存款保险制度的经验研究在方法、样本选择等更详细的探讨方面还有待加强。最后，从同时考虑市场约束与存款保险制度视角的文献来看，国内外只有少量的文献同时涉及两者的作用（Demirgüc - Kunt 和 Huizinga，2004；Forbaeck，2011；余红，2018），但上述文献基本都未曾考虑两者共同对银行风险承担的作用，且均未通过主流的政策评估方法来研究存款保险实施的政策效应。

故总体而言，纵观该领域的研究，虽然国内外学界对于市场约束、存款保险制度与银行风险的相关主题展开了大量的研究，但仍然存在着以下一些可议之处：

第一，从方法和样本选择等方面来看，多数关于市场约束研究的文献样本期偏早，抑或是样本量的选取不够充分，例如不少文献仅选取了我国上市银行的样本进行实证分析，但这样（并不止于此）所带来的一个问题是，无法细致考察我国银行业较大的异质性问题从而对样本进行全面详细的分类。

第二，既有文献多从理论上探讨我国显性存款保险制度的实施会产生怎样的影响，且实证方面主要基于国外特别是跨国数据探讨境外存款保险制度的影响作用。相比之下，缺乏对境内存款保险制度较为细致的经验研究，且缺乏在该制度实施影响下研究市场约束与银行风险承担的文献。此外，通过主流政策评估方法探讨存款保险制度与市场约束的相互作用会对银行风险承担产生何种影响的文献也匮乏。

第三节 研究设计

一、理论分析与模型设定

（一）市场约束影响银行风险承担的理论分析

如前文所述，市场约束包括利率方面的价格约束（即具有高风险的银行是否向储户支付了更高的利息）以及数量方面的数量约束（即储户选择减少存于高风险银行的存款或将存款从高风险行转移至安全行）。首先，从利率约束渠道来看，价格约束影响银行风险承担的机理表现为，储户将现金存放于银行后，银行出于盈利需求会将存款进行放贷或投资以赚取收益，而根据高风险高收益的准则，银行自然有可能为了追逐更高的收益而冒险放贷给更高风险的贷款人或进行更高风险的项目投资。若储户通过监督发现其存款所在行承担了更高的风险，进而很可能会影响其存款的安全性（即银行收回贷款或投资失败），那么在无存款保险赔付的情况下，储户出于对自身损失的补偿考虑，会通过向该银行索要更高的存款利率来对其风险行为进行惩罚，这会增加银行的利息支出成本，从而使得银行承受额外的损失。因此价格约束可以通过该方式约束银行稳健经营，降低其相应的风险承担。

其次，从数量约束渠道来看，该约束之所以有效的机理在于，储蓄者对银行承担更高风险的行为会表现为“用脚投票”，即从银行存款的渠道来源方面进行约束，具体地可以通过转移他们在高风险行的存款或将存款转移至安全行以规避风险，这样储蓄者存款所在行的存款量会受到影响，同时通过储蓄者之间的消息传递也使得该银行面临着一定的声誉风险进而引发更糟糕的后果。若银行因此而导致其存款来源受到了影响，则会极大地影响到其贷款收益，且声誉受损也会使得储户对该行的存款安全信任度降低，银行迫于利润损失压力会更好地审慎经营以吸引储蓄，从而使得其风险承担相应降低。

基于此，本章首先借鉴 Kaniska 等（2015）构造相应的理论模型，来揭示未考虑存款保险制度时，市场约束对银行风险承担的影响。具体如下：

考虑一个由 n 个风险中立的银行构成的银行部门和持有现金流的风险中性储户均匀地分布于一单位圆上。银行间存在存款利率的竞争，用以调动存款。设 $r\ (=r_1,\ \cdots,\ r_n)$ 是由 n 个银行提供的存款利率，其中 $r_i>1$，$i=1,\ 2,\ \cdots,\ n$。银行 i 的存款总供给曲线由 $D_i\ (r_i,\ r_{-i})$ 决定，其中 r_{-i} 是由其他银行提供的利率向量。假设对储户的存款未予保险，且每个储户为了前往银行所需花费的单位运输成本为 t。

每家银行面临 k 的最低资本要求。因此，一家存款总供给为 D_i 的银行可投资 $(1+k)\ D_i$ 的资金于无风险资产或风险资产①。资产回报一般是随机的，服从给定的概率分布 μ。如果是无风险资产，则 $\mu=\alpha>r_i$，$i=1,\ 2,\ \cdots,\ n$，即对无风险资产的回报是恒定的。而对于风险资产，有 θ 的概率 $\mu=\gamma>\alpha$，有 $1-\theta$ 的概率 $\mu=0$。假设整个银行风险投资的成败是独立的，且无风险资产的预期收益率大于风险资产成功概率下的收益率，即 $\alpha>\theta\gamma$。再假设无风险资产的收益率不会过高，否则银行将没有激励投资于风险资产，道德风险问题也会变得微不足道。银行 i 的中介利润由 $\omega=E\ (\mu-r_i)$ 给定。其中，E（·）表示随机变量的期望值。每家银行均是有限责任制，即如果一个银行的项目失败了，储户将无法得到赔偿。银行首先提供存款利率，然后储户选择将资金存入银行，接下来银行选择投资的资产组合②。

在上述假设下，本文的模型主要考虑两种对称性均衡：一种是无风险

---

① 一家银行可能将它总资产的一部分投资于每种资产。很容易证明，在有限责任之下，最优选择意味着银行仅仅只选择投资于一种资产。

② 这个时序对于刻画均衡的风险承担行为是至关重要的。由于银行做出投资决策是在储户交付存款后，银行不能承诺具体的投资策略。因此，该有限责任下 $\gamma>\alpha$ 的假设意味着风险资产对于银行更具吸引力，从而产生了银行层面的潜在道德风险问题。

均衡，此时所有银行选择投资于无风险资产；另一种是风险均衡，所有银行投资于风险资产。本文从阶段博弈的完美子博弈均衡视角来观察。

在第三阶段，考虑银行决定投资无风险资产或风险资产的决策过程。如果银行 i 选择投资无风险资产和风险资产，其期望收益分别由下式给出：

$$\pi_i^P(r_i, r_{-i}) = [\alpha k + (\alpha - r_i)] D_i(r_i, r_{-i}) \tag{1}$$

$$\pi_i^G(r_i, r_{-i}) = \theta[\gamma(1 + k) - r_i] D_i(r_i, r_{-i}) \tag{2}$$

若满足 $r_i \leqslant \frac{(\alpha - \theta\gamma)\ (1 + k)}{1 - \theta} \equiv \bar{r}$（下面将称其为非风险条件），则有 $\pi_i^P \geqslant \pi_i^G$，此时，银行选择投资无风险资产；反之，银行则会选择投资风险资产①。

在第二阶段，考虑储户决定是否将其资金存入银行的决策过程。因为本文只考虑对称均衡，所以可以直接假设储户只考虑将资金存入最近的银行。若储户与最近银行 i 的距离为 x，且假设他预期该银行将投资于无风险资产。那么当下面的参与条件成立时，他会将自己的资金存入该银行。

$$r_i - 1 \geqslant tx \tag{3}$$

如果存款者预期银行投资风险资产，则上式变为

$$\theta r_i - 1 \geqslant tx \tag{4}$$

值得注意的是，存款人无法左右银行的资产组合选择。上述参与条件意味着，如果银行选择投资于风险资产而非无风险资产，就必须提供更高的存款利率给客户。

在博弈的第一个阶段，每家银行会设置存款利率以最大化其期望收益，如此银行必须考虑下面的子博弈（阶段 2 和阶段 3）的可能结果。故上述限制被施加作为银行收益最大化问题的约束。例如，当所有银行的最大化期望收益受到非风险条件和式（3）的约束时，无风险均衡更容易出现。值得注意的是，非风险和风险条件决定银行的资产组合选择遵循由储户作出的决定。若只有少量储户把他们的资金存放在一个特定的银行，那么这家银行更可能投资于无风险资产（因为非风险条件更容易满足）。因

---

① Hellmann（2000）认为，r_i 和 k 的合适组合能够保证银行投资于无风险资产。

此，非风险和风险条件面临的更多是内生而非外生约束。

接着我们分析阶段博弈中的两类对称均衡，即无风险均衡和风险均衡。令 r^P 和 r^G 表示所有银行分别选择了无风险资产和风险资产时的均衡存款利率。因此，无风险均衡是所有银行提供利率 r^P 并选择投资无风险资产时的策略组合，此时每个储户都会选择一家银行存款。另外，风险均衡是所有银行提供利率 r^G 并选择投资风险资产时的策略组合，同样每个存款者会选择一家银行存款①。值得注意的是，我们只分析两种极端情况，一种是每个银行都满足非风险条件（无风险均衡），另一种是任何银行均不满足非风险条件（风险均衡）。当然也有可能是一些银行审慎经营，而其余银行有风险经营。这种类型的均衡本章不做研究。

在一个对称风险均衡中，所有银行都提供相同的存款利率和投资于风险资产，并且所有的存款者都会进行存款。当银行承诺一个存款利率 r_i 时，存款者将从这家银行获取（就预期而言）θr_i 的偿还。如果储户预期所有的银行都将选择风险资产（即所有银行都满足风险条件），则银行 i 的存款函数由下式给出：

$$D_i(r_i, r^G) = \frac{1}{n} + \frac{\theta(r_i - r^G)}{t} \tag{5}$$

在此我们应当将两种限制考虑在内。首先，所有银行必须符合风险条件，以便保证这里的均衡确实是一个风险均衡（博弈的阶段 3）。其次，没有储户有激励让其资金闲置，即参与条件（4）必须得到很好的满足。因此，受风险条件和式（4）的约束，银行 i 的股东将选择 r_i 使得下式的预期利润最大化：

$$\pi_i^G(r_i, r^G) = \theta[\gamma(1+k) - r_i][\frac{1}{n} + \frac{\theta(r_i - r^G)}{t}] \tag{6}$$

在一个对称无风险均衡中，所有银行都提供相同的存款利率和投资于无风险资产，并且所有的存款者都会进行存款。当银行 i 提供利率 r_i 时所有与之竞争的银行将提供利率 r。而且如果储户预期所有银行都将选择无

---

① 在一个无风险均衡和风险均衡中，每家银行的中介利润分别由 $\omega^P = \alpha - r^P$、$\omega^P = \alpha - r^P$ 和 $\omega^G = \theta(\gamma - r^G)$ 给定。

风险资产，则银行 i 的存款函数由下式给出：

$$D_i(r_i, r^P) = \frac{1}{n} + \frac{(r_i - r^P)}{t} \tag{7}$$

所有银行必须符合非风险条件，以便保证所达到的均衡确实是一个无风险均衡。其次，没有储户有激励让其资金闲置，即对于任何储户和银行来说参与条件（3）必须得到很好的满足。因此，受非风险条件和式（3）的约束，银行 i 的股东将选择 r_i 使得下式的预期利润最大化：

$$\pi_i^P(r_i, r^P) = \alpha[(1+k) - r_i][\frac{1}{n} + \frac{r_i - r^P}{t}] \tag{8}$$

在下面的命题中我们刻画了存款市场的无风险和风险对称均衡。如果运输成本的增加与银行数量是相关的，给定存款人的总数，那么每家银行较低的边际利润反映了较高的市场约束。事实上，很容易说明，在这两个均衡下，中介边际利润等于 t/n。因此对于我们的经济体而言，t/n 是对市场约束力的一个侧面的测度。

命题 1：给定一个最低资本要求 k，则存在市场约束的阈值 φ^P，φ^G 和 φ^α，且 $\varphi^P > \varphi^G > \varphi^\alpha$，使得：

1. 如果 $t/n \in [0, \varphi^\alpha]$（强市场约束），那么仅存在无风险均衡，且每家银行提供存款利率 $r^P = \min\{\bar{r}, \alpha(1+k) - t/n\}$。

2. 如果 $t/n \in [\varphi^\alpha, \varphi^G]$（中度市场约束），那么将同时存在风险均衡和无风险均衡，且每家银行提供存款利率 $r^G = \gamma(1+k) - t/\theta n$ 和 $r^P = \bar{r}$。

3. 如果 $t/n \in [\varphi^G, \varphi^P]$（弱市场约束），那么仅存在风险均衡，且每家银行提供存款利率 $r^G = \gamma(1+k) - t/\theta n$。

由上述理论模型，我们可以得出推论 1。

推论 1：市场约束与银行的风险是呈负相关的，市场约束越强，银行经营越审慎，风险承担越低。

（二）基于市场约束理论的模型设定

在前文的理论基础上，为了研究市场约束对银行风险的影响，我们参照 Forsbaeck（2011）以及张雪兰和何德旭（2012）构造了如下的动态面板模型：

$$Risk_{it} = \alpha + \alpha_1 Risk_{it-1} + \alpha_2 MD_{it-1} + \sum_{k=0}^{3} \alpha_{3+k} B\_Control_{it} + \sum_{k=0}^{2} \alpha_{7+k} M\_Control_{it} + \varepsilon_{it} \quad (9)$$

其中，ε_{it}为随机误差项；下标 i 和 t 分别表示银行 i 和第 t 年。被解释变量 Risk 为银行的风险承担代理变量；解释变量 MD_{it-1}则是储蓄者滞后一期的市场约束（包括 PD_{it-1}和 ND_{it-1}，分别为价格和数量约束的滞后一期，后文中（除了交互项）皆是如此）。除此之外，本章还从宏微观层面控制了其他影响银行风险的重要变量。

存款保险制度对银行风险承担的影响：理论分析与模型设定如下。

2015 年 4 月 1 日，我国正式推出了《存款保险条例》，并于同年 5 月 1 日起正式实施。这意味着储户的存款受到了法律层面的正式保障，其能够弥补储户由于银行收回贷款或投资失败而引致的绝大部分存款损失，因此能够更好地维护储户利益，降低了风险传递及由此引发的银行挤兑（Merton，1977；Demirgüc - Kunt 和 Huizinga，2004；等）。但与此同时，也可能会带来一些负面的影响，一是该制度的实施使得银行挤兑（尤其在非危机时期）威胁减轻的同时，也会削弱银行的风险管理意识，使银行更容易将资产投资于高风险项目以期获得更高的收益，从而导致其内在的风险承担增大；二是存款保险制度的引入使得储户对于银行的监督激励减弱，因为即使储户因本身监督不力而导致自身的存款遭受了损失，也会由于条例规定获得来自保险机构的相应赔付，这足以弥补绝大多数存款人的损失。该现象会导致储户不用顾忌存款损失的风险从而选择利率较高的银行（通常地方银行更能提供较高的存款利率）。具体地我们可以通过近年来的存款事实数据来看一下全国性和地方银行存款增长率的相对趋势，如图 6 - 1 所示。

由图 6 - 1 我们可以清楚地看到，在存款保险制度实施以后，全国性和地方银行的存款增长相对趋势正在逐渐拉大，说明存款者正逐渐更多（更为放心）地将存款放于地方银行，而地方银行由于竞争激烈以及保费缴纳具有更大的压力，通常具有更大的风险承担。

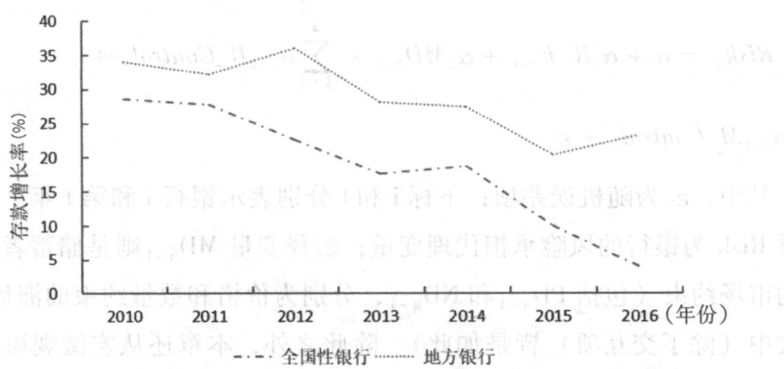

图 6 – 1　2010—2016 年全国性和地方银行存款增长率趋势图

进而，存款保险制度的实施可以视作为一个典型的准自然实验政策，对此 Hsiao 等（2012）提出的回归控制法在政策效果评价方面具有较强的优越性。一方面，此方法认为经济系统的一些公共因子驱动着截面上各个个体的经济运行，虽然它们的影响程度不尽相同，但在截面上具有一定的相关性或联动性；因此可由政策发生前处理组和控制组相关关系的估计来预测政策发生后处理组的“反事实”。另一方面，此方法可克服宏观政策评价中存在的变量遗漏、因果关系不明确和时间序列数据不足等缺陷，一定程度上可降低变量选择与估计方法对实证结果稳健性的干扰。

此外，对于控制组和处理组的趋势拟合问题，为了能够更好地模拟存款保险制度实施对处理组银行风险承担影响的“反事实”路径，本章借鉴 Abadie 和 Gardeazabal（2001）的合成控制法，采用数据驱动的方式确定权重以合成“全国性银行”与“地方性银行”，减少了对照组选择时可能存在的样本内生性和选择偏误问题，使得结论更具有科学性。同时通过对控制对象的加权来模拟存款保险制度实施前的情况，既可以反映出每个控制对象对反事实事件的贡献，又避免了过分外推。

本章回归控制估计所用数据的样本期为 2010—2016 年。由于存款保险制度推出于 2015 年 4 月 1 日，因此我们将 2015 年之前划分为政策实施前的阶段，共 $T_1 = 5$ 期，将 2015 年及之后划分为政策实施后的阶段，共 $T_1 = 2$ 期，由于 $T_1 > T_2$，符合回归控制方法对样本事件跨度的要求。

（三）存款保险制度、市场约束对银行风险承担的影响：进一步的理

论分析

存款保险制度与市场约束的相互作用对银行风险承担的影响机理在于，储户存于银行的存款受保险后，若银行破产清算则其损失可以得到相当程度的偿付，这可能会引致存款人对银行风险的监督激励有所降低，存款人不必再总是关注银行的风险贷款或投资行为从而去约束银行无风险经营和降低风险。由于存款保险是从约束激励方面去影响存款人对银行的监督和风险信息搜集，因此会同时影响利率渠道和数量渠道的作用。

具体地，从利率约束渠道来看，存款人通过向银行索要更高利率的动机减弱，这会抑制价格约束机制的有效性；而从数量约束渠道来看，存款人也不用再谨慎考虑银行投资风险高时转移自己的存款以保障其安全性，这又降低了数量转移机制的可能性，从而银行受到的存款人市场约束力度大大减少，银行更有动机去投资更高风险的项目以获得更高的收益，从而提升风险承担行为。国外部分学者（如 Jens Forbaeck，2011）通过经验分析验证了这一理论。然而，国内的情况是否也如此则亟待相关实证的检验。

同样，在进行最终的实证分析前，我们将市场约束、存款保险制度与银行风险承担三个变量纳入理论模型的统一框架，通过模型推导及演绎来深入揭示市场约束、存款保险制度与银行风险承担之间的内在机理，从而为后文的变量构造提供重要的理论依据。理论模型分析如下：

我们考虑引入存款保险制度为每个存款人提供保险，该制度旨在防止系统性的危机（Diamond 和 Dybvig，1983）。一方面，这种监管措施的效果对于低存款保险仍然模糊，少量的存款保险通过补偿运输成本来增加银行的存款；另一方面，存款保险制度促使银行更激烈地竞争，从而减少银行无风险经营的激励，因为它们受到有限责任的保护，因此在银行层面增加了银行危机。根据存款保险计划，即使银行在投资风险资产时失败，存款人也可以得到承诺的偿付。在此情况下，银行在存款利率（r_i，r）向量下预期的无风险和风险利润分别由下式给出：

$$\pi_i^P(r_i,r,\beta) = [\alpha(1+k) - r_i - \beta][\frac{1}{n} + \frac{r_i - r}{t}] \tag{10}$$

$$\pi_i^G(r_i,r,\beta) = [\theta(\gamma(1+k) - r_i) - \beta][\frac{1}{n} + \frac{r_i - r}{t}] \tag{11}$$

其中 β 是在选择每家银行的投资策略之前收取的存款保费。注意到当存款投保时，即使银行选择投资风险资产，银行 i 的存款供应仍然保持不变。为简单起见，我们只关注覆盖市场下的均衡。此外，还需注意由于银行的预期利润（保险费总额）保持不变，银行的非风险条件在存款保险制度下不会改变。以下命题描述了存款保险计划下的均衡存款利率。

命题 2：对于给定的最小资本要求 k 和每单位存款保险费 β，存在市场约束的阈值 φ^P，φ^G 和 φ^α，且 $\varphi^P > \varphi^G > \varphi^\alpha$，使得：

1. 如果 $t/n \in [0, \varphi^\alpha]$（强市场约束），那么仅存在无风险均衡，且每家银行提供存款利率 $\hat{r}^P = \alpha(1+k) - t/n - \beta$。

2. 如果 $t/n \in [\varphi^\alpha, \varphi^G]$（中度市场约束），那么将同时存在风险均衡和无风险均衡，且每家银行提供存款利率 $r^G = \gamma(1+k) - t/\theta n - \beta$ 和 $\hat{r}^P = \alpha(1+k) - t/n - \beta$。

3. 如果 $t/n \in [\varphi^G, \varphi^P]$（弱市场约束），那么仅存在风险均衡，且每家银行提供存款利率 $r^G = \gamma(1+k) - t/\theta n - \beta$。

对比未受保险和有存款保险时的模型，我们可以进一步得出推论 2。

推论 2：存款保险制度降低了存款者市场约束对银行风险承担的抑制作用。

1. 纳入存款保险制度框架的模型设定。

在理论机制分析的基础上，本章通过引入存款保险制度与市场约束的交乘项，来分析存款保险与市场约束的相互作用对不同类别银行风险承担的影响是否与理论模型得出的推论相一致。具体地，我们参照 Demirgüc - Kunt 等（2004）和 Jens Forbaeck（2011）设定进一步的模型如下：

$$Risk_{it} = \lambda + \lambda_1 Risk_{it-1} + \lambda_2 MD_{it} + \lambda_3 DI_t + \lambda_4 MD_{it} \times DI_t + \sum_{k=0}^{3} \lambda_{5+k} B\_\ Control_{it} + \sum_{k=0}^{2} \lambda_{9+k} M\_\ Control_{it} + \varepsilon_{it} \tag{12}$$

其中，$MD_{it} \times DI_t$ 为市场约束与存款保险制度的交乘项。若 λ_4 显著为正，则说明存款保险制度显著降低了市场约束对银行风险承担的负向抑制作用，若不显著，则说明两者的相互作用不明显；反之亦然。其余变量均与模型（9）相一致。

2. 变量说明、数据来源与描述性统计。

首先，对于银行风险承担变量的选取方面，目前主要采用的变量有四类：（1）不良贷款率 NPL（项后军等，2018）；（2）Z－Score（Laeven 和 Levin，2009；宋科和李政，2019）；（3）风险加权资产比例 RWA（方意等，2012）；（4）贷款损失准备金率 LLR（张雪兰和何德旭，2012；项后军和闫玉，2016）。其次，关键解释变量市场约束（MD）可具体分为价格约束 PD 和数量约束 ND。具体地，本章各变量选取及说明如表 6－1 所示。

表 6－1　变量选取与说明

	变量名	选取与说明
被解释变量	RWA	参照方意等（2012）选取风险加权资产比例作为银行风险承担的代理变量
	Z－Score	参照 Laeven 和 Levin（2009）以及宋科和李振（2019）采用 Z－Score 作为后文被解释变量稳健性替换的指标之一
	LLR	参照张雪兰和何德旭（2012）使用贷款损失准备金率作为被解释变量另一稳健性替换的指标
解释变量	PD	借鉴 Demirgüc－Kunt 等（1999），采用付息率的滞后一期作为利率约束渠道的代理变量
	ND	参照 Martinez 等（2001），选取存款增长率的滞后一期来代理数量约束渠道变量
	DI	代表存款保险制度虚拟变量，参照郭晔和赵静（2017），在 2015 年及之后取值为 1，2015 年之前取值为 0
控制变量	Cap	资本充足率，本章采用银行总资本与总资产的比率作为资本充足率的口径
	Size	资产规模，取银行总资产的对数来衡量
	Liq	流动性比率，是银行证券或者其他流动性资产比总资产
	Roaa	平均总资产回报率，反映银行的盈利能力
	GDPR	经济增长率，为年度国内生产总值的增长率
	FA	固定资产投资价格指数，反映固定资产投资额价格变动趋势和程度的相对数
	MP	数量型货币政策，使用 M2/GDP 表示

本章所使用的数据主要来自全球银行与金融机构分析库、国家统计局网站、iFind 以及 Wind 数据库。基于数据的缺失和可得性因素，我们最终采用我国 141 家商业银行 2010—2016 年的数据构建面板模型，其中涵盖了 5 家国有银行、12 家全国性股份制银行、31 家外资商业银行（在华分支机构）以及 93 家地方性银行。且为了排除极端值的干扰，本章对相关变量的数据均进行了头尾 1% 的 Winsorize 处理。各变量的描述性统计如表 6-2 所示。

表 6-2 各变量描述性统计

变量	观测值总数	均值	标准差	最小值	最大值
NPL	701	1.117	0.873	0.010	5.880
LLR	708	2.607	1.166	0.350	7.407
PD	685	0.019	0.067	0.002	0.049
ND	695	0.285	0.617	-0.435	3.413
Size	794	18.62	1.757	14.84	23.54
Cap	751	17.28	15.75	10.11	56.32
Liq	673	28.53	16.83	6.840	72.19
Roaa	771	1.002	0.486	-0.460	2.334
FA	987	101.7	2.692	98.18	106.5
GDPR	987	8.061	1.348	6.700	10.63
MP	987	1.912	0.108	1.800	2.080

第四节 实证研究

一、基于 SYS-GMM（系统广义矩）估计的不同类型商业银行的市场约束效应研究

由于模型（9）和模型（12）为动态面板，考虑到其滞后效应可能会带来内生性问题，故我们在下文中使用 SYS-GMM 来估计模型（9）和模

型（12），且为了保证模型的估计不存在自相关和过度识别问题，我们分别对每个模型的回归结果进行了一、二阶序列相关检验和 Sargan 检验。

考虑到我国银行业的实际情况以及国内学者的相关研究，全国性银行、地方性银行以及外资银行在监管约束、经营模式、资产规模和客户群体等方面有着较为明显的差异。故我们推测，基于不同类别银行的存款者市场约束效应可能亦是不同的。因此，我们首先基于模型（9），将全样本银行划分为全国性、地方以及外资银行，采用 SYS - GMM 估计方法分别对其进行回归，具体结果如表 6 - 3 所示。

表 6 - 3　不同类型商业银行的双重市场约束对各自风险承担影响的估计结果

被解释变量：RWA						
银行类别	全国性银行	外资银行	地方银行	全国性银行	外资银行	地方银行
RWA_{t-1}	0.777*** (3.21)	0.535*** (8.83)	0.741*** (17.06)	0.832*** (2.94)	0.794*** (18.18)	0.287*** (2.66)
PD_{t-1}	-195.0 (-1.38)	-163.2 (-0.72)	-131.2** (-2.40)			
ND_{t-1}				2.642 (0.44)	6.640 (1.60)	6.931 (1.38)
Size	-1.454* (-1.85)	-1.812*** (-4.36)	-2.471*** (-5.50)	-1.959 (-0.82)	-1.686** (-2.17)	-3.695*** (-4.84)
Cap	-0.089** (-2.09)	-0.126** (-2.12)	-0.361*** (-2.89)	-0.049 (-1.63)	-0.139* (-1.89)	-1.053*** (-5.62)
Liq	-0.322*** (-2.89)	-0.157*** (-5.13)	-0.081** (-2.49)	-0.420*** (-4.30)	-0.129*** (-4.12)	-0.405*** (-3.55)
Roaa	-1.633** (-2.46)	-5.001*** (-2.75)	-1.148*** (-3.44)	-0.348** (-2.11)	-0.499** (-2.40)	8.757*** (3.61)
FA	2.355** (2.18)	5.281*** (19.17)	1.401*** (2.63)	2.850** (2.38)	6.325*** (12.97)	4.902*** (2.81)
GDPR	-8.394** (-2.45)	-8.772*** (-9.19)	-3.233 (-1.57)	-8.992** (-2.21)	-14.80*** (-10.61)	-11.55** (-2.16)
MP	7.945** (2.03)	12.36** (2.35)	20.51*** (2.89)	22.82*** (2.69)	5.746*** (3.08)	29.61 (0.98)

续表

被解释变量：RWA						
银行类别	全国性银行	外资银行	地方银行	全国性银行	外资银行	地方银行
常数项	231.5**	486.4***	-99.33**	321.5***	553.0***	7.853
	(2.22)	(19.59)	(-2.05)	(3.19)	(9.33)	(1.49)
AR (1)	0.008	0.006	0.089	0.020	0.004	0.097
AR (2)	0.515	0.434	0.341	0.923	0.777	0.286
Sargan	0.791	0.252	0.165	0.862	0.351	0.539
N	75	104	247	73	108	203

注：(1) 下标 t-1 表示滞后一期。(2) ***、** 和 * 分别表示 1%、5% 和 10% 的显著性水平，括号内为 t 值（后表同）。

如表 6-3 所示，本章基于不同类型的银行分别对价格和数量约束进行了 SYS-GMM 回归。从中我们可以看到，在未考虑存款保险制度因素时，不同类别银行的市场约束对各自风险承担的影响分别表现为：全国性商业银行和外资银行的前期付息率系数为负却不显著，而地方银行的前期付息率则显著为负，表明全国性和外资银行的利率渠道未能起到有效作用，但地方银行则不然。由此推论 1 在方向上得到了验证。而无论是全国性、外资还是地方性商业银行，它们的存款增长率系数均表现为统计不显著，表明这三类银行的数量渠道都未能明显影响其风险承担。

我们认为，就利率约束渠道而言，可能是由于在华的外资银行（因为政策倾向以及相关条款规定等）受到了经营业务上较多的约束，其存款来源渠道相对较少，存款风险偿付也相对较轻，因此其存款者价格约束效应最为微弱；相对地，我国地方银行则由于数量众多引起的激烈竞争，很多时候甚至需要加大或明或暗的优惠力度才能拉到更多存款，来自存款者的市场约束激励和监督也会更强，其所引致的价格约束力度最明显。而从数量约束渠道来看，存款者对存放于全国性银行和外资银行的存款是较为放心的，没有"用脚投票"的风险损失预期，故减少或转移存款的动力很小；且即使是客观风险较高的地方性商业银行，由于其分区域的组织架构，"用脚投票"和稳健经营机制也都很难存在，故导致了这三类银行的数量约束渠道均不明显。

就控制变量的估计结果而言，作为微观方面的盈利性与流动性指标均与银行风险承担呈显著的负相关，表明盈利性与流动性越强的银行，其风险承担一般越小。这是因为盈利性强的银行，其利率追逐的可能性越小，因此不会冒更大的风险去投资高风险业务，故风险承担相对较小；而流动性作为应对银行危机的重要指标，其越强代表银行越容易应对资金的周转以及危机的产生，因而流动性越强，银行风险承担越小。

从宏观方面来看，经济增长环境越好，且货币政策越紧缩，银行风险承担越小。这是由于经济繁荣的时候银行较容易盈利，且降低了现金流的违约概率，因此银行通常不会承担过高的风险；且根据银行风险承担渠道的理论，宽松的货币政策容易通过增加银行的风险容忍度进而增加其风险承担，因此若货币政策较为紧缩，则在一定程度上会抑制银行的风险容忍度从而降低其风险承担。

二、存款保险制度的影响：基于回归控制估计的考察

本章选取 31 家外资银行在华分支机构的风险加权资产比例 RWA 和贷款损失准备金率 LLR（使用其作为稳健性估计）两个微观经济指标，来考察我国存款保险制度实施所带来的政策效应。基于各银行 RWA 和 LLR 的单位根检验均表明，它们都是平稳的，符合回归控制方法对数据的要求。

在存款保险制度实施前，分别将外资银行与全国性银行和地方银行的 RWA 以及 LLR 进行拟合，得到全国性（地方）银行的拟合方程；在存款保险制度实施后，用得到的拟合方程预测全国性（地方）银行未实施存款保险制度的各变量的值，即反事实值，全国性（地方）银行各变量的实际值与反事实值之差即为存款保险制度实施的政策效应。

为了分析全国性（地方）银行与控制组银行的拟合情况，利用政策实施前的时间段（2010—2014 年）的数据样本进行拟合，并由合成控制法筛选最优控制组可得，全国性和地方银行 RWA 的最优控制组为 S（20）和 S（21），而 LLR 的最优控制组为 S（17）和 S（24），4 组数据的拟合 R^2 均

在0.9以上，故总的来看，4组模型的拟合优度都较高。

图6－2、图6－3、图6－4和图6－5则分别描绘了2010—2015年度全国性以及地方商业银行RWA的真实值和“反事实值”（或称拟合值）。由图可见，在政策实施前的阶段（即2010—2015年之前）真实值和拟合值基本重合（或满足平行趋势），且重要拐点处也得到很好的拟合。所以，在存款保险制度实施前，全国性银行的RWA（LLR）可较准确地由上述20个（17个）外资银行构成的控制组来拟合，而地方银行的RWA（LLR）则可由上述21个（24个）外资银行所构成的控制组较好地拟合。而在政策实施后（即2015年及之后），我们可以看到，且从各图中实际值与回归控制法估计得到的“反事实”值在政策实施后的差值缺口大小来看，我们可以清楚地发现地方性银行的差值要显著大于全国性银行。这表明存款保险制度的实施对地方性商业银行的正向影响要强于对全国性商业银行的影响。

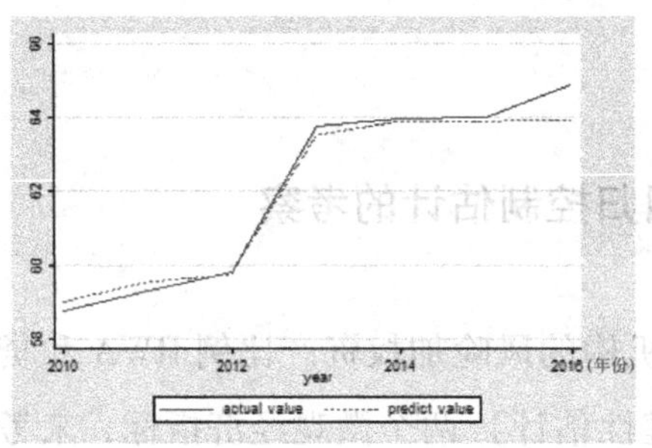

图6－2　全国性银行RWA实际值和反事实值

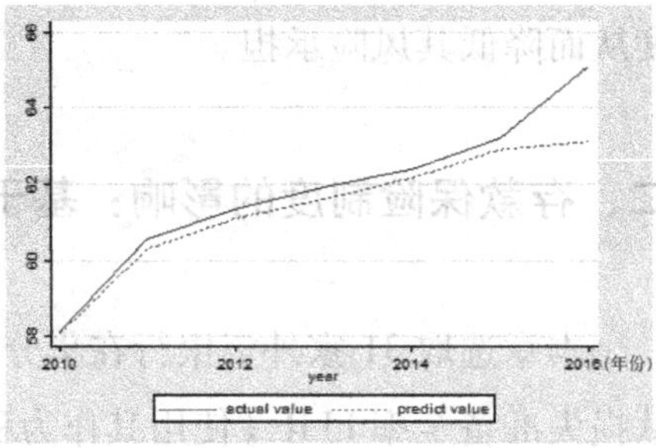

图6－3　地方银行RWA实际值与反事实值

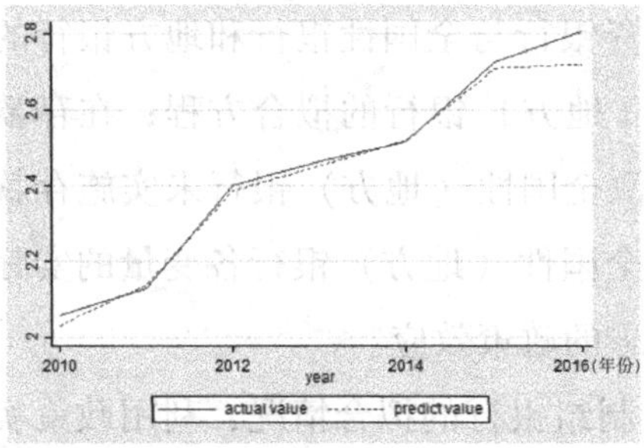

图6－4　全国性银行LLR的实际值和反事实值

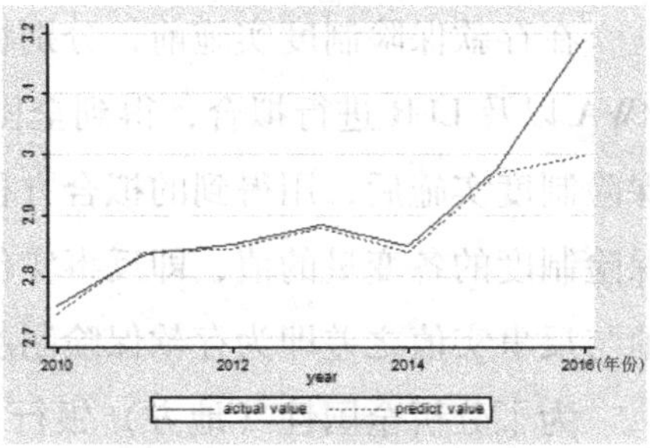

图6－5　地方银行LLR的实际值与反事实值

可能的原因是在现实中，我国存款保险基金管理机构收取一次保费的时间间隔为6个月，而保费的缴纳势必会增加参保银行的经营成本。考虑到我国的存款保险制度仍处于初步实行阶段，存款保险基金管理机构根据金融机构存款规模、资产质量、流动性状况、资本充足性及风险管理水平等，逐步实施风险差别费率，并实行较低的存保费率。实际上这对全国性存款保险机构的影响是相对较小的，但是对于那些业绩较差、资产质量较低的投保机构，成本上升、存贷利差的减小将带来一定程度上的压力，再加上逐步实施差异化的差别费率后，会抬高自身的适用费率，因此地方性银行在引入存款保险制度后更易导致其风险承担增大。

然而，上述实际值与反事实的差值缺口所得到的回归控制估计结果是否具有统计意义上的显著性差异，还需要进一步地考察。本章参照国内当前主流文献所进行的显著性差异检验步骤，首先对各组样本的实际值和反事实值进行 Shapiro－Wilk 检验，结果发现处理组及控制组的实际值（拟合值）均服从正态分布，故本章使用 t 检验以考察各组样本（实验组和对照组）之间是否具有显著性差异，结果表明在存款保险制度未实施前，控制组和处理组的实际值与拟合值之间并不存在统计意义上显著的差异性；而存款保险制度实施后，该制度所带来的外生冲击使得全国性和地方银行 RWA（LLR）的实际值和拟合值具备了统计意义上的显著性差异。

三、存款保险制度对市场约束效应的影响：基于非线性双重差分的进一步估计

如前文所述，存款保险制度的实施也可视作为一个典型的准自然实验，虽然前文中采用回归控制方法评估了存款保险制度实施的政策效应，但考虑到若评估其与市场约束的综合作用对银行风险承担的影响时无法使用回归控制方法进行估计，而双重差分估计在评价自然实验方面则可用以度量交互作用的政策影响，因此可以弥补回归控制估计在这方面的不足。但其难点在于——如何获得合适的对照组，幸运的是，我们发现《存款保险条例》的第二条规定为：在中华人民共和国境内设立的商业银行、农村

合作银行、农村信用合作社等吸收存款的银行业金融机构，应当依照本条例的规定投保存款保险。投保机构在中华人民共和国境外设立的分支机构，以及外国银行在中华人民共和国境内设立的分支机构不适用前款规定。但是，中华人民共和国与其他国家或者地区之间对存款保险制度另有安排的除外——故在华的外资银行分支机构并未受到国内存款保险条例的影响。

故在此，合适的对照组问题得以恰当解决。然而，更进一步来看，双重差分虽是重要的政策评估方法，却有着非常严苛的假设条件，其中最重要的前提假设则是处理组和对照组的被解释变量在实施前须存在平行趋势。但是平行趋势的假设对任意单调变换是不可能同时成立的，诸如此类问题所造成的缺陷限制了它的评价效果。而 Athey 等（2006）提出的非线性双重差分（Nonlinear Difference - in - Difference）模型则很好地弥补了双重差分的缺陷，在一定程度上解决了共同趋势的问题。故本章运用 NDID 模型并结合前文的合成控制法对银行风险承担问题进行进一步考察。

首先，考虑到全国性银行和地方银行在微观指标和受政府保护等宏观层面有较大的差别，因此，我们将总体样本分为全国性和地方商业银行，先采用 SYS - GMM 对两者分别进行估计。其次，NDID 方法一定程度上克服了双重差分的缺陷，再结合合成控制法对控制组和处理组的处理，可以有效地弥补遗漏变量、共同趋势等前提假设问题，以更准确和科学的方式来估计全国性银行以及地方银行在实施存款保险制度后的平均处理效应。经验估计的结果如表 6 - 4 所示。

表 6 - 4　（NDID 估计的）存款保险制度与市场约束对不同类别商业银行风险承担的影响

被解释变量：RWA								
	全国性银行	地方银行	全国性银行	地方银行	全国性银行	地方银行	全国性银行	地方银行
估计方法	SYS - GMM				NDID			
RWA_{t-1}	0.161 (0.36)	0.768*** (18.38)	0.338** (2.25)	0.260*** (2.59)	0.300*** (4.36)	0.394*** (4.48)	0.051 (1.13)	0.475*** (7.39)

续表

被解释变量：RWA								
	全国性银行	地方银行	全国性银行	地方银行	全国性银行	地方银行	全国性银行	地方银行
估计方法	SYS－GMM				NDID			
δ_1^{CIC}					5.962* (1.66)		6.202* (1.79)	
δ_2^{CIC}						4.938* (1.92)		9.139*** (4.76)
PD＊DI	62.0 (0.57)	154.3** (2.12)			556.1*** (3.05)	632.9*** (2.97)		
ND＊DI			1.607* (1.87)	9.992** (2.51)			30.61* (1.90)	4.599** (2.56)
PD＊δ_1^{CIC}					583.9*** (3.39)			
PD＊δ_2^{CIC}						710.9*** (2.84)		
ND＊δ_1^{CIC}							65.59*** (3.79)	
ND＊δ_2^{CIC}								93.50*** (3.44)
Controls	是	是	是	是	是	是	是	是
AR（1）	0.006	0.069	0.070	0.008	0.061	0.033	0.039	0.023
AR（2）	0.137	0.355	0.822	0.277	0.431	0.367	0.416	0.235
Sargan	0.905	0.407	0.979	0.459	0.341	0.306	0.267	0.346
N	75	247	68	203	179	351	141	394

注：同表6－3。

由表6－4中未经NDID估计的结果可知，对于两类银行而言，无论是全国性银行还是地方银行，存款保险制度与数量约束渠道的交乘项均统计显著，但其与全国性银行的利率约束渠道的交乘项不显著；然而NDID的回归结果却显示，无论对全国性银行还是地方性商业银行，PD＊δ_i^{CIC}与ND＊δ_i^{CIC}均与银行风险承担呈显著的正相关，由此可以看出未经非线性双重差分估计的情况下会导致对两者相互作用的低估，这意味着，存款保险制度通过市场约束对两类处理组银行风险承担的影响均是较为明显的。而从两类约束渠道来看，无论利率约束渠道还是存款转移渠道，两者的相互作用回归系数均显著为正，这表明存款保险制度显著弱化甚至掩盖了市场约束对银行风险承担的抑制作用并使得两者的影响最终为正，由此验证了推论2。可能的原因是，显性存款保险制度的推出使得存款得到了硬性保障，由此弱化了存款人的约束激励，使得存款者不必关心存款的损失从而降低了其对银行方面的市场约束力度，进而使得银行的风险承担趋于增加。

第五节 稳健性检验

一、不同类别银行市场约束效应的稳健性估计

首先，我们将 RWA 指标替换成 Z - Score 和 LLR 对前文的回归结果进行稳健性检验，其中，表 6 - 5 中（2）—（7）列为以 Z - Score 为被解释变量的回归结果，（8）—（13）列为以 LLR 为被解释变量的回归结果。且由于 Z - Score 所衡量的银行风险承担状况与 RWA（LLR）刚好相反，因此，若表 6 - 5 中（2）—（7）列主要解释和控制变量估计结果的回归符号与前文相反但显著性情况相近，则表明前文的估计结果是稳健的。除此之外，另一个很关键的问题是，前文中我们在设置存款保险制度虚拟变量时，将 2015 年设置为 1 可能有所争议，因为我国存款保险制度是 2015 年 4 月正式推出，故在此我们同时选择将 2015 年的存款保险样本剔除，来考察本章的估计结果是否会有所改变。通过替换 Z - Score（LLR）以及剔除 2015 年存款保险样本的稳健性检验结果如表 6 - 5 所示。

表 6－5　　替换 Z 值和 LLR 的不同类别银行业市场约束效应的稳健性检验

	全国性银行	外资银行	地方银行	全国性银行	外资银行	地方银行	全国性银行	外资银行	地方银行	全国性银行	外资银行	地方银行
被解释变量	Z－Score						LLR					
$Z-Score_{t-1}$	0.834*** (3.13)	0.792*** (29.74)	0.914*** (19.70)	1.005*** (5.07)	0.781*** (26.77)	0.038 (1.20)						
LLR_{t-1}							0.800*** (0.231)	0.812*** (33.46)	0.892*** (19.11)	0.692*** (2.69)	0.789*** (26.56)	0.039 (1.20)
PD_{t-1}	28.75 (1.50)	3.587 (0.45)	19.88*** (3.39)				－42.93 (－1.63)	－13.47 (－1.53)	－20.61*** (－3.12)			
ND_{t-1}				－0.285 (－0.76)	－0.355 (－1.36)	－0.424 (－1.20)				1.850 (1.01)	0.159 (0.59)	0.747 (1.62)
Controls	是	是	是	是	是	是	是	是	是	是	是	是
AR(1)	0.029	0.060	0.073	0.028	0.140	0.010	0.029	0.054	0.073	0.046	0.041	0.008
AR(2)	0.194	0.410	0.534	0.125	0.319	0.294	0.123	0.403	0.571	0.528	0.314	0.300
Sargan	0.252	0.651	0.212	0.956	0.330	0.471	0.969	0.633	0.203	0.714	0.362	0.505
N	79	116	291	70	121	259	75	112	286	68	117	254

注：同表 6－3。

表6－5替换Z－Score并且剔除了2015年存款保险制度样本的稳健性估计结果表明，无论是关键解释变量（PD_{t-1}和ND_{t-1}）以及控制变量的回归结果基本与前文使用RWA指标时的回归符号相反，而替换LLR之后则与前文符号基本相近。且不管是Z－Score还是LLR的结果，解释变量及多数控制变量的显著性均与前文的估计结果差别不大，由此表明我们所使用RWA作为被解释变量的回归结果是稳健的。

二、市场约束、存款保险制度对银行风险承担影响的处理效应

最后，我们仍然将RWA替换为Z－Score和LLR，并采用NDID估计存款保险制度的实施与市场约束的相互作用对全国性和地方商业银行风险承担的影响是否仍然稳健，其结果如表6－6所示。

表6－6　（NDID估计的）市场约束与存款保险制度对两类银行风险承担影响的稳健性检验

	全国性银行	地方银行	全国性银行	地方银行	全国性银行	地方银行	全国性银行	地方银行
被解释变量	Z－Score				LLR			
$Z-Score_{t-1}$	0.894*** (21.02)	0.908*** (24.13)	0.383*** (7.27)	0.951*** (19.27)				
LLR_{t-1}					0.795*** (9.78)	0.913*** (23.18)	0.386*** (6.82)	0.961*** (20.43)
δ_1^{CIC}	－0.768** (－2.33)		－0.308 (－1.02)		0.501** (1.96)		0.271** (1.99)	
δ_2^{CIC}		－0.057** (－2.09)		－0.188* (－1.88)		0.527* (1.86)		2.215* (1.93)
PD＊DI	－14.49** (－2.19)	－6.341** (－2.02)			8.072** (2.34)	23.95* (1.86)		
ND＊DI			－6.058*** (－4.38)	－0.702* (－1.95)			5.589*** (4.22)	1.804*** (2.63)

续表

	全国性银行	地方银行	全国性银行	地方银行	全国性银行	地方银行	全国性银行	地方银行
被解释变量	Z - Score				LLR			
$PD * \delta_1^{CIC}$	-15.85 ** (-2.53)				6.973 ** (2.30)			
$PD * \delta_2^{CIC}$		-24.49 *** (-3.16)				17.96 *** (2.64)		
$ND * \delta_1^{CIC}$			-3.871 ** (-2.03)				3.385 * (1.92)	
$ND * \delta_2^{CIC}$				-5.564 ** (-2.41)				6.612 ** (2.46)
Controls	是	是	是	是	是	是	是	是
AR (1)	0.003	0.036	0.062	0.017	0.047	0.017	0.023	0.007
AR (2)	0.526	0.142	0.580	0.166	0.564	0.581	0.615	0.156
Sargan	0.266	0.175	0.151	0.154	0.265	0.203	0.353	0.146
N	203	407	164	466	195	401	158	458

注：同表6-3。

根据表6-6的估计结果，我们可以看到，无论是将被解释变量替换成Z-Score还是LLR后，基于NDID法估计的核心解释变量δ_1^{CIC}、δ_2^{CIC}以及三者交互的$PD * \delta_i^{CIC}$与$ND * \delta_i^{CIC}$，其显著性均与使用RWA时较为接近。此外，以Z-Score作为被解释变量的回归结果符号与RWA（LLR）相反，且控制变量的估计结果也与前述情况相差不大，由此表明本章的估计结果是较为稳健的。

第六节　本章小结

随着我国利率市场化改革近几年来的步伐不断加快，市场约束对银行风险承担影响的作用性也逐渐显现，而存款保险制度是我国利率市场化逐步推进和金融改革顺利进行的重要前提，对此本章的研究结果表明：

第一，从市场约束影响银行风险承担的情况来看，我国仅地方性银行的价格约束能显著抑制其风险承担；其余两类银行不存在明显的价格约束现象；而三类样本银行的数量约束均未能有效抑制其风险承担。

第二，从存款保险制度对全国性和地方银行的影响来看，基于回归控制的估计结果表明，存款保险制度对全国性和地方银行的风险承担具有显著的正向影响，且其对地方银行的影响比全国性银行更大。

第三，从存款保险与市场约束的综合作用对全国性和地方银行的影响来看，基于非线性双重差分法的估计结果表明，市场约束与存款保险制度的相互作用正相关于银行的风险承担，即存款保险制度显著弱化了市场约束对银行风险承担的抑制作用并使其最终效应为正。

根据本章的研究结论，对于银行业的发展及风险防范有如下两点启示：

第一，在利率逐渐完全市场化的背景下充分发挥市场约束的作用。由于之前我国市场机制的不完善以及利率市场化的不完全，我国对市场约束的重视程度还不够，但是，本章的研究结果表明，市场约束带来的约束效应正逐渐开始趋于明显，且我们可以预期，在当前利率市场化不断深入推进的背景下，其作用会越来越强。因此，我们对市场约束（尤其是地方银行业存款市场）的重视程度需进一步加强，如在政策实施方面，政策当局应更进一步地逐步完全放开利率，并且通过一些渠道鼓励存款人对于银行的监督以增加其外部监管激励，培养存款人的风险监督意识。同时，对银行的信息披露环节也应当予以更高的重视，因为只有更完善的信息披露，存款人才能更好地接收到银行传递的风险信号，并对其做出反应，使得市场约束的作用机制能更趋完善，使之能够更全面地发挥降低银行风险承担应有的作用。

第二，通过深入推进市场化进程与完善存款保险制度对银行风险产生双重约束。从政策评价的角度来看，（显性）存款保险制度的实施已经开始发挥相当程度的作用，就本章的情况而言已经很具体地表现出对银行（尤其是地方银行）风险承担的正向影响，且这种影响在当前很可能被低估。当然，这也很可能是由于我国当前存款保险制度还处在初步的实施阶段，其所想要达到的使银行风险降低的目的尚需要一个过程，且在综合考虑市场约束与存款保险制度双重作用的情况下，相关部门应正确地引导和开放市场，并逐步完善存款保险制度，制定更合理的针对性措施以使两者相得益彰，更好地降低银行风险承担以及维护金融稳定。

第七章

市场约束视角下的利率市场化、存款保险制度与银行风险承担

第一节 引 言

市场约束旨在用市场化的行为来约束银行的经营活动，是衡量金融深化（包括市场化等）的重要标准，早在2004年的《巴塞尔协议Ⅱ》中即已将其作为新的银行业监管框架的三大支柱之一。目前随着国外金融深化（譬如利率市场化等）的深入，发现市场约束在当今的银行业发展中正发挥着越来越重要的作用，并逐渐开始成为相关领域关注的焦点之一。

那么，随着当前中国利率市场化改革的不断推进（如2015年10月24日起，央行对商业银行和农村合作金融机构等不再设置存款利率浮动上限，标志着我国历经多年的利率市场化大致基本完成），以及作为其伴随措施的存款保险制度的推出和正式实施，一个很自然的问题是，这些举措对我国银行业的市场约束效应（即市场约束对银行风险承担的作用）会产生何种影响呢？进而，若该效应的影响真的有所变化，那么在考虑利率市场化与存款保险制度框架的大背景下，市场约束对银行风险承担的影响又如何？显然都是很值得研究的问题。

事实上，回头看来，中国利率市场化改革以及存款保险制度的基本完成迄今为止已近2年，其实施的影响与效果到底如何，也已经到了需要初步审慎地加以评估的时候，尽管，这一段时间并不算很长，但国外的经验告诉我们，恰好是利率市场化完成以及存款保险制度推出初期的冲击与影响情况，尤为需要观察与分析。

基于此，本章拟从市场约束的角度，在考虑利率市场化进程的大背景及考虑到存款保险制度的情况下，重新讨论市场约束与银行风险的关系，并借此来评估存款保险制度推进的政策影响及探讨利率市场化在其中所起的作用。

本章其余部分的安排如下：第二部分为文献综述，第三部分是研究设计，第四部分为实证研究，第五部分为稳健性检验，第六部分为结论与政策启示。

第二节　文献综述

一、市场约束与银行风险的关系研究

由于中国目前的银行业主要从事的还是存贷业务，存贷款在银行业务中仍然占有绝对的比重，所以本章主要讨论存款人的市场约束及其对银行风险行为的影响。20 世纪 80 年代，美联储一些官员开始建议通过促进市场约束来作为银行监管的补充，至此，国外学者也开始逐渐展开相关方面的研究。如 Martinez 和 Schmukler（2001）基于危机前后的历史背景，对阿根廷等 3 国的银行风险及其存款利率之间的关系进行检验，结果发现，这 3 国均存在着不良贷款率较高的银行对其储户支付了较高利率的现象。其研究认为存款人市场约束一般可以分为 2 类：价格约束（即存款人通过向高风险的银行索要更高的存款利率）和数量约束（即存款人通过减少存放在高风险银行的存款或将存款从高风险银行转移至安全行）。并且他们还得出了存款人市场约束可以显著降低银行风险的结论。Gruben 等（2003）则基于阿根廷、加拿大等 6 国的数据进行实证研究，结果发现，仅当存款者对银行约束失效时，金融自由化会显著增加银行的风险，且价格约束与银行风险始终是负相关的。Erlend 和 Ursel（2006）基于 1993—2000 年 32 个国家的 729 家个体银行数据，通过构建跨国面板数据模型，实证检验了市场约束能有效激励银行降低自身风险的假设。

虽然国内关于市场约束的研究相对而言有所欠缺，但目前也有部分学者进行了积极的探索。如张正平和何广文（2005）基于 1994—2003 年我国 14 家主要商业银行的数据，对其实际存款支出与风险之间的关系进行实

证检验，结果表明我国商业银行的市场约束力非常微弱。杨谊等（2009）实证研究了我国官方监管机制对市场约束的影响，结果表明两者之间的相互作用较为明显。马草原和王岳龙（2010）采用2000—2007年我国各类商业银行的数据，并基于公众预期的角度考察了银行市场约束问题。李晓庆和刘江慧（2016）运用2008—2014年我国49家商业银行的数据，实证检验了存款人的市场约束效应，结果表明，我国的存款价格约束效应是显著的。

二、利率市场化对银行风险的影响研究

由于国外的多数国家均已实现了利率市场化，故其倾向于从金融深化的角度讨论金融深化与银行风险承担之间的关系。而金融改革深化会增加银行业发生系统性危机的可能性（Daniel 和 Jones，2005；Gruben 等，2003；Rajan，2005）。Cubillas 等（2014）的研究表明金融深化会通过多种不同的渠道增加银行的风险承担，其中增加银行间竞争是一条颇为重要的渠道。Angkinand 等（2010）认为金融深化程度与银行风险两者之间存在“倒 U”形关系，并且这个关系相当程度上由资本监管所决定。Gruben 等（2003）研究发现金融改革的深化会增加风险贷款，并且市场约束的缺乏也会增加风险贷款。Hellmann 等（2000）则认为金融深化所带来的竞争会破坏银行的审慎经营行为，然而资本监管要求会引导银行审慎经营，从而缓解竞争所带来的负面影响。

随着我国利率市场化的不断推进，国内已有不少学者开始研究利率市场化与银行风险的关系。张宗益等（2012）基于贷款利率市场化的视角探讨了银行价格竞争与其风险行为的关系，发现贷款利率上限的取消并未对银行信贷风险的调整产生直接的影响，但却可能会对其阶段性的经营风险造成影响。王耀青和金洪飞（2014）从价格竞争的视角出发，考察了贷款利率市场化是如何作用于银行风险承担的，研究结果发现，在取消贷款利率上限后，价格竞争加剧从而使得银行风险承担增大，并且货币政策因素在价格竞争对银行风险承担的影响中起重要作用。缪海斌（2015）基于结

构冲击的视角，通过采用我国16家上市银行2010年第一季度至2015年第一季度的面板数据，分析了利率市场化对银行风险承担的影响。王道平（2016）以及尹雷和卞志村（2016）均采用跨国数据研究了利率市场化、存款保险制度对银行危机发生概率的影响。研究表明，利率市场化将提高系统性银行危机发生的概率，而存款保险制度则可以弱化这种效应。方意和陈敏（2019）则是在利率市场化日渐完善的背景下采用Shibor利率作为货币政策代理变量，研究了经济波动、银行风险承担与中国金融周期的关系。

三、存款保险制度对银行风险的影响研究

存款保险制度于1933年由美国率先推出，自施行后关于其与银行风险的关系引起了学者们的广泛关注。一方面，该制度的引入在危机时期具有“金融稳定效应”（即有助于提高危机时期银行系统的稳定性）；但另一方面又会在非危机时期表现为“道德风险效应”（即容易诱发银行的道德风险，从而引致银行风险承担的提升）。国外对于存款保险与银行风险研究的文献较为充足，如Dimanod和Dybvig（1983）认为该制度有助于保护储户的利益，可以防止银行资金存取（尤其是危机时期）的流动性短缺所引致的传染性挤兑，降低银行的系统风险（Merton，1977）。Chernykh和Cole（2011）则基于俄罗斯的数据，通过双重差分法的使用得出了存款保险制度有利于降低银行风险的结论。而与上述等学者研究观点相反的是，Demirgüc－Kunt和Huizinga（2004）的研究发现，存款保险制度覆盖下的银行会引发储户对其监督的减弱。Hovakimian等（2002）则基于1991—1999年56个国家的跨国面板数据，发现存款保险会使得银行的风险转移行为加剧，易引发较为严重的道德风险。

由于我国在2015年之前尚未实行存款保险制度，因此国内相对较为缺乏（显性）存款保险制度的实证研究，学者们主要参照国际经验以及通过相关理论模型的构建，从理论角度研究我国建立存款保险制度需注意的问题。如姚志勇和夏凡（2012）对俄罗斯、巴西和德国的存款保险制度进行

比较，总结经验后进一步通过构建委托代理模型探讨了如何设计我国最优的存款保险制度。姚东旻等（2013）则基于委托代理模型，将政府隐性担保与显性存款保险两者的差异进行对比分析，结果发现显性存款保险的引入会提升银行的治理水平从而引致道德风险的降低。此外，国内有关存款保险的实证研究仍然多停留在使用国外多个国家的数据探讨该制度对系统性危机影响的层面，近期的文献如王道平（2016）以及尹雷和卞志村（2016）等；仅郭晔和赵静（2017）最近基于银行异质性的视角从实证方面探讨了存款保险制度对银行个体风险的影响。由此可以看出有关我国本土的存款保险制度的实证研究仍然较为缺乏。

总结上述文献，我们发现当前的研究存在着以下几点可以拓展之处：

其一，国外文献多是在已经完成了利率市场化的背景下讨论市场约束及其与银行风险的关系，而国内此前研究的大背景则并非如此。故需在考虑我国利率市场化进程的背景下来重新考察这两者的关系，并借此来考察国内利率市场化改革的作用。

其二，进而，作为利率市场化重要伴随措施的存款保险制度，虽是一项极为重要的制度变革，但国内学者对其的政策影响评价也较为缺乏，尽管，在某种意义上其可以被视作一个典型的准自然实验，然而较为困难之处在于很难具体地估计其处理效应（主要是很难找到合理的基线对照组来解决这一问题），故这是一个颇有挑战性的问题。至于将利率市场化、（显性）存款保险制度以及市场约束这三者结合在一起进行研究的文献就更为缺乏了。

其三，除此之外，考虑到利率市场化以及存款保险制度对国内不同银行（具有较大异质性的银行业内部）的影响可能存在着较大差异，需要对银行进行很详细的分类而不是笼统地就其整体来讨论才有意义，显然，这也是我们的一个重要的着力点。

本章接下来将一一针对上述问题展开研究。

第三节　研究设计

一、市场约束（双重约束）、利率市场化与银行风险承担

如前文所述，市场约束包括价格约束和数量约束双重约束两种情况。价格约束与银行风险承担之间的作用机理在于，储蓄者若察觉到存款所在的银行承担了较高的风险，其存款有受到损失的危险，会通过向高风险银行索要更高利率来惩罚高风险银行的行为，以此约束其降低风险承担行为。但这种约束依赖于较为完善的市场价格机制，故在利率管制放开（利率逐渐市场化）的背景下其约束作用才会越来越显现。

而数量约束的作用机理在于存款者观察到银行承担较高风险的行为后会减少或转移他们在该行的存款，一旦他们选择减少存款或将存款从高风险银行转移至安全行以规避风险，就会在一定程度上使得高风险银行的负债来源受到影响，银行为了能够更好地吸储会审慎经营，降低其自身的风险承担。

不妨以价格约束为例，观察一下随着近几年来我国利率市场化进程不断加快，来自存款者的市场约束是否发生了相应的变化：一方面，我国存款利率的上浮区间由2012年6月的1.1倍调整到了2015年5月的1.5倍；另一方面，由图7－1可知，2010年，样本期内整体银行业的存款利息支出总额对客户总存款（即付息率，Demirgüc－Kunt和Huizinga（2004）等均用付息率来表示）为1.85%，2013年上升为1.92%，到2015年其付息率已上升为2.01%。这显示随着利率市场化的推进，存款者的价格约束确实是在不断增强的。

因此，基于上述理论分析和典型事实，我们提出假设1。

假设1：总体而言，价格约束和数量约束对银行风险承担存在着抑制

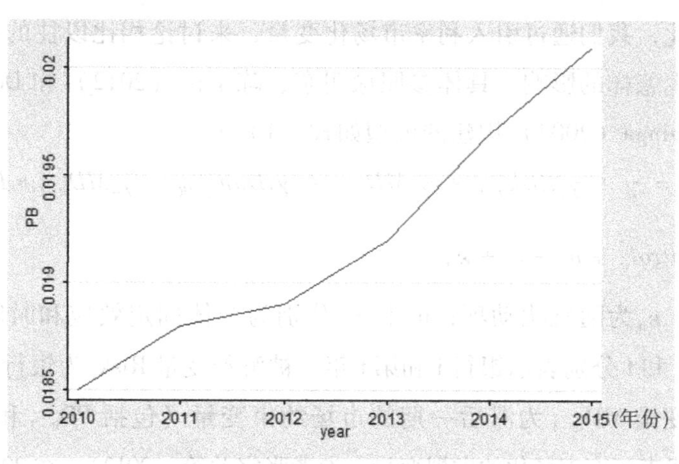

图7-1　样本期整体银行付息率

作用。

如前文所述，随着利率市场化的推进，我国存款者市场的价格和数量约束效应都可能会随之发生相应的变化，具体而言，这是由于利率的市场化尤其是存款利率市场化使得银行的存款利率上限逐渐放开了，存款人通过索要高利率来惩罚银行高风险的机制更加完善，导致其不会由于银行受利率管制而难以实现高利率兑付的价格机制。因此就理论上说，利率市场化的推进会导致价格约束对银行风险承担抑制作用的增强。

而从数量约束的角度而言，利率市场化使得银行间竞争变得更为激烈，一是银行会表现为吸引储户存款需要给出更高的优惠，二是更有从事高风险项目应对竞争动机的可能性，若存款者察觉到市场偏向于供给方（即储户）和银行的这种冒险动机，就会更有自主权和激励要求将存款从高风险行转移至相对更安全的银行，也更容易在实际行动上选择减少存款或将存款挪至相对更安全的银行，因此数量约束对于商业银行风险承担的抑制作用也会增强（同样须在完全市场化的条件下才能保证这种机制的相对完善）。然而根据我国的实际情况，存款人对高利率的偏好以及我国利率机制仍未彻底放开可能会使得价格约束效应的变化更为明显。

故基于上述分析，我们进一步提出假设2。

假设2：利率市场化增强了市场约束对银行风险承担的抑制作用。

基于此，我们通过引入利率市场化变量，来讨论相比以往的市场约束效应会产生怎样的影响。具体参照徐明东、陈学彬（2012）和 Demirgüc - Kunt、Huizinga（2004）构建的模型如式（1）所示。

$$Risk_{it} = \gamma + \gamma_1 Risk_{it-1} + \gamma_2 MD_{it-1} + \gamma_3 Dum\_{_{IR}} + \gamma_4 MD_{it-1} * Dum\_{_{IR}} + \sum_{k=0}^{6} \gamma_{5+k} Control_{it} + u_i + v_t + \varepsilon_{it} \tag{1}$$

其中，ε_{it}为随机扰动项；u_i 和 v_t 分别为个体固定效应和时间固定效应；下标 i 和 t 分别表示银行 i 和第 t 年。被解释变量 $Risk_{it}$为银行的风险承担，解释变量 MD_{it-1} 为滞后一期的市场约束变量（包括 PD_{it-1} 和 ND_{it-1}）。$Dum_{_{IR}}$为代表利率市场化的虚拟变量，参考张宗益等（2012），在 2012 年之前取 0，2012 年及之后取 1（后文对此会更详细地说明）。$MD_{it-1} * Dum_{_{IR}}$为滞后一期的市场约束与利率市场化变量的交互项，$Dum_{_{IR}}$取 0 时则为市场约束对银行风险承担的影响，$Dum_{_{IR}}$取 1 时则为考虑利率市场化后市场约束对银行风险承担的影响。

为了有效识别市场约束与利率市场化对银行风险承担的影响，还有一些其他影响银行风险的重要变量需要加以控制，本章参考当前相关主流文献分别控制了如下几个变量：银行规模（Size）、资本充足率（Cap）、流动性（Liq）、平均总资产回报率（Roaa）、经济增速（GDPR）①、固定资产价格投资指数（FA）和货币政策（M_2/GDP）。同时我们还控制了个体和时间固定效应以控制不可观测的个体和时间因素。

二、利率市场化、存款保险制度及市场约束与银行风险承担

1. 存款保险制度与市场约束对银行风险承担的模型设定。为了保证利率市场化最后一步的顺利推进以及防止市场化进程中可能出现的银行倒闭或挤兑现象，我国于 2015 年 4 月 1 日正式推出了《存款保险条例》，并于

① 本章控制经济增速除了它是影响银行风险承担的重要宏观因素之外，还有很重要的一点则是防止我国 2012 年以后的经济增速下行情况可能会干扰到利率市场化及存款保险制度影响银行风险承担的结果，即防止伪回归问题的出现。

同年5月1日起正式实施。这意味着存款人的存款受到了法律条款的保障，其能够保护储户的利益，降低由风险传递而引发的银行挤兑（Merton，1977）。与此同时，在现实中，一方面存款保险制度会极大地降低银行的挤兑威胁，甚至使其不复存在，由此银行会放松警惕，风险管理意识方面也会趋于薄弱，这会使得商业银行的冒险动机进一步增加，内在的风险承担增大；另一方面，存款保险制度令存款者风险意识下降，不再对银行进行有效的监督，从存款角度来看，储蓄者不再总是选择规模较大、经营较好的银行，而是会更倾向于利率较高的银行。问题是，虽然储户的存款受到条款的保护可以避免损失，但小银行在贷款方面更趋于冒险，且存款保费的缴纳对其也具有更大的压力，这很可能也会导致银行内在风险承担的增大。

至于存款保险通过市场约束对银行风险承担的影响在于，存款保险使得储户的存款损失在一定程度上得到了偿付的保障，其对于银行风险的监管激励会趋于下降，由于存款保险影响的是存款人的约束激励，因此会同时使得价格约束机制和数量转移机制下降，从而引致银行的风险承担增大。且相当一部分学者（如 Demirgüc - Kunt 和 Huizinga，2004；Jens Forbaeck，2011）通过实证研究证实了这个理论。

故我们进一步提出假设3。

假设3：存款保险制度会弱化市场约束对银行风险承担的抑制作用并很可能使得两者的相互作用对银行风险承担呈现正向的影响。

基于上述假设，本章将研究存款保险制度通过市场约束对不同类别银行的风险承担产生了怎样的影响，具体地我们参照 Demirgüc - Kunt 和 Huizinga（2004）和 Jens Forbaeck（2011）设定模型如下：

$$Risk_{it} = \omega + \omega_1 Risk_{it-1} + \omega_2 DI_t + \omega_3 MD_{t-1} + \omega_4 MD_{it-1} * DI_t + \sum_{k=0}^{6} \omega_{5+k} Control_{it} + u_i + v_t + \varepsilon_{it} \tag{2}$$

其中，DI_t 为显性存款保险制度的虚拟变量，由于中国2015年才实施显性存款保险制度，因此 DI_t 在2015年及2016年度取值为1，其余年度取值为0。$MD_{it-1} * DI_t$ 滞后一期的市场约束与存款保险制度的交互项。若 ω_4 为正，则说明存款保险对银行风险承担的增大效应大于市场约束对银行风险承担的抑制效应。其余变量均与上述模型一致。

2. 利率市场化、存款保险制度与市场约束对银行风险承担的影响。

存款保险制度虽然相对独立于利率市场化进程却又与其息息相关。其作为我国利率市场化深入时期的伴随措施，必然会对利率市场化与市场约束产生一定的影响。如前文所述，利率市场化会增强市场约束对银行风险承担的抑制作用。然而，在存款保险制度推出以后，该制度的实施会弱化存款人的监督激励进而大大降低市场约束效应，从而弱化了利率市场化与市场约束作用于银行风险承担的影响；且在市场化的情况下会使得存款人更倾向于提供高利率的银行（由于银行在存款受保险的情况下更容易将资产投资于高风险的项目，且可以将损失转嫁于保险机构，因此相对具有更高的风险）。故综合来看，存款保险制度的推出通过市场约束与利率市场化作用于银行风险承担的影响很可能是呈正向的。

因此，我们提出最终的假设4。

假设4：存款保险制度弱化了利率市场化与市场约束作用于银行风险承担的影响并很可能使得三者的交互作用对银行风险承担呈正向的影响。

但该假设有待实证方面的进一步检验，故我们在模型（1）和模型（2）的基础上引入利率市场化、存款保险制度与市场约束的交互项，来进一步研究这三者的综合作用对银行风险承担的影响。我们参照 Demirgüc - Kunt 和 Huizinga（2004）设定最终的模型如下：

$$Risk_{it} = \lambda + \lambda_1 Risk_{it-1} + \lambda_2 MD_{it-1} + \lambda_3 DI_t + \lambda_4 Dum\_{IR} + \lambda_5 MD_{it-1} * DI_t + \lambda_6 Dum\_{IR} * MD_{it-1} * DI_t + \sum_{k=0}^{6} \lambda_{7+k} Control_{it} + u_i + v_t + \varepsilon_{it} \quad (3)$$

其中，$Dum_{IR} * DI_t * MD_{it-1}$为利率市场化虚拟变量、存款保险制度与滞后一期的市场约束三者的交互项。若 λ_6 和 δ_6 为正，则说明存款保险制度进程增大了利率市场化与市场约束的交互作用对银行风险承担的正向影响。其余变量均与基础模型一致。

三、变量说明、样本选择与数据来源

本章各主要变量的定义和说明如表 7 - 1 所示。

表 7-1 变量定义与说明

	变量名称	具体定义
被解释变量	NPL	不良贷款率，即不良贷款与总贷款的比率，参照方意等（2012）和徐明东和陈学彬（2012）
	LLR	贷款损失准备金率，即贷款损失准备金占总贷款的比重，参照张雪兰和何德旭（2012）
解释变量	PD	价格约束，采用银行的存款利息支出与存款总额的比值的滞后一期，参照 Martinez 和 Schmukler（2001）等
	ND	数量约束，采用存款增长率的滞后一期反向衡量①，参照 Martinez 和 Schmukler（2001）等
	$DUM_{\_IR}$	利率市场化，2012 年之前取 0，2012 年及之后取 1②
	DI	存款保险制度，2015 年之前取 0，2015 年及之后取 1
控制变量	Size	资产规模，取银行总资产的对数来衡量
	Cap	资本充足率，采用银行总资本与总资产的比率作为资本充足率的口径
	Liq	流动性比率，是银行证券或者其他流动性资产比总资产
	Roaa	平均总资产回报率，反映银行的盈利能力
	GDPR	经济增长率，为年度国内生产总值的增长率
	FA	固定资产投资价格指数，反映固定资产投资额价格变动趋势和程度的相对数
	MP	数量型货币政策，使用 M2 与 GDP 的比值表示③

本章的研究数据主要来源于全球金融与银行机构分析库、同花顺 iFind 数据库、国家统计局网站和 Wind 数据库。考虑到数据的缺失和可得性，

① 反向而非其本身的原因在于，存款增长率低则说明存款者在该银行减少或转移的存款较多，数量约束作用反而是比较强的。

② 之所以不选取 2015 年 10 月 23 日的存款利率放开作为存款利率市场化的时间节点，主要是因为 2015 年存款利率的放开也并非彻底的利率市场化，我国银行实际上仍有微弱的存款利率上限，且利率的传导机制尚未健全等。故实质性的利率市场化快速有效的推进，还是始自于 2012 年存款利率上限调整，其后，2013 年 7 月贷款利率下限也相继放开了，表明这一时间节点的选取是较为可靠的。此外为了保证研究结果的可对比性，我们参考目前相关文献也同样选取了 2012 年的存款上限利率调整作为存款利率市场化的节点。

③ 且考虑到我国近几年我国价格型货币政策的重要性也日益凸显，本章实证同样采用一年期贷款基准利率做了稳健性检验，结论依然稳健，但限于篇幅，未曾列出，作者备索。

我们选取了2010—2016年我国141家银行的年度数据构造面板模型，其中包括5家国有商业银行[①]、12家全国性股份制商业银行[②]，31家外资银行（在华分支机构[③]）[④]以及93家地方商业银行[⑤]。且为了剔除极端值的影响，我们对银行的特征数据进行了头尾1%的缩尾（Winsorize）处理。

第四节 实证研究

一、市场约束与利率市场化对银行风险承担影响：基于全样本及银行分类的估计

为了有效控制内生性问题并得到一致的估计结果，本章采用系统广义矩（SYS－GMM）对模型（1）—（3）进行估计，其中，为保证估计的有效性，我们分别对每个模型的估计结果进行了Sargan识别检验和一二阶序列相关检验。

考虑到我国银行业的异质性情况，在纳入利率市场化因素后，不同类别的银行在利率市场化尤其是存款利率市场化后所拥有的利率上浮弹性及上浮空间的策略不尽相同（大型银行管理较严从而弹性较弱、地方性银行则相对灵活一些，对政策的发挥也更强一些），较之大型银行而言，中小型地方性商业银行存在着资产规模微小、风险管理能力薄弱等问题，利率市场化进程对不同类别银行竞争压力以及利润等方面的影响存在着不同，其从事高风险项目的可能性也不同，导致来自存款者的市场约束效应亦不

---

① 5家国有商业银行包括农业银行、建设银行、工商银行、中国银行和交通银行。

② 12家全国性股份制商业银行包括招商银行、浦发银行、兴业银行、民生银行、中信银行和华夏银行等。

③ 由于存款保险条例未受存款保险制度影响的主要是外资银行的在华分支机构，因此本章对照组则主要选取的是在华的外资银行分支机构，具体的后文也对此作了详细说明。

④ 31家外资银行包括汇丰银行、花旗银行、渣打银行、东亚银行和恒生银行等。

⑤ 93家地方性商业银行包括徽商银行、北京银行、上海银行、上海农村商业银行和成都农村商业银行等。

相一致。因此，有理由认为利率市场化作用于不同类型银行的市场约束效应亦可能存在差别，且如前文的理论所分析，基于利率市场化情况下的市场约束效应较之未予考虑利率市场化时理应更为明显。

有鉴于此，我们分别将总体样本分成大型银行①、地方性商业银行和外资银行，采用系统广义矩（SYS - GMM）分别对其进行回归。具体地，系统广义矩又可分为一步法（One Step）和两步法（Two Step），本章采用两步法对模型进行估计②。在结果中我们列出了一二阶序列相关检验和 Sargan 识别检验的结果，如果一阶序列 P 值小于 0.1，二阶序列 P 值大于 0.1，则表明存在一阶自相关和不存在二阶自相关；若 Sargan 识别值大于 0.1，则表明本章的工具变量是有效的（后文皆是如此）。基于模型（1）的估计结果如表 7 - 2 所示。

表 7 - 2　利率市场化影响整体和不同类别银行市场约束效应的估计结果

	被解释变量：不良贷款率（NPL）							
	全样本银行	大型商业银行	外资银行	地方性商业银行	全样本银行	大型商业银行	外资银行	地方性商业银行
NPL_{t-1}	0.261***	0.221*	0.258	0.498***	0.381***	0.461**	0.249**	0.457***
	(4.84)	(1.93)	(1.56)	(8.04)	(6.50)	(2.51)	(1.98)	(6.49)
PD_{t-1}	-42.65**	-81.70**	-28.49	-90.34**				
	(-2.26)	(-2.51)	(-0.13)	(-2.07)				
ND_{t-1}					0.222***	0.916***	0.318	1.354***
					(2.97)	(4.32)	(1.26)	(3.76)
Dum_{IR}	4.504***	5.372***	3.907	7.164***	2.133***	1.458*	2.645	4.691***
	(3.06)	(3.76)	(0.90)	(3.29)	(3.16)	(1.82)	(0.57)	(2.81)
PD_{t-1} * Dum_{IR}	-90.00***	-161.3***	-41.36	-186.6***				
	(-3.38)	(-2.75)	(-1.00)	(-2.98)				

① 由于国有银行只有 5 家，样本数量过少，为了减少估计的误差，我们将国有银行和全国性股份制银行归为大型商业银行一类进行估计。

② 但两步估计在小样本时容易导致参数估计值的标准误差被严重低估（Windmeijer，2005），为得到标准误差的无偏估计值，本章使用 Windmeijer（2005）提出的方法对标准误差的估计值进行修正，即用 Roodman（2009）开发的“Xtabond2”程序进行两步估计。

续表

被解释变量：不良贷款率（NPL）								
	全样本银行	大型商业银行	外资银行	地方性商业银行	全样本银行	大型商业银行	外资银行	地方性商业银行
ND_{t-1} * Dum_IR					0.438*** (2.73)	1.877*** (7.28)	0.721 (1.39)	1.959*** (4.21)
Size	-0.323 (-1.32)	-0.014 (-0.41)	0.083 (0.22)	-0.475** (-2.00)	-0.430* (-1.83)	0.095** (2.03)	0.444 (1.21)	-0.752*** (-2.89)
Cap	-0.023* (-1.77)	-0.028 (-0.92)	-0.056** (-2.33)	-0.012 (-0.51)	-0.003** (-2.29)	-0.012 (-0.40)	-0.010 (-0.76)	-0.016 (-0.58)
Liq	-0.070* (-1.90)	-0.005*** (-2.67)	-0.016* (-1.77)	-0.018*** (-3.62)	-0.007** (-2.39)	-0.003* (-1.75)	-0.017** (-2.20)	-0.021*** (-4.15)
Roaa	-0.647** (-2.13)	-0.120 (-0.66)	-0.368 (-1.44)	-1.198*** (-4.38)	-0.372 (-1.39)	-0.018** (-2.09)	-0.344* (-1.69)	-0.722** (-2.48)
FA	0.079 (0.93)	0.135 (1.20)	0.019 (0.06)	0.208 (1.36)	0.080 (0.89)	0.042 (0.31)	0.541** (2.43)	0.476*** (2.89)
GDPR	-0.098 (-0.31)	-0.937** (-2.10)	-2.405** (-2.54)	-0.508 (-1.01)	-0.147 (-0.49)	-0.513 (-0.76)	0.112 (0.06)	-1.210** (-2.20)
MP	3.368 (1.47)	2.248 (0.67)	7.915 (0.75)	6.929* (1.72)	3.557* (1.68)	1.984 (1.02)	9.110 (0.80)	13.91*** (3.16)
常数项	-5.942 (-0.35)	31.40 (1.50)	33.22 (0.46)	-28.72 (-0.97)	-4.210 (-0.25)	8.218 (0.29)	-82.76 (-1.03)	-71.54** (-2.35)
AR（1）	0.0548	0.0005	0.1629	0.0516	0.0241	0.0673	0.0643	0.0519
AR（2）	0.5572	0.2023	0.9601	0.7927	0.7710	0.7105	0.7652	0.1340
Sargan	0.7745	0.9736	0.9176	0.2548	0.9238	0.9988	0.9110	0.3588
N	291	75	63	153	287	73	62	152

注：（1）下标 t-1 表示变量的滞后 1 期值，如果没有注明下标的，则表示变量的当期值。（2）*** 表示统计量在 1% 水平上显著，** 表示统计量在 5% 水平上显著，* 表示统计量在 10% 水平上显著，括号内为 t 值。下同。此外，在后文中，为了节省篇幅，所有表格中的控制变量结果我们未曾列出，作者备案。

根据表 7-2 的估计结果，首先我们可以看到，在未考虑存款利率市场化的情况下，样本整体以及不同类别银行的价格约束和数量约束对各自风险承担的影响分别表现为：全样本、大型以及地方性中小银行的前期付息率［存款增长率（反向衡量变量）］与其当期不良贷款率呈显著的负（正）相关，表明无论是前一期的利息支出惩罚还是减少存款（存款转移）均有效地降低了商业银行下一期的不良贷款率，即整体、大型和地方银行业的市场约束能够显著抑制其下一期的风险承担行为；外资银行的前期付息率（存款增长率）与其当期不良贷款率均呈不显著的负（正）相关，表明外资银行的市场约束效应并不明显。且通过对其系数的比较（以价格约束为例），我们发现大型和地方性商业银行分别为 -81.7 和 -90.34，这显示地方性商业银行的价格约束作用效果最强，大型银行次之，外资银行最弱（数量约束对银行风险承担的影响亦是如此）。由此假设 1 得到了验证。

我们认为，可能的原因在于，在我国外资银行受到的经营业务约束较多，企业和普通居民的存款相对而言较少，受到的存款风险损失可能较少，因此其存款者市场约束对其风险的抑制作用最为微弱；我国的地方性商业银行由于数量众多，竞争尤为激烈，想要吸取更多的存款只能给出更高的优惠力度，存款者约束银行风险行为的激励和监督也更强，因此其受存款者的市场约束力度最强。

而且，无论是大型商业银行还是地方性银行的数量约束与价格约束均分别在 1% 和 5% 的显著水平上显著，表明在未考虑存款利率市场化时，我国数量约束的作用效果是大于价格约束的。这与国外多数的研究有所不同，就这点而言，也是值得在利率市场化背景下进一步考察的问题。

其次，当 Dum_{IR} 取值为 1 时，即考虑存款利率市场化之后，全样本、大型和地方商业银行的价格（数量）约束对其风险承担影响的系数和显著性确实均有所增强，这表明存款利率市场化的推进会导致市场约束效应的增强，由此验证了假设 2。尤其是，我们发现，考虑利率市场化之后的价格约束效应的作用较之数量约束变动得更为明显，这与国外的研究结果逐渐开始靠近，由此可以看出利率市场化的确给价格约束效应带来了比以往更大的冲击。但由于我国利率市场化仍然只能说大致完成（其实质上仍有微弱的存款利率上限），利率机制的放开程度尽管已开始发挥价格约束的作用，但利率的市场化程度仍未高到存款者害怕以至于转移（减少）存款的程度，其结果是非完全的利率市场化带来的价格约束效应，增强的程度要大于其对数量约束效应的影响。

从利率市场化推进刻画的虚拟变量 Dum_{IR} 的系数和显著性来看，回归结果显示其与银行风险承担呈正相关，其中，利率市场化对外资银行的影响最小，大型银行次之，地方性银行最大。其可能的原因是，外资银行由于受到的约束较多，利率的放开对其影响相对最小；而大型银行在利率市场化尤其是存款利率市场化后所拥有的利率上浮空间不大以及管理弹性较弱，因此其受到利率市场化的影响亦相对较小；地方性商业银行则存在着资产规模微小、风险管理能力薄弱等问题，利率市场化进程下的竞争压力会更强，使其利润空间受到较大的压缩，其从事高风险项目的可能性也更强，因此所造成的影响最大。

最后，从控制变量的回归结果来看，无论是对大型、外资还是地方性商业银行，流动性比率 Liq 对其风险承担均有较强的抑制作用，这与多数学者的研究亦基本符合。流动性比率对银行风险的影响较为重要的原因在于，流动性突然短缺是信贷危机的特点之一（Dell'Ariccia 等，2011）。因而流动性较强的银行，其应对流动性危机和资金周转的能力更强，因此相对地风险越小。其余控制变量的估计结果也与当前多数主流研究的结果相近，在此就不一一赘述了。

二、存款保险制度与市场约束对各类银行风险承担的影响：基于准自然实验的考察

若要考察利率市场化的影响，则对作为其重要伴随措施的存款保险制度的研究也是必不可少的。正如前文所述，存款保险制度的实施可视作为一个典型的准自然实验，其一个很重要的难点在于如何找出基线对照组，然而我们发现，根据《存款保险条例》第二条规定，在中华人民共和国境内设立的商业银行、农村合作银行、农村信用合作社等吸收存款的银行业金融机构，应当依照本条例的规定投保存款保险。投保机构在中华人民共和国境外设立的分支机构，以及外国银行在中华人民共和国境内设立的分支机构不适用前款规定。但是，中华人民共和国与其他国家或者地区之间

对存款保险制度另有安排的除外①。因此，我国的在华外资银行分支机构未受到国内存款保险制度的影响。

这就使得本章得以恰当地解决了基线对照组的问题。然而，作为政策评估重要方法的双重差分能够使用的一个重要的前提是保证处理组和对照组的被解释变量在实施前拥有共同的趋势，为了更好地避免处理组和控制组在政策实施前可能存在的趋势不尽相同的问题，在这里，我们借鉴了 Abadie 和 Gardeazabal（2001）的合成控制法，采用数据驱动的方式合成了“大型银行”与“地方性银行”，以更好地拟合处理组和控制组的共同趋势问题。且考虑到合成控制法在进行合成处理时仅适用于处理组只有一个的情况，而我们的两组处理组样本均不止一个，在这里，我们对两组的处理组都分别进行了加权平均合成处理（将其合并为一个处理组样本）②，并画出了大型、外资和地方商业银行不良贷款率的趋势图如图 7 - 2 和图 7 - 3③ 所示。

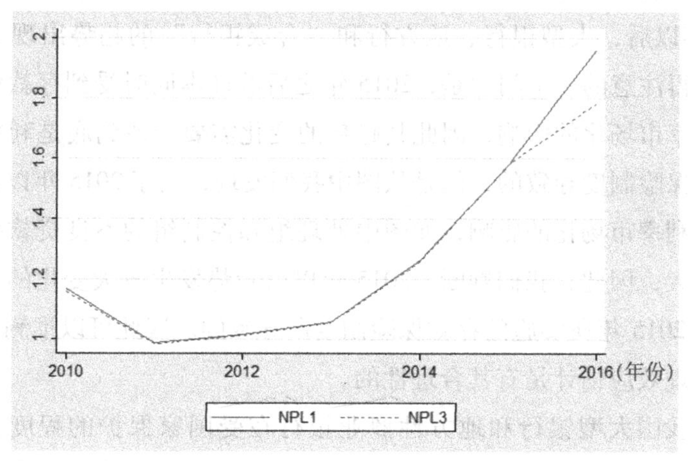

图 7 - 2　大型和“合成大型银行”不良贷款率趋势图

① 然而，我们发现，很多外资银行对于本土以外的分支机构是并未参与本国存款保险计划的，因此本章在实证中选取的外资银行在华分支机构均为未受到本国存款保险制度保护的分支机构。正如国内存款保险制度也参照国外设定了“投保机构在中华人民共和国境外设立的分支机构……不适用于前款规定”的规则。

② 我们参照肖浩等（2014）以及陈海强等（2015）通过加权平均处理的方式将处理组合成了个体大型银行和地方银行。

③ 其中，NPL1 是大型银行和地方性商业银行不良贷款率的趋势图，NPL3 则表示外资银行用合成控制法分别合成的“合成大型银行”与“合成地方银行”的不良贷款率趋势图，且限于篇幅，合成权重表格未曾列出，作者备案。

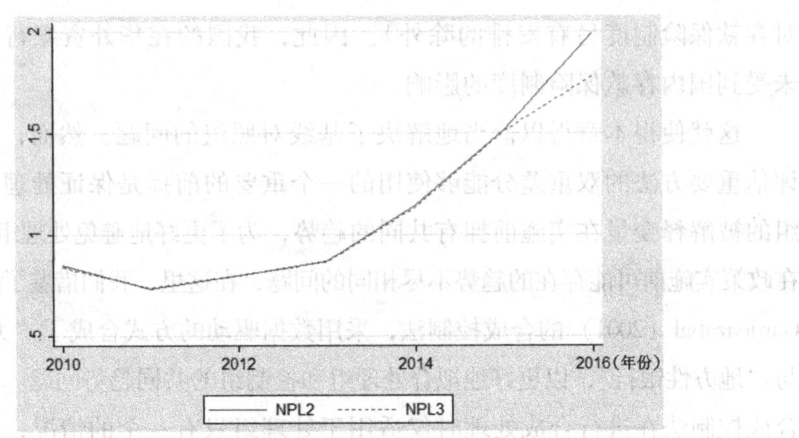

图 7－3 地方性和“合成地方银行”不良贷款率趋势图

从图 7－2 和图 7－3 中我们可以看到，大型银行和地方性商业银行与其“合成银行”在存款保险制度实施前均是存在相对明显的共同趋势的，且 2015 年以后，大型银行、地方行和“合成银行”的趋势出现了较大的不同。值得注意的一个问题是，2015 年之后的样本同时受到存款保险制度和存款利率市场化的影响，因此其趋势的变化需要弄清到底是利率市场化还是存款保险制度导致的，但是从图中我们发现，由于 2015 年以前的样本也受到了利率市场化的影响，而图中处理组和控制组的不良贷款率趋势差别却并不大，因此，我们判断，2015 年以后趋势发生较大变化的情况很可能是由于 2015 年所实施的存款保险制度所导致的。因此可以推测我们在下文中的处理效应估计是有其合理性的。

由于我国大型银行和地方性商业银行在受国家保护的程度、垄断程度、经营模式和贷款安全性上存在较大差别，因此有理由认为存款保险的实施使得大型和地方性商业银行的风险调整是存在着差别的。故在这里，本章考虑只将总体样本分成大型银行和地方性商业银行，仍然使用系统广义矩法进行存款保险制度的影响估计。

尽管我们在实证模型中尽可能地控制了反映宏观政策的变量，但在很大程度上仍然存在着遗漏变量的可能，而使用双重差分法可以更好地控制实施存款保险制度前后各种宏观因素（包括经济基本面变化、宏观经济政策变化和银行监管政策变化）等对于银行风险承担的影响。幸运的是，正是由于在华经营的外资银行分支机构未受（之前2015年我国推行的）存款保险制度影响，故在这里，我们将以基于合成控制法构造的外资银行在华分支机构为参照系（基线对照组），使用双重差分法来估计市场约束与存款保险制度的交互作用对大型和地方商业银行影响的处理效应。事实上，基于合成控制的双重差分估计的使用相比于一般的双重差分具有更明显的优势，其控制组的选取更为科学合理，也可以更准确地估计市场约束与存款保险制度实施对于其他商业银行风险承担影响的处理效应。我们参照 Chernykh 等（2011）、王永钦等（2016）以及郭晔和赵静（2017）设定该阶段的模型如下：

$$Risk_{it} = \mu + \mu_1 Risk_{it} - 1 + \mu_2 DI_t + \mu_3 MD_{it-1} + \mu_4 MD_{it-1} * DI_t + \mu_5 MD_{it-1} * DI_t * Large_{it}(Local_{it}) + \sum_{k=0}^{6} \mu_{6+k} Control_{it} + u_i + v_t + \varepsilon_{it} \quad (4)$$

其中，$Large_{it}$和$Local_{it}$是处理组银行的虚拟变量，若银行为处理组时，取值为1，若为控制组时，取值为0。$DI_t * Large_{it}$（$Local_{it}$）为处理组银行的虚拟变量与存款保险制度变量的交互项，$MD_{it-1} * DI_t * Large_{it}$（$Local_{it}$）为处理组银行的虚拟变量、市场约束与存款保险制度变量三者的交互项。其余变量均与前文一致。

基于模型（2）和模型（4）的实证结果如表7－3所示。

表7－3（双重差分法估计的）市场约束与存款保险制度对不同类别商业银行风险承担的影响

被解释变量：不良贷款率（NPL）								
	大型商业银行 GMM	地方性商业银行 GMM	大型商业银行 GMM	地方性商业银行 GMM	大型商业银行 DID1	地方性商业银行 DID2	大型商业银行 DID3	地方性商业银行 DID4
NPL_{t-1}	0.673*** (4.28)	0.507*** (8.80)	0.865*** (4.30)	0.527*** (7.10)	0.324*** (5.19)	0.179** (2.50)	0.226*** (3.83)	0.271*** (3.58)
PD_{t-1}	－16.74* (－1.84)	－6.876 (－0.63)			－12.58** (－2.25)	－6.719 (－0.92)		
ND_{t-1}			0.807** (2.03)	0.321* (1.87)			0.120 (1.30)	0.026 (0.15)

续表

	被解释变量：不良贷款率（NPL）							
	大型商业银行 GMM	地方性商业银行 GMM	大型商业银行 GMM	地方性商业银行 GMM	大型商业银行 DID1	地方性商业银行 DID2	大型商业银行 DID3	地方性商业银行 DID4
DI	0.541 (1.59)	0.105* (1.74)	0.175* (1.68)	0.640*** (2.75)	0.826* (1.92)	0.135* (1.82)	0.332* (1.75)	0.152* (1.88)
PD_{t-1} * DI	22.20 (1.30)	25.30* (1.82)			28.05** (2.20)	23.08* (1.74)		
ND_{t-1} * DI			1.072* (1.83)	1.217** (2.32)			1.396* (1.68)	1.807* (1.95)
PD_{t-1} * DI * Large					17.34*** (3.59)			
PD_{t-1} * DI * Local						28.14** (1.99)		
ND_{t-1} * DI * Large							1.652** (2.32)	
ND_{t-1} * DI * Local								1.729** (2.02)
常数项	-9.310*** (-6.28)	4.033 (0.91)	-7.480*** (-3.42)	2.463 (0.43)	-15.26*** (-5.55)	-0.013 (-0.00)	-15.35*** (-5.20)	-1.486 (-0.23)
Control Vs	是	是	是	是	是	是	是	是
AR（1）	0.0062	0.0683	0.0698	0.0008	0.0881	0.1316	0.0639	0.0363
AR（2）	0.1367	0.7592	0.8221	0.2659	0.6815	0.4452	0.3940	0.3377
Sargan	0.9052	0.2861	0.9785	0.2394	0.1334	0.7000	0.3378	0.8384
N	75	153	73	152	138	216	135	214

由表7-3的估计结果可知，首先，在未经双重差分处理时，价格约束与存款保险制度的交互项系数表现为地方性银行统计显著但大型银行不明显，而数量约束的交互虽然均显著，但从系数来看也是地方性商业银行更大，表明存款保险制度通过市场约束对地方银行的影响更为显著，且其系数均为正，说明存款保险制度通过降低市场约束有效地增大了地方银行的风险承担行为，且存款保险制度带来的银行风险增大的效果强于市场约束

效应的抑制作用。然而，基于合成控制的双重差分估计表明，无论对大型银行还是地方性商业银行，PD * DI 与 ND * DI 均与银行风险承担呈显著的正相关，表明存款保险制度通过市场约束对大型银行和地方银行风险承担的正向影响均是显著的，由此进一步验证了假设 3。这可能是由于存款保险制度的推出在现阶段较为明显地降低了市场约束激励从而使得银行的风险承担增加了。且无论是大型银行还是地方银行，存款保险制度通过价格约束的影响作用均强于其通过数量约束的影响。通过 SYS - GMM 与双重差分的估计结果，我们同样发现，未经双重差分处理会导致存款保险制度通过市场约束对银行风险承担的影响被低估。

综上所述，不难发现，如若未经双重差分法处理，我们会对存款保险制度的实施效果产生明显的低估，这要求我们更加警惕和防范存款保险制度的实施所带来的道德风险（尤其是地方性商业银行）的负面影响。

三、考虑了利率市场化因素的市场约束、存款保险制度与银行风险承担

如前文所述，利率市场化下存款保险制度通过市场约束作用于银行风险承担的影响也很值得我们考察和探究，为了研究这三者的综合作用对大型和地方性商业银行风险承担影响的处理效应，在这里，我们再次运用基于合成控制的双重差分方法对其进行最终的估计。我们参照 Chernykh 等（2011）、Demirgüc - Kunt 和 Huizinga（2004）和王永钦等（2016）设定该阶段的模型如下：

$$Risk_{it} = \phi + \phi_1 Risk_{it-1} + \phi_2 DI_t + \phi_3 MD_{it-1} + \phi_4 Dum\_{IR} + \phi_5 MD_{it-1} * DI_t + \phi_6 Dum\_{IR} * MD_{it-1} * DI_t + \phi_7 Dum\_{IR} * MD_{it-1} * DI_t * Large_{it}(Local_{it}) + \sum_{k=0}^{6} \phi_{8+k} Control_{it} + u_i + v_t + \varepsilon_{it} \quad (5)$$

其中 $MD_{it-1} * DI_t * IRLF_t * Large_{it}$ 为市场约束、存款保险制度、利率市场化和处理组银行虚拟变量的交互项，若 ϕ_5 和 ϕ_7 为正，则说明存款保险制度会增强利率市场化通过市场约束对银行风险承担的正向影响，若两者皆为负，则情况相反。

基于模型（3）和模型（5）的实证结果如表7－4所示。

表7－4　（双重差分估计的）利率市场化、市场约束与存款保险制度对银行风险承担影响的估计结果

被解释变量：不良贷款率（NPL）								
	大型商业银行 GMM	地方性商业银行 GMM	大型商业银行 GMM	地方性商业银行 GMM	大型商业银行 DID1	地方性商业银行 DID2	大型商业银行 DID3	地方性商业银行 DID4
NPL_{t-1}	0.728*** (6.55)	0.507*** (8.80)	0.865*** (4.30)	0.527*** (7.10)	0.324*** (5.19)	0.179** (2.50)	0.226*** (3.83)	0.271*** (3.58)
PD_{t-1}	-10.30* (-1.87)	-6.876 (-1.63)			-12.58** (-2.25)	-6.719 (-0.92)		
ND_{t-1}			0.807** (2.03)	1.321*** (3.87)			0.120 (1.30)	0.257 (1.15)
DI	0.394 (0.86)	0.316 (0.83)	0.346 (1.17)	1.008*** (3.10)	0.982** (2.13)	1.377** (2.05)	0.171 (1.26)	0.413* (1.74)
IRLF	1.802** (2.15)	2.871** (2.18)	1.517*** (3.42)	3.270*** (3.29)	1.389*** (3.64)	2.151*** (3.08)	1.221*** (2.86)	2.321** (2.56)
PD_{t-1} * DI	22.56 (1.22)	25.30** (2.52)			28.05** (2.20)	33.08** (2.24)		
ND_{t-1} * DI			1.072* (1.83)	1.217** (2.32)			1.396* (1.68)	1.807* (1.95)
PD_{t-1} * DI * Dum_{IR}	11.602* (1.71)	17.31** (2.13)			8.314 (1.46)	10.89** (2.03)		
ND_{t-1} * DI * Dum_{IR}			0.912* (1.77)	1.883** (2.24)			0.627 (1.59)	1.773* (1.82)
PD_{t-1} * DI * Dum_{IR} * Large					17.34*** (3.59)			
PD_{t-1} * DI * Dum_{IR} * Local						18.14*** (2.91)		
ND_{t-1} * DI * Dum_{IR} * Large							1.652** (2.32)	
ND_{t-1} * DI * Dum_{IR} * Local								2.729*** (2.82)

续表

被解释变量：不良贷款率（NPL）								
	大型商业银行 GMM	地方性商业银行 GMM	大型商业银行 GMM	地方性商业银行 GMM	大型商业银行 DID1	地方性商业银行 DID2	大型商业银行 DID3	地方性商业银行 DID4
常数项	4.842 (0.60)	35.56** (2.54)	18.08** (2.15)	57.56*** (3.35)	8.141 (1.15)	36.23* (1.72)	5.237 (0.68)	37.62* (1.90)
Control Vs	是	是	是	是	是	是	是	是
AR（1）	0.0922	0.0683	0.0698	0.0008	0.0881	0.0316	0.1639	0.0613
AR（2）	0.1222	0.7592	0.8221	0.2659	0.6815	0.4452	0.3940	0.3672
Sargan	0.8985	0.2861	0.9785	0.2394	0.1334	0.7000	0.3378	0.7874
N	75	153	73	152	138	216	135	214

根据表7-4的估计结果，我们可以看到，无论是大型银行还是地方行，且无论是价格还是数量约束，基于双重差分估计的多项交互系数均为正，结合假设2和假设3的验证结果，可以看出存款保险制度的确弱化了市场约束及其与利率市场化对银行风险承担的抑制作用，最终表现为存款保险制度增加了利率市场化通过市场约束作用于银行风险承担的正向影响，假设4得到了验证。且这种效应同样对于地方银行表现得更为明显，表明利率市场化通过存款保险制度与市场约束对地方银行风险承担的正向影响更为显著。

第五节　稳健性检验

一、初步的稳健性检验：利率市场化对不同类别银行市场约束效应的影响

为了保证上述实证结果是稳健的，在未考虑存款保险制度时来检验不同类别银行的市场约束与利率市场化对其各自风险承担行为的影响，我们

在此采取将被解释变量替换成贷款损失准备金率的方法，来检验我们实证结果的可靠性。稳健性检验的结果如表 7－5 所示。

表 7－5　利率市场化对不同类别银行市场约束效应影响的稳健性检验

	被解释变量：贷款损失准备金率（LLR）							
	全样本银行	大型商业银行	外资银行	地方性商业银行	全样本银行	大型商业银行	外资银行	地方性商业银行
LLR_{t-1}	1.203***	0.782***	0.489***	1.005***	1.229***	0.699***	0.787***	0.870***
	(10.87)	(4.36)	(3.70)	(7.51)	(9.43)	(4.06)	(7.44)	(4.70)
PD	-55.85**	-54.50**	-57.23	-84.05**				
	(-2.06)	(-2.02)	(-0.49)	(-2.04)				
ND					0.183***	0.639***	0.064	1.276***
					(2.87)	(3.83)	(0.34)	(3.61)
Dum_{IR}	2.406**	3.356**	4.832	6.481***	4.122***	1.451*	1.831	3.059***
	(2.42)	(2.17)	(1.24)	(2.60)	(2.77)	(1.83)	(0.66)	(3.52)
$PD_{t-1} * Dum\_{IR}$	-107.1***	-134.1***	-63.48	-166.5***				
	(-3.08)	(-3.01)	(-1.11)	(-3.30)				
$ND_{t-1} * Dum\_{IR}$					0.705**	2.558**	0.618*	1.468***
					(2.51)	(2.50)	(1.89)	(3.11)
常数项	42.34	-45.41	48.01	38.13	62.35**	-38.55	-65.56	19.40
	(1.44)	(-1.05)	(0.89)	(0.89)	(2.40)	(-1.15)	(-1.43)	(0.54)
Control Vs	是	是	是	是	是	是	是	是
AR（1）	0.0341	0.0811	0.0062	0.0720	0.0365	0.0477	0.0039	0.0437
AR（2）	0.2928	0.1634	0.3229	0.1192	0.1658	0.6636	0.4152	0.9611
Sargan	0.3987	0.6689	0.6715	0.6014	0.5836	0.9200	0.6972	0.6938
N	306	75	74	157	308	73	77	158

由表 7－5 的回归结果可知，市场约束的符号和显著性与使用不良贷款率时基本一致，且价格（数量）约束与利率市场化变量的交互项 PD * IRLF 和 ND * IRLF，其符号与显著性也与使用不良贷款率时并无二致，由此表明我们的回归结果是稳健的。

二、进一步的稳健性检验：市场约束、利率市场化与存款保险对两类银行风险承担的影响

最后，我们考虑存款保险（包括双重差分法估计的）的实施与市场约束的相互作用对大型和地方商业银行风险承担影响的稳健性估计，在这里，我们仍然采取将被解释变量替换为贷款损失准备金率的方法，基于双重差分的稳健性检验结果如表 7－6 所示①。

表 7－6　（双重差分估计的）利率市场化、存款保险制度与市场约束对两类银行风险承担影响的稳健性检验

被解释变量：贷款损失准备金率（LLR）								
	大型商业银行 GMM	地方性商业银行 GMM	大型商业银行 GMM	地方性商业银行 GMM	大型商业银行 DID1	地方性商业银行 DID2	大型商业银行 DID3	地方性商业银行 DID4
LLR_{t-1}	0.570*** (6.89)	1.046*** (7.34)	0.821*** (7.14)	0.939*** (5.14)	1.206*** (9.44)	1.261*** (8.57)	1.167*** (11.56)	0.975*** (7.69)
PD_{t-1}	-31.9** (-2.04)	-15.07* (-1.74)			-7.924* (-1.67)	-9.369 (-0.93)		
ND_{t-1}			0.764** (2.13)	1.357*** (2.95)			0.202 (1.35)	0.157 (0.82)
DI	0.732 (0.74)	0.388 (0.73)	0.485 (1.41)	1.086** (2.23)	0.777*** (3.08)	1.592*** (3.18)	0.128 (0.59)	0.733* (1.84)
IRLF	1.423** (2.47)	2.204* (1.94)	2.108*** (3.31)	2.839** (2.52)	1.677*** (3.44)	2.236*** (3.27)	1.418*** (2.70)	2.945*** (3.00)
$PD_{t-1}*DI$	16.04 (0.39)	38.46** (2.03)			23.52*** (2.82)	27.52*** (3.02)		
$ND_{t-1}*DI$			4.848* (1.92)	1.156* (1.93)			3.376** (2.08)	2.802* (1.80)
$PD_{t-1}*DI*IRLF$	8.063* (1.74)	13.17** (2.05)			7.023* (1.66)	9.881* (1.73)		

① 限于篇幅以及稳健性检验结果的相似性，在这里我们未再列出市场约束与存款保险制度对两类银行风险承担影响的检验结果，备索。

续表

被解释变量：贷款损失准备金率（LLR）								
	大型商业银行 GMM	地方性商业银行 GMM	大型商业银行 GMM	地方性商业银行 GMM	大型商业银行 DID1	地方性商业银行 DID2	大型商业银行 DID3	地方性商业银行 DID4
ND_{t-1} * DI * IRLF			0.636* (1.69)	1.225** (2.09)			0.515 (1.48)	1.323* (1.87)
PD_{t-1} * DI* Dum_{IR} * Large					11.67*** (2.68)			
PD_{t-1} * DI* Dum_{IR} * Local						15.99*** (2.71)		
ND_{t-1} * DI* Dum_{IR} * Large							1.124** (1.99)	
ND_{t-1} * DI* Dum_{IR} * Local								2.091*** (2.98)
常数项	4.842 (0.60)	22.86 (0.89)	-41.21** (-2.20)	35.86 (1.36)	-21.88** (-2.15)	-3.269 (-0.20)	-15.10 (-1.31)	15.96 (0.89)
Control Vs	是	是	是	是	是	是	是	是
AR（1）	0.0922	0.0423	0.0029	0.0084	0.0244	0.0492	0.0145	0.0347
AR（2）	0.1222	0.3923	0.9863	0.2787	0.3368	0.1592	0.6507	0.1182
Sargan	0.8985	0.5913	0.9440	0.7593	0.3283	0.6432	0.6832	0.6527
N	75	157	73	158	149	231	150	235

由表7-6的稳健性回归结果可知，将被解释变量替换为LLR后，无论是SYS-GMM回归，还是使用基于合成控制的双重差分估计的结果，关键解释变量 PD_{t-1} * DI * Dum_{IR} * Large、PD_{t-1} * DI * Dum_{IR} * Local、ND_{t-1} * DI * Dum_{IR} * Large 和 ND_{t-1} * DI * Dum_{IR} * Local 的系数以及显著性都与使用不良贷款率时并无二致，控制变量的结果也与使用不良贷款率时较为接近，由此表明我们的回归结果是稳健的。

第六节　本章小结

随着我国利率市场化改革近年来的快速推进以及存款保险制度的推出，国外作为《巴塞尔协议Ⅱ》三大支柱之一以及衡量金融深化（主要就是利率市场化等）重要标准的市场约束（包括两种不同的约束情况）在我国的情况是否也发生了相应的变化，且这种变化对于银行风险承担的影响又如何等显然是很值得研究的问题。基于此，我们从市场约束的角度评价了存款保险制度实施的政策影响并探讨了利率市场化在其中所起的作用，运用不同方法的估计结果及其比较分析表明：

第一，从市场约束对银行风险承担影响的情况来看，我国整体、大型和地方性商业银行的市场约束均能显著抑制其风险承担，外资银行的效果则均不显著；而考虑利率市场化之后，整体、大型和地方商业银行的市场约束的作用都增强了。尤其是，我们发现，利率市场化对价格约束效应的冲击较之其对数量约束效应的影响要更强，这与国外的研究结论逐渐开始靠近，表明利率市场化的确在发挥着作用，当然，由于我国利率上限仍然未完全放开，导致在我国数量约束的作用还未像国外那样显现。

第二，从存款保险制度与市场约束的综合作用对大型和地方银行的影响来看，估计结果表明，一是存款保险制度带来的银行风险增大效应要强于市场约束效应的抑制作用；二是存款保险制度通过市场约束对地方行的影响要强于大型银行；三是存款保险制度通过价格约束对银行风险承担的影响较之其通过数量约束的作用要更强。

第三，从利率市场化、市场约束与存款保险的综合影响来看，无论是大型银行还是地方行，且无论是价格还是数量约束，基于双重差分估计的多项交互系数均为正，表明存款保险制度会增加利率市场化通过市场约束作用于银行风险承担的正向影响。

故此，从这两者政策实施的效果评价上看，利率市场化进程以及存款保险制度实施确实已经在发挥着作用了，甚至某些方面的影响可能被低估。就利率市场化方面而言，由于我国存款利率的非完全放开（从各主要银行的实际存款利率上浮政策及数据来看，仍然存在着存款利率上限约束），数量约束的效果就尚未完全发挥出来，还有进一步深化的空间。而从存款保险制度的角度来看，研究结果已经很明确地显示其政策效应体现为增加了银行的风险承担，然而，这可能是由于我国的存款保险制度刚实施不久，风险厘定等措施的效果可能还未完全体现出来，我们预期当其进一步完善后可能相比当前会存在下降趋势。

对此我们提出如下的政策建议：

首先，由于当前我国利率市场化的不完全，这一情况在市场约束的某些方面上体现出来，因此，需要进一步地完全放开利率，尤其需要更全面完善存款者市场约束机制，使得数量约束的作用在我国也能够得到进一步地发挥，使之能够发挥降低银行风险承担应有的作用。

其次，我们要关注存款保险的实施所带来的银行风险上升的问题，不仅是对地方性商业银行风险的防范，且对大型商业银行的道德风险问题也需多加关注。且考虑到利率市场化进程、推存款保险制度等会进一步降低市场约束对银行风险承担行为的影响，当然，这意味着利率市场化通过市场约束等带给银行的好处，但也不排除会给其他对象带来某些风险，这里面需要更宽广视角来把控好多个方面之间的平衡问题，更全面地加强宏观审慎管理，建立更完善的市场机制，使得市场约束能够充分发挥其作用，对存款保险制度的进一步细化和完善也将相对减少现阶段的风险，以维护银行系统的稳定。

第八章

存款保险制度真的降低了银行风险吗

第一节 引 言

存款保险制度是保护存款人利益的重要制度安排和金融安全网的基本组成要素之一，也是防范和化解金融风险的重要防线①。2013 年 11 月，党的十八届三中全会《关于全面深化改革若干重大问题的决定》明确要求“建立存款保险制度，完善金融机构市场化退出机制”。紧接着 2015 年 5 月，中国正式实施存款保险制度。

此次中国存款保险制度改革的核心就是推动形成市场化的金融风险防范和处置机制。因此在制度设计上充分汲取 2008 年国际金融危机正反两方面的经验和教训，高度契合《有效存款保险制度核心原则》（以下简称《核心原则》）②，属于“风险最小化”模式③。在具体的改革措施上，存款保险实行基于风险的差别费率（Risk - based Premium System），并具有早期纠正（Prompt Corrective Action）和风险处置职能。差别费率就是指根据投保机构的风险状况确定费率的制度安排，即风险较低的投保机构适用于较低的费率，反之则适用于较高的费率。早期纠正机制则明确存款保险机构可以对问题银行采取纠正措施或及时接管处置。风险差别费率使投保机

① 《存款保险条例》第一条：“为了建立和规范存款保险制度，依法保护存款人的合法权益，及时防范和化解金融风险，维护金融稳定，制定本条例。”

② 2009 年 6 月，国际存款保险协会（IADI）和巴塞尔银行业监督管理委员会（BCBS）联合出台了《有效存款保险制度核心原则》。2014 年 11 月，IADI 对核心原则完成新一轮修订。《核心原则》全面涵盖设计和实施存款保险制度应考虑的必备要素，突出强调有效的制度设计应着力防范道德风险。设计有效的存款保险制度主要通过对存款人进行有限的保护、采取风险差别费率机制、对问题银行及时早期干预和处置，防范道德风险，以降低银行体系总体风险。

③ 根据国际存款保险协会划分，全球存款保险主要有三种模式。一是“付款箱”（Paybox），其职责仅仅负责在银行倒闭后赔付存款人或为处置倒闭银行提供资金，典型代表如危机前的英国、澳大利亚；二是“成本最小化”模式（Loss - Minimizer），其职能在“付款箱”之外还包括参与处置问题及倒闭金融机构，力求维护存款保险基金支出最小化，典型代表如日本、加拿大；三是“风险最小化”模式（Risk - Minimizer），其职能在“成本最小化”之外还进一步包括补充监管和早期纠正职能，并且在费率设定上一般为差别费率，典型代表如美国、韩国以及中国。

构交纳的保费与风险挂钩，促使投保机构审慎经营，减少道德风险，同时通过与早期纠正和风险处置措施相配合，防范和控制投保机构风险，从而维护了存款和存款保险基金的安全（中国金融稳定报告，2016）。问题是，这种模式的存款保险是否真的有效呢？是否真的降低了银行的风险？又是否会在降低银行风险的同时，产生另外一些始料未及的"副作用"？显然，对于这些问题的研究，不论是对中国存款保险政策的评价和改进，对于金融行业的风险防范和化解，还是进一步的金融改革都具有极为重要的现实意义与理论价值。

已有研究发现，存款保险制度影响银行风险的原因主要包括弱化市场约束和弱化银行治理水平两个方面。从市场约束方面来说，存款保险制度弱化存款人对于银行的监督激励，从而削弱了市场约束，使得银行有可能采取更激进的经营策略，进而增加银行风险。从银行治理方面来说，存款保险制度为问题银行提供了还款保障，弱化了银行的内部治理机制，降低了银行的风险管理能力，进而增加了银行风险。

但是这些研究都不符合中国的实际情况。首先，从市场约束方面来说，中国存款保险制度的实施应该是强化了市场约束机制。这是因为市场约束的关键在于信息披露，而差别费率本身就是一种信息——关于银行经营状况的最权威信息。例如，一家存款保险费率高的银行就给市场提供了其经营状况不佳的信息。此外，为了核定每家银行所适用的费率，中国人民银行会对所有银行进行评级，评级的结果除了用于核定费率之外，还为人民银行进行早期纠正措施提供了重要依据。[①] 而面临早期纠正措施（比如补充资本）的银行就向市场提供了其经营不善的信息。可以看出，不论是存保费率、评级结果，还是可能面临的早期纠正措施，都向市场传递了银行的经营状况信息，这些都有利于强化市场约束机制。其次，从银行治

---

① 《中国金融稳定报告 2018》披露：人民银行于 2015 年下半年推出了定量模型和定性评价相结合的存款保险评级体系。两年多来，人民银行对全国 3800 多家金融机构开展了评级工作，从无到有进行了探索，评级结果客观地反映了投保机构的经营和风险状况，为差别费率核定和风险监测、早期纠正提供了重要依据。2017 年评级结果显示：全国被评为 8—10 级的高风险金融机构多达 426 家。2017 年人民银行共对 194 家投保机构采取了早期纠正措施，其中要求补充资本的 129 家，控制资产增长的 40 家，控制交易授信的 21 家，降低杠杆的 10 家。

理方面来说，中国的存款保险制度应该是提高了银行的治理水平。从银行内部来讲，银行风险越高，越要缴纳更多的保费，越可能面临更多的监管限制措施，这就促使银行提高其对贷款的监管水平，提高其治理水平。从银行外部来说，不论是核定其存保费率的过程中，还是最后的评级结果，都会促使银行提高其治理水平。

可以看出，以往关于存款保险制度的研究并不符合中国的现实情况；只讨论单纯的存款保险制度，而不关注存款保险制度的核心特征，同样难以解释中国的存款保险制度。鉴于此，本章基于中国 190 家银行 9 年的面板数据来研究中国存款保险制度的有效性，进而研究了此次存款保险制度改革对银行风险的影响。本章可能的边际贡献之处主要在以下几方面：

首先，在机理上重点关注了存款保险的内在特征对银行风险的影响。具体而言，关注存款保险制度中的差别费率机制和早期纠正措施在存款保险影响银行风险行为的过程起到何种作用，以及对银行的风险造成什么影响。

其次，采用相对而言间接的方法估计存款保险的有效性。根据已有文献及数据表明，银行的特许权价值、资本比率及规模与其风险有着稳定的关系，本章通过比较这三个变量在存款保险制度实施前后与银行风险关系的变化而推断存款保险制度的有效性。

再次，在数据方面，本章的样本数量相对较大且时间上也较新一些。目前关于中国存款保险制度的实证研究样本普遍较小，很难覆盖到高风险的银行，且样本中政策作用的时间过短（部分文献甚至将样本范围设定为政策实施后的一年），显然这样短的样本期将使存款保险的效果难以完全显现出来。这样估计的结果难以准确地来推断存款保险对整个银行业的影响。本章采用的样本相对较大，包括 190 家银行的数据；各种类型银行均占有一定比例，具有代表性；且时间上覆盖了存款保险实施前 6 年和实施后的 3 年时间，足以观察银行风险对于存款保险政策所做出的反应。

最后，从存款保险效果的银行机构异质性来看，存款保险实施的效果是否存在异质性，其原因又是什么，本章也将对这一问题进行分析和研究。

本章后续的结构安排如下：第二部分介绍了制度背景、文献回顾与研究假设；第三部分为实证模型设计和样本选择；第四部分是实证过程和结果解释；第五部分对实证估计结果进行了稳健性检验；第六部分为本章小结。

第二节 制度背景、文献回顾与研究假设

一、存款保险制度背景及相关文献回顾

早在1933年，美国就建立了世界上最早的存款保险制度。而在此之前，美国就已有部分州对存款保险进行了或成功或失败的尝试，其中导致失败的主要原因就是道德风险。Calomiris（1990）研究了1933年前纽约州和印第安纳州的存款保险制度，其结果表明存款保险制度的有效实施依赖于较好的监管能力；Hooks 和 Robinson（2002）对美国德州实施的存保制度产生的道德风险问题进行了研究，其结果表明存款保险制度诱致了道德风险，甚至道德风险问题带来的弊端超过了存款保险带来的好处。在美国正式实行（固定费率的）存款保险之后的50年，银行业经营稳健，道德风险问题并不突出。Keeley（1990）将其归因于美国当时严格的分业监管制度，该制度提高了银行特许权价值，使所有银行重视对特许权价值的保护而不敢冒险经营。可见存款保险导致道德风险与监管的宽严有着密切关系。

20世纪80年代以后，随着美国金融管制逐步放松，银行业道德风险集中爆发，出现大量银行倒闭事件。究其原因，除了金融自由化和放松管制加剧银行竞争，减少盈利，从而导致道德风险上升外（Hellmann等，1997；Keeley，1990），存款保险制度非合理定价也是重要原因。Kane（1985）认为相同的存款保险费率对风险不同的银行没有起到抑制其风险

行为的作用，风险不同的银行承担相同的存款保险成本，弱化了银行经理对银行风险的规避。Wheelock 和 Kumbhakar（1995）研究表明如果存款保险费不足以约束风险，风险偏好型的银行比保守的银行更愿意参加自愿存款保险体系。这些研究表明，固定费率的存款保险会产生道德风险和逆向选择。

在意识到单一固定费率制度和放松监管会导致严重的道德风险后，美国于 1991 年颁布《联邦存款保险公司改进法案》，其核心条款就是建立差别费率制度和早期纠正措施，并于 1994 年正式实施。Osborne 和 Lee（2001）在研究美国存款保险改革对于银行道德风险的影响时，认为美国的基于风险调整的存款保险费用（Risk - based Insurance Premiums）有力缓解了银行的冒险动机，表明了这次存款保险的改革确实降低了银行的道德风险。虽然差别费率存款保险的实施极大减少了银行风险，但是也导致了一些其他问题，如资本充足、级别高的银行无须缴纳保费等，这样就导致了缺失了一大部分保费来源，使得保险基金不可持续。因此美国在 2005 年通过了存款保险改革法，主要的内容之一就是对中小银行简化差别费率矩阵，对大机构采取记分卡方法进行费率安排。

中国正是吸取了这些历史上的成败经验教训，在存款保险制度建立之初，就实行风险差别费率制度，并赋予存款保险早期纠正与风险处置等职责。这种制度安排的目的既是为了避免单一固定费率导致的道德风险，又不至于失去大银行的保费收入，有利于保险基金的可持续发展，同时又能降低银行的道德风险。

目前关于存款保险的研究主要包括存款保险制度与银行风险之间的关系、存款保险与挤兑以及存款保险定价等问题。

关于存款保险与银行风险间关系，Gropp 和 Vesala（2004）的研究发现，欧盟银行引入存款保险制度后银行风险降低了；Micajkova（2013）研究欧盟国家在金融危机时期出于重构银行体系信心的动机而提高存款保险保障程度的行为可能引发道德风险；而 Ngalawa 等（2011）则认为没有足够的证据表明存款保险制度会引发银行的道德风险。Anginer 等（2014）研究了金融危机前以及危机过程中存款保险与银行风险的关系，指出在正常时期存款保险制度的“道德风险效应”超过其“稳定效应”，而在危机时期的情况却恰恰相反。郭晔和赵静（2017）通过双重差分法研究了存款保险对于银行道德风险的影响，其结果表明，存款保险制度显著增加了中国其他商业银行（中、农、工、建四大国有银行以外的商业银行）的个体风险，而其对美国的银行个体风险的影响却不显著。

而关于存款保险与银行挤兑问题的研究，也就是存款保险是否能给银行带来稳定效应，Diamond 和 Dybvig（1983）最先提出 DD 模型，认为银行挤兑是基于“太阳黑子”引发的羊群行为，即由不完全市场下个体行为的不确定性导致的。Schotter 和 Yorulmazer（2009）建立了一次信息传递的动态银行挤兑模型，考察银行挤兑过程中信息的外部性和羊群效应对均衡结果的影响。田国强等（2016）通过构建模型探讨了存款保险制度的实施与银行挤兑之间关系的作用机理，认为存款保险具有稳定预期和道德风险两个方向相反的效应，存款保险制度的实施效果取决于两种效应的力度对比。这些研究模型视角不同，但都基本认为存款保险的实施是有利于缓解银行挤兑问题的，对于银行具有稳定效应。

Merton（1977）最先关注到存款保险费率设定是有缺陷的，他基于期权定价模型建立了存款保险的定价模型；Marcus 和 Shaked（1984）在其基础上发展出了风险调整的存款保险定价模型，并运用美国上市银行的股票数据进行了经验分析；Ronn 和 Verma（1986）则在模型中加入了监管宽容的因素。孙晓琳等（2011）构建了监管宽容下资本展期的存款保险定价模型，并推证了监管宽容力度、资本展期期限与存款保险价格之间的变化关系，其结论表明，监管越宽容、资本展期越长、存款保险的价格也应越高。这些存款保险定价模型的研究都为存款保险制度的机理和应用做出了有益探索。

二、研究假设

（一）存款保险制度的有效性

值得注意的是，在讨论存款保险制度如何影响银行风险时，一般来说，很难将银行的风险与其他同时期相关政策的影响区分（识别）开来。例如，在存款保险实施的2015年，中国人民银行宣布放开人民币存款利率上限，标志着利率市场化基本完成；中国银行业监督管理委员会（以下简称银监会）放弃了实施多年的存贷比监管；以及银监会成立现场检查局，出台了《中国银监会现场检查暂行办法》及一系列配套规则等等，这些政策措施的出台都有可能对银行的风险造成影响。因此，采用直接的方法去评价存款保险对于银行风险的影响将异常困难。故此，我们不得不尝试采用相对间接的方法——从已有的文献来看，银行风险与其特许权价值(Franchise Value or Charter Value)、资本比率以及银行规模有着密切的联系，如果存款保险制度的实施改变（比如削弱）了这种联系，则表明该政策是有效的（Osborne 和 Lee，2001）。

1. 特许权价值。银行特许权价值等于其在未来持续经营中获得的超额收益的净现值，是其破产的机会成本。银行为了避免破产而丧失特许权价值，将进行积极的风险管理，采取谨慎的经营策略，即特许权价值具有激励银行控制风险的自律（Self discipline）效应。Marcus（1984）较早地提出“特许权价值”假说，其通过最优定价模型证明特许权价值会发生转移，预期银行特许权价值与银行风险是负向关系。后来的一系列研究成果都支持了“特许权价值”假说。Keeley（1990）对于美国20世纪80年代银行倒闭潮的研究表明，正是因为当时剧烈的银行业竞争降低了特许权价值，从而增加了银行的风险，他还发现特许权价值与银行风险之间的负向关系。Galloway等（1997）进一步证明了特许权价值与风险之间的负向关系，其研究表明，具有较高事前特许价值的银行承担的事后风险显著较低。近年来，吴秋实和李兆君（2010）、Jones等（2011）、尚文程等(2012）的研究也都支持了特许权价值与银行风险的负向关系。如图8-1所示，在本章的样本中，同样存在特许权价值与银行风险的负向关系。

在存款保险制度实施之前，由于中国实行的是隐性存款保险（Implicit Deposit Insurance）[①]，因此，银行不存在破产的风险。低特许权价值的银行

① 隐性存款保险与显性存款保险（Explicit Deposit Insurance）制度相对应，即没有以法律形式明确规定存款保险的机构、方式以及费率等，而是以国家信用来担保银行的债务和破产损失。

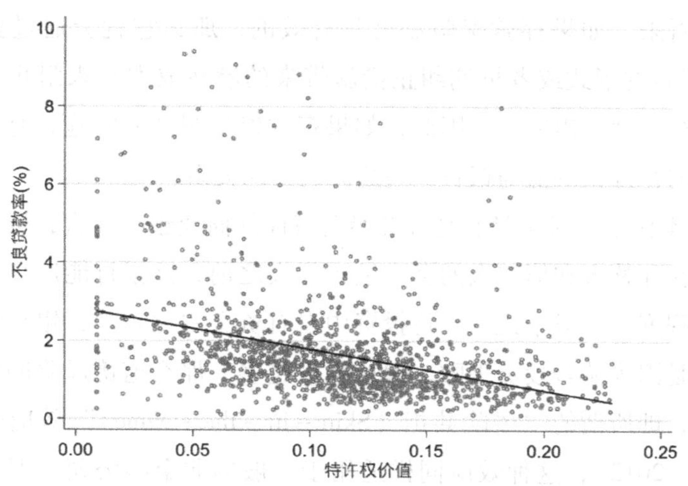

图 8－1 银行风险与特许权价值的关系

可以通过过度承担风险以使利益最大化。而存款保险制度的实施，将使低特许权价值的银行追求高利润的行为产生了成本，这包括风险差别的保费和早期纠正措施带来的潜在成本。首先，《存款保险条例》第九条规定："各投保机构的适用费率，由存款保险基金管理机构根据投保机构的经营管理状况和风险状况等因素确定"，表明如果银行由于承担过度的风险而致使其风险状况恶化，将会增加其保费支出；相反，如果其经营良好，还会减少保费支出。其次，该条例还明确存款保险具有早期纠正和风险处置的职能。央行人士表示，存款保险建立后，"人民银行及其各地分支行对投保机构加强了日常风险监测，对问题投保机构建立名单制管理，实施补充资本、控制资产增长、控制重大交易授信、降低杠杆率等早期纠正措施"①。这表明银行风险恶化的后果，除了要面临保费的提高，更严重的是监管当局实施早期纠正措施带来的潜在成本。当追求高利润的行为有了成本，且其成本与风险水平正相关，则低特许权价值的银行必然会选择一个恰当的风险水平使得其边际收益与边际成本相等（姚东旻等，2013），这就降低了低特许权价值银行的风险水平。

---

① 来源：中国人民银行网站 http：//www.pbc.gov.cn/redianzhuanti/118742/3486390/3486400/3495110/index.html。

这样看来，如果存款保险制度是有效的，那么它就会通过提高成本（以提高保费的形式或者早期纠正措施带来的潜在成本）来阻止低特许权价值的银行过度承担风险。因此，如果存款保险制度的实施是有效的，那么应该削弱特许权价值与银行风险之间的负向关系。

2. 资本比率。对于具有高杠杆经营特征的商业银行而言，资本比率是商业银行在存款人和债权人的资产遭到损失之前，该银行能以自有资本承担损失的程度。一般来说，银行投资中自有资金占比越多，银行投资就越审慎。这是因为倘若投资失败，银行损失越多，那么道德风险问题的严重性就越低，即所谓的“风险共担（Skin - in - the - game）”效应（张雪兰和何德旭，2012），这种效应同样适用于一般的非金融公司。但与一般的非金融公司不同的是，银行的债权人更加分散（成千上万的存款人），使得债权人（存款人）对于银行的监督困难。此外，由于中国长久以来实行的隐性存款保险使得储户即使在银行破产的情况下也能获得赔偿[①]，这就弱化了存款人对银行的监督和选择的动力，即银行面临的市场约束更小。从银行方面来说，没有披露能体现其经营状况的信息，也使得市场约束机制难以发挥作用。以上表明资本比率低的银行应当具有更大的风险动机。

多数学者的研究也支持了上述观点。Gunther 和 Robinson（1990）发现资本增长与贷款增长之间存在显著的负向关系，其将这一结果解释为资本比率与风险之间的负向关系。Konishi 和 Yasuda（2004）以日本的银行为样本，发现资本要求能降低银行风险。张健华和王鹏（2012）等的研究也得出了类似结论。这些研究都表明，银行资本与风险行为之间存在着负向关系。如图 8 - 2 所示，在本章的样本中，同样存在资本比率与银行风险的负向关系。

① 时任央行行长周小川（2012）在探讨危机对于金融机构救助的问题时表示，金融机构出现问题，中国政府基本上都是倾向于救助的，甚至曾经连“蚁力神”这样的非法集资也予以了补偿。这表明对于关系到经济命脉、国计民生的大银行（如工、农、中、建、交等），国家是不可能任其倒闭的，即所谓的“太大而不能倒”；而即使一般的小银行倒闭，国家也一定会对普通储户予以补偿。

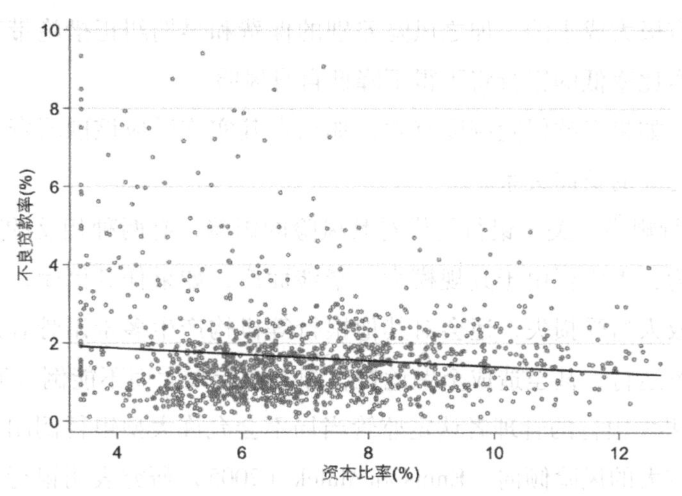

图 8－2　银行风险与资本比率的关系

同样，低资本比率的银行可以通过过度承担风险以使利益最大化。而存款保险制度的实施，将使低资本比率的银行追求高利润的行为产生了成本，这包括风险差别的保费和早期纠正措施带来的潜在成本。

除此之外，存款保险制度实施将会强化市场约束机制。市场约束的关键在于信息披露，而差别费率本身就代表着一种信息，例如，一家存款保险费率高的银行就给市场提供了其经营状况不佳的信息。当然，为了核定每家银行所适用的费率，中国人民银行会对所有银行进行评级，评级的结果除了用于核定费率之外，还为人民银行采取早期纠正措施提供了重要依据。而面临早期纠正措施（比如补充资本）的银行就向市场提供了其经营不善的信息。可以看出，不论是存保费率、评级结果，还是可能面临的早期纠正措施，都向市场传递了银行的经营状况信息，这些都有利于强化市场约束机制。

对于资本比率低的银行，虽然其风险水平较高，但在存款保险制度实施之前，关于这些银行的信息较少，存款人难以对其经营状况作出判断。而存款保险制度实施后，存款人获得了更多关于银行经营状况的信息。对于资本比率低的银行，存款人要么要求更高的存款利率，要么用脚投票选择资本比率更高、经营状况更好的银行。此时，资本比率低的银行要么补充资本，要么采取低风险的经营策略以减少风险对资本的侵蚀，然而这些措施都是有极大成本的。加之风险差别的保费和早期纠正措施带来的潜在成本，资本比率低的银行将不得不降低自身风险。

因此，如果存款保险制度有效，那么在其实施后应该削弱资本比率与银行风险之间的负向关系。

3. 银行规模。关于银行规模对其风险的影响，有两种相反的观点。一种观点认为，大银行由于其规模大、牵涉面广，如果任其倒闭，不仅会使储户和债权人遭受损失，还会对其他银行等机构产生多米诺骨牌效应，影响金融市场运行，甚至造成金融危机，即大银行太大而不能倒（Too Big to Fail）。如果大银行的管理者认定监管当局不会允许大型银行倒闭，那么他们就会有较大的风险倾向。Ennis 和 Malek（2005）研究表明银行规模和其承担风险行为之间存在正相关关系；Gropp 和 Vesala（2001）通过研究欧洲银行业的冒险行为与存款保险制度关系发现，存款保险作为一种承诺工具确实能在总体上减少银行的冒险行为，但是大银行却更加冒险。Alessandri 和 Haldane（2009）认为，大银行更具资金实力和风险管理技术优势，加之大型银行可以通过金融安全网转移经营失败的风险，而非完全将投资失败的损失内部化，银行信贷投放的风险厌恶水平下降，因而大型银行的风险行为更为积极。这些研究都印证了"大而不能倒"容易产生道德风险问题的论断。

而另一种观点则认为大银行的风险更低。López 等（2011）的研究表明，大型银行的风险水平更低，这是因为大型银行不仅可以更低利率吸收负债，且融资渠道更加多元化。Houston 等（2010）通过对 69 个国家近 2400 家银行的抽样调查数据研究发现，银行规模与银行风险水平负相关，即大银行的风险更低。张健华和王鹏（2012）对于中国银行业的研究也得出同样的结果。

从以上分析可以看出，银行风险与其规模的关系并不像其与特许权价值和资本比率的关系那么清晰、统一。本章认为：首先，"大而不能倒"容易使大银行产生道德风险的关键在于大银行认定在自己陷入困境的时候，政府是一定会予以救助的。但对于中国来说，则存在"是银行就不会倒"的认识，而不论银行规模的大小。周小川（2012）在谈及金融危机中关于救助的问题时指出："（在金融机构陷入困境时）与西方相比，中国是比较倾向于救助的。西方国家的态度通常是尽量不救，实在不得已才救。中国的情况是，虽然不太愿意，但多数情况下都救。"因此，由政府救助产生的道德风险与银行规模无关。其次，对于中国的大银行来说，如工、农、中、建、交五大银行，其控股股东都是国家，其高层管理者也直接由国家任命，其薪酬严格执行中央金融企业负责人薪酬相关办法，因此对于这些银行的高层管理者来说，他们并没有为了迎合普通股东或者得到高薪酬收益而冒风险的动力。相反，大银行的风险状况受到监管当局的高度关注以及大银行的风险管理水平更高等原因，都使得中国的大银行相较于小银行风险水平更低。此外，大银行凭借其优势地位，盈利压力较小，而小银行无论在存款市场还是在贷款市场都面临着激烈的竞争，具有较大的盈利压力，因此风险更大。如图 8－3 所示，本章的样本表明，银行风险与银行规模具有负向关系。

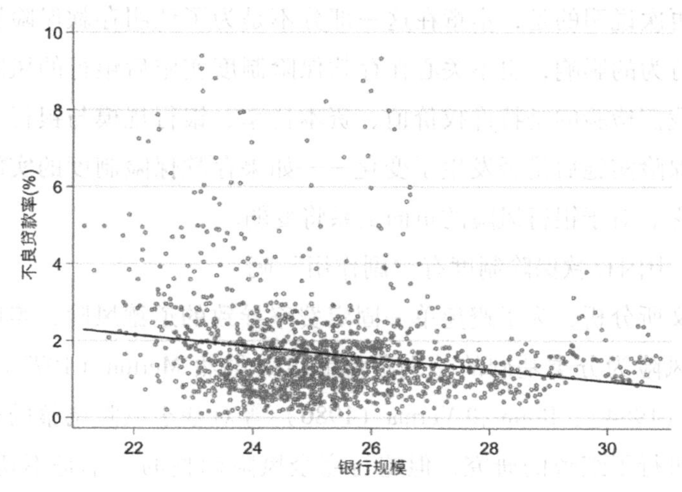

图 8－3　银行风险与其规模的关系

同理，对于规模小的银行，其风险水平虽然较高，但在存款保险实施之前，不存在破产风险；然而当存款保险实施后，市场约束机制的增强，风险差别的保费及早期纠正措施带来的潜在成本，这些银行在权衡收益和成本后，都会选择降低自身风险。因此，如果存款保险制度有效，那么在其实施后应该削弱银行规模与银行风险之间的负向关系。

综合以上分析，存款保险制度的实施使得银行通过承担风险来追求高利润的行为有了成本，包括风险差别的保费和早期纠正措施带来的潜在成本。此外差别费率的存款保险使得存款人市场约束机制增强，银行将权衡自身的成本和收益来选择自己的风险水平。特许权价值低、资本比率低、规模小的银行将会选择更低的风险水平，以使利润最大化。基于此，本章提出如下假设：

假设 1a：如果存款保险制度的实施是有效的，那么特许权价值对于银行风险的负向影响将变弱。

假设 1b：如果存款保险制度的实施是有效的，那么资本比率对于银行风险的负向影响将变弱。

假设 1c：如果存款保险制度的实施是有效的，那么银行规模对于银行风险的负向影响将变弱。

需要再次说明的是，本章在这一部分不是为了证明存款保险制度对于银行风险行为的影响，也不关心在存款保险制度实施后银行的风险是如何变化的。我们检验的是特许权价值、资本比率、银行规模与银行风险的关系在存款保险实施后是否发生了变化——如果存款保险制度的实施是有效的，那么它们对于银行风险的负向关系将变弱。

（二）中国存款保险制度有“副作用”吗

如前文所分析，为了避免单一固定费率导致的道德风险，美国最先建立以银行风险为分类基础的差别费率制度。虽然 Merton（1977）、Marcus 和 Shaked（1984）、Ronn 和 Verma（1986）等对基于风险调整的存款保险费率定价进行了细致的研究，但施行完全风险调整的费率是不切实际的。首先，存款保险管理部门很难去准确量化银行的风险，特别是对于具有上千家银行的国家来说，去分析每一个银行的风险，并确定相应的保费，这样并不具有实际操作的意义。其次，一般来说，大银行的风险管理水平较高，如果施行完全的风险调整的存款保险，那么将有很多大银行处于零保费或低保费的区间，这样保险基金就失去一大笔收入来源，不利于存款保险基金的可持续性发展；而风险较大的中小银行则需要缴纳足以影响其正

常经营的高昂的保费，这也不利于银行业的整体发展。

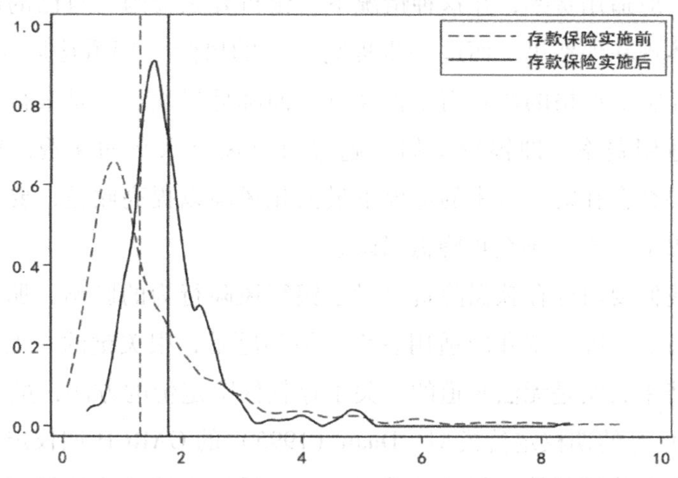

图8－4　存款保险制度实施前后银行风险的核密度图

因此中国在存款保险制度实施之初，就在费率设定上进行了创新，将固定的基准费率与差别费率进行了结合。这样既是为了避免完全固定费率带来的道德风险，也是为了克服完全风险调整的差别费率带来的问题。问题是这样的存款保险能降低银行风险吗？图8－4显示的是存款保险实施前后中国银行风险的核密度图，两条竖线分别对应其实施前后的风险的均值。首先，不论存款保险实施前后，大多数银行的风险都处于较低水平，这个事实与Ronn和Verma（1986）的“银行风险分布得相当扭曲，即大多数银行都相对安全，极少数银行具有很高的风险”观点一致；其次，存款保险实施后银行的风险平均水平提高了，这与郭晔和赵静（2017）“存款保险制度显著增加了中国商业银行的个体风险”的研究结论一致；最后，需要强调的是，最关键的一个典型事实是，银行风险的提升主要是由低风险银行的风险提高造成的，高风险银行在实施前后其风险的分布无明显变化。如果存款保险的实施导致银行的风险提高，那么为什么不是提高所有银行的风险，而只是提高了低风险银行的风险？

对于银行来说，其实际费率（银行向存款保险基金管理机构实际缴纳保费的费率）与其应适用费率（根据银行自身风险状况而确定的费率，不可观察）的关系存在着三种情况。一是银行实际费率与应适用费率基本相等，那么存款保险费率本身不会对银行的风险行为造成影响。二是银行实际费率低于应适用费率，在这种情况下，银行要么会因为自己的部分风险行为没有体现在保费里，而进一步提高自己的风险（即道德风险），要么因为担心面临更严格的监管而改善经营从而降低风险。三是银行的实际费率高于应适用费率，即银行承担了超过自身风险水平的保费，这种情况下，银行要么会在既有费率的边界下最大化风险以提高收益，要么会保持现有风险水平（至少不会再降低风险）。

如果我们要研究存款保险费率对于银行风险行为的影响，那么首先应该知道银行的实际费率和应适用费率。但问题是，很关键的一点——银行的应适用费率其实是无法知道的。关于存款保险定价的方法，虽然有 Merton（1977）等的期权定价模型、Duan（1995）的 GARCH 期权定价模型以及期望损失定价模型等，但这些模型要么只适用于那些能够得到其市场估值的上市银行，要么忽略市场情况。此外，中国存款保险基金管理机构及各商业银行也从未披露银行的实际费率，即存在数据可得性的问题。

囿于银行存款保险费率数据的不可得性，我们被迫尝试其他思路。中国的存款保险在设立之初的费率水平大概在 0.01%—0.02%[①]。我们应该假定这个费率水平是监管当局在权衡整个银行业的风险水平后制定的，也就是说，这个费率水平适用于大多数风险水平一般的银行，即第一种情况。而即使那些风险状况比较差的银行，其费率也不会超过 0.02%，即实际费率低于应适用费率，属于第二种情况。第三种情况更多见于那些经营良好、风险较小的银行，它们的风险哪怕再小，其费率也不会低于 0.01%。对于后两种情况，存款保险会使得银行有进行风险调整的激励。高风险的银行，会降低自己的风险，这是差别费率存款保险的初衷，如果存款保险达到这样的效果，那么说明中国的存款保险制度是有效的。此外，存款保险不能产生“副作用”，即存款保险不会使得低风险的银行去提高自身风险。

综上分析，本章提出假设 2。

假设 2：如果存款保险制度有效且无“副作用”，那么存款保险会使高

---

① 来源：http：//finance. sina. com. cn/money/bank/bank _ hydt/20150428/070822060297. shtml。时任央行行长周小川表示：目前我国存保起步时的费率水平大概在万分之一到万分之二。

风险银行的风险降低；同时不会使低风险银行的风险上升。

第三节　研究设计与样本选择

一、实证模型设定

由于银行风险变量具有连续性的特征，前后期的银行风险具有较高的相关性，本章参考了 Anginer 等（2014）和郭晔和赵静（2017），设定如下基础线性回归模型：

$$Risk_{i,t} = \alpha_0 + \alpha_1 Risk_{i,t-1} + \beta_1 BCV_{i,t} + \beta_2 Cap_{i,t} + \beta_3 Size_{i,t} + \beta_4 LDR_{i,t} + \beta_5 DepositR + \gamma_1 Shibor_t + \gamma_2 GDPR_t + \mu_i + \varepsilon_{i,t} \tag{1}$$

其中，Risk 表示银行的风险；BCV 银行特许权价值；Cap、Size 分别表示资本比率、银行的资产规模；LDR 为银行存贷比；DepositR 为银行存款占其资产比率；Shibor 为上海银行间同业拆借利率；GDPR 为 GDP 增长率，代表宏观环境；μ 银行个体效应。

为了验证假设 1a ~ 1c，我们在上述模型的基础上，参考 Osborne 和 Lee（2001），设定如下线性回归模型：

$$Risk_{i,t} = \alpha_0 + \alpha_1 Risk_{i,t-1} + \beta_{11} BCV_{i,t} + \beta_{12} DI * BCV_{i,t} + \beta_{21} Cap_{i,t} + \beta_{22} DI * Cap_{i,t} + \beta_{31} Size_{i,t} + \beta_{32} DI * Size_{i,t} + \beta_4 DI + \sum_{k=1}^{4} \gamma_k Control_{(i),t} + \mu_i + \varepsilon_{i,t} \tag{2}$$

DI 表示存款保险政策的虚拟变量，当年份大于等于 2015 时为 1，其余为 0；Control 为上述模型用到的所有控制变量。在存款保险制度实施之前，特许权价值较低、资产规模较小、资本比率较低的银行具有更高的冒险动机，如果存款保险制度的实施是有效的那么这些银行特征变量与其风险之间的关系便会被弱化，即 DI * BCV、DI * Cap、DI * Size 与 BCV、Cap、

Size 的系数相反。

为了验证假设 2，我们设定如下模型：

$$Risk_{i,t} = \beta_0 + \beta_1 DI + \beta_2 Highrisk_{i,t} + \beta_3 Lowrisk_{i,t} + \beta_4 DI * Highrisk_{i,t} + \beta_5 DI * Lowrisk_{i,t} + \sum_{k=1}^{7} \gamma_k Control_{(i),t} + \varepsilon_{it} \quad (3)$$

其中，其中 DI 为存款保险虚拟变量。Highrisk 为高风险银行的虚拟变量，Lowrisk 为低风险银行的虚拟变量，Control 为模型（1）出现的所有控制变量。

在每一个年度，我们计算出样本的 Risk 的均值$\overline{Risk_t}$以及标准差σ_t，如果银行 i 在 t 年的风险 $Risk_{i,t} \geqslant (\overline{Risk_t} + \sigma_t)$，那么 $Highrisk_{i,t} = 1$，否则为 0；如果银行 i 在 t 年的风险 $Risk_{i,t} \leqslant \overline{Risk_t} - \sigma_t$，那么 $Lowrisk_{i,t} = 1$，否则为 0。如果 β_4 显著为负，即风险调整的存款保险降低了高风险银行的风险，表明该制度的有效性；如果 β_5 不显著，即存款保险制度实施后不会导致低风险银行提高自身风险，表明制度无副作用。

二、变量选取

1. 银行风险（Risk）。常用的衡量银行风险的指标有不良贷款率、贷款拨备率（拨贷比）、Z 值、资产回报率的波动率、资本回报率的波动率、风险资产占比等，对于上市银行还有股票收益率的波动率、贝塔值等。首先，对于中国来说，上市银行的风险状况相对好于未上市银行，如果只将样本局限于上市银行，则很难反映银行业整体风险状况，因此只适用于上市银行风险衡量的指标如股票收益率波动率、贝塔值等将不适用本章；其次，贷款是银行最主要的业务，信用风险也是银行面临的最重要风险，因此我们将选择在实证研究中广泛使用、也适用于所有商业银行的不良贷款率（NPL）作为风险的代理变量。

同时本章也将采用 Z 值（ln_ Z）和贷款拨备率（LPV）作为辅助稳健性考察指标。Z 值在研究银行风险的文献中被广泛使用，其定义如下：

$$Z_{i,t} = \frac{ROA_{i,t} + (E/A)_{i,t}}{\sigma(ROA)_{i,t}}$$

其中，i 表示某个银行；t 表示具体年份；$ROA_{i,t}$ 为其资产收益率；$(E/A)_{i,t}$ 表示银行资本与总资产的比值；$\sigma(ROA)_{i,t}$ 为 $ROA_{i,t}$ 的标准差（采用3年滚动窗口计算）。Z 值越高，则银行越稳定，其风险也就越小。由于 Z 值分布是有偏的，本章按照惯例对 Z 值取自然对数，表示为 ln_ Z。

贷款拨备率（LPV）是指贷款损失准备与贷款总额的比率。对于中国银行业来说，其业务结构较为单一，表外、中间等业务近年来虽有发展，但贷款仍然是银行最主要的业务。张雪兰和何德旭（2015）认为信贷风险是银行重点关注的风险，其中不良贷款是银行信贷业务损失的来源。但由于贷款的五级分类操作空间较大，监管部门以及银行本身对于不良贷款率的过度关注，使得银行可能会故意降低不良贷款率，隐藏风险水平。而贷款拨备率（LPV）是银行管理者基于银行自身风险判断后提取呆、坏账准备金的比率，因此在一定程度上也反映出银行真实的风险水平。根据其定义，LPV = 贷款损失准备/贷款总额 = （贷款损失准备/不良贷款） * （不良贷款/贷款总额） = 拨备覆盖率 * 不良贷款率。对于 LPV 存在缺漏值的银行，我们采用拨备覆盖率 * 不良贷款率来代替。

2. 银行特许权价值（BCV）。对于特许权价值的衡量，目前最为常见和普遍的度量方法是托宾 Q 法，采用公司市场价值与其资产重置成本的比值来表示。然而，托宾 Q 值是基于有效市场的前提之下，且此种衡量方法只适用于上市银行。Jones 等（2011）的研究也表明使用托宾 Q 值衡量特许权价值，更易受市场“非理性繁荣”以及经济周期等因素的影响，他们认为托宾 Q 是一个糟糕的衡量特许权价值的方法。李艳（2006）基于超额利润，构造了税前利润法来对特许权价值进行衡量，该指标是国内研究特许权价值较为常用的指标之一。其定义为：

$$BCV = \frac{ROE' - r_f}{1 + \delta}$$

其中，BCV 代表的是单位资本的特许权价值；ROE′表示为税前资本收益率；r_f 为无风险收益率，用银行间7日拆借利率来表示；贴现率 δ 采用一年期贷款利率表示。由于其测算公式中的贴现率对于每一家银行均相同，这就使得银行特许权价值的比较只是在做不同银行的 ROE′比较，丧失了计算银行特许权价值的意义（马晓军和欧阳姝，2007）。基于此我们的贴现因子 δ 采用测算的银行实际贷款利率表示，即 δ = （利息收入/生息资产）。其原理是每一家银行都面临着不同的风险，根据风险与贴现率相匹配的原则，我们采用各个银行的实际贷款利率，也即以其机会成本代表其贴现率。①

3. 存款保险制度（DI）。DI 表示存款保险的虚拟变量，中国于 2015 年正式实施存款保险制度，因此当年份大于等于 2015 时为 1，其余为 0。

4. 银行资本比率（Cap）：资本比率 = 权益资本/总资产 ×100%

5. 银行规模（Size）：银行总资产的自然对数。

6. 存贷比（LDR）：存贷比 = 贷款/存款 ×100%

7. 存款比例（DepositR）。为银行存款与其总资产比率。

8. 宏观控制变量。Shibor 为上海银行间同业拆借 7 日利率年度均值，用以控制货币政策对银行风险的影响；GDPR 为实际 GDP 增长率，代表宏观经济形势。

三、数据来源及基本统计分析

本章研究数据主要来源于国泰君安数据库、Wind 数据库，其中 2017 年以及部分缺失数据为手工整理银行财务报表或审计报告所得；Shibor 利率来自上海银行间同业拆放利率官网；GDP 增长率来自国家统计局网站。在考虑到关键被解释变量不良贷款率（NPL）和贷款拨备率（LPV）出现的离群值对结果稳健性的影响，我们只保留了头尾 1% 截尾处理后的样本。此外，考虑到我们所使用的计量方法对数据的要求以及更准确评价存款保险，我们在截尾后的样本基础上仅保留连续两年以上有观察值以及在 2015 年前后连续的样本。最后选取了 2009—2017 年中国 190 家银行的年度数据

① 使用实际贷款利率作为贴现率的原因在于，随着风险调整资本收益（RAROC）模型在我国商业银行系统内的广泛应用，基于 RAROC 的贷款定价方法已逐渐成为主流。商业银行通过设定相应的风险收益目标，将风险的预期损失转化为当期成本，并反推出合理的贷款价格（黄磊和李健全，2018）。因此实际贷款利率能从一定程度上反映出银行的风险水平。

构造面板模型，其中包括5家国有控股大型银行、12家股份制商业银行，106家城市商业银行及67家农村类银行（包括农村商业银行、农合行和农信社）。同时考虑到可能出现的离群值问题，我们对重要数据采用头尾2.5%的缩尾（Winsorize）处理。关键变量的描述性统计见表8－1。

表8－1　　变量描述性统计

变量名称	平均值	标准差	最小值	最大值	观察值数
NPL	1.406	0.863	0.090	8.480	1，013
LPV	3.206	1.177	1.100	8.040	916
ln_ Z	2.187	0.935	－1.223	6.398	869
BCV	0.115	0.046	0.009	0.232	1，013
DI	0.364	0.481	0.000	1.000	1，013
Size	25.617	1.781	19.261	30.892	1，013
Cap	7.215	1.818	3.412	12.696	1，013
LDR	56.293	10.441	26.102	81.760	1，013
DepositR	0.808	0.078	0.533	0.918	1，013
Shibor	3.122	0.776	1.369	4.048	1，013
GDPR	7.862	1.198	6.700	10.600	1，013

第四节　实证结果及分析

一、基础模型的估计

对基础模型（1）的估计结果如表8－2所示。在第（1）列中，本章采用OLS对动态面板进行了估计。由于个体效应的存在，使得L. NPL（被解释变量NPL滞后一期）的系数有偏，且OLS估计的系数将会偏畸于上界（Baltagi，2001；Bond，2002）。关键是，银行不可观测的个体效应，诸如银行管理水平、经营风格、社会关系等也会对于我们的关键解释变量特许权价值（BCV）的系数也会造成影响。第（2）列中我们采用了FE进行估计，FE的组内去心可以很好地解决固定效应问题，但同时又存在内生性的问题，使得对L. NPL的估计系数将会偏畸于下界，偏离的幅度约为1/T，T为面板的时间长度（Wooldridge，2010）。由于我们的面板的T为9年，因此产生的偏误较大。还有，特许权价值与银行风险可能存在一定程度的反向因果的关系。正是因为银行存在一定的冒险经营，才获得了更多的超额收益，增加了其特许权价值，而这又意味着两者之间的内生性问题。

为了解决动态面板中固定效应和内生性问题带来的偏误，我们将采用系统广义矩方法（SYS－GMM）进行估计。SYS－GMM中的差分方程可以很好控制固定效应，有助于缓解内生性的问题；其水平方程的引入又可以解决弱工具变量的问题，提高估计效率，也比较适合大N小T的动态面板（Arellano和Bover，1995）。我们采用SYS－GMM（一阶段）对模型的估计结果呈现在第（3）、（4）列，可以看出多数变量的系数符号基本保持一致。Arellano和Bond（1991）在考虑到异方差的问题后，认为应该采用两阶段估计［第（5）列所示］给出的Sargan统计量进行模型筛选，然后采用一阶段估计结果进行显著性推断。但Windmeijer（2005）通过模拟分析表明，采用纠偏后的稳健型VCE可以更好地进行统计推断，其结果如第（6）列所示（见表8－2）。因此，我们将选择两阶段的SYS－GMM并基于纠偏后稳健型标准误进行统计推断。

表8－2　　基础模型的估计结果

变量名称	(1) OLS Robust	(2) FE Robust	(3) SYS－GMM onestep	(4) SYS－GMM onestep－Robust	(5) SYS－GMM twostep	(6) SYS－GMM twostep－Robust
L. NPL	0.663*** (20.20)	0.498*** (10.73)	0.607*** (18.65)	0.607*** (7.901)	0.593*** (43.07)	0.593*** (8.008)
BCV	−2.329*** (−5.396)	−3.776*** (−4.503)	−3.933*** (−5.670)	−3.933** (−2.496)	−3.727*** (−13.27)	−3.727*** (−2.596)
Cap	−0.0187 (−1.424)	−0.0294* (−1.685)	−0.0437** (−2.201)	−0.0437 (−1.209)	−0.0384*** (−4.389)	−0.0384 (−1.195)

续表

变量名称	(1) OLS Robust	(2) FE Robust	(3) SYS - GMM onestep	(4) SYS - GMM onestep - Robust	(5) SYS - GMM twostep	(6) SYS - GMM twostep - Robust
Size	-0.0260 *** (-3.253)	0.0217 (0.437)	-0.109 ** (-2.147)	-0.109 (-1.213)	-0.104 *** (-5.970)	-0.104 (-1.472)
LDR	0.00526 *** (3.762)	0.00143 (0.541)	0.000621 (0.183)	0.000621 (0.129)	0.000496 (0.342)	0.000496 (0.0920)
DepositR	0.827 *** (3.918)	0.358 (0.933)	0.182 (0.528)	0.182 (0.242)	0.0659 (0.690)	0.0659 (0.103)
Shibor	-0.0155 (-0.851)	-0.0610 *** (-4.303)	-0.0385 * (-1.855)	-0.0385 (-0.956)	-0.0454 *** (-8.581)	-0.0454 (-1.141)
GDPR	-0.188 *** (-13.95)	-0.124 *** (-6.625)	-0.161 *** (-9.203)	-0.161 *** (-6.765)	-0.157 *** (-26.32)	-0.157 *** (-6.381)
常数项	2.110 *** (7.861)	1.598 (0.991)	5.327 *** (3.356)	5.327 * (1.729)	5.222 *** (9.686)	5.222 ** (2.098)
观察值数 银行数量	1013 190	1013 190	1013 190	1013 190	1013 190	1013 190
Adj - R^2 Wald 统计量	0.759	0.596	 963.3	 243.4	 174590	 243.5
AR (2) [P 值]				-1.517 [0.129]	-1.315 [0.189]	-1.272 [0.204]
Sargan 统计量 [P 值]					94.55 [0.127]	

注：(1) *** 、** 、* 分别表示在1%、5%、10%水平上显著，表中第（1）、(2）列圆括号内为t值，其余列圆括号内为Z值，方括号内为P值。(2) Robust 表示圆括号内的 t（Z）值是基于稳健型标准误计算而得，其中第（4）列的是基于 Arellano - Bond 一阶段稳健型标准误；第（6）列是基于 Windmeijer（2005）两阶段—纠偏—稳健型标准误。

使用GMM的前提条件是干扰项不存在二阶或更高阶的序列相关，AR（2）报告了自相关检验的结果，其对应的P值均大于0.1，不能拒绝“干扰项不存在二阶自相关”的原假设。我们也使用 Sargan 统计量进行了过度识别检验，其原假设为“工具变量的使用是合理的”，Sargan 统计量对应的P值为0.127，也无法拒绝原假设。综上所述，表明我们的模型设定是恰当的、合理的。

从第（5）、（6）列的估计结果来看，特许权价值（BCV）的系数显著为负，表明特许权价值对于银行风险的抑制作用确实存在，这与“特许权价值假说”的预期一致。Cap和Size的符号为负，但在稳健估计的情况下并不显著。此外，银行风险滞后一期（L. NPL）的系数为0.593，且显著为正，表明其进行风险调整的速度较快①，平均而言，银行风险调整的半周期为20个月②。我们的样本覆盖了存款保险实施后的三年，银行在这个时间段内是足够完成风险调整的。

二、存款保险制度的有效性：假设1a—1c的检验结果

为了验证推论2，我们对模型（2）逐步进行回归，其结果如表8-3所示。在第（1）、（2）列中，我们加入了存款保险制度的虚拟变量DI，其系数显著为正，表明存款保险实施后，银行风险确实增加了，这与图4的直观印象及郭晔和赵静（2017）的结果相符合。在第（3）、（4）列中我们加入了存款保险与特许权价值的交互项（DI * BCV），其系数在非稳健估计的情况下，在1%的显著性水平上为正，而在稳健估计的情况下则不显著。在第（5）、（6）列中，我们加入了存款保险与资本比率的交互项（DI * Cap），其系数在5%的水平上显著为正，与Cap的系数相反，表明存

---

① 关于银行风险的滞后一期（L. NPL）的解释，借鉴Shrieves和Dahl（1992）的资本与风险部分调整框架，即：

$$Risk_{i,t} - Risk_{i,t-1} = \alpha(Risk^*_{i,t} - Risk_{i,t-1}) + \varepsilon_{i,t}$$

其中Risk*为银行风险的水平，虽然目标风险水平不可观测，但会受一些可观测变量（X）的影响，因此$Risk^*_{i,t} = \gamma X_{it}$，整理的：

$$Risk_{i,t} = (1-\alpha)Risk_{i,t-1} + \alpha\gamma X_{it} + \varepsilon_{i,t}$$

借鉴公司财务领域关于资本结构调整的概念（Flannery和Rangan，2005），则α可以表示为银行风险调整的速度，α越大，银行风险调整的速度也越快。关于银行风险调整的研究目前主要集中在银行资本监管对于其风险调整的影响，如成洁（2014）、杨新兰（2015）。

② 借鉴资本结构调整的概念，调整半周期（Half-Life）指的是一个单位的外来冲击后，完成距离目标风险水平的一半的调整所需要的时间，定义为Half-Life = ln（2）/α，α为调整速度。因此，L. NPL的系数0.593对应的Half-Life = ln（2）/（1-0.593）=1.7年≈20个月。

表 8 - 3　　假设 1a - 1c 的检验结果：存款保险的有效性

变量名称	(1)	(2)	(3)	(4)	(5)	(6)	(7)	(8)	(9)	(10)
	GMM SE	Robust SE	GMM SE	Robust SE	GMM SE	Robust SE	GMM SE	Robust SE	GMM SE	Robust SE
L. NPL	0. 586 ***	0. 586 ***	0. 578 ***	0. 578 ***	0. 591 ***	0. 591 ***	0. 591 ***	0. 591 ***	0. 586 ***	0. 586 ***
	(42. 74)	(7. 747)	(41. 26)	(7. 576)	(45. 37)	(7. 773)	(41. 25)	(7. 635)	(42. 64)	(7. 484)
BCV	-3. 392 ***	-3. 392 **	-3. 850 ***	-3. 850 **	-3. 406 ***	-3. 406 **	-3. 304 ***	-3. 304 **	-4. 100 ***	-4. 100 **
	(-12. 31)	(-2. 334)	(-13. 55)	(-2. 304)	(-12. 35)	(-2. 205)	(-11. 97)	(-2. 225)	(-13. 61)	(-2. 371)
Cap	-0. 0424 ***	-0. 0424	-0. 0473 ***	-0. 0473	-0. 0536 ***	-0. 0536 *	-0. 0411 ***	-0. 0411	-0. 0702 ***	-0. 0702 **
	(-4. 852)	(-1. 428)	(-5. 636)	(-1. 496)	(-5. 661)	(-1. 745)	(-4. 703)	(-1. 367)	(-7. 623)	(-2. 057)
Size	-0. 128 ***	-0. 128	-0. 145 ***	-0. 145 *	-0. 123 ***	-0. 123	-0. 120 ***	-0. 120	-0. 134 ***	-0. 134
	(-6. 630)	(-1. 546)	(-7. 231)	(-1. 719)	(-6. 097)	(-1. 280)	(-6. 149)	(-1. 384)	(-6. 145)	(-1. 322)
DI	0. 124 ***	0. 124 *	-0. 106 *	-0. 106	-0. 313 ***	-0. 313	0. 383	0. 383	-1. 013 ***	-1. 013
	(9. 768)	(1. 890)	(-1. 762)	(-0. 627)	(-2. 593)	(-1. 476)	(1. 408)	(0. 587)	(-3. 013)	(-1. 261)
*DI * BCV*			2. 277 ***	2. 277					3. 218 ***	3. 218 *
			(3. 946)	(1. 492)					(5. 131)	(1. 909)
*DI * Cap*					0. 0564 ***	0. 0564 **			0. 0795 ***	0. 0795 **
					(3. 603)	(2. 049)			(4. 619)	(2. 495)
*DI * Size*							-0. 0101	-0. 0101	0. 00759	0. 00759
							(-0. 985)	(-0. 412)	(0. 697)	(0. 276)
常数项	5. 282 ***	5. 282 *	5. 913 ***	5. 913 **	5. 376 ***	5. 376 *	5. 062 ***	5. 062 *	6. 002 ***	6. 002 *
	(9. 126)	(1. 925)	(9. 862)	(2. 121)	(8. 679)	(1. 709)	(8. 646)	(1. 783)	(8. 863)	(1. 821)

续表

变量名称	(1)	(2)	(3)	(4)	(5)	(6)	(7)	(8)	(9)	(10)
	GMM SE	Robust SE	GMM SE	Robust SE	GMM SE	Robust SE	GMM SE	Robust SE	GMM SE	Robust SE
控制变量	Yes	Yes	Yes	Yes	Yes	Yes	Yes	Yes	Yes	Yes
观察值数	1013	1013	1013	1013	1013	1013	1013	1013	1013	1013
银行数量	190	190	190	190	190	190	190	190	190	190
Wald 统计量	162319	263.6	342426	263.7	151479	271.0	186748	332.0	27707	326.6
AR (2)	-1.025	-0.949	-1.189	-1.088	-0.849	-0.776	-1.021	-0.946	-0.971	-0.866
[P 值]	[0.305]	[0.342]	[0.234]	[0.277]	[0.396]	[0.438]	[0.307]	[0.344]	[0.331]	[0.386]
Sargan 统计量	86.07		86.37		83.82		86.49		86.33	
[P 值]	[0.301]		[0.293]		[0.363]		[0.290]		[0.295]	

注：(1) ***、**、* 分别表示在 1%、5%、10% 水平上显著，圆括号内为 Z 值，方括号内为 P 值；(2) 圆括号内的 Z 值是基于 Windmeijer (2005) 两阶段—纠偏—稳健型标准误计算而得。

款保险实施后资本比率对于银行风险的关系变弱了，假设1b得以验证。在第（7）、（8）列中我们加入了存款保险与银行规模的交互项（DI * Size），其系数均不显著。在第（9）、（10）列中我们同时加入以上三个交互项，BCV、Cap的系数均显著为负，而DI * BCV、DI * Cap的系数均显著为正。

因此，存款保险制度实施不仅弱化了特许权价值对于银行风险的抑制效果，而且弱化了资本比率对于银行风险的抑制效应，验证了假设1a和假设1b。至于银行规模（Size）与银行风险的关系在存款保险制度实施前后并无显著变化，假设1c在此未得到验证。总的来说，存款保险制度的实施使得特许权价值和资本比率抑制银行风险的效应明显减弱，证明存款保险制度的推出确实有效。那么对于不同性质的银行是否有所差异呢?

我们将样本中的银行按照其性质分成三类，其中第一类包括五大行（工、农、中、建、交）和12家股份制银行；第二类包括106家城市商业银行；第三类包括67家农村类银行（包括农村商业银行、农合行和农信社），对模型（2）再次进行估计。实际上，由于中国银行业的结构特征，五大行的规模最大、影响最大，股份制银行次之，城商行与农商行最后，按照银行性质分类基本等同于按照银行规模和影响力分类（见表8-4）。

表8-4　　不同性质银行存款保险有效性的检验

变量名称	(1)	(2)	(3)	(4)	(5)	(6)
	五大行及股份制银行		城商行		农商行	
	GMM SE	Robust SE	GMM SE	Robust SE	GMM SE	Robust SE
L. NPL	0.497***	0.497	0.798***	0.798***	0.462***	0.462***
	(3.811)	(0.896)	(109.4)	(8.012)	(42.86)	(5.102)
BCV	6.833	6.833	-2.445***	-2.445***	-12.06***	-12.06***
	(1.633)	(0.513)	(-10.93)	(-2.909)	(-31.36)	(-4.459)
Cap	0.193**	0.193	-0.0723***	-0.0723**	-0.159***	-0.159
	(2.092)	(0.808)	(-10.94)	(-2.312)	(-29.81)	(-1.495)
Size	0.440*	0.440	0.0377***	0.0377	-0.759***	-0.759**
	(1.693)	(0.391)	(3.324)	(0.549)	(-19.64)	(-2.271)
DI	-12.46*	-12.46	1.135***	1.135	-5.006***	-5.006
	(-1.863)	(-0.196)	(3.615)	(0.615)	(-10.80)	(-1.247)

续表

变量名称	(1)	(2)	(3)	(4)	(5)	(6)
	五大行及股份制银行		城商行		农商行	
	GMM SE	Robust SE	GMM SE	Robust SE	GMM SE	Robust SE
DI * BCV	6.576	6.576	2.787 ***	2.787 **	7.971 ***	7.971 **
	(1.143)	(0.324)	(6.799)	(2.404)	(9.213)	(2.115)
DI * Cap	-0.190	-0.190	0.0328 ***	0.0328	0.209 ***	0.209 **
	(-1.517)	(-0.148)	(2.587)	(0.790)	(13.94)	(2.004)
DI * Size	0.454 *	0.454	-0.0576 ***	-0.0576	0.0946 ***	0.0946
	(1.858)	(0.188)	(-5.570)	(-0.861)	(7.088)	(0.701)
常数项	-17.21 *	-17.21	0.303	0.303	23.82 ***	23.82 **
	(-1.717)	(-0.341)	(0.843)	(0.124)	(23.82)	(2.481)
控制变量	Yes	Yes	Yes	Yes	Yes	Yes
观察值数	138	138	589	589	281	281
银行数量	17	17	106	106	67	67
Wald 统计量	1576	122.0	313617	452.4	109242	259.9
AR (2)	-1.477	-0.269	-1.061	-1.012	-0.00838	-0.00779
[P 值]	[0.140]	[0.788]	[0.289]	[0.312]	[0.993]	[0.994]
Sargan 统计量	10.15		74.53		38.98	
[P 值]	[0.996]		[0.428]		[0.996]	

分样本的估计结果呈现在表 8-4 中，其中第（1）、（2）列为五大行及股份制银行，其相关系数在稳健估计的情况下均不显著，表明存款保险的实施对这些大银行没有影响；第（3）、（4）列为城商行，BCV 与 DI * BCV 的系数符号相反，且在 5% 的水平上显著；第（5）、（6）列为农商行，BCV、Cap 分别与 DI * BCV、DI * Cap 的符号相反。这表明存款保险制度的实施对于五大行及股份制银行并没有效果，而对于城商行和农商行则产生了一定效果。究其原因，可能在于中国长久存在隐性保险（Implicit Deposit Insurance）制度背景，这使得所有银行都处于金融安全网的保护之中。而当建立了明确的显性存款保险制度时，则意味着金融安全网范围的缩小，但无论如何缩小，五大行及股份制银行由于其规模较大，影响范围广，始终处于安全网之中；而城商行和农商行由于规模较小，影响有限，

因此在建立显性的存款保险制度后，如果经营不善，是有可能破产倒闭的。这一点与 Gropp 和 Vesala（2004）对欧洲银行从隐形存款保险过渡到显性存款保险制度后大型银行并没有改变其风险承担方式的观点是一致的。郭晔和赵静（2017）在使用双重差分法（DID）研究中国存款保险对银行风险的影响时，假定了存款保险对于四大银行的风险没有影响，本章的估计结果也是对于其论证结果的一个有益补充。

此外，从横向来看，特许权价值（BCV）对于银行风险的抑制效应从五大行及股份制银行到农商行依次增强，且变得显著；DI * BCV、DI * Cap 的系数也依次变大，表明存款保险对于规模较小、影响有限的银行影响愈发显著。

三、存款保险制度是否具有“副作用”：假设 2 的检验结果

前文从特许权价值、资本比率与银行风险之间的关系被弱化来证明了存款保险制度的有效性，那么存款保险制度的实施对于银行的风险又有什么影响呢？如前分析，中国实行的是差别费率的存款保险，因此好的存款保险应该是可以降低高风险银行的风险，同时又不会激励低风险银行提高风险，即不存在政策副作用。

表 8-5　　假设 2 的检验结果：存款保险与银行风险

变量名称	(1)	(2)	(3)	(4)
Highrisk	1.866 ***	2.061 ***		
	(15.47)	(13.81)		
Lowrisk	-0.593 ***	-0.638 ***		
	(-14.53)	(-12.03)		
DI * Highrisk		-0.630 ***		
		(-2.758)		
DI * Lowrisk		0.110 *		
		(1.676)		
Delta_ high			1.378 ***	1.420 ***
			(31.83)	(48.45)

续表

变量名称	(1)	(2)	(3)	(4)
Delta_ low			−2.146*** (−13.84)	−2.444*** (−9.998)
DI * Delta_ high				−0.183*** (−3.205)
DI * Delta_ low				0.566* (1.707)
常数项	4.266*** (11.18)	4.342*** (11.92)	4.357*** (14.95)	4.386*** (14.77)
控制变量	Yes	Yes	Yes	Yes
观察值数	1206	1206	1206	1206
Adj − R^2	0.644	0.653	0.796	0.798
F 统计量	149.9	145.6	287.2	432.9

注：*** 、** 、* 分别表示在1%、5%、10%水平上显著，括号内为基于稳健型标准误计算得到的 t 值。

对假设2 的检验呈现在表8 −5 的第（1）、(2）列。从第（1）列可以看出，对高风险的银行平均而言，比正常风险银行的风险（这里我们用不良贷款率 NPL 表示）高1.866，而低风险银行比正常银行的风险低0.593。在我们的样本中，高风险银行 NPL 的均值为3.956%，低于不良贷款率5%的监管指标，说明在我们的样本内，银行 NPL 不存在“物极必反”的现象，即银行风险的降低不是因为面临监管压力才被迫降低，而是对外来冲击的反应。第（2）列即是模型（3）的估计结果，可以看出 DI * Highrisk 的系数显著为负，表明存款保险的实施确实使得高风险银行降低了风险——这是中国存款保险的应有之义。而 DI * Lowrisk 系数在10%的水平上显著为正，表明存款保险的实施，使得低风险银行提高了风险，存在一定的“副作用”。究其原因，在于低风险银行承担了超过其风险水平的存保费率，因而产生了道德风险，尽管这种费率相较于其他银行比较低。

我们在模型（3）中将高于（或低于）平均风险的一个标准差设为虚拟变量 Highrisk（或 Lowrisk），这样估计的结果只得到了高风险（或低风险）银行的一种平均效应。因此我们在模型（3）的基础上定义 Delta_ high 和 Delta_ low 为：

$$Delta\_high = \begin{cases} Risk_{i,t} - (\overline{Risk_t} + \sigma_t) & , if\ Risk_{i,t} > (\overline{Risk_t} + \sigma_t) \\ 0 & , other \end{cases}$$

$$Delta\_low = \begin{cases} (\overline{Risk_t} - \sigma_t) - Risk_{i,t} & , if\ Risk_{i,t} < (\overline{Risk_t} - \sigma_t) \\ 0 & , other \end{cases}$$

Delta_high（Delta_low）表示距离平均风险加（减）一个标准差的距离，该值越大，表示风险越大（小）；DI * Delta_high 和 DI * Delta_low 表示存款保险与它们的交互项。我们用以上变量对模型（3）进行重新估计，其结果呈现在表 8 -5 的第（3）、（4）列，估计结果与第（1）、（2）列基本一致，说明了我们结果的稳健性。

综上可以看出，存款保险制度的实施确实降低了高风险银行的风险，这是存款保险制度有效性的重要体现。但是也应该看到存款保险可能存在的对于低风险银行的激励，致使低风险银行产生了道德风险。需要说明的是，低风险银行在面对盈利压力的情况下适当提高自身风险无可厚非，但当所有的低风险银行同时都提高自身风险时，则会产生个体理性导致集体非理性的“囚徒困境”，从而推高了整个银行业的风险，甚至最后酿成系统性风险。此外，低风险银行风险的提高比高风险银行风险的提高更加隐秘，更不容易察觉，而未被察觉的风险才是最大的风险。

第五节　稳健性检验

为了检验上述估计结果的稳健性，本章将分别进行以下稳健性检验。

一、存款保险有效性的稳健性检验 1：采用 ln_Z 作为银行风险的代理指标

张雪兰和何德旭（2015）认为，信贷风险是银行重点关注的风险，其

中不良贷款是银行信贷业务损失的来源。但由于贷款的五级分类操作空间较大，监管部门以及银行本身对于不良贷款率的过度关注，使得银行可能会故意降低不良贷款率，隐藏风险水平。因此本章将采用 ln_ Z 对模型（2）再次进行估计，估计的方法与前文保持一致，其结果如表 8 -6 所示。

表 8 -6　　存款保险有效性的稳健性检验 1

变量名称	(1)	(2)	(3)	(4)	(5)	(6)
	ln_Z	ln_Z	ln_Z	ln_Z	ln_Z	ln_Z
L. ln_Z	0.253 ***	0.283 ***	0.261 ***	0.280 ***	0.266 ***	0.224 ***
	(10.32)	(10.80)	(8.196)	(9.937)	(10.30)	(6.973)
L2. ln_Z	-0.320 ***	-0.306 ***	-0.302 ***	-0.312 ***	-0.306 ***	-0.301 ***
	(-13.28)	(-14.26)	(-14.34)	(-14.51)	(-14.45)	(-14.34)
L3. ln_Z	-0.0955 ***	-0.0908 ***	-0.105 ***	-0.0958 ***	-0.0868 ***	-0.101 ***
	(-5.350)	(-4.621)	(-5.305)	(-4.785)	(-4.392)	(-5.068)
BCV	12.84 ***	12.31 ***	10.95 ***	12.23 ***	12.42 ***	10.93 ***
	(16.90)	(14.76)	(11.52)	(13.99)	(14.06)	(10.71)
Cap	0.409 ***	0.386 ***	0.367 ***	0.419 ***	0.391 ***	0.397 ***
	(12.82)	(11.88)	(10.52)	(12.10)	(11.87)	(11.28)
Size	0.281 ***	0.273 ***	0.286 ***	0.270 ***	0.309 ***	0.345 ***
	(6.732)	(5.787)	(6.664)	(5.956)	(6.085)	(7.090)
LDR	-0.0181 ***	-0.0166 ***	-0.0156 ***	-0.0149 ***	-0.0164 ***	-0.0138 ***
	(-4.029)	(-3.637)	(-3.402)	(-3.244)	(-3.656)	(-3.135)
DepositR	-2.891 ***	-3.418 ***	-3.443 ***	-3.200 ***	-3.288 ***	-3.167 ***
	(-6.688)	(-6.846)	(-7.611)	(-6.417)	(-6.847)	(-6.893)
Shibor	0.327 ***	0.182 ***	0.180 ***	0.194 ***	0.185 ***	0.192 ***
	(9.848)	(6.469)	(6.522)	(6.797)	(6.223)	(6.738)
GDPR	-0.0270 **	-0.0779 ***	-0.0765 ***	-0.0764 ***	-0.0781 ***	-0.0763 ***
	(-1.976)	(-6.924)	(-6.542)	(-6.757)	(-6.328)	(-6.173)
DI		-0.373 ***	-0.751 ***	0.224	0.920	1.944 **
		(-5.144)	(-3.859)	(0.979)	(1.223)	(2.500)
DI * BCV			-3.406 **			-4.169 **
			(-2.032)			(-2.477)
DI * Cap				-0.0793 ***		-0.0520 *
				(-2.617)		(-1.918)

续表

变量名称	(1)	(2)	(3)	(4)	(5)	(6)
	ln_Z	ln_Z	ln_Z	ln_Z	ln_Z	ln_Z
DI * Size					-0.0481 *	-0.0892 ***
					(-1.687)	(-3.139)
常数项	-6.569 ***	-4.907 ***	-4.918 ***	-5.360 ***	-6.013 ***	-6.982 ***
	(-4.780)	(-3.064)	(-3.436)	(-3.424)	(-3.703)	(-4.504)
观察值数	460	460	460	460	460	460
银行数量	119	119	119	119	119	119
Wald 统计量	9746	14747	18605	18099	16966	36912
AR(2)	-0.685	0.137	-0.0680	0.0692	0.263	0.0791
[P 值]	0.494	0.891	0.946	0.945	0.792	0.937
Sargan 统计量	55.94	57.38	58.07	58.42	58.77	63.11
[P 值]	0.625	0.572	0.546	0.534	0.521	0.367

注：*** 、** 、* 分别表示在 1%、5%、10% 水平上显著，圆括号内为 Z 值，方括号内为 P 值。

由于 ln_ Z 是以 3 年的滚动窗口计算而得，因此在只加入被解释变量 ln_ Z 的一阶及两阶滞后仍然存在扰动项自相关的问题，因此我们在解释变量中引入被解释变量的三阶滞后，重新进行 SYS - GMM 估计。估计结果通过了 AR（2）检验和 Sargan 检验，表明这里的模型设定是合理的。

由于 ln_ Z 越大表明银行风险越小，因此我们看到 BCV、Cap、Size 的系数均在 1% 的水平上显著为正，表明 BCV（Cap、Size）越大，银行风险越小，这与表 8 - 3 的估计结果一致。第（2）列中加入存款保险的虚拟变量，DI 系数显著为负，表明银行风险在存款保险实施后增加了。第（3）—（5）列中分别加入 DI * BCV、DI * Cap、DI * Size，其系数均在不同水平上显著为负，表明存款保险的实施削弱了 BCV、Cap、Size 与银行风险的相关关系。表 8 - 7 的估计结果与前文基本保持一致，表明我们结论的稳健性。此外，表 8 - 6 的估计结果还验证了假设 1c，对前文结论进行了有益补充。

表 8-7　　存款保险有效性的稳健性检验 2

变量名称	(1)	(2)	(3)	(4)	(5)	(6)
	GMM SE	Robust SE	GMM SE	Robust SE	GMM SE	Robust SE
L. NPL	0.625***	0.625***	0.600***	0.600***	0.587***	0.587***
	(31.28)	(11.50)	(32.73)	(11.82)	(34.46)	(13.65)
BCV	-4.046***	-4.046***	-4.820***	-4.820***	-5.719***	-5.719***
	(-10.79)	(-3.442)	(-9.242)	(-3.759)	(-9.474)	(-4.181)
Cap	-0.0393***	-0.0393	-0.0435***	-0.0435	-0.0920***	-0.0920***
	(-6.501)	(-1.419)	(-4.925)	(-1.493)	(-8.808)	(-2.919)
Year2012	0.0673***	0.0673	0.165***	0.165	0.100	0.100
	(2.863)	(1.120)	(2.914)	(1.010)	(0.265)	(0.104)
Year2013	0.0363*	0.0363	0.284***	0.284*	0.469	0.469
	(1.831)	(0.714)	(4.282)	(1.835)	(1.502)	(0.552)
Year2014	0.130***	0.130**	0.319***	0.319**	-0.301	-0.301
	(5.733)	(2.567)	(4.478)	(2.260)	(-0.737)	(-0.391)
Year2015	0.176***	0.176***	0.341***	0.341*	-0.377	-0.377
	(11.00)	(3.981)	(4.651)	(1.851)	(-1.054)	(-0.615)
Year2017	-0.0912***	-0.0912*	0.0264	0.0264	-0.0903	-0.0903
	(-3.236)	(-1.794)	(0.325)	(0.157)	(-0.317)	(-0.171)
Year2012 * BCV			0.785**	0.785	1.707***	1.707
			(2.136)	(0.506)	(3.033)	(0.974)
Year2013 * BCV			-0.462	-0.462	-0.664	-0.664
			(-0.765)	(-0.304)	(-0.942)	(-0.425)
Year2014 * BCV			0.713	0.713	1.717*	1.717
			(0.919)	(0.473)	(1.945)	(1.043)
Year2015 * BCV			1.943*	1.943	4.134***	4.134**
			(1.853)	(0.952)	(3.768)	(2.046)
Year2016 * BCV			4.640***	4.640**	5.364***	5.364***
			(5.551)	(2.409)	(5.521)	(2.816)
Year2017 * BCV			3.197***	3.197*	3.572***	3.572
			(3.305)	(1.681)	(3.149)	(1.611)
Year2012 * Cap					0.0603***	0.0603
					(3.427)	(1.634)

续表

变量名称	(1)	(2)	(3)	(4)	(5)	(6)
	GMM SE	Robust SE	GMM SE	Robust SE	GMM SE	Robust SE
Year2013 * Cap					-0.0131	-0.0131
					(-0.926)	(-0.442)
Year2014 * Cap					0.0524***	0.0524
					(2.631)	(1.433)
Year2015 * Cap					0.103***	0.103**
					(4.043)	(2.304)
Year2016 * Cap					0.0538***	0.0538
					(2.671)	(1.359)
Year2017 * Cap					0.0337	0.0337
					(1.296)	(0.742)
控制变量	Yes	Yes	Yes	Yes	Yes	Yes
观察值数	957	957	957	957	957	957
银行数量	190	190	190	190	190	190
Wald 统计量	8742	535.1	6794	662.1	6471	1015
AR (2)	-0.952	-0.931	-1.019	-0.958	-1.222	-1.153
[P 值]	[0.341]	[0.352]	[0.308]	[0.338]	[0.222]	[0.249]
Sargan	69.01		69.97		65.55	
[P 值]	[0.282]		[0.255]		[0.389]	

注：①***、**、*分别表示在1%、5%、10%水平上显著，圆括号内为Z值，方括号内为P值。②Year2016由于共线性，在Stata估计的过程中被自动删掉了。

除此之外，我们还对关键解释变量替换进行稳健性检验。特许权价值BCV采用李艳（2006）的方法进行测算，其结果与前文基本保持一致，表明本章的实证结论是可信的。

二、存款保险有效性的稳健性检验2：BCV、Cap与银行风险是否存在长期稳定关系

对于模型（2）我们主要采用存款保险的虚拟变量与特许权价值及资

本比率的交互项（DI ∗ BCV、DI ∗ Cap）来说明存款保险制度实施后特许权价值和资本比率对于银行风险的抑制效应变弱了，从而验证存款保险的有效性。由于DI只是在2015年之后取1，其余取0，DI和DI ∗ BCV的变化只是表示一种平均水平的变化。可能存在着这样一种情况：特许权价值（或资本比率）与银行风险的关系在存款保险实施之前就不稳定，或者就不存在一种稳定关系，我们之前的结果可能只是一种巧合，即恰好在2015年之后，特许权价值与存款保险的关系弱化了。

为了检验这种可能性，我们将样本划分为3个区间：2009—2011年为基础区间；2012—2014年为存款保险制度实施前的3年；2015—2017年为存款保险制度实施后的3年。在存款保险制度实施前后的3年，我们设置6个年度虚拟变量（Year2012—Year2017）以及它们和BCV、Cap的交互项（Year2012 ∗ BCV—Year2017 ∗ BCV，Year2012 ∗ Cap—Year2017 ∗ Cap）。如果特许权价值（资本比率）与银行风险的关系在存款保险制度实施前就不稳定，那么Year2012 ∗ BCV—Year2014 ∗ BCV（Year2012 ∗ Cap—Year2014 ∗ Cap）就会显著异于0；反之则说明两者之间的关系是稳定的，它们之间关系的改变是因为存款保险引起的，而非一种巧合。我们估计的结果如表8－7所示。

表8－7中第（1）、（2）列只加入了年度虚拟变量，表明各年份相较于其他年份风险水平的变化。第（3）、（4）列中我们加入了年度虚拟变量与BCV的交互项，可以看出BCV的系数－4.820，在1%的水平上显著，这是基期（2009—2011年）BCV对银行风险影响的水平。在存款保险制度实施的前3年，其年度虚拟变量与BCV的交互项Year2012 ∗ BCV、Year2013 ∗ BCV和Year2014 ∗ BCV不仅系数非常小，而且也不显著。从统计意义上来说，存款保险制度实施的前3年BCV对于银行风险的影响与基期没有显著差别，这表明在我们样本内，特许权价值与银行风险在存款保险制度实施前的关系是稳定的。而存款保险制度实施后的3年，其年度虚拟变量与BCV的交互项Year2015 ∗ BCV、Year2016 ∗ BCV和Year2017 ∗ BCV系数相对较大，在稳健型估计的情况下，后两年的系数都在10%水平上显著。第（5）、（6）列则加入年度虚拟变量与Cap的交互项，其结果表明

Cap 与银行风险在存款保险制度实施前存在着稳定的负向关系，而在 2015 年存款保险制度实施后，这种负向关系才被削弱。

以上表明特许权价值、资本比率与银行风险之间存在着稳定的负向关系，这种关系的削弱，并不是一种巧合，而是存款保险制度实施所导致的。这些都有力地支持了我们对假设 1a 和假设 1b 的验证。

三、存款保险有效性的稳健性检验 3：使用外资银行样本进行估计

上述稳健性检验让我们一定程度上确认了特许权价值、资本比率与银行风险之间存在着稳定的负向关系，这种关系只是在 2015 年存款保险制度实施后才削弱了。但仍然存在着这样一种可能，即这种负向关系的削弱是由于 2015 年实施的某些其他政策引起的，而并非存款保险制度。例如，在 2015 年，中国人民银行放开了存款利率上限；新出台的《商业银行法修正案（草案)》取消了存贷比限制；银监会印发了 36 项部门规章及规范性文件等，这些因素都有可能影响银行的经营行为，从而改变特许权价值、资本比率与银行风险之间的稳定关系。

根据《存款保险条例》第二条的规定，投保存款保险的银行机构包括在中国境内设立的商业银行、农村合作银行、农村信用合作社等吸收存款的银行业金融机构，但不包括在华外资银行。因此理论上来说，外资银行不会受到存款保险制度的直接影响，但会受到 2015 年其他相关政策的影响。基于此，我们将采用外资银行的数据重新对模型（2）进行估计。

外资银行的数据同样来源于国泰君安数据库。在数据处理上，与前文数据保持一致，删去缺失值过多的银行，最终保留了 15 家外资银行数据。使用外资银行数据的估计结果如表 8 - 8 所示。可以看出特许权价值、资本比率与银行风险都显著负相关，而其与存款保险的交互项（DI * BCV、DI * Cap）均不显著。表明在 2015 年前后，外资银行的特许权价值、资本比率与银行风险之间的负向关系并没有发生变化，2015 年实施的其他政策对于这种负向关系并没有产生显著影响。结合前文对国内银行样本的估计结

果，这种负向关系的虚弱应主要是由存款保险制度的实施导致的。

表 8-8　存款保险有效应的稳健性检验 3：外资银行样本的估计

变量名称	(1)	(2)	(3)	(4)
BCV	-9.006***	-7.648***	-8.075***	-8.392***
	(-3.528)	(-3.066)	(-3.331)	(-3.869)
Cap	-0.127***	-0.131***	-0.125***	-0.133***
	(-3.814)	(-4.802)	(-3.526)	(-4.012)
Size	-0.0199	-0.0897	-0.0326	-0.0668
	(-0.117)	(-0.485)	(-0.159)	(-0.328)
DI	0.0992	1.146	-2.023	3.347
	(0.301)	(1.418)	(-0.846)	(1.004)
DI * BCV	2.604			1.992
	(0.987)			(0.758)
DI * Cap		-0.0764		-0.0762
		(-1.571)		(-1.514)
DI * Size			0.0861	-0.0892
			(0.890)	(-0.688)
控制变量	Yes	Yes	Yes	Yes
观察值数	73	73	73	73
Wald 统计量	343.6	2757	541.9	13233
AR（2）	1.470	0.800	1.259	0.976
[P 值]	[0.142]	[0.423]	[0.208]	[0.329]
Sargan 统计量	71.87	65.85	71.69	63.47
[P 值]	[0.183]	[0.252]	[0.295]	[0.495]

注：***、**、* 分别表示在 1%、5%、10% 水平上显著，圆括号内为 Z 值，方括号内为 P 值。

四、存款保险与银行风险的稳健性检验：银行风险是否存在“物极必反”

尽管在我们对模型（3）的实证中，高风险银行（Highrisk）NPL 的均值为3.956%，低于5%的监管指标，属于比较正常的风险水平，但这仍然不排除存在着接近或者高于5%监管指标的银行，这些银行面临着监管压力，即使不存在存款保险制度他们也会降低自己的风险。另一方面，根据风险与收益匹配的原则，对于风险较低的银行可能面临着较大的盈利压力。譬如，银行的不良贷款率低，可能是银行的放贷条件比较严苛，放贷对象集中在风险较小的企业，相应地，其盈利就会减少。因此面对盈利压力的低风险的银行是有调高自身风险的冲动的。也就是说，银行的风险行为可能存在着“物极必反”的规律，高风险银行会调低风险，低风险银行会调高风险，呈现出内在的稳定趋势。

为了排除银行风险可能存在的“物极必反”，我们将NPL、ln_ Z、LPV在每个年度按其分位数分成10组，记为Decile1—Decile10，其中Decile1为风险最小的一组，Decile10为风险最大的一组①。如果银行处于Decile8或Decile9，那么Highrisk2 = 1，否则为0；如果银行处于Decile2或Decile3，那么Lighrisk2 = 1，否则为0。DI * Highrisk2和DI * Lighrisk2是存款保险与它们的交互项。我们去除风险最小的Decile1和风险最大的Decile10，对模型（3）重新进行了估计，估计结果呈现在表8 - 9中。

表8 - 9　　　　存款保险与银行风险的稳健性检验

变量名称	(1)	(2)	(3)	(4)	(5)	(6)
	NPL	NPL	ln_ Z	ln_ Z	LPV	LPV
Highrisk2	0.670 ***	0.701 ***	0.748 ***	0.832 ***	1.177 ***	1.190 ***
	(29.46)	(24.17)	(25.81)	(25.02)	(34.84)	(29.06)
Lighrisk2	-0.359 ***	-0.412 ***	-0.707 ***	-0.595 ***	-0.634 ***	-0.696 ***
	(-26.24)	(-25.79)	(-25.45)	(-19.23)	(-27.17)	(-24.39)
DI * Highrisk2		-0.0903 **		-0.243 ***		-0.0381
		(-2.321)		(-5.105)		(-0.579)

① 为了表格呈现的美观、方便，对于ln_ Z的同样按照此方法分组，只是相对应的Decile1为Z值最小的一组，即为风险最大的一组；Decile10为Z值最大的一组，即风险最小的一组。相对应地，表8 - 9中第（3）、（4）列中Highrisk2实则对应高Z值、低风险的银行，Lowrisk2对应低Z值、高风险的银行。

续表

变量名称	(1)	(2)	(3)	(4)	(5)	(6)
	NPL	NPL	ln_ Z	ln_ Z	LPV	LPV
DI * Lighrisk2		0.163 *** (7.400)		-0.329 *** (-7.147)		0.179 *** (4.771)
控制变量	Yes	Yes	Yes	Yes	Yes	Yes
固定效应	Yes	Yes	Yes	Yes	Yes	Yes
观察值数	990	990	661	661	874	874
Adj - R^2	0.817	0.823	0.790	0.804	0.790	0.791
F 统计量	598.9	519.8	306.7	337.3	419.0	364.6

注：***、**、* 分别表示在 1%、5%、10% 水平上显著，括号内为基于稳健型标准误计算得到的 t 值。

第（1）、（2）列的被解释变量为 NPL，其估计结果与前文基本保持一致。可以看到存款保险确实降低了高风险银行的风险，虽然降低的幅度比较小（-0.0903），但足以证明存款保险的有效性。同时我们看到存款保险显著增加了低风险银行的风险，表明存款保险具有一定的副作用，激励了低风险银行产生道德风险。第（3）、（4）列的被解释变量为 ln_ Z，其结果表明存款保险制度实施后低风险银行和高风险银行的风险都提高了。第（5）、（6）列的被解释变量为 LPV，除了 DI * Highrisk2 的系数不显著以外，其余的符号与前文基本保持一致。

需要强调的是，银行业的风险分布本来就是极度扭曲的，大部分银行是安全的，我们去除了风险最高的银行样本，虽然一定程度上排除了“物极必反”的影响，但也可能降低了存款保险政策对于高风险银行的真实效果。因此对于存款保险的评价，应该将表 8-5 和表 8-9 综合起来看。

综上，我们可以看出，风险调整的存款保险制度实施确实一定程度上降低了高风险银行的风险，但是由于其保费并不完全是基于风险进行调整的，使得低风险银行缴纳了多于自身风险水平的保费，反而激励了低风险银行调高风险。故此，中国存款保险制度在实施的过程中，既有正向效果，同时也存在“副作用”。

第六节　本章小结

存款保险制度是现代金融安全网的三大核心支柱之一，作为应对危机和处置金融风险的重要平台，是防范和化解金融风险的重要防线。2013 年 11 月，党的十八届三中全会《关于全面深化改革若干重大问题的决定》明确要求“建立存款保险制度，完善金融机构市场化退出机制”。2015 年 5 月，中国正式实施存款保险制度。此次中国存款保险改革中，用于防范银行风险的制度设计主要包括风险差别费率和早期纠正措施等。然而具有这些特征的存款保险制度就真的有效吗？其机理是什么？中国建立存款保险制度的目的是降低道德风险，那么其是否真的降低了银行风险呢？又是否会产生其他“副作用”呢？

本章基于中国 190 家银行的面板数据，时间上覆盖了存款保险实施前 6 年和实施后 3 年，采用相对间接的方法来研究存款保险的有效性，进而对存款保险对银行风险的影响进行探究。研究发现：

第一，中国存款保险制度的实施，弱化了特许权价值及资本比率与银行风险之间的负向关系，表明存款保险政策的推出确实有效。这是因为存款保险制度实施后，使得银行通过承担风险来追求高利润的行为有了成本，包括风险差别的保费和早期纠正措施带来的潜在成本，此外差别费率的存款保险使得存款人市场约束机制增强，银行将权衡自身的成本和收益，来选择自己的风险水平。特许权价值低、资本比率低、规模小的银行将会选择更低的风险水平，以使其利润最大化。

第二，对于不同性质银行的分样本估计表明，存款保险制度的实施对于五大行及股份制银行没有显著效果，对于城商行和农商行具有一定效果，而且这种效果依次增强。这可能是因为中国由隐形存款保险迈向显性存款保险制度的过程意味着金融安全网范围的缩小，但无论如何缩小，五大行及股份制银行由于其规模大，影响范围广，始终处于安全网之中；而城商行和农商行由于规模较小，影响有限，因此在建立显性的存款保险制度后，如果经营不善，是有可能破产倒闭的。因此存款保险对于在金融安全网边缘或之外的银行具有更强的政策效果。

第三，存款保险制度的实施确实一定程度上降低了高风险银行的风险，但是由于其保费并不是完全基于风险进行调整的，使得低风险银行缴纳了多于自身风险水平的保费，因而激励了低风险银行调高风险。表明中国存款保险制度的实施是有效的，但同时也产生了"副作用"。应该说明的是，低风险银行面对盈利压力而适当提高风险无可厚非，但当所有的低风险银行都基于自身利益最大化而提高自身风险时，就会导致"囚徒困境"的局面，从而推高了整个银行业的风险，甚至导致系统性风险。

本章的研究结果具有很强的政策启示。首先，中国目前的存款保险制度的实施是有效的，这是应该肯定和坚持的。但差别费率起作用的机制在于费率与风险的挂钩——这也是单一固定的存款保险费率引起道德风险的原因，而差别费率的保费与风险的不匹配同样可能会引致道德风险。而除了更细致地厘定银行存保费率的同时，更要进一步发挥存款保险的早期纠正和补充监管的职能，采取有效的风险预防和控制措施，实现风险最小化。其次，在关注高风险银行的同时，也要关注低风险银行。低风险银行风险的提高相较于高风险银行更加隐蔽和不易察觉，而未被察觉的风险才是最大的风险。对于低风险银行，可以考虑适当降低存保费率，或者根据银行的风险状况予以适度的保费返还等。在存保基金运营过程中也可尝试红利分配等，即使在目前归集保费的阶段不适用，也应当考虑在存保基金达到一定规模后能够施行。

附表 8－1 存款保险有效性的稳健性检验：静态面板模型的估计（FE）

变量名称	(1)	(2)	(3)	(4)	(5)
BCV	−9.565***	−10.29***	−9.550***	−9.663***	−10.35***
	(−12.21)	(−12.50)	(−12.17)	(−12.33)	(−12.58)
Cap	−0.168***	−0.179***	−0.169***	−0.173***	−0.192***
	(−7.500)	(−7.886)	(−7.454)	(−7.675)	(−8.178)

续表

变量名称	(1)	(2)	(3)	(4)	(5)
Size	-0.709***	-0.709***	-0.705***	-0.734***	-0.710***
	(-11.26)	(-11.28)	(-11.01)	(-11.45)	(-10.99)
LDR	-0.0198***	-0.0190***	-0.0198***	-0.0207***	-0.0199***
	(-5.574)	(-5.357)	(-5.573)	(-5.788)	(-5.542)
DepositR	-3.053***	-2.968***	-3.068***	-2.939***	-2.932***
	(-7.696)	(-7.482)	(-7.689)	(-7.344)	(-7.334)
Shibor	-0.0460	-0.0452	-0.0466	-0.0430	-0.0455
	(-1.242)	(-1.223)	(-1.256)	(-1.163)	(-1.233)
GDPR	0.0113	0.00985	0.0115	0.0104	0.00997
	(0.507)	(0.442)	(0.516)	(0.468)	(0.448)
DI	0.382***	-0.0166	0.291	-1.115	-2.056**
	(4.528)	(-0.0999)	(1.088)	(-1.487)	(-2.212)
DI * BCV		4.115***			4.431***
		(2.787)			(2.803)
DI * Cap			0.0120		0.0683*
			(0.358)		(1.854)
DI * Size				0.0585**	0.0582*
				(2.010)	(1.868)
常数项	25.42***	25.47***	25.34***	26.03***	25.61***
	(13.99)	(14.05)	(13.83)	(14.14)	(13.90)
固定效应	Yes	Yes	Yes	Yes	Yes
观察值数	1013	1013	1013	1013	1013
银行数量	190	190	190	190	190
$Adj-R^2$	0.380	0.384	0.380	0.382	0.387
F统计量	87.05	78.70	77.33	78.03	65.07

第九章

显性存款保险制度如何影响银行风险

——基于因果中介分析的视角

第一节　引　言

存款保险制度不仅是保护存款人利益的重要制度安排，也是金融安全网的三大核心支柱之一。党的十八届三中全会明确提出“建立存款保险制度，完善金融机构市场化退出机制”。2014 年政府工作报告将“建立存款保险制度”列为深化金融体制改革的一项重要工作。紧接着 2015 年，中国正式实施存款保险制度。在其后几年中国人民银行发布的《中国金融稳定报告》中，均以专题报告的形式多次提及存款保险制度，显示出国家层面对于存款保险制度的极度关注①。特别值得注意的是，2019 年 5 月 24 日，中国人民银行、中国银行保险监督委员会发布了接管包商银行的公告；同日，存款保险基金管理有限责任公司成立。存款保险基金作为独立法人机构运营，表明监管当局提升了风险防范的级别。

事实上，中国建立存款保险制度的主要目的是“防范和化解金融风险”②。一般认为，显性存款保险制度可以更好地发挥市场约束作用（纪洋等，2018）；加之中国存款保险制度实行基准费率与风险差别费率相结合的费率设定模式，以及近年来对于银行日趋严格的监管，都有利于银行风险的降低。但已有研究却表明显性存款保险制度的实施显著增加了中国商业银行的风险（郭晔和赵静，2017）。从不良贷款率变化情况（见图 9 - 1）来看，银行的风险水平在存款保险制度实施后确实明显上升。为何会出现这种情况？特别是，存款保险制度是通过何种机制导致银行风险上升的？也即，存款保险制度影响银行风险的具体因果机制为何？显然，在中国由隐性存款保险转变为显性存款保险的特殊背景下，对于这些问题的探讨不

① 2015 年至 2018 年，中国人民银行发布的《中国金融稳定报告》中，对于存款保险分别提及 136 次、89 次、55 次及 63 次，且每年的报告中必有一篇关于存款保险的专题报告，显示出国家层面对于存款保险制度的极度关注。

② 《存款保险条例》第一条：“为了建立和规范存款保险制度，依法保护存款人的合法权益，及时防范和化解金融风险，维护金融稳定，制定本条例。”

但有利于揭示存款保险制度影响银行风险的具体机理，而且有利于采取针对性的措施来防范和化解由此导致的银行风险，使得存款保险制度能更好地发挥作用，从而为进一步的金融领域深化改革夯实基础。

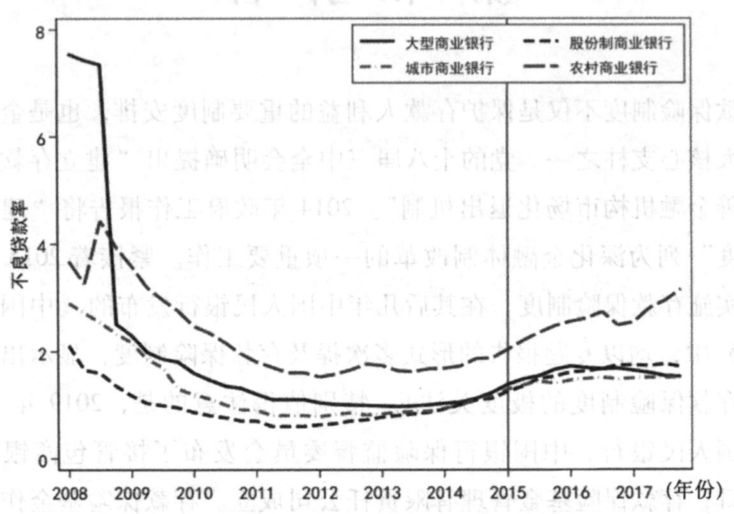

图 9－1　中国各类银行机构不良贷款率变化情况

数据来源：中国银行保险监督管理委员会

存款保险制度可以强化对金融机构的市场约束，并加强风险识别和核查，方便存保机构及时采取风险警示和早期纠正措施，促使金融机构审慎稳健经营，使风险早发现和少发生，从而更好地保障存款人的存款安全（中国金融稳定报告，2015），且有利于金融体系的稳定（Diamond 和 Dybivg，1983）。然而存款保险制度也极易导致银行的道德风险问题。Micajkova（2013）研究表明欧盟国家在金融危机时期出于重构银行体系信心的动机而提高存款保险保障程度的行为可能引发道德风险；Anginer 等（2014）研究了金融危机前以及危机过程中存款保险与银行风险的关系，指出在正常时期存款保险制度的“道德风险效应”超过其“稳定效应”，而在危机时期的情况却恰恰相反。

已有研究发现存款保险制度影响银行风险的原因主要包括弱化市场约束和弱化银行治理水平两个方面，同时受金融市场环境和宏观环境的影响。从市场约束方面来说，存款保险制度弱化存款人对于银行的监督激励，从而削弱了市场约束，使得银行有可能采取更激进的经营策略，进而增加银行的个体风险（Demirgüç－Kunt 和 Kane，2002；田国强等，2016；郭晔和赵静，2017）。Demirgüç－Kunt 和 Huizinga（2004）认为银行加入存款保险后，储户会降低对银行的监督；Martinez 等（2001）发现缺乏市场约束会导致银行的风险承担增加，由于银行可以把部分破产损失转嫁给存款保险机构，进而导致银行冒险动机增强，最终会增加银行风险。Peresetsky（2008）及 Karas 等（2013）的研究均表明俄罗斯建立存款保险制度后，居民储户对银行资本的敏感性显著降低了。然而结合中国存款保险制度实施的背景，即从完全隐性存款保险转变成有限显性存款保险，银行受到的保护将减少而非增加，存款人的市场约束机制应该变得更强，而非更弱。因此，理论上来说，道德风险应该会降低，而非增加（纪洋等，2018）。王永钦等（2018）通过事件研究法实证检验和识别了市场对于隐性担保和存款保险的看法，其结果表明存款保险制度的推出对于全国性的国有银行和股份制银行的冲击并不显著，而对于地方性的城市商业银行有较为显著的负向效应，这就表明市场约束机制对于部分银行确实变得更强了。也就是说，存款保险制度通过弱化市场约束使得银行风险提高并不符合理论以及中国的实际情况。

从银行治理方面来说，Laeven 和 Levine（2009）、Forssbaeck（2011）等的研究均表明由存款保险制度引发的风险与银行治理水平相关。结合中国的实际情况，姚东旻等（2013）从商业银行内部治理水平的视角，通过引入一个商业银行的委托代理模型来研究隐性存款保险和显性存款保险，其结果表明在引入显性存款保险制度后，商业银行会提高自身的内部治理水平，相比中国之前实行的隐性存款保险，显性存款保险制度所带来的道德风险更低。吴军和邹恒甫（2005）与曹元涛（2005）均以各自的模型研究表明由隐性存款保险制度到显性存款保险制度的转变可以有效提高银行的对其贷款监管水平，从而减少道德风险的产生。可以看出，从隐性存款保险转变为显性存款保险，银行的治理水平应该是提高的，因此存款保险制度通过弱化银行治理水平使得银行风险提高同样不符合理论以及中国的实际情况。

此外，存款保险制度实行基准费率与风险差别费率相结合的费率设定模式①，加之银行业监管在近几年也日趋严格②，这些因素都有利于银行风险的降低。然而郭晔和赵静（2017）研究了存款保险制度对于银行道德风险的影响，其结果表明，存款保险制度显著增加了中国其他商业银行（中、农、工、建四大国有银行以外的商业银行）的个体风险。这个结果以及图 9-1 中的情形是原有理论难以解释的，表明存款保险制度影响银行风险很可能存在着其他的作用机制。

存款保险制度如何影响银行风险的问题，本质上是存款保险制度影响银行风险的因果效应问题。然而基于潜在结果框架（Potential Outcomes Framework）的传统因果推断模型，诸如双重差分法（DID）、断点回归设计（RDD）等方法，仅仅关注因果效应，不能说明变量之间具体的影响机制，其得到的因果效应是一个“黑箱”——只能判断是否存在因果效应，而不能给出产生这一因果效应的具体内在机制（Heckman，2001，2010；赵西亮，2017）。如果没有更多的理论和证据证明这种影响是如何产生的，研究者仅仅声称发现了因果关系是不够的（Acharya 等，2016）。显然，已有的研究，例如通过双重差分法等方法研究存款保险影响银行风险等，只能提供两者是否存在因果关系的“黑箱”观点，而无法进一步回答这种因果关系产生的机制是什么，更无法量化和检验某一种具体作用机制的影响大小。如果无法揭示存款保险影响银行风险的具体机制及其影响的程度，则难以提出针对性政策建议，那么也就失去了进行因果推断的意义了。

鉴于此，本书基于存款保险制度推出前后中国 119 家银行 2009—2017 年的微观数据，结合中国存款保险制度从完全隐性转变成有限显性的特殊背景，采用 Imai 等（2010a，2010b）和 Acharya 等（2016）提出的因果中

---

① 存款保险实行基准费率与风险差别费率相结合的制度。实行基准费率和风险差别费率相结合的费率制度，有利于促进公平竞争，形成正向激励机制，强化对投保机构的市场约束，促使其审慎经营，健康发展（中国金融稳定报告，2015）。

② 2015 年，银监会印发《关于印发非现场监管暂行办法的通知》《非现场监管报表需求管理工作规程》以完善非现场监管制度；印发《现场检查暂行办法》，成立现场检查局以完善现场检查重要规制；修订印发《行政处罚办法》，以完善行政处罚工作机制（中国银行业监督管理委员会年报，2015）。存款保险制度实施后，银行业监管日趋严格可见一斑。

介分析的一般方法（a general approach to causal mediation analysis），试图超越传统因果推断中的平均处理效应（Average Treatment Effect，ATE），更细致地探讨存款保险制度通过某一具体机制影响银行风险的平均因果中介效应（Average Causal Mediation Effect，ACME），从而更有利于存款保险制度发挥作用。

在现有文献的基础上，本书的边际贡献主要有以下三点：

首先，结合中国存款保险制度建立的特殊背景，提出显性存款保险制度影响银行风险的特许权价值（Charter Value）中介机制。其实早先关于存款保险制度和银行风险关系研究（主要以美国学者为主导）的分析框架及隐含假设与中国的实际情况并不相符（Talley 等，2016；纪洋等，2018）。美国在推行存款保险制度前，政府对银行几乎没有干预和保护，其隐含假设是存款保险制度实施前银行完全不受保护，显性存款保险增加了对银行的保护，从而诱发了道德风险。由于中国从完全隐性存款保险转变成有限显性存款保险，银行受到的保护将减少；加之新实施的存款保险制度实行基准费率与风险差别费率相结合的费率设定模式，这些因素都有利于强化银行内部治理机制和存款人的市场约束机制；此外，近年来银行外部监管也逐渐加强，这些都表明存款保险制度导致银行风险上升的主要原因更多的是银行内部因素，而非外部因素。由于特许权价值具有抑制银行风险承担的自我约束（Self - discipline）效应，因此本文试图分析显性存款保险制度通过降低银行特许权价值，从而使其自我约束效应减弱，最终使得银行风险上升的作用机制。

其次，采用目前较为前沿的因果中介分析方法，超越传统因果推断中的 ATE，量化存款保险制度通过特许权价值这一具体机制影响银行风险的平均因果中介效应，从而验证这一特定机制的存在性和影响程度。尽管基于潜在结果框架的模型（如双重差分法等）是近年来最为常见的政策处理效应估计方法（洪永淼等，2016），然而这类估计模型仅仅只能够得到政策处理的平均效应，对于具体的因果传导机制无法提供更多的信息。而因果中介分析可以识别在处理变量（Treatment）和结果变量（Outcome）之间因果路径（Causal Pathway）上的中介变量（Mediator），从而可以识别和检验某一特定的因果中介机制。Jo（2008）、Sobel（2008）等将因果中介分析置于因果推断的反事实框架（the Counterfactual Framework）内，并给出因果中介效应的正式定义；此后，Imai 等（2010b，2010c）等提出了因果中介分析的一般方法，该方法可以一致地估计因果中介效应。

最后本书还将进一步检验和评估分析其他可能存在的因果中介机制。关于存款保险制度影响银行风险的原因，不同研究给出了不同的解释。本文将基于因果中介分析进一步检验和评估这些竞争性假说，以期提出了更有针对性的政策建议。

本书后续的结构安排如下：第二部分进行了模型分析；第三部分为实证模型设计和样本选择；第四部分是实证过程和结果解释；第五部分为对因果机制的进一步研究；第六部分总结了主要结论并给出相应的政策建议。

第二节　显性存款保险制度、特许权价值与银行风险：理论模型分析

正如前文已经指出的，中国从完全的隐性存款保险转变为有限显性存款保险制度将会提升银行的治理水平、提高市场约束，从而降低银行的道德风险，然而已有研究表明显性存款保险实施后中国银行机构的风险提高了。这表明存款保险制度影响银行风险很可能存在其他不可忽视的机制，因此本文提出了显性存款保险制度通过降低银行特许权价值，从而使其自我约束效应减弱，最终使得银行风险上升的作用机制。

特许权价值（Charter Value，CV）是银行因获准经营而取得的经营牌照的价值，代表银行能够凭借严格的市场管制（在中国的制度背景下这一点尤为不可忽视）在未来持续经营中获得的超额垄断收益的净现值，而其一旦经营失败，就会丧失这种超额垄断收益。特许权价值因此也提供了对银行经营者风险约束的激励，使得他们重视对特许权价值的保护（Keeley，

1990；Demsetz 等，1996；李燕平和韩立岩，2008）。Marcus 和 Shaked（1984）首先基于期权定价模型提出特许权价值具有抑制风险的观点（即特许权价值的自我约束效应），本文将在此模型基础上结合风险差别费率的存款保险进行拓展分析。

一、特许权价值与银行风险

Marcus 和 Shaked（1984）认为银行的股权价值 E 可以表示为其资产价值 V 的欧式看涨期权，其期限与银行债务 B 的期限相同，执行价格为银行债务未来的价值。故该看涨期权可以表示为：max｛0，V－B｝。考虑到银行业在各个国家都是准入门槛较高的行业，因此银行的特许经营使得银行可以获得超过市场平均利润的超额利润，超额利润的现值称之为特许权价值（CV）。如果在期末，银行经营正常，股东权益为 V－FV（B）＋CV，其中 FV（·）表示未来价值的算符，FV（B）为银行债务在期末时的价值；如果经营失败，银行宣告破产，则股东权益价值为 0。则银行股东权益价值可以表示为：

$$E = \max\{0,\ V - FV(B) + CV\}$$

Ronn 和 Verma（1986）在此基础上考虑了监管宽容。宽容政策指监管者允许未达到安全稳健标准的金融机构在一段时间内继续运营，以期能通过综合治理使得金融机构恢复正常运行。因而可以假定当 ρFV（B）≤V≤FV（B）时（ρ 为监管宽容参数，ρ≤1），存款保险机构将向银行注入（1－ρ）B 的资金，使其价值等于 B；而若价值小于 ρB，则解散这一银行的资产。此时股东权益价值 E′可以表示为：

$$E' = \max\{0,\ V - \rho FV(B) + CV\}$$

根据 Black－Scholes 的期权定价公式，得：

$$E' = VN(x') - \rho BN(x' - \sigma_v \sqrt{T}) + CV \cdot e^{-r_f T} N(x' - \sigma_v \sqrt{T}) \tag{1}$$

这里，

$$x' \equiv \frac{\ln(V/\rho B) + (r_f + \sigma_v^2/2)T}{\sigma_v \sqrt{T}} \tag{2}$$

$$\sigma_v = \frac{\sigma_{E'} E'}{VN(x')} \tag{3}$$ ①

其中，N（·）为标准正态累计分布函数，T 表示银行在接受下一次审计的时间②，r_f为无风险利率。σ_v 表示银行资产收益率的标准差，$\sigma_{E'}$ 为银行股东价值 E′的收益率的瞬时标准差，$CV \cdot e^{-r_f T}$表示银行特许权价值的现值。

为了确定股东权益价值 E′随其资产收益率的标准差 σ_v 变动的关系，这里对 E′求关于 σ_v 的偏导（即权益 Vega）得：

$$\frac{\partial E'}{\partial \sigma_v} = \rho B\sqrt{T} \cdot n(x' - \sigma_v\sqrt{T}) - CV \cdot e^{-r_f T} n(x' - \sigma_v\sqrt{T})\frac{x'}{\sigma_v} \tag{4}$$ ③

其中，n（·）为标准正态分布密度函数。

如果银行特许权价值 CV =0，则权益 Vega > 0，表明随着银行资产风险的增加，股东权益增加；如果 CV > 0，则可能存在（CV，V，σ_v）使得 Vega < 0，这就表明在特许权价值存在的情况下，银行股东权益价值可能随着银行风险的增加而减少，意味着特许权价值具有抑制银行风险的自我约束（Self - discipline）效应。

Marcus 和 Shaked（1984）最先引入特许权价值假说，他认为银行业准入限制使得银行能够以优势利率获得存款和发放贷款，这便是银行特许权价值的来源。在随后的研究中，Schenck 和 Thornton（2016）等将银行的净息差（Net Interest Margin）④ 作为特许权价值的代理变量。如图 9 - 2 所示，为权益 Vega 与银行资产价值的关系图，特许权价值采用银行净息差表示。当 CV =0 时，Vega > 0，表明没有特许权价值的银行其权益收益率随着资产风险的增大而增大，因此此时的银行，在资产配置上偏好于高风险资产。当 CV =3% 时，在 V/B（资产负债比）在 1—1.1 的范围内，Vega < 0，表明银行的权益收益率随着资产风险的增大而减小，此时银行会降低

① 根据伊藤引理得 $\sigma_{E'}E' = \sigma_v V\frac{\partial E'}{\partial V}$，根据式(1)可得$\frac{\partial E'}{\partial V} = N(x')$，整理可得式(3)。

② 根据《存款保险费率管理和保费核定办法（试行）》第四条、第九条之规定，存款保险保费缴纳基数和适用费率每 6 个月核定一次，因此 T 可以认为是 0.5 年。

③ 式(4)的推导见本章后附录 9 - 1。

④ 净息差 =（利息收入 - 利息支出）/生息资产（Schenck 和 Thornton，2016）。

在高风险资产上的配置，特许权价值抑制风险承担的效应开始显现。随着CV的增大，Vega负的越大，特许权价值抑制风险承担的效应也越大。综上可以得到：银行的特许权价值越大，其风险抑制作用越强。

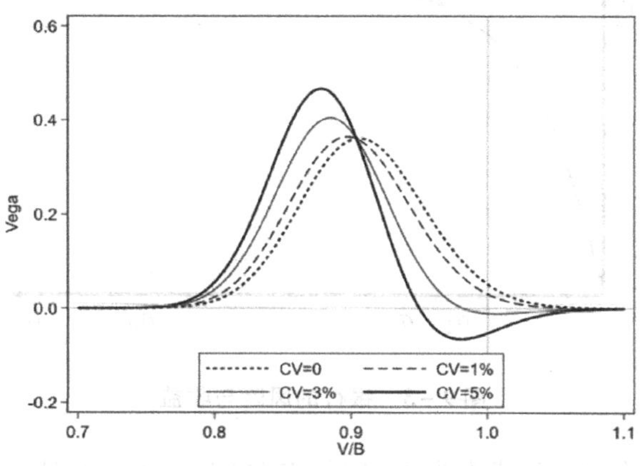

图9-2　特许权价值与权益Vega

二、隐性存款保险带给银行的价值

假设银行的负债来源包括存款 B_1 和其他负债 B_2，其资产投向只有贷款L。如果银行发放贷款的收益为Y，其意愿承担的风险为σ，则Y（σ）应满足Y′（σ）>0，Y″（σ）<0（如图9-3所示）。Y′（σ）>0说明银行承担的风险越大，获得的收益越大；Y″（σ）<0表明银行冒险的边际收益递减，这是因为银行在放贷市场上基本是同质化的市场，对于收益较高的行业放贷的竞争压力也会较大，因此当银行风险较大时，在增加一单位的风险所获得的额外成功收益较小（姚东旻等，2013）。在最大化收益的情况下，银行将在边际收益等于边际成本处经营。

在完全隐性存款保险制度下，存款市场约束机制完全失效。对于储户来说，无论银行经营好坏，其存款都将受到保护，因此他们对于银行要求的存款利率为无风险利率 r_f。对于银行来说，其成本将固定为 $C = r_f * B_1$①。

① 为了简单起见，这里我们暂时先不考虑其他负债 B_2。实际上，B_2 的利率应该是随着风险的上升而上升。

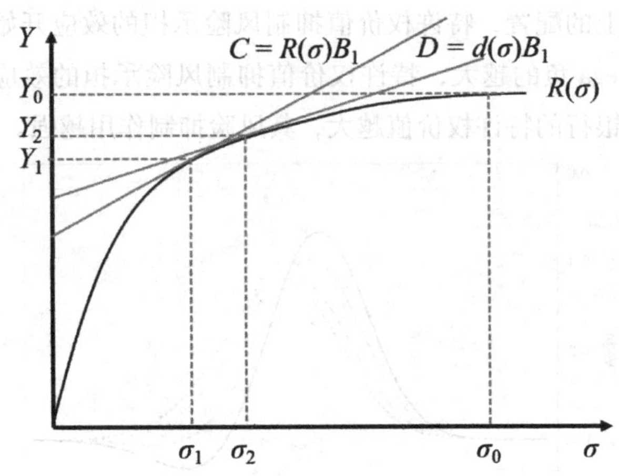

图 9 –3　银行的风险与收益

此时，银行冒险的边际成本为 0，银行将在 $Y'(\sigma)=0$ 处经营，获得收益为 Y_0。

如果不存在隐性存款保险制度，这意味着当银行倒闭时，储户的存款将不一定得到保障时，那么储户就要格外关注银行的风险状况了。储户要么用脚投票选择更加安全的银行，要么对于高风险银行要求更高的存款利率 R，则银行的成本将与其风险正相关，即 $C=R(\sigma)B_1$，满足 $R'(\sigma)>0$。此时冒险的边际成本 $R'(\sigma)B_1$。银行将在 $Y'(\sigma)=R'(\sigma)B_1$ 处经营，相应的收益为 Y_1。那么，对于银行来说，隐性存款保险带来的价值就等于 Y_0-Y_1。

但在现实世界中，即使不存在隐性存款保险制度，由于储户自身能力的限制，存款市场的分散以及对于银行盲目相信等原因，存款市场的约束机制也难以发挥。因此必须建立基于风险调整的存款保险制度来代替存款市场约束机制，以保证储户的存款安全及金融稳定。

如果存在基于风险调整的存款保险，其保费为 $D=d(\sigma)B_1$，$d(\sigma)$ 为随银行风险而调整的存款保险的费率，满足 $d'(\sigma)>0$，表明银行风险越大，其应缴保费越高。那么银行将会在 $Y'(\sigma)=d'(\sigma)B_1$ 处经营，获得收益为 Y_2。进一步，如果存款保险的费率完全基于风险调整，那么 $D=C$，$Y_2=Y_1$，则应缴保费带来的价值就完全等于隐性存款保险带来的价值，即为 $Y_0 - Y_1$。

应当说明的是，完全基于风险调整的存款保险与当前正在实施的差别费率的存款保险仍有区别。在完全基于风险调整的存款保险下，不同风险水平对应不同费率，风险水平越高，则其费率越高；而在差别费率的存款保险下，是将银行按照风险水平等分成若干档次，每个档次适用不同的费率，因此就必然存在风险水平不同而所适用费率相同的情况。

早期以美国学者为主关于存款保险与银行风险的研究是基于这样的事实：即美国在推行存款保险制度前，政府对银行几乎没有干预和保护，存款人市场约束机制是有效的，因此银行的收益为 Y_1，风险水平为 σ_1。而当存款保险制度实施后①，存款人市场约束机制减弱，甚至失效，银行的收益为 Y_0，风险上升至 σ_0。

而对于中国，从隐性存款保险制度转变为显性存款保险制度，差别费率的设定模式、银行内部治理机制以及存款人市场约束机制等因素都会促使的银行风险下降，但实际的情况却恰好相反。因此显性存款保险对于银行风险的影响应当还存在着其他作用机制。

我们首先考虑隐性存款保险制度带给银行的价值有多大。显然，隐性存款保险带给银行的价值取决于银行的风险状况，如果银行的风险越高，则其带给银行的价值越大。如果不考虑隐性或显性存保对于银行风险行为的不同影响，以及对银行体系之外的部门的影响②，那么可以将隐性存款保险认为是免费的显性存款保险；隐性存款保险的价值就等于应缴保费带来价值。接下来我们将基于期权定价模型探究隐性存款保险的价值。

假设银行在保险前的所有债务具有相同的期限，在期末，如果银行经营正常，那么存款持有人将获得存款在期末的价值；否则，存款持有人将得到银行清算价值中存款的那一部分，即：

$$\min\left\{FV\ (B_1),\ \frac{V_T B_1}{B_1 + B_2}\right\}$$

---

① 美国最先实施的是固定费率的存款保险制度，即 $d'(\sigma) = 0$。

② 如纪洋等（2018）、Angkinand 等（2009）认为显性存款保险的实施使得银行更易发生危机，此外，对银行体系之外的部门存在“溢出效应”，即可以降低其他类型金融危机发生的概率。

其中，B_1表示被保险的存款面值。对于之前实行的国家隐性担保制度的中国来说，金融机构关闭后由政府对自然人存款全额补偿，机构债务只能参加清算财产的分配（中国金融稳定报告，2006），故 B_1可以认为是银行中自然人存款部分。B_2表示银行除被保险的存款之外的其他债务的面值；V_T表示被保险后银行资产在期末的价值。因此存款保险的价值可以表示为：

$$\max\left\{0,\ FV(B_1)-\frac{V_T B_1}{B_1+B_2}\right\}$$

可以看出存款保险的价值相当于一个欧式看跌期权的价值，其执行价格为总债务价值，标的为银行资产价值。根据 Black－Scholes 期权定价公式，可得该期权价值为①：

$$P=B_1 N(y+\sigma_v\sqrt{T})-\frac{VB_1}{B}N(y) \tag{5}$$

其中，$y\equiv\frac{\ln(B/V)-(r_f+\sigma_v^2/2)T}{\sigma_v\sqrt{T}}$，$B=B_1+B_2$。相应地，存款保险费率 d 应为②：

$$d=P/B_1=N(y+\sigma_v\sqrt{T})-V/BN(y) \tag{6}$$

因此，隐性存款保险带给银行的价值为 $I=Pe^{r_fT}=B_1de^{r_fT}$。可以看出，银行的风险 σ_v 越大，隐性存款保险带给银行的价值 I 也越大，表明隐性存保对于银行的风险激励效应。

从另一方面讲，如果银行没有国家隐性存款担保，对于具有较高风险的银行，它要为储户的活期存款支付较高的利率 R；而处于隐性担保之下的银行，即使风险再大，储户的存款仍处于保护之中，则银行只需支付无风险利率 r_f（在这里，$R>r_f$）。故隐性存款保险带给银行的价值也可以表示为：

---

① 这里假设存款的利率为无风险利率，因此存款的现值 = FV（B_1）$e^{-rT}=B_1$，对应着式（5）的第一项。

② 这里假设存款的利率为无风险利率，因此存款的现值 = FV（B_1）$e^{-rT}=B_1$，对应着式（5）的第一项。

$$I = B_1 \left(e^{RT} - e^{r_f T}\right) \tag{7}$$

由于银行处于隐性存款保险的保护之中，即使银行破产，储户的存款也能得到偿付。这不仅弱化了储户对银行监督和选择的动力，而且使得银行的风险在存贷市场并没有得到合理定价，相对价格信号未能在市场中正常传递。可以看出，隐性存款保险可能导致银行在存贷市场上的扭曲，弱化了市场约束。这与存款保险制度通过弱化市场约束进而导致风险提高的理论一致。

三、显性存款保险、特许权价值与银行风险

假设有一家处于完全隐性存款保险中的银行，除存款 B_1外没有其他负债，贷款为 L，$L < B_1$，贷款利率为 R_L。由于该银行处于政府完全的隐性担保中，不具有破产风险，使得储户的存款将变成无风险的资产，相应的利率为无风险利率 r_f，$R_L > r_f$。此时银行的特许权价值可以表示为：

$$CV = Le^{R_L T} - B_1 e^{r_f T} \tag{8}$$

当隐性存款保险转变成显性存款保险后，意味着金融安全网范围的缩小，银行（特别是处于安全网边缘的银行）受到的保护也将减少，储户的存款具有了一定的风险。此时，储户根据银行的风险状况，要求其存款利率为 R，$R_L > R > r_f$。结合式（7），可将式（8）分解为：

$$CV = \underbrace{\left(Le^{R_L T} - B_1 e^{RT}\right)}_{M} + \underbrace{B_1 \left(e^{RT} - e^{r_f T}\right)}_{I} \tag{9}$$

可以看出，银行特许权价值包括两部分：一部分是银行无任何形式存款保险，由于市场准入限制、垄断竞争产生的超额利润 M；另一部分是由于具有隐性的存款保险，降低了银行存款利率而增加的价值 I，与（7）式的 I 相同。因此可以认为，隐性存款保险制度带给银行的价值早已内化成银行特许权价值的一部分。

而当显性存款保险实施后，如果银行按照其风险水平缴纳保费 d，则其特许权价值中的 I 部分被抵消，只剩 M 部分：

$$M = CV - B_1 d e^{r_f T} \tag{10}$$

如图9－4所示，为近年来国有大型银行（工、农、中、建、交）与中小银行净息差变化趋势，可以看出在2015年之前，两者的净息差都维持着一定间距。在2015年存款保险实施之后，中小银行净息差迅速下降，与国有大型银行的在净息差上的优势已然很微弱了。表明存款保险对于特许权价值的影响，且对中小银行特许权价值的影响更大。

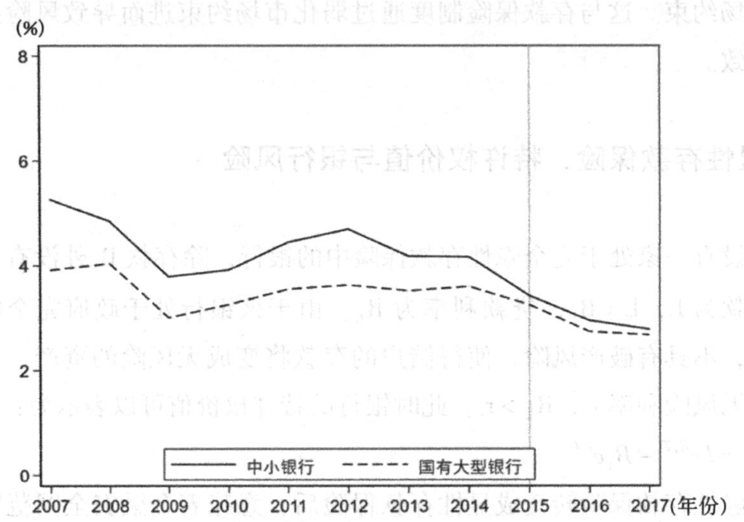

图9－4　净息差变化趋势

相应地，显性存款保险实施后，银行股东权益E″的Vega值为[①]

$$\frac{\partial E''}{\partial \sigma_v} = \rho B\sqrt{T} \cdot n(x' - \sigma_v\sqrt{T}) - CV \cdot e^{-r_f T} n(x' - \sigma_v\sqrt{T})\frac{x'}{\sigma_v} + B_1\sqrt{T} \cdot n(y + \sigma_v\sqrt{T}) \tag{11}$$

如图9－5所示，黑色实线表示CV＝5%时，隐性存款保险下的银行权益Vega的变化情况；黑色虚线表示同等条件下，显性存款保险下，即对银行收取风险差别的存款保险费用之后的情况。可以看出，由特许权价值被削弱，其抑制银行风险承担的效应也在减弱。灰色实线表示CV＝3%时的情况，此时特许权价值仍然具有抑制风险的效应；当变成显性存款保险后，特许权价值的风险抑制效应消失了。

---

① 式（11）的推导见本章后附录9－2。

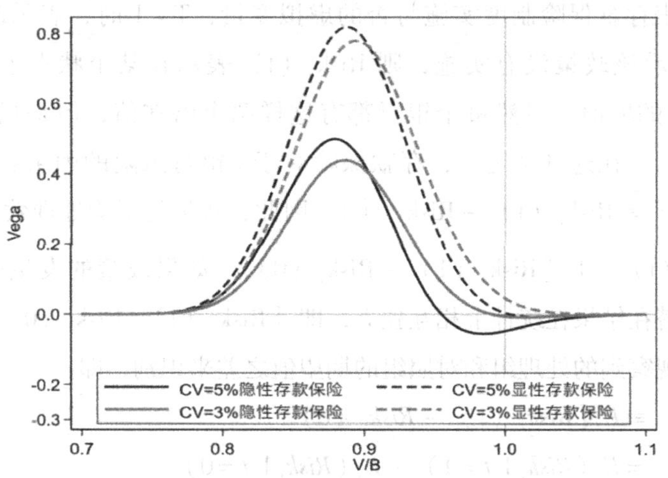

图9-5 存款保险下 Vega 与 CV 关系

综上分析，可以看出中国在从隐性存款保险转向显性存款保险制度的过程中，减少了对于银行的保护，从而降低其至关重要的特许权价值，使其自我约束效应减弱，从而提高了银行风险。因此，可能存在这样的因果中介机制：

显性存款保险 → 特许权价值 → 银行风险。

当然，这一点需要接下来更细致的实证检验。

第三节 实证研究设计与样本选择

一、实证模型设定

1. 显性存款保险制度影响的平均处理效应（ATE）。

在因果推断的反事实框架中，显性存款保险对于银行风险的因果效应可以定义为两种可能结果之间的差值：一种是显性存款保险制度实施后银行的风险情况；另一种是如果存款保险没有实施银行相应的潜在结果。如果用T代表存款保险制度实施与否的虚拟变量，T=1时，表示政策实施，T=0时表示该政策没有实施，则$Risk_i(t)$表示在某个状态下银行的风险，t为T的取值。虽然每个银行都有这样两个潜在值，但是只有一个值能被观察到。在这种情况下，存款保险对于i银行风险的因果影响可以定义为$\tau_i(t) \equiv Risk_i(1) - Risk_i(0)$。因此，政策的平均处理效应（ATE）定义为$\bar{\tau}(t) \equiv E[Risk_i(1) - Risk_i(0)]$。如果政策的发生是随机的，那么T与潜在结果在统计上相互独立，即$[Risk_i(1), Risk_i(0)] \perp T$，则ATE可由观察到的处理组和对照组的期望值之差来识别，即：

$$\bar{\tau}(t) \equiv E[Risk_i(1) - Risk_i(0)] = E(Risk_i \mid t=1) - E(Risk_i \mid t=0)$$

2. 显性存款保险制度影响的因果中介效应（ACME）。

尽管对ATE的估计可以检验显性存款保险制度与银行风险是否存在因果关系，但却不能确定其具体的因果传导机制；此外对于因果效应的解释必然存在着许多相互竞争的理论，ATE也无法确定各种理论的正确与否。基于此，本文将采用因果中介分析的一般方法，来帮助确定因果中介机制。因此，这里着重关注显性存款保险（T）通过特许权价值（CV）这个中介变量影响银行风险（Risk）的因果中介机制。

如前文所分析，显性存款保险可能通过减少银行的特许权价值进而增加银行的风险，即显性存款保险制度的实施与否使得银行特许权价值存在两个潜在值：$CV_i(1)$和$CV_i(0)$。但仍然只有一个值是可以观察到的。相应地，其潜在结果为$Risk_i(t, CV_i(1))$和$Risk_i(t, CV_i(0))$（t=0或1）。参考Imai等（2010a）和Acharya等（2016）基于反事实框架的分析，将i银行的因果中介效应的定义为：

$$\delta_i(t) \equiv Risk_i(t, CV_i(1)) - Risk_i(t, CV_i(0))$$

因此，因果中介效应代表了显性存款保险制度（T）通过中介变量特许权价值（CV）对银行风险（Risk）的间接影响。如果显性存款保险对于特许权价值没有影响，即$CV_i(1) = CV_i(0)$，则中介效应为0。同样，本文只关注平均因果中介效应（ACME），其定义为：

$$\bar{\delta}(t) \equiv E[Risk_i(t, CV_i(1)) - Risk_i(t, CV_i(0))] \tag{12}$$

对于 t=0，1，代表 T 的取值。

同样，将该政策对于每个银行风险的直接影响定义为：

$\xi_i(t) \equiv Risk_i(1, CV_i(t)) - Risk_i(0, CV_i(t))$

其中，t=0，1。例如，$\xi_i(1)$ 表示对于实施了显性存款保险制度并保持特许权价值不变时，该政策对银行风险的直接影响。则平均直接效应（Average Direct Effect，ADE）定义为：

$\bar{\xi}(t) \equiv E[Risk_i(1, CV_i(t)) - Risk_i(0, CV_i(t))]$

如果假设处理变量与中介变量不存在交互效用（No - interaction Assumption），即 $\delta_i = \delta_i(1) = \delta_i(0)$ 和 $\xi_i = \xi_i(1) = \xi_i(0)$，那么平均处理效应可以表示为平均中介效应与平均直接效应之和，即：$\bar{\tau} = \bar{\delta} + \bar{\xi}$。从而将平均处理效应分解为平均直接效应和平均间接效应。

3. 因果中介分析计量模型的设定。

无论是对于随机（控制）试验还是自然实验，都可以使用一定方法将 ATE 估计出来，但都不足以估计出 ACME 和 ADE。这是因为对于 T=t 的个体虽然可以观察到 $Risk_i(t, CV_i(t))$，但都不可能观察到 $Risk_i(t, CV_i(1-t))$。例如 $Risk_i(1, CV_i(1))$，表示银行在显性存款保险制度实施后的风险水平，而 $Risk_i(1, CV_i(0))$ 表示存款保险实施但中介变量特许权价值保持在未实施状态时银行的风险水平。

为了识别 ACME 和 ADE，本书采取 Imai 等（2010b）提出的一组假设，这一组假设包括两个按顺序排列的可忽略性假设，因此统称为序列可忽略性（Sequential Ignorability）。第一个假设是处理分配（Treatment Assignment）是可忽略的，即在控制预处理混淆因子（Pretreatment Confounders）之后，政策的处理或者干预是随机的，它独立于潜在结果和潜在中介变量，表示为 $\{Risk_i(t'), CV_i(t)\} \perp T_i \mid X_i = x$（X 表示可观察到的预处理混淆因子向量）。对于本文来说，中国从 20 世纪 90 年代开始就在酝酿推行存款保险。2012 年初，第四次全国金融工作会议上提出要抓紧完善存款保险制度方案，择机出台并组织实施。2012 年底，党的十八届三中全会明确提出“建立存款保险制度，完善金融机构市场化退出机制”。2013 年，中国人民银行表示存款保险制度在各方面已达成共识，可择机出台并组织实施。2014 年《存款保险条例（征求意见稿）》发布，2015 年 5 月 1 日，存款保险制度正式实施。应该说在选择在 2015 年实施存款保险制度具有一定随机性，换句话说，该政策在 2014 年或者 2016 年实施都是无差别的。事实上，银行业风险水平在 2012 年之后基本保持稳定，不良贷款率基本保持在 2% 以下（中国金融稳定报告，2015）。因此存款保险不存在因为银行风险过高或过低而推出的动因，即该政策的推出与银行风险一定程度上是独立的。同理，存款保险的出台也与中介变量在一定程度上是独立的。可以看出，本文的研究基本上满足第一个假设，存款保险制度的实施在一定程度上可以视为一个自然实验①。

第二个假设是在控制观察到的处理变量和预处理混淆因子之后，观察到的中介变量是可忽略的，表示为：$Risk_i(t', m) \perp CV_i(t) \mid T_i = t, X_i = x$（m 为中介变量 CV 的取值）。换句话说，在考虑了处理变量和预处理变量混淆因子后，观察到的中介变量在统计上独立于潜在结果。如果存在不可观察的因素 ε_i 既与 $Risk_i$ 相关，又与 CV_i 有关，那么这个假设就可能被违反。例如，具有稳健经营风格的银行往往特许权价值（CV_i）较高，而风险（$Risk_i$）又较小。应该说，中介变量可忽略性假设是一个很强的假设，即使在随机（控制）实验也不一定能满足，而这个假设又通常不能直接从观察到的数据中检验（Manski，2009）。因此本书将采用一组敏感性分析来量化即使违反了这个假设，对于估计结果的稳健性有何影响。

但正如 Imai 等（2010b）所表明的，做出这一组强有力假设的好处是可以一致地估计 ACME 和 ADE，而无需对中介或结果变量进行任何额外的分布或函数形式的设定。具体来说，传统中介分析的线性结构方程模型如下：

$$Risk_i = \alpha_1 + \beta_1 T_i + \xi_1 X_i + \varepsilon_{1i} \tag{13}$$

$$CV_i = \alpha_2 + \beta_2 T_i + \xi_2 X_{ii} + \varepsilon_{2i} \tag{14}$$

$$Risk_i = \alpha_3 + \beta_3 T_i + \gamma CV_i + \xi_3 X_i + \varepsilon_{3i} \tag{15}$$

① 一般来说，第一个可忽略性假设对于观察性研究很难完全保证成立，在这种情况下一个实证研究的策略就是收集尽可能多的预处理混淆因子，当处理组和对照组之间在这些混淆因子观察到的差异得到适当调整后，处理分配的可忽略性就更加可信了（Imai 等，2010b）。

Imai 等（2010c）和 Jo（2008）证明在序列可忽略性假设和无交互效应假设下，传统的系数乘积法是一个有效估计，即平均因果中介效应 $\bar{\delta}=\beta_2\gamma$，平均直接效应 $\bar{\xi}=\beta_3$。在这样的假设下我们也不必对模型（13）进行估计，这是因为 $\beta_1=\beta_2\gamma+\beta_3$。

在本文的研究中，假设处理变量和中介变量无交互效应，即显性存款保险通过特许权价值影响银行风险与是否实施显性存款保险制度无关，这一点往往很难成立。Kraemer 等（2008）提出放宽无交互效应假设，用（16）式替代上述结构方程中的（15）式，

$$Risk_i=\alpha_3+\beta_3T+\gamma CV_i+\kappa T_i*CV_i+\xi_3X_i+\varepsilon_{3i} \tag{16}$$

其中 T_i*CV_i 是处理变量和中介变量的交互项。相应地，平均因果中介效应为①：

$$\bar{\delta}(t)=\beta_2(\gamma+\kappa t)$$

其中，t=0，1。Acharya 等（2016）认为（无交互效应假设下的）间接效应（$\beta_2\gamma$）衡量的是某一特定因果路径的强度，而交互效应（$\beta_2\kappa t$）则表明中介变量在多大程度上影响处理变量的直接效应。因此，本文将放松无交互效应假设，允许 ACME 依赖于处理状态，对上述模型再次进行估计。同样，在序列可忽略性假设下，$\beta_2(\gamma+\kappa t)$ 是 ACME 的一个有效估计。

4. 平均因果中介效应的估计方法。

对于每一个对象，只能观察到 $Risk_i(T_i, CV_i(T_i))$，而无法观察到 $Risk_i(T_i, CV_i(1-T_i))$。因此，Imai 等（2010a）提供了一种基于 King 等（2000）准贝叶斯蒙特卡罗近似（the Quasi - Bayesian Monte Carlo Approximation）的估计方法。该方法中变量的后验分布近似于它们的抽样分布。在给定预处理协变量 $X_i=x$ 的条件下，利用模型可以得到任何 t，t′的潜在结果 $Risk_i(t, CV_i(t'))$ 的蒙特卡罗模拟抽样。简言之，首先拟合模型（14）和模型（15）；其次根据模型参数的抽样分布对其进行模拟；

① 相应地，平均直接效应 ADE 为：$\bar{\xi}(t)=\beta_3+\kappa\{\alpha_2+\beta_2t+\xi_2E(X_i)\}$，平均总效应 ATE 为：$\bar{\tau}=\beta_2\gamma+\beta_3+\kappa\{\alpha_2+\beta_2+\xi_2E(X_i)\}$。

然后：①模拟中介变量的潜在值，②根据中介变量的模拟值模拟潜在结果，③计算因果中介效应；最后计算汇总统计信息，获取点估计值和置信区间。

此外，本文将采用 Imai 等（2010a，2010b，2010c）提出的敏感性分析。虽然序列可忽略性假设不能直接检验，但敏感性分析可以量化判断即使违反了这个假设，对于本文研究结果的稳健性有何影响。序列可忽略性假设意味着模型（14）中的 ε_{2i} 和模型（15）中的 ε_{3i} 之间的相关系数为零。相反，如果相关系数非零值将意味着序列可忽略性假设被违反了。

为了说明敏感性分析，定义敏感性参数 $\rho \equiv Corr(\varepsilon_{2i}, \varepsilon_{3i})$。例如，具有稳健经营风格的银行往往特许权价值（$CV_i$）较高，而风险（$Risk_i$）又较小，这将可能导致 $\rho < 0$，并且由于 ε_{2i} 和 ε_{3i} 之间的非零相关性，ACME 的估计将是有偏的。因此，ρ 值作为敏感性参数，其绝对值越大，ACME 的偏差也越大。敏感性分析放宽了 $\rho = 0$ 的条件，对不同的 ρ 值重新估计了模型（14）、模型（15）。通过这些估计，然后画出 ACME 随 ρ 值变化的图像。这样做可以使人们通过查看 ρ 必须有多大才能使 ACME 不显著来量化违反假设的敏感程度。Imai 等（2010a）认为如果在一个很小的 ρ 值下得到的 ACME 与在序列可忽略性假设下得到的 ACME 的估计值差别很大，那么表明该研究对序列可忽略性假设的潜在违反是敏感的，其估计结果是不稳健的。

二、变量选取

1. 结果变量：银行风险（Risk）。

常用的衡量银行风险的指标有不良贷款率、贷款拨备率（拨贷比）、Z 值、资产回报率的波动率、资本回报率的波动率、风险资产占比等，对于上市银行还有股票收益率的波动率、贝塔值等。首先，对于中国来说，上市银行的风险状况相对好于未上市银行，如果只将样本局限于上市银行，则很难反映银行业整体风险状况，因此只适用于上市银行风险衡量的指标股票收益率波动率、贝塔值等将不适用本文；其次，贷款是银行最主要的业务，信用风险也是银行面临的最重要风险，因此我们将选择在实证研究中广泛使用、也适用于所有商业银行的不良贷款率（NPL）作为风险的代理变量。

同时我们也将采用Z值（ln_ Z）作为辅助稳健性考察指标。Z值在研究银行风险的文献中被广泛使用，其定义如下：

$$Z_{i,t}=\frac{ROA_{i,t}+(E/A)_{i,t}}{\sigma(ROA)_{i,t}}$$

其中，i表示某个银行，t表示具体年份，$ROA_{i,t}$为其资产收益率，$(E/A)_{i,t}$表示银行资本与总资产的比值，$\sigma(ROA)_{i,t}$为$ROA_{i,t}$的标准差（采用3年滚动窗口计算）。Z值越高，则银行越稳定，其风险也就越小。由于Z值分布是有偏的，我们按照惯例对Z值取自然对数，表示为ln_Z。

2. 中介变量：银行特许权价值（CV）。

对于特许权价值的衡量，目前最为常见和普遍的度量方法是托宾Q法，采用公司市场价值与其资产重置成本的比值来表示。然而，托宾Q值是基于有效市场的前提之下，且此种衡量方法只适用于上市银行。Jones等（2011）的研究也表明使用托宾Q值衡量特许权价值，更易受市场“非理性繁荣”以及经济周期等因素的影响，他们认为托宾Q是一个糟糕的衡量特许权价值的方法。李艳（2006）基于超额利润，构造了税前利润法来对特许权价值进行衡量，该指标是国内研究特许权价值较为常用的指标之一。其定义为：

$$BCV=\frac{ROE'-r_f}{1+\delta}$$

其中，BCV代表的是单位资本的特许权价值；ROE'表示为税前资本收益率；r_f为无风险收益率，用银行间7日拆借利率来表示；贴现率δ采用一年期贷款利率表示。由于其测算公式中的贴现率对于每一家银行均一样，这就使得银行特许权价值的比较只是在做不同银行的ROE'比较，丧失了计算银行特许权价值的意义。基于此我们的贴现因子δ采用测算的银行实际贷款利率表示，即δ=（利息收入/生息资产）。其原理是每一家银行都面临着不同的风险，根据风险与贴现率相匹配的原则，我们采用各个银行的实际贷款利率，也即其机会成本代表其贴现率。

3. 处理变量：存款保险制度（T）。

T表示存款保险制度的虚拟变量，中国于2015年正式实施显性存款保险制度，因此当年份≥2015时为1，其余为0。

4. 协变量。

结合现有文献，本文选取了银行性质、第一大股东持股比例、银行规模等控制变量。各变量的表示、定义如表9－1所示。

表9－1　　协变量的说明

变量名		表示	定义
银行特征变量	银行性质	DB5	如果银行为国有大型银行，取1；其余为0
	第一大股东持股比例	S1	第一大股东持股比例
	银行规模	Size	银行总资产的自然对数
	杠杆率	Lev	总资产/所有者权益
	存贷比	LDR	总贷款/总存款 * 100%
	存款比例	DepositR	银行存款/总资产
宏观经济变量	上海银行间同业拆借利率	Shibor	上海银行间同业拆借7日利率年度均值
	实际GDP增长率	GDPR	实际GDP增长率

三、数据来源及基本统计分析

本文研究数据主要来源于国泰安数据库、Wind数据库，其中2017年以及部分缺失数据为手工整理银行财务报表或审计报告所得；Shibor利率来自上海银行间同业拆放利率官网；GDP增长率来自国家统计局网站。在考虑到关键结果变量不良贷款率（NPL）出现的离群值对结果稳健性的影响，我们只保留了头尾1%截尾处理后的样本；此外，考虑到本文所使用的计量方法对数据的要求以及更准确评价存款保险，本文在截尾后的样本基础上仅保留连续2年以上有观察值以及在2015年前后连续的样本。最后选取了2009—2017年中国119家银行的年度数据，其中包括5家国有控股大型银行、12家股份制商业银行，75家城市商业银行及27家农村类银行（包括农村商业银行、农合行和农信社）。同时考虑到可能出现的离群值问题，本文对重要变量做了头尾2.5%的缩尾（Winsorize）处理，关键变量的描述性统计如表9－2所示。

表 9－2 变量描述性统计

变量名称	平均值	标准差	最小值	最大值	样本数
NPL	1.275	0.696	0.100	7.500	845
ln_Z	2.275	0.907	－0.991	6.398	697
BCV	0.116	0.045	0.009	0.232	855
T	0.337	0.473	0.000	1.000	855
S1	0.206	0.169	0.002	0.753	855
DB5	0.051	0.221	0.000	1.000	855
Size	26.039	1.637	19.261	30.892	855
Lev	15.131	3.673	7.876	29.306	855
LDR	55.844	10.668	26.102	81.404	855
DepositR	0.799	0.080	0.533	0.918	855
Shibor	3.047	0.833	1.369	4.048	855
GDPR	8.031	1.283	6.700	10.600	855

第四节 实证结果与解释

一、显性存款保险通过特许权价值影响银行风险的因果中介机制的初步检验

为了检验显性存款保险制度是否通过银行特许权价值这个中介机制来影响其风险，本节首先采用线性结构方程模型［即模型（14）、模型（15）］进行估计，其估计结果如表 9－3 所示。其中第（1）、（3）列呈现了模型（14）的估计结果，二者的差别仅在于用于估计的观察值略有不同。可以看出，T 的系数显著为负，表明显性存款保险实施后，银行特许权价值显著降低。第（2）、（4）列呈现了模型（15）的估计结果，其中第（2）列结果变量为不良贷款率（NPL），第（4）列结果变量为 Z 值的自然对数值（ln_Z）。在第（2）列中，T 的系数显著为正，表明显性存款保险的实施使得银行风险增加，BCV 的系数显著为负，说明特许权价值越

大，银行的风险越小。第（4）列将银行风险的代理变量换成 ln_Z，只要注意到 ln_Z 越大银行风险越小这一点，可以看出其结果与第（2）列基本一致。

表 9－3　　线性结构方程模型估计结果

变量名称	(1)	(2)	(3)	(4)
	BCV	NPL	BCV	ln_Z
T	−0.0189***	0.245***	−0.0219***	−0.350***
	(−3.571)	(2.840)	(−3.929)	(−3.036)
BCV		−6.240***		5.606***
		(−6.075)		(5.882)
S1	−0.0145	−0.307*	−0.0133	−0.217
	(−1.534)	(−1.836)	(−1.395)	(−0.971)
DB5	0.0159***	0.517***	0.0158***	−0.121
	(3.132)	(6.598)	(3.091)	(−0.908)
Size	0.00131	−0.0746***	0.00145	0.204***
	(1.223)	(−4.770)	(1.286)	(9.129)
Lev	0.00434***	0.0381***	0.00352***	−0.0504***
	(7.846)	(2.628)	(5.736)	(−4.227)
LDR	0.000151	0.00727***	−0.000108	−0.00527
	(0.968)	(2.686)	(−0.638)	(−1.528)
DepositR	0.0537**	1.415**	0.0399*	0.467
	(2.539)	(2.510)	(1.880)	(0.947)
Shibor	0.00431*	−0.153***	0.00130	0.103*
	(1.783)	(−3.580)	(0.486)	(1.961)
GDPR	0.00410**	−0.124***	0.00415**	−0.160***
	(2.246)	(−4.516)	(2.006)	(−3.834)
常数项	−0.0720*	3.249***	−0.0263	−1.917**
	(−1.793)	(3.272)	(−0.639)	(−2.333)
Obs.	845	845	697	697
adj − R^2	0.277	0.335	0.284	0.246
F 统计量	38.87	62.30	34.04	24.66

注：***，**，* 分别表示在 1%，5% 和 10% 水平上显著，括号内为基于稳健型标准误计算而得到的 t 值。

本书的主要关注点并不在于显性存款保险对于银行风险或者特许权价值的影响，而是在于探索显性存款保险通过特许权价值影响银行风险的因果中介机制。基于线性结构方程系数乘积方法，对于 ACME 等的估计如表 9-4 所示。其中第（1）列的结果变量为 NPL，在无交互效应假设情况下，显性存款保险制度对于银行风险通过特许权价值的渠道的影响，即平均因果中介效应（ACME）为 0.119，其对应 95% 的置信区间也在 0 之上，表明了中介效应的存在；而平均直接效应（ADE）为 0.241，相应的 95% 的置信区间也区别于 0。平均处理效应（ATE）为 0.360，同样在 5% 的水平上显著。中介效应占总效应的比例为 0.331，表明了特许权价值作为显性存款保险制度影响银行风险的渠道的重要性。

进一步，本书将放松处理变量和中介变量无交互效应的假设，允许 ACME 依赖于处理状态，使用式（16）替代式（15）进行再次估计。表 9-4 的（2）—（3）列呈现了估计结果，$\bar{\delta}(1)=0.121$，$\bar{\delta}(0)=0.118$，但在统计意义上无显著区别，表明即使存在交互效应，下前面的估计依旧稳健。相对应地，其中介效应占比在 32.9%—33.8%。

表 9-4　　ACME，ADE 和 ATE 的估计结果

<table>
<tr><td rowspan="4">平均效应</td><td>(1)</td><td>(2)</td><td>(3)</td><td>(4)</td><td>(5)</td><td>(6)</td></tr>
<tr><td colspan="3">结果变量：NPL</td><td colspan="3">结果变量：ln_Z</td></tr>
<tr><td rowspan="2">无交互效应</td><td colspan="2">有交互效应</td><td rowspan="2">无交互效应</td><td colspan="2">有交互效应</td></tr>
<tr><td>t=1</td><td>t=0</td><td>t=1</td><td>t=0</td></tr>
<tr><td rowspan="2">ACME
$\bar{\delta}$ (t)</td><td>0.119</td><td>0.121</td><td>0.118</td><td>-0.123</td><td>-0.214</td><td>-0.090</td></tr>
<tr><td>[0.053, 0.201]</td><td>[0.051, 0.202]</td><td>[0.049, 0.212]</td><td>[-0.203, -0.058]</td><td>[-0.355, -0.104]</td><td>[-0.161, -0.032]</td></tr>
<tr><td rowspan="2">ADE
$\bar{\xi}$ (t)</td><td>0.241</td><td>0.241</td><td>0.238</td><td>-0.355</td><td>-0.343</td><td>-0.219</td></tr>
<tr><td>[0.079, 0.405]</td><td>[0.081, 0.418]</td><td>[0.051, 0.429]</td><td>[-0.572, -0.135]</td><td>[-0.562, -0.123]</td><td>[-0.453, 0.000]</td></tr>
<tr><td rowspan="2">ATE
$\bar{\tau}$ (t)</td><td>0.360</td><td colspan="2">0.359</td><td>-0.478</td><td colspan="2">-0.433</td></tr>
<tr><td>[0.166, 0.554]</td><td colspan="2">[0.167, 0.565]</td><td>[-0.701, -0.259]</td><td colspan="2">[-0.665, -0.198]</td></tr>
</table>

续表

平均效应	(1)	(2)	(3)	(4)	(5)	(6)
	结果变量：NPL			结果变量：ln_Z		
	无交互效应	有交互效应		无交互效应	有交互效应	
		t=1	t=0		t=1	t=0
中介效应比例 ν（t）[①]	0.331	0.338	0.329	0.258	0.495	0.209
	[0.214，0.716]	[0.214，0.723]	[0.208，0.705]	[0.176，0.477]	[0.321，1.077]	[0.135，0.454]

注：（1）列（1）—（3）结果变量为NPL，列（4）—（6）结果变量为ln_Z；（2）表格中的数字为其点估计值，其下方括号内为点估计值对应的95%置信区间；（3）其置信区间基于准贝叶斯蒙特卡罗近似通过分位数法得到。

同时当结果变量采用ln_Z时，其结果与前述基本一致。在无交互效应假设下，ACME为-0.123，表明显性存款保险制度通过特许权价值提高了银行风险，对应的中介效应的比例为25.8%。在放宽交互效应假设下，$\bar{\delta}$（1）虽然大于$\bar{\delta}$（0），但其95%的置信区间仍有交叉，因此在统计意义上并无显著区别。

综上可以看出，特许权价值确实是显性存款保险制度影响银行风险的一个重要中介机制，即显性存款保险通过降低银行的特许权价值，从而引致银行具有更高的风险动机，造成银行风险的上升。且无论是否存在处理变量和中介变量的交互效应，特许权价值的ACME都是显著的，平均因果中介效应占总效应的比例在1/4—1/3之间。

二、敏感性分析：对于序列可忽略性假设的检验

如前文所言，上文估计结果是基于序列可忽略性假设和无交互效应假设的基础上所得到的，当放松了无交互效应假设后，其结果与之前基本一

---

① 中介效应比例定义为：无交互效应时为：$\nu \equiv \frac{\{\bar{\delta}(0)+\bar{\delta}(1)\}/2}{\bar{\tau}}$；存在交互效应时为：$\nu(t) \equiv \frac{\bar{\delta}(t)}{\bar{\tau}(t)}$。

致，表明特许权价值的确是显性存款保险制度影响银行风险的重要机制。然而这一估计结果仍然依赖于中介变量可忽略性假设——这是一个很强的假设，因为银行的特许权价值和风险往往并不是相互独立的。一般来说，特许权价值高的银行其风险反而小；或者如果存在除特许权价值外未观察到的机制作用于银行风险，那么就有可能违背了中介变量可忽略性的假设，估计出的 ACME 将与未观察到的影响机制相混淆，就可能无法做出准确的因果推断。重要的是，中介变量可忽略性假设是不可辩驳的，因为它不能用观测数据直接进行检验。而敏感性分析则是解决不可辨驳假设合理性的一种有效方法。

据此，为了理解本书的估计结果对于这种偏差的稳健性，这一部分将进行如下敏感性分析。在序列可忽略性假设下，模型（14）和模型（15）中的干扰项的相关系数 ρ 值为 0。本文通过给定 ρ 值来放宽 ρ =0 的假设，然后在非零相关性条件下，根据模型（14）、（15）估计出 ACME。图 9 -6 和图 9 -7 显示了在无交互效应假设下 ACME 与 ρ 的关系，其中实线表示 ACME，而阴影区域为自抽样法（bootstrap）得到的 95% 的置信区间。此外，在 ρ =0 处的 ACME 与表 9 -4 中所示的 ACME 估计值相对应，例如，图9 -6 中，当 ρ =0 时，ACME =0. 119；图 9 -7 中，当 ρ =0 时，ACME = -0. 123。

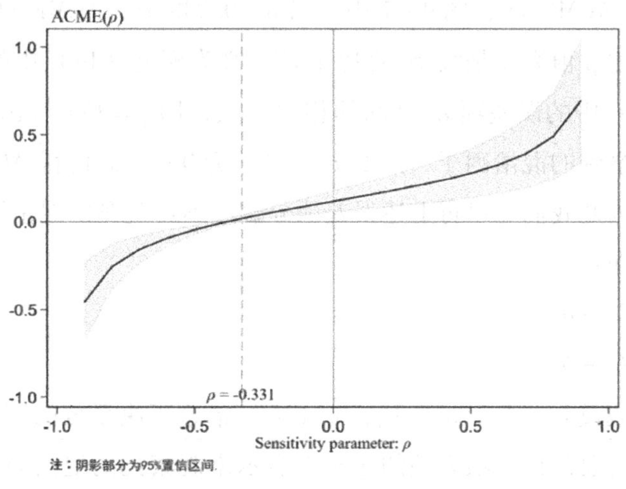

图 9 -6　敏感性分析（结果变量：NPL）

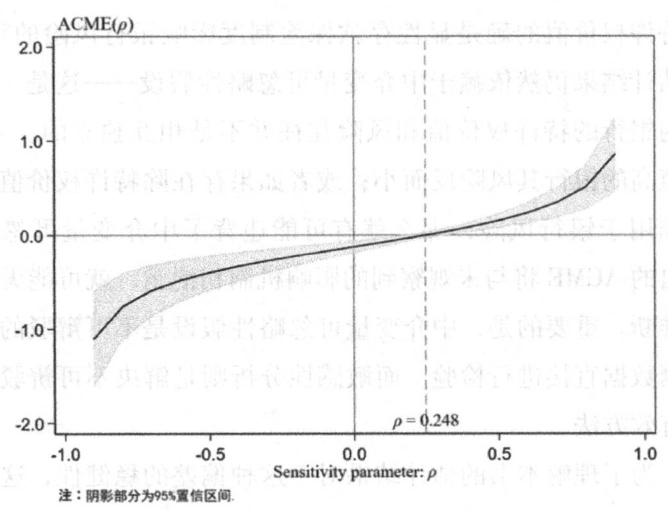

注：阴影部分为95%置信区间.

图 9－7　敏感性分析（结果变量：ln_Z）

敏感性分析的目的是告诉人们究竟 ρ 值必须多大，才能使中介效应为0。如果一个很小的 ρ 值就会导致 ACME 有很大的变动，或者变得从统计意义上与 0 无显著区别，那么表明本文的研究对于违反序列可忽略性非常敏感。相反，如果当 ACME（ρ）=0 时的 ρ 值很大，则表明即使本文研究存在未观察到的混淆因子，一定程度上违反了序列可忽略性假设，但是进行因果推断的证据仍然是有效的，结论仍然是稳健的。图 9－6 中，当 ρ = －0.331 时，ACME =0；图 9－7 中，当 ρ =0.248 时，ACME =0。

那么上述 ρ 值究竟是大是小呢？ρ 值定义为模型（14）中的误差项 ε_{2i} 和模型（15）中的误差项 ε_{3i} 之间的相关系数，即 $\rho \equiv Corr(\varepsilon_{2i}, \varepsilon_{3i})$。如果存在未观察到的混淆因子，那么 ρ 值将不为 0，从而使得 ACME 的估计结果有偏。因此我们可以将上述误差项分解成不可观测的混淆因子 U_i 以及其他部分，即：

$$\varepsilon_{i2} = \vartheta_2 U_i + \partial_{i2}$$

$$\varepsilon_{i3} = \vartheta_3 U_i + \partial_{i3}$$

此外，假设 $\partial_{i2} \perp U_i$，$\partial_{i3} \perp U_i$，$\partial_{i2} \perp \partial_{i3}$。借鉴可决系数的原理，通过混淆因子方差占总的误差项方差的比例来表示未观察到的混淆因子的影响大小，即：

$$R_M^2 \equiv 1 - \frac{\text{Var}(\eth_{i2})}{\text{Var}(\varepsilon_{i2})}$$

$$R_Y^2 \equiv 1 - \frac{\text{Var}(\eth_{i3})}{\text{Var}(\varepsilon_{i3})}$$

其中，R_M^2 表示中介变量为被解释变量的模型［模型（14）］中，未观察到的混淆因子方差占误差项 ε_{2i} 方差的比例；R_Y^2 表示结果变量为被解释变量的模型［模型（15）］中，未观察到的混淆因子方差占误差项 ε_{3i} 方差的比例。整理可得，$\rho^2 = R_M^2 R_Y^2$①。

在图 9－6 中，我们得到的 ρ 值为 －0.331，这就代表如果本文模型存在着未观察到的混淆因子，那么在至少一个模型中这个混淆因子的方差占误差项方差的比例不低于 0.331。从表 9－3 第（1）、（2）列可知，模型（14）、（15）的 adj－R^2 分别为 0.277、0.335，则其相应误差项的可决系数为 0.723、0.665，乘以 0.331 就得到了未观察到的混淆因子方差占模型总方差的比例（也即混淆因子对于模型的解释力）为：0.239、0.220。我们使用了 10 个左右的变量对于模型的解释能力不过才 0.277、0.335，而如果存在一个未观察到的混淆因子，其对模型的解释力与 10 个变量合起来的解释力相当，那么我们的估计才可能是有偏的。事实上，几乎不存在着这样一个混淆因子。

此外，敏感性分析不但能量化对于违反序列可忽略性假设的敏感程度，而且可以使人们了解对于 ACME 的估计中潜在偏差的方向。以图 9－6 为例，如果真实的 ρ 值大于 0，那么本文所估计的 ACME 就被低估了；而如果真实的 ρ 值小于 0，则高估了 ACME。在本文的研究中，模型（14）中的 ε_{2i} 包括了除所有控制变量外影响特许权价值的因素，而模型（15）中 ε_{3i} 则包括了除了特许权价值和其他所有控制变量外影响银行风险的因素。如果 ε_{2i} 和 ε_{3i} 中存在着未观察到的、影响中介变量和结果变量的因素，例如，具有稳健经营风格的银行往往特许权价值（M_i）较高，而风险（Y_i）

① 详细推导见本章后附录 9－6。

又较小，这将可能导致 ρ<0，将导致本文过高地估计了 ACME①。

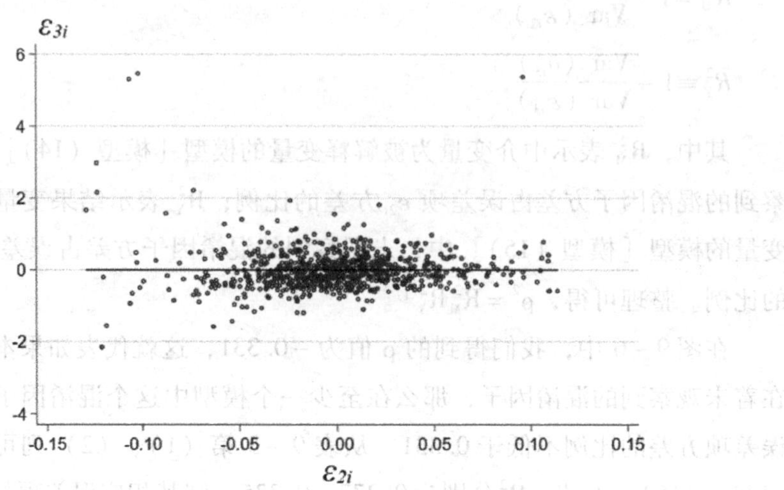

图 9-8 $\hat{\varepsilon}_{3i}$，$\hat{\varepsilon}_{2i}$散点图（结果变量：NPL）

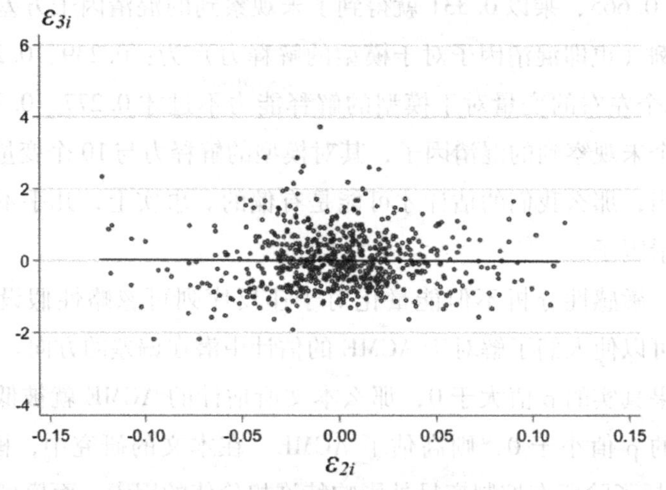

图 9-9 $\hat{\varepsilon}_{3i}$，$\hat{\varepsilon}_{2i}$散点图（结果变量：ln_Z）

为了进一步研究误差项之间的符号和相关性，鉴于总体误差是不可观测的，这里将考虑样本误差的情况。图 9-8 和图 9-9 显示了以残差 $\hat{\varepsilon}_{2i}$ 为横轴，以残差 $\hat{\varepsilon}_{3i}$ 为纵轴的散点图，图中的实线表示二者的线性拟合，可以

---

① 关于 ρ 值的大小亦可参照类似的文献。Carpena 等（2020）研究了金融教育影响家庭金融行为的因果中介机制，其研究表明家庭对于金融的态度是一种重要的中介机制，而对态度进行敏感性分析时，相应的 ρ 值为 0.231，从而得到金融教育取得成功的重要机制。

看出，样本的残差 $\hat{\varepsilon}_{3i}$，$\hat{\varepsilon}_{2i}$之间的相关性都为0[①]。这一定程度上支持了序列可忽略性假设的正确性，表明之前估计结果的稳健性。

三、半参数估计：对于线性模型假设的稳健性检验

对于上述估计结果，除了序列可忽略性假设之外，另一个潜在的假设就是线性模型的设定是正确的，特别是关键的中介变量与结果变量应该是线性关系。从本文特许权价值影响银行风险的理论模型可知，特许权价值与银行风险的关系可能并不是完全的线性关系，具体来说，特许权价值越大，银行对于其风险自我约束效应越强；特许权价值越小，其自我约束效应越小，当小到一定程度时，特许权价值将不具有自我约束效应。那么通过系数乘积法估计的ACME（表9－4）就可能是有偏的。

而因果中介分析的一般方法则允许通过半参数或非参数估计的模型设定来放宽变量之间线性关系的假设。基于此，本节将设立如下模型（17）来替代模型（15），通过广义相加模型（Generalized Additive Models）来重新估计平均因果中介效应。

$$Y_i = \alpha_3 + \beta_3 T_i + s(M_i) + \xi_3 X_i + \varepsilon_{3i} \tag{17}$$

其中，s（M_i）是一个光滑且可能是非线性的函数，本节将根据样本数据对其进行非参数估计，当s（M_i）＝γM_i即为模型（15）。此外，本文将采用模型（18）替代模型（15）来放宽无交互效应假设。

$$Y_i = \alpha_3 + \beta_3 T_i + s_0(M_i) T_i + s_1(M_i)(1 - T_i) + \xi_3 X_i + \varepsilon_{3i} \tag{18}$$

上述模型的估计结果如表9－5所呈现[②]。第（1）列中，结果变量为NPL，在无交互效应假设情况下，显性存款保险制度对于银行风险通过特许权价值的渠道的ACME为0.122，且其对应95%的置信区间也在0之上，而表9－4中ACME的估计值0.119，两者相差不大；而ADE的估计值0.245，ATE的估计值为0.366，均与表9－4的估计结果相差不大。从本

---

① 图9－8、图9－9中样本的残差 $\hat{\varepsilon}_{3i}$，$\hat{\varepsilon}_{2i}$，的相关系数分别为9.61×10^{-15}、2.71×10^{-15}，几乎为0。

② 平滑函数s（M_i）的与M_i的关系的图像如本章后附录9－3所示。

章后附录 9－3 中可以看出当结果变量为 NPL，BCV 为中介变量时，函数 s（BCV）与 BCV 具有很强的线性关系，因此这样相近的结果并不意外。第（2）、（3）列放松了处理变量和中介变量无交互效应的假设，$\bar{\delta}(1)=0.196$，$\bar{\delta}(0)=0.077$，虽然两者差异较大，但其对应 95% 的置信区间均在 0 之上，表明 ACME 的大小依赖于处理状态，即实施显性存款保险制度后，通过特许权价值影响银行风险的效应变得更强。

第（4）—（6）列显示的是结果变量为 ln_Z 时的估计结果，其结果基本上与表 9－4 估计结果一致。虽然 ADE 和 ATE 估计结果的 95% 置信区间均跨越了 0，但这并不影响 ACME 估计的稳健性。总的来说，在模型（15）中，对于银行风险与特许权价值线性关系的假设对于前文的推断影响不大，再次表明了特许权价值作为显性存款保险制度影响银行风险的渠道的重要性。

表 9－5　　ACME、ADE 和 ATE 的半参数估计结果

平均效应	(1)	(2)	(3)	(4)	(5)	(6)
	结果变量：NPL			结果变量：ln_Z		
	无交互效应	有交互效应		无交互效应	有交互效应	
		t＝1	t＝0		t＝1	t＝0
ACME	0.122	0.196	0.077	－0.127	－0.237	－0.061
$\bar{\delta}$（t）	[0.043, 0.210]	[0.077, 0.330]	[0.025, 0.150]	[－0.203, －0.060]	[－0.372, －0.060]	[－0.110, －0.020]
ADE	0.245	1.115	0.996	－0.370	－0.983	－0.807
$\bar{\xi}$（t）	[0.079, 0.410]	[－0.699, 2.130]	[－0.857, 2.030]	[－0.551, －0.160]	[－5.202, 0.060]	[－5.206, 0.150]
ATE	0.366	1.192		－0.497	－1.044	
$\bar{\tau}$（t）	[0.171, 0.570]	[－0.609, 2.190]		[－0.684, －0.290]	[－5.251, 0.020]	
中介效应比例 ν（t）	0.332	0.165	0.065	0.255	0.227	0.059
	[0.148, 0.600]	[－0.168, 0.570]	[－0.068, 0.290]	[0.147, 0.520]	[－0.153, 0.790]	[－0.046, 0.190]

注：（1）表格中的数字为其点估计值，其下方括号内为点估计值对应的 95% 置信区间；（2）其置信区间基于非参数 Bootstrap 通过分位数法得到。

综上所述，本文通过因果中介分析的一般方法研究了显性存款保险制度通过特许权价值影响银行风险的因果中介传导机制，得到了其平均因果中介效应的估计值，不论结果变量为不良贷款率（NPL）还是Z值的自然对数值（ln_Z），特许权价值（BCV）作为中介变量，其ACME的估计结果均具有统计意义。即使在放宽了处理变量和中介变量无交互效应的假设、结果变量与中介变量线性关系假设后，ACME的估计结果依然显著。表明了特许权价值确实是显性存款保险制度影响银行风险的一个重要机制，即显性存款保险实施后，减少了对于银行的保护，削弱了原本由隐性存款保险带给银行的特许权价值，从而引致银行具有更高的风险动机，造成银行风险的上升。

第五节　进一步的研究

一、是否还存在其他显性存款保险影响银行风险的因果中介机制

显性存款保险制度影响银行的风险是否存在其他因果中介机制？郭晔和赵静（2017）采用双重差分法（DID）研究了中国存款保险制度对银行个体风险的影响和作用机制，她们认为银行杠杆率越高，第一大股东持股比例越高，存款保险制度导致的道德风险问题越严重。那么杠杆率、第一大股东持股比例是否是存款保险制度产生风险的因果中介机制呢？探究这个问题的意义在于，如果说杠杆率和股权结构实际上并非存款保险产生道德风险的中介机制（传导机制），那么其相应的银行业“去杠杆”、加大“混改”等以完善银行治理的政策建议就完全失去了意义。

这里将分别将第一大股东持股比例（S1）和杠杆率（Lev）作为中介变量，同样以NPL和ln_Z作为结果变量，进行因果中介分析，其估计结果如表9－6所示。第（1）列中结果变量为NPL，中介变量为S1，其AC-

ME的估计值为0.004，95%的置信区间包含了0，表明在5%的显著性水平上ACME的估计值与0无显著区别，相应的平均中介效应占总效应的比例不足2%。第（2）列中的中介变量为Lev，其ACME的估计值为-0.024，同样在5%的显著性水平上与0无显著区别。第（3）、（4）列的结果变量均为ln_Z，结果与前两列基本一致。

表9-6　其他因果中介机制的探索

平均效应	(1) 结果变量：NPL 中介变量：S1	(2) 结果变量：NPL 中介变量：Lev	(3) 结果变量：ln_Z 中介变量：S1	(4) 结果变量：ln_Z 中介变量：Lev
ACME	0.004	-0.024	0.005	0.028
$\bar{\delta}$（t）	[-0.008，0.022]	[-0.064，0.002]	[-0.008，0.028]	[-0.011，0.076]
ADE	0.241	0.241	-0.355	-0.355
$\bar{\xi}$（t）	[0.079，0.405]	[0.079，0.405]	[-0.572，-0.135]	[-0.572，-0.135]
ATE	0.246	0.217	-0.349	-0.327
$\bar{\tau}$（t）	[0.078，0.415]	[0.056，0.378]	[-0.573，-0.130]	[-0.561，-0.100]
中介效应	0.018	-0.109	-0.015	-0.084
比例ν（t）	[0.011，0.056]	[-0.395，-0.062]	[-0.040，-0.009]	[-0.276，-0.049]

注：（1）表格中的数字为其点估计值，其下方括号内为点估计值对应的95%置信区间；（2）其置信区间基于准贝叶斯蒙特卡罗近似通过分位数法得到。

那么是否存在未观察到的因素使得ρ值不为0，从而导致本节的估计结果有偏，低估了S1和Lev的平均因果中介效应？同样，我们对于上述结果进行了敏感性分析，图9-10和图9-11展示了表9-6中第（1）、（2）列敏感性分析的结果①。中介变量为S1的敏感性分析如图9-10所示，当ρ=-0.069时，ACME=0，表明该模型对于违反序列可忽略性非常敏感，同时ACME曲线的95%置信区间始终包含着0，因此即使不存在使得ρ值

① 表9-6中第（3）、（4）列的敏感性分析参看本章后附录9-5，其结果与图9-8、图9-9基本一致。

非零的混淆因子，ACME 的估计仍然与 0 无显著区别。图 9 - 11 展示了中介变量为 Lev 时的敏感性分析，其结果基本与图 9 - 10 相同。

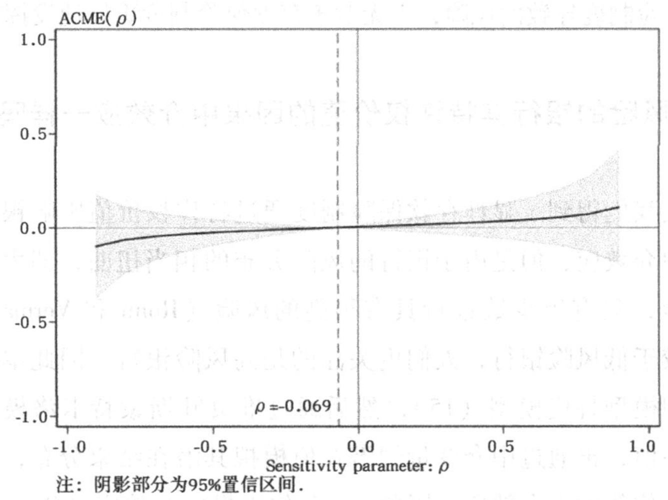

图 9 - 10　敏感性分析（中介变量：S1）

注：结果变量为 NPL。

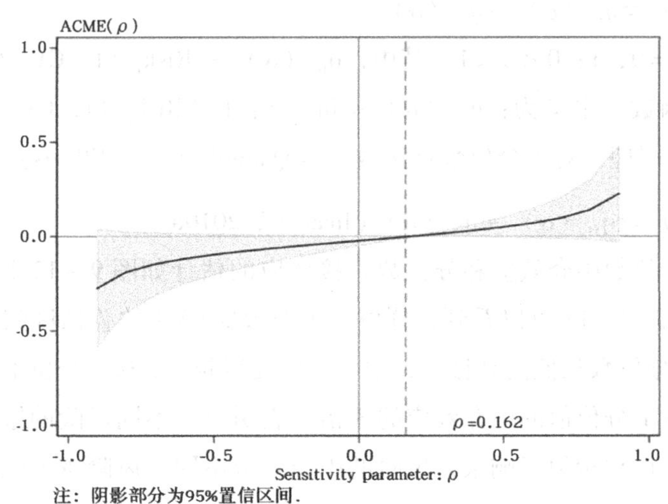

图 9 - 11　敏感性分析（中介变量：Lev）

注：结果变量为 NPL。

综上表明，在 95% 的置信水平下，股权结构和杠杆率确实并不是存款保险制度使银行风险提高的因果中介机制。这意味着：或许加大“混改”

力度以完善中国银行治理和推进银行业的“去杠杆化”可以降低银行风险，但关键的问题在于这些政策建议“打偏了对象”——其既未能降低特定的由显性存款保险制度导致的风险，也无益于存款保险制度更好地发挥作用。

二、不同风险的银行其特许权价值的因果中介效应一样吗

在前文我们得到了显性存款保险制度通过特许权价值影响银行风险的平均因果中介效应，但是由于银行的风险分布的相当扭曲，即大多数银行都相对安全，只有极少数银行具有很高的风险（Ronn 和 Verma，1986）；此外，相较于低风险银行，人们更关注的是高风险银行。因此本节将采用分位数回归模型替代模型（15），然后通过准贝叶斯蒙特卡洛模拟其中介变量的潜在值，再通过中介变量的潜在值模拟其潜在结果分布，从而计算某个特定分位值的中介效应，因此 α - 分位因果中介效应（Quantile Causal Mediation Effects）定义为：

$$\tilde{\delta}_{\alpha}(t) \equiv q_{t1}(\alpha) - q_{t0}(\alpha)$$

对于 $t=0, 1$；$0<\alpha<1$。其中，$q_{tt'}(\alpha)$ 为 $Risk_i(t, CV_i(t'))$ 分布的分位数函数，定义为：$q_{tt'}(\alpha) \equiv \inf\{y: F(Risk_i(t, CV_i(t')))\leqslant y)\geqslant\alpha\}$。同理，对于分位数直接效应（Quantile Direct Effects）可以定义为：$\tilde{\xi}_{\alpha}(t) \equiv q_{1t}(\alpha) - q_{0t}(\alpha)$（Imai 等，2010a）。

对于分位数中介效应和分位数直接效应的估计如图 9 - 12 和图 9 - 13 所示[①]。从图 9 - 12 可以看到，分位数中介效应 95% 的置信区间始终高于 0，且随着分位数从低向高移动，中介效应变得越大，0.9 分位值的中介效应将近是 0.1 分位值的中介效应的 3 倍。表明对于不同风险的银行，存款保险通过特许权价值影响银行风险的中介效应不同。风险越大的银行，特许权价值的影响机制就越强烈。而对于图 9 - 13 所示的分位数直接效应，虽然其 95% 的置信区间始终高于 0，具有统计意义，但却在各分位数之间没有单调的规律。

---

① 其具体估计值及分位数总效应的估计结果如本章后附录 9 - 4 所示。

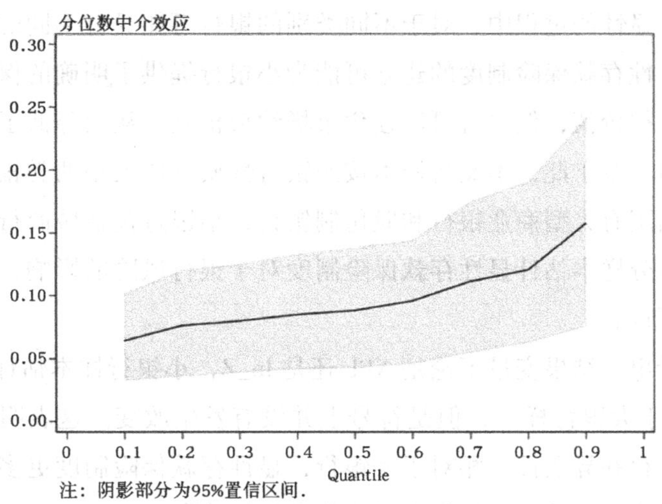

图 9－12　分位数中介效应

注：结果变量为 NPL。

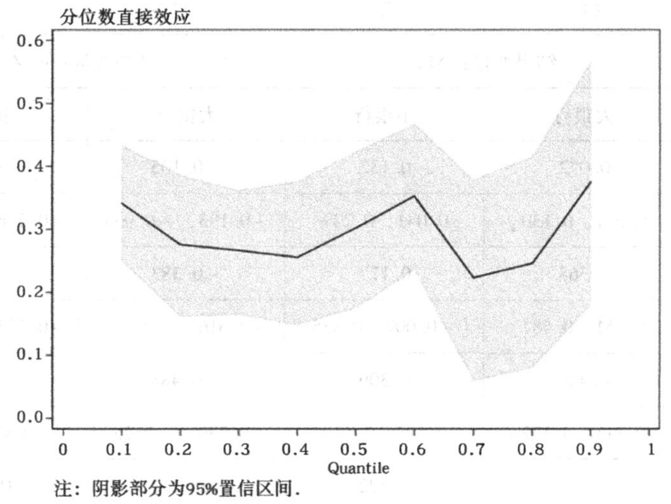

图 9－13　分位数直接效应

注：结果变量为 NPL。

三、不同类别银行其特许权价值的因果中介效应

由于不同类别的银行处于金融安全网的不同位置，而存款保险制度由

隐性转变成显性的过程中，对于不同类别的银行可能具有不同的影响。具体来说，显性存款保险制度的建立可能为小银行提供了明确的保障，从而提高其特许权价值；但也有可能强化市场约束机制，从而降低了小银行的特许权价值。鉴于此，本文将样本按照银行性质分成大小两类银行，其中大银行包括国有大型商业银行和股份制银行，小银行包括城商行和农村类银行。然后分样本估计显性存款保险制度对于银行风险的影响，相应结果如表9－7所示。

可以看出，结果变量不论是NPL还是ln_Z，小银行样本估计出的ACME都要强于大银行样本，但是符号上并没有发生改变。这表明不同类别的银行确实存在异质性，相对于大银行，显性存款保险制度更多地降低了小银行的特许权价值，从而提高了这些银行的风险。

表9－7　不同类别银行的因果中介效应估计

平均效应	(1)	(2)	(3)	(4)
	结果变量：NPL		结果变量：ln_Z	
	大银行	小银行	大银行	小银行
ACME	0.072	0.132	－0.105	－0.139
$\bar{\delta}$ (t)	[0.021，0.130]	[0.041，0.227]	[－0.193，－0.034]	[－0.246，－0.054]
ADE	0.368	0.177	－0.383	－0.277
$\bar{\xi}$ (t)	[0.251，0.487]	[－0.007，0.335]	[－0.616，－0.147]	[－0.525，－0.036]
ATE	0.440	0.309	－0.488	－0.416
$\bar{\tau}$ (t)	[0.311，0.572]	[0.107，0.519]	[－0.730，－0.253]	[－0.662，－0.166]
中介效应	0.163	0.422	0.216	0.335
比例 ν (t)	[0.126，0.232]	[0.254，1.233]	[0.144，0.417]	[0.210，0.832]

同时本文对上述估计过程进行了敏感性分析，其结果呈现在图9－14—图9－17。可以看出，相应的ρ值都比较大，表明模型对于违反序列可忽略性不敏感，即使存在不可观察的因素对银行风险与特许权价值有影响，其估计结果仍然是稳健的。

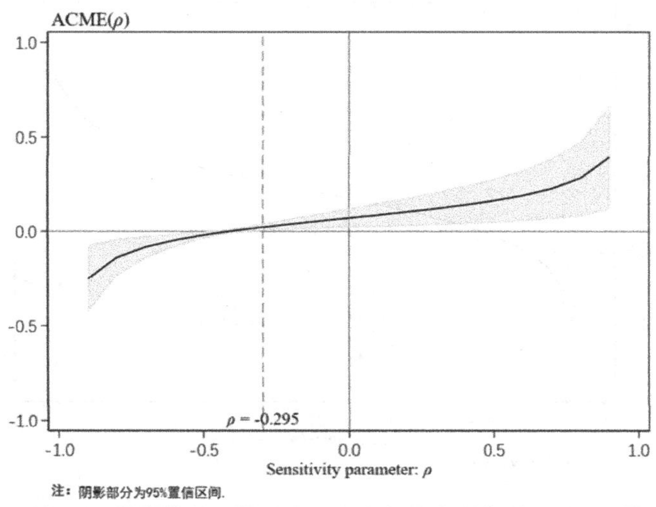

图9-14 敏感性分析（样本：大银行，结果变量：NPL）

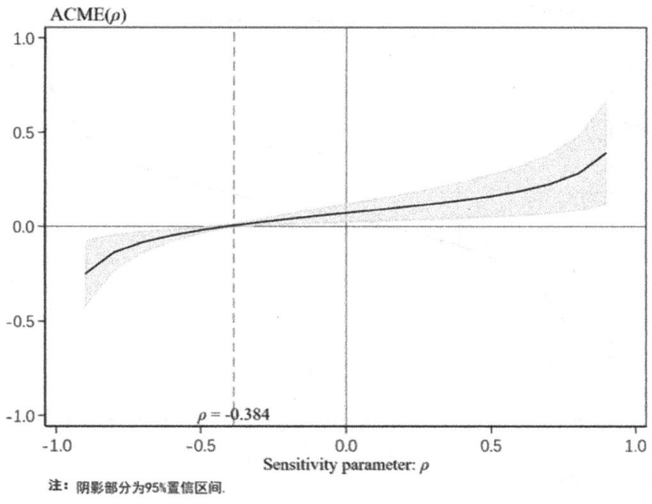

图9-15 敏感性分析（样本：小银行，结果变量：NPL）

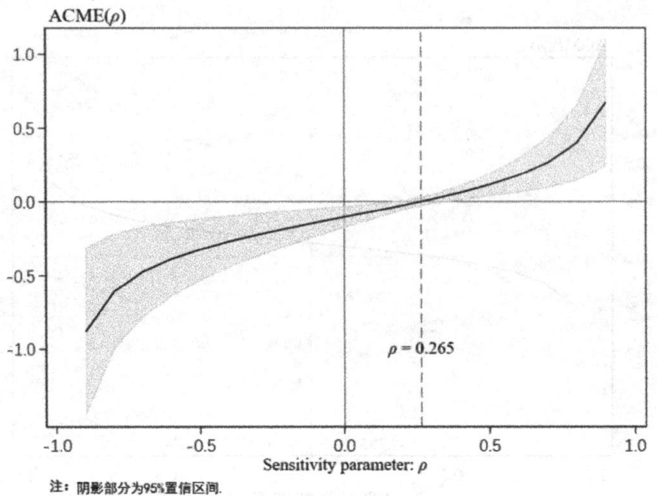

图9－16　敏感性分析（样本：大银行，结果变量：ln_Z）

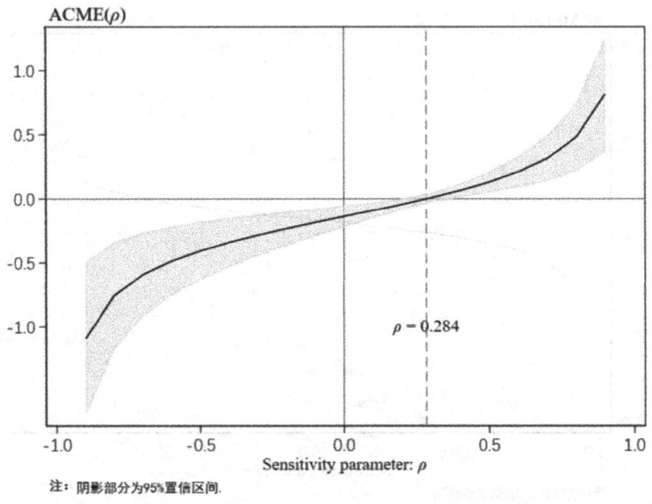

图9－17　敏感性分析（样本：小银行，结果变量：ln_Z）

第六节　本章小结

存款保险制度是金融安全网的三大支柱之一，也是保护存款人利益的重要制度安排。中国建立存款保险制度的目的之一就是促进银行等金融机构审慎稳健经营，及时防范和化解金融风险，维护金融稳定，以利于进一步的金融改革深化。然而已有的研究表明存款保险制度的实施显著增加了中国银行机构的风险，这显然与存款保险实施的初衷是相悖的。尤其是，完全隐性保险转变为有限的显性存款保险制度，银行受到的保护将减少而非增加，而显性存款保险制度可以更好发挥市场约束作用；加之中国存款保险制度实行风险差别费率；以及近年来对于银行日趋严格的监管，都有利于银行风险的降低，而事实上银行机构的风险却上升了。这些都表明存款保险制度导致银行风险上升的主要原因更多的是银行内部因素，而非外部因素。此外，目前常用的对于政策处理效应的估计方法（如双重差分法）只能够提供两者是否存在因果关系的“黑箱子”观点，而无法回答其因果机制到底为何，影响多大等问题。

鉴于此，本文基于存款保险制度推出前后中国 119 家银行 2009—2017 年的微观数据，结合中国存款保险制度从完全隐性转变成有限显性的特殊背景，提出存款保险影响银行风险的特许权价值中介机制模型，并采用因果中介分析的一般方法，试图超越传统因果推断中的平均处理效应（ATE），更细致地探讨存款保险通过十分重要的特许权价值这一特定机制影响银行风险的平均因果中介效应（ACME），研究发现：

特许权价值确实是存款保险制度影响银行风险的一个重要机制，即显性存款保险实施后，减少了对于银行的保护，削弱了原本由隐性存款保险带给银行的特许权价值，从而引致银行具有更高的风险动机，造成银行风险的上升。而且不论结果变量是不良贷款率还是 Z 值，特许权价值作为中介变量其平均因果中介效应的估计结果均显著。即使在放宽了处理变量和中介变量无交互效应的假设、结果变量与中介变量线性关系假设后，平均因果中介效应的估计结果依然显著。总的来说，平均中介效应占总效应的比例在1/4—1/3之间，表明了特许权价值确实是显性存款保险制度影响银行风险的一个重要机制。

而进一步对于存款保险制度影响银行风险的其他可能的因果机制的研究显示，既有文献指出的股权结构和杠杆率并不是显性存款保险制度使银行风险提高的因果中介机制。这意味着加大“混改”力度以完善中国银行机构治理和推进银行业的“去杠杆化”或许是可以降低银行风险，但这并未能降低由特定的显性存款保险导致的风险，这样做也无益于存款保险制度更好地发挥作用。当然，这并不能完全彻底地排除存在其他中介机制的可能性，对于存款保险制度影响银行风险机制的探究还有很大空间。

进一步对因果中介机制的研究还发现，对于不同风险的银行，显性存款保险通过特许权价值影响银行风险的中介效应的程度不同，风险越大的银行，特许权价值的影响机制就越强烈。而对于不同类别的银行的研究表明小银行的平均中介效应要强于大银行的。

本文的研究不仅有助于理解在中国，在由完全的隐性存款保险转变成有限显性存款保险的背景下，存款保险制度作用于银行风险的机制，而且具有重要的政策启示。

首先，应该重视特许权价值对于银行风险的自我约束机制，特别是在目前深化金融领域改革的背景下。在对银行业风险管理的过程中，监管当局的监管和市场约束得到了足够的重视。但问题是外部的监管变的越来越严，而银行的风险并没有得到同等程度的改善，表明外部监管的边际效应可能存在递减的规律。因此，在这个时候就更应该重视特许权价值对于银行风险的自我约束机制。在对银行风险管理的实践中，应兼顾外部监管和银行自我约束，保持银行业稳定发展，以利于进一步的金融领域改革深化。

其次，在由隐性存款保险转变为显性存款保险的特殊背景下，显性存款保险制度削弱特许权价值从而引起银行风险的上升是必经的改革阵痛。为此，商业银行应该稳健经营，积极创新提高自身特许权价值，以对冲存款保险制度的影响，从而利于金融业稳定，利于存款保险制度更好地发挥作用。存款保险制度使得问题银行市场化的退出机制得以建立，而银行一旦破产将失去其特许权价值，这样将更利于特许权价值机制发挥其自我约束效应。

最后，随着其他金融改革政策，如利率市场化的进一步推进，银行业对于民间资本的开放，允许外资银行更深程度进入中国市场等，都有可能进一步削弱银行特许权价值，从而可能使得银行风险上升。因此在深化改革的过程中，一定要关注十分重要的银行特许权价值的。

附录9-1　式（4）的推导

根据式(3)：$E' = VN(x') - \rho Be^{-r_f T}N(x' - \sigma_v\sqrt{T}) + CV \cdot e^{-r_f T}N(x' - \sigma_v\sqrt{T})$

其中 $x' \equiv \dfrac{\ln(V/\rho B) + (r_f + \sigma_v^2/2)T}{\sigma_v\sqrt{T}}$

将式（6）作简单变换，得：

$$E' = VN(d_1) - \rho Be^{-r_f T}N(d_2) + CV \cdot e^{-r_f T}N(d_2) \quad (\text{I})$$

其中，$d_1 = x' = \dfrac{\ln(V/\rho B) + (r_f + \sigma_v^2/2)T}{\sigma_v\sqrt{T}}$，$d_2 = x' - \sigma_v\sqrt{T} = \dfrac{\ln(V/\rho B) + (r_f - \sigma_v^2/2)T}{\sigma_v\sqrt{T}} = d_1 - \sigma_v\sqrt{T}$，$N(d_1) = \int_{-\infty}^{d_1}\dfrac{1}{\sqrt{2\pi}}e^{-\frac{u^2}{2}}du$，$N(d_2) = \int_{-\infty}^{d_2}\dfrac{1}{\sqrt{2\pi}}e^{-\frac{u^2}{2}}du.$

则：

$$\frac{\partial E'}{\partial \sigma_v} = V\frac{\partial N(d_1)}{\partial d_1} \cdot \frac{\partial d_1}{\partial \sigma_v} - \rho B \cdot e^{-r_f T}\frac{\partial N(d_2)}{\partial d_2} \cdot \frac{\partial d_2}{\partial \sigma_v} + CV \cdot e^{-r_f T}\frac{\partial N(d_2)}{\partial d_2} \cdot \frac{\partial d_2}{\partial \sigma_v} \quad (\text{II})$$

分别计算上式中的各项：

$$\frac{\partial N(d_1)}{\partial d_1} = \frac{1}{\sqrt{2\pi}}e^{-\frac{d_1^2}{2}}$$

$$=\frac{1}{\sqrt{2\pi}}e^{-\frac{(d_2+\sigma_v\sqrt{T})^2}{2}}$$

$$=\frac{1}{\sqrt{2\pi}}e^{-\frac{d_2^2}{2}}\cdot e^{-d_2\cdot\sigma_v\sqrt{T}}\cdot e^{-\frac{\sigma_v^2T}{2}}$$

$$=n(d_2)\cdot e^{-\ln\frac{V}{\rho B}-(r_f-\frac{\sigma_v^2}{2})T}\cdot e^{-\frac{\sigma_v^2T}{2}}$$

$$=\frac{\rho B}{V}\cdot e^{-r_fT}n(d_2) \tag{Ⅲ}$$

其中，n(·)表示标准正态分布函数。

$$\frac{\partial N(d_2)}{\partial d_2}=\frac{1}{\sqrt{2\pi}}e^{-\frac{d_2^2}{2}}=n(d_2) \tag{Ⅳ}$$

$$\frac{\partial d_1}{\partial\sigma_v}=\frac{\sigma_v^2T^{\frac{3}{2}}-\left[\ln\frac{V}{\rho B}+\left(r_f+\frac{\sigma_v^2}{2}\right)T\right]\sqrt{T}}{\sigma_v^2T} \tag{Ⅴ}$$

$$\frac{\partial d_2}{\partial\sigma_v}=\frac{\partial d_1}{\partial\sigma_v}-\sqrt{T}$$

$$=\frac{\sigma_v^2T^{\frac{3}{2}}-\left[\ln\frac{V}{\rho B}+\left(r_f+\frac{\sigma_v^2}{2}\right)T\right]\sqrt{T}}{\sigma_v^2T}-\sqrt{T}$$

$$=\frac{-\left[\ln\frac{V}{\rho B}+\left(r_f+\frac{\sigma_v^2}{2}\right)T\right]\sqrt{T}}{\sigma_v^2T} \tag{Ⅵ}$$

将式（Ⅲ）（Ⅳ）（Ⅴ）（Ⅵ）代入式（Ⅱ）得：

$$\frac{\partial E'}{\partial\sigma_v}=V\frac{\partial N(d_1)}{\partial d_1}\cdot\frac{\partial d_1}{\partial\sigma_v}-\rho B\cdot e^{-r_fT}\frac{\partial N(d_2)}{\partial d_2}\cdot\frac{\partial d_2}{\partial\sigma_v}+CV\cdot e^{-r_fT}\frac{\partial N(d_2)}{\partial d_2}\cdot\frac{\partial d_2}{\partial\sigma_v}$$

$$=V\cdot\frac{\rho B}{V}\cdot e^{-r_fT}n(d_2)\cdot\frac{\sigma_v^2T^{\frac{3}{2}}-\left[\ln\frac{V}{\rho B}+\left(r_f+\frac{\sigma_v^2}{2}\right)T\right]\sqrt{T}}{\sigma_v^2T}$$

$$-\rho B\cdot e^{-r_fT}\cdot n(d_2)\cdot\frac{-\left[\ln\frac{V}{\rho B}+\left(r_f+\frac{\sigma_v^2}{2}\right)T\right]\sqrt{T}}{\sigma_v^2T}$$

$$+CV\cdot e^{-r_fT}\cdot n(d_2)\cdot\frac{-\left[\ln\frac{V}{\rho B}+\left(r_f+\frac{\sigma_v^2}{2}\right)T\right]\sqrt{T}}{\sigma_v^2T}$$

$$=\rho B\cdot e^{-r_fT}\cdot n(d_2)\cdot\sqrt{T}+CV\cdot e^{-r_fT}\cdot n(d_2)$$

$$\cdot\frac{-d_1\sigma_v\sqrt{T}\cdot\sqrt{T}}{\sigma_v^2T}$$

$$=\rho B\sqrt{T}\cdot e^{-r_fT}\cdot n(d_2)-CV\cdot e^{-r_fT}\cdot n(d_2)\cdot\frac{d_1}{\sigma_v}\qquad(\text{Ⅶ})$$

以上即为正文中式（4）的推导结果。

附录9-2 式（11）的推导

$$\frac{\partial E''}{\partial\sigma_v}=\frac{\partial E'}{\partial\sigma_v}+\frac{\partial P}{\partial\sigma_v}$$

根据式（5）：$P=B_1e^{-r_fT}N\ (y+\sigma_v\sqrt{T})\ -\frac{VB_1}{B}N\ (y)$

将其变换为：$P=B_1e^{-r_fT}N\ (d_2)\ -\frac{VB_1}{B}N\ (d_1)$

其中，$d_1=y=\frac{\ln(B/V)-(r_f+\sigma_v^2/2)T}{\sigma_v\sqrt{T}},d_2=d_1+\sigma_v\sqrt{T}=\frac{\ln(B/V)-(r_f+\sigma_v^2/2)T}{\sigma_v\sqrt{T}};N(d_1)=\int_{-\infty}^{d_1}\frac{1}{\sqrt{2\pi}}e^{-\frac{u^2}{2}}du,N(d_2)=\int_{-\infty}^{d_2}\frac{1}{\sqrt{2\pi}}e^{-\frac{u^2}{2}}du.$

$$\frac{\partial P}{\partial\sigma_v}=B_1e^{-r_fT}\cdot\frac{\partial N(d_2)}{\partial d_2}\cdot\frac{\partial d_2}{\partial\sigma_v}-\frac{VB_1}{B}\cdot\frac{\partial N(d_1)}{\partial d_1}\cdot\frac{\partial d_1}{\partial\sigma_v}$$

$$\frac{\partial N(d_1)}{\partial d_1}=\frac{1}{\sqrt{2\pi}}e^{-\frac{d_1^2}{2}}$$

$$=\frac{1}{\sqrt{2\pi}}e^{-\frac{(d_2-\sigma_v^2\sqrt{T})^2}{2}}$$

$$=\frac{1}{\sqrt{2\pi}}e^{-\frac{d_2^2}{2}}\cdot e^{d_2\sigma_v\sqrt{T}}\cdot e^{-\frac{\sigma_v^2T}{2}}$$

$$=n(d_2)\cdot e^{\ln\frac{B}{V}-(r_f-\frac{\sigma_v^2}{2})T}\cdot e^{-\frac{\sigma_v^2T}{2}}$$

$$= \frac{B}{V} e^{-r_f T} \cdot n(d_2)$$

$$\frac{\partial N(d_2)}{\partial d_2} = \frac{1}{\sqrt{2\pi}} e^{-\frac{d_2^2}{2}} = n(d_2)$$

$$\frac{\partial d_2}{\partial \sigma_v} = \frac{\partial (d_1 + \sigma_v \sqrt{T})}{\partial \sigma_v} = \frac{\partial d_1}{\partial \sigma_v} + \sqrt{T}$$

$$\frac{\partial P}{\partial \sigma_v} = B_1 e^{-r_f T} \cdot \frac{\partial N(d_2)}{\partial d_2} \cdot \frac{\partial d_2}{\partial \sigma_v} - \frac{VB_1}{B} \cdot \frac{\partial N(d_1)}{\partial d_1} \cdot \frac{\partial d_1}{\partial \sigma_v}$$

$$= B_1 e^{-r_f T} \cdot n(d_2) \cdot (\frac{\partial d_1}{\partial \sigma_v} + \sqrt{T}) - \frac{VB_1}{B} \cdot \frac{B}{V} e^{-r_f T} \cdot n(d_2) \cdot \frac{\partial d_1}{\partial \sigma_v}$$

$$= B_1 \sqrt{T} e^{-r_f T} \cdot n(d_2)$$

$$\frac{\partial E''}{\partial \sigma_v} = \frac{\partial E'}{\partial \sigma_v} + \frac{\partial P}{\partial \sigma_v}$$

$$= \rho B \sqrt{T} \cdot e^{-r_f T} \cdot n(x' - \sigma_v \sqrt{T}) - CV \cdot e^{-r_f T} \cdot n(x' - \sigma_v \sqrt{T}) \cdot \frac{d_1}{\sigma_v}$$

$$+ B_1 \sqrt{T} e^{-r_f T} \cdot n(y + \sigma_v \sqrt{T})$$

附录9－3　模型（17）（18）中平滑函数 s（M_i）

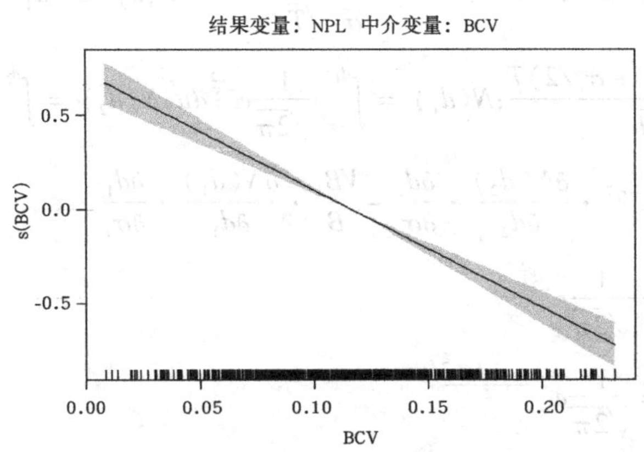

无交互效应假设、结果变量为 NPL

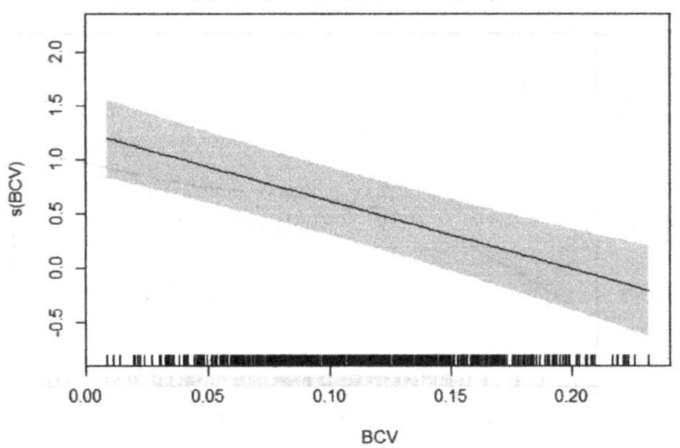

存在交互效应（T=1）、结果变量为 NPL

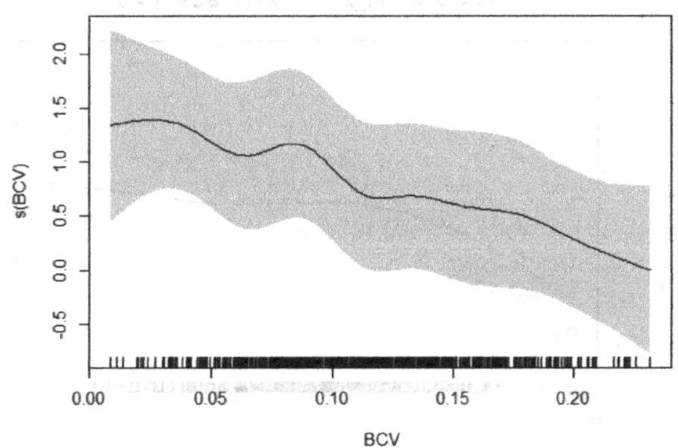

存在交互效应（T=0）、结果变量为 NPL

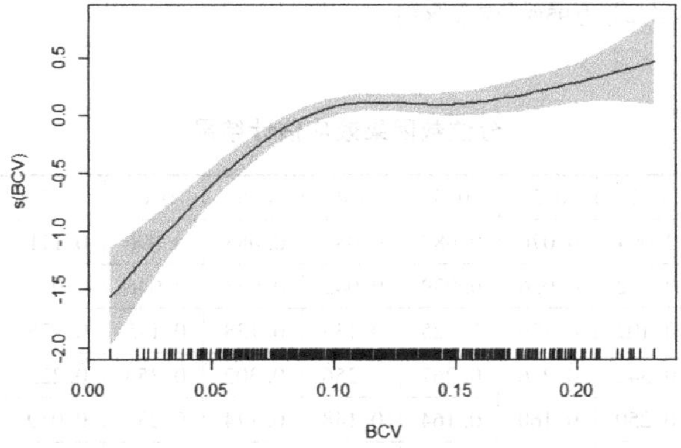

无交互效应假设、结果变量为 ln_Z

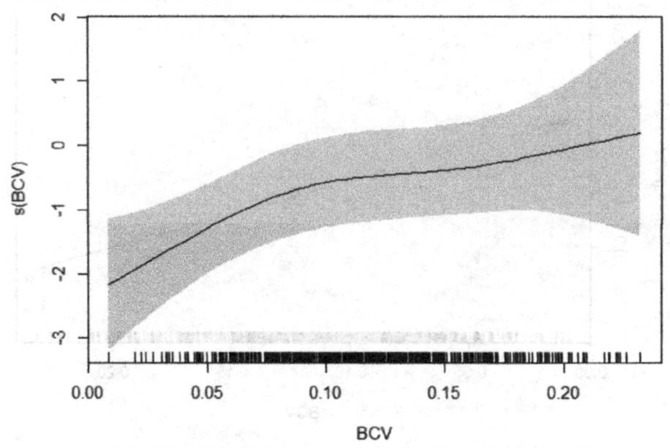

存在交互效应（T=1）、结果变量为 ln_Z

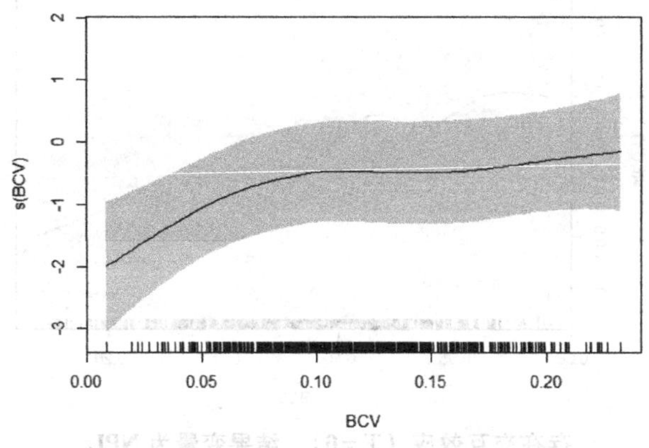

存在交互效应（T=0）、结果变量为 ln_Z

注：阴影部分为95%的置信区间。

附录9-4

分位数因果效应估计结果

Quantile	0.1	0.2	0.3	0.4	0.5	0.6	0.7	0.8	0.9
Mediation Effect	0.064	0.076	0.080	0.085	0.088	0.096	0.111	0.120	0.158
95% CI lower	0.032	0.036	0.039	0.042	0.043	0.046	0.055	0.063	0.075
95% CI upper	0.102	0.120	0.125	0.133	0.138	0.145	0.175	0.191	0.241
Direct Effect	0.342	0.276	0.267	0.256	0.302	0.353	0.223	0.246	0.375
95% CI lower	0.250	0.160	0.164	0.148	0.174	0.235	0.059	0.080	0.178
95% CI upper	0.435	0.386	0.362	0.376	0.424	0.469	0.379	0.417	0.567

续表

Quantile	0.1	0.2	0.3	0.4	0.5	0.6	0.7	0.8	0.9
Total Effect	0.407	0.344	0.344	0.337	0.389	0.442	0.334	0.363	0.521
95% CI lower	0.308	0.219	0.240	0.223	0.255	0.313	0.165	0.207	0.318
95% CI upper	0.510	0.461	0.442	0.456	0.519	0.574	0.492	0.535	0.738

注：（1）结果变量为NPL，中介变量为BCV；（2）其95%的置信区间基于准贝叶斯蒙特卡罗近似通过分位数法得到。

附录9-5　表9-6中第（3）、（4）列的敏感性分析

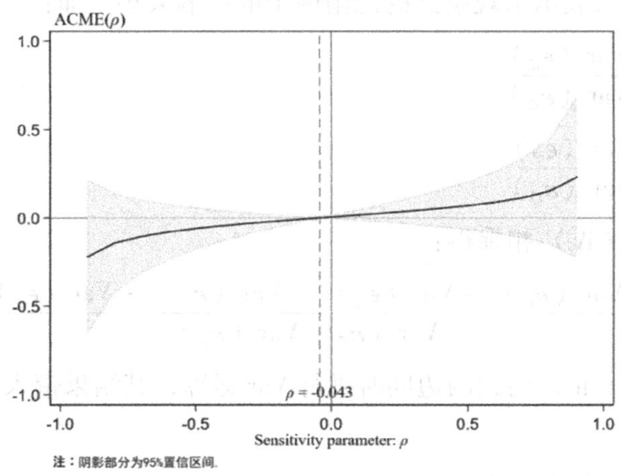

敏感性分析（中介变量：S1）

注：结果变量为ln_Z。

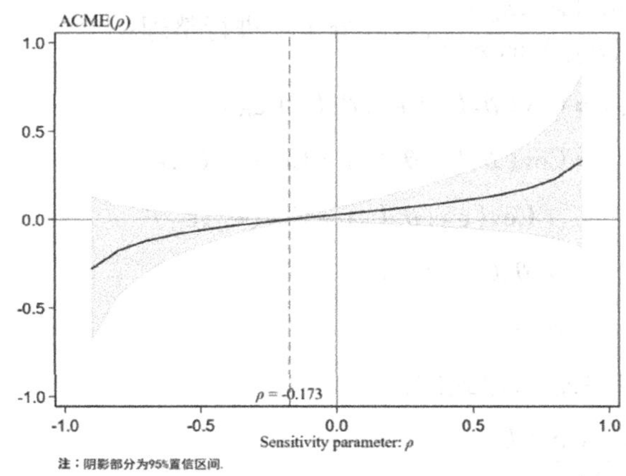

敏感性分析（中介变量：Lev）

注：结果变量为ln_Z。

附录9-6

将模型（14）、模型（15）中的误差项分解成不可观测的混淆因子 U_i 以及其他部分，即：

$$\varepsilon_{i2} = \vartheta_2 U_i + \epsilon_{i2} \quad (\text{I})$$

$$\varepsilon_{i3} = \vartheta_3 U_i + \epsilon_{i3} \quad (\text{II})$$

此外，假设 $\epsilon_{i2} \perp U_i$，$\epsilon_{i3} \perp U_i$，$\epsilon_{i2} \perp \epsilon_{i3}$。通过混淆因子方差占总的误差项方差的比例来表示未观察到的混淆因子的影响大小，即：

$$R_M^2 \equiv 1 - \frac{\text{Var}(\epsilon_{i2})}{\text{Var}(\varepsilon_{i2})} \quad (\text{III})$$

$$R_Y^2 \equiv 1 - \frac{\text{Var}(\epsilon_{i3})}{\text{Var}(\varepsilon_{i3})} \quad (\text{IV})$$

式（Ⅲ）（Ⅳ）相乘得：

$$R_M^2 R_Y^2 = \frac{[\text{Var}(\varepsilon_{i2}) - \text{Var}(\epsilon_{i2})][\text{Var}(\varepsilon_{i3}) - \text{Var}(\epsilon_{i3})]}{\text{Var}(\varepsilon_{i2})\ \text{Var}(\varepsilon_{i3})} \quad (\text{V})$$

对（Ⅰ）（Ⅱ）两式两边同时进行Var运算，其结果带入式（Ⅴ），整理得：

$$R_M^2 R_Y^2 = \frac{\vartheta_2^2 \vartheta_3^2\ \text{Var}^2(U_i)}{\text{Var}(\varepsilon_{i2})\ \text{Var}(\varepsilon_{i3})} \quad (\text{VI})$$

又 $\rho^2 = \frac{\text{Cov}^2(\varepsilon_{i2}, \varepsilon_{i3})}{\text{Var}(\varepsilon_{i2})\text{Var}(\varepsilon_{i3})}$，对其分子项进行整理：

$$\begin{aligned}
\text{Cov}(\varepsilon_{i2}, \varepsilon_{i3}) &= \text{Cov}(\vartheta_2 U_i + \epsilon_{i2}, \vartheta_3 U_i + \epsilon_{i3}) \\
&= \text{Cov}(\vartheta_2 U_i, \vartheta_3 U_i) + \text{Cov}(\vartheta_2 U_i, \epsilon_{i3}) \\
&\quad + \text{Cov}(\epsilon_{i2}, \vartheta_3 U_i) + \text{Cov}(\epsilon_{i2}, \epsilon_{i3}) \\
&= \vartheta_2 \vartheta_3 \text{Cov}(U_i, U_i) \\
&= \vartheta_2 \vartheta_3 \text{Var}(U_i)
\end{aligned} \quad (\text{VII})$$

将（Ⅶ）结果带入原式的：

$$\rho^2 = \frac{\vartheta_2{}^2 \vartheta_3{}^2\ \text{Var}^2(U_i)}{\text{Var}(\varepsilon_{i2})\text{Var}(\varepsilon_{i3})} \quad (\text{VIII})$$

因此，$\rho^2 = R_M^2 R_Y^2$。

附录 9 – 7

主要变量的相关性系数表

变量名称	NPL	ln_Z	BCV	DI	S1	DB5	Size	Lev	LDR	DepositR	Shibor	GDPR
NPL	1.000											
ln_Z	-0.272*	1.000										
BCV	-0.381*	0.229*	1.000									
DI	0.071*	-0.118*	-0.293*	1.000								
S1	0.003	0.048*	0.013	0.007	1.000							
DB5	-0.013	0.185*	0.080*	-0.002	0.328*	1.000						
Size	-0.212*	0.317*	0.115*	0.195*	0.339*	0.514*	1.000					
Lev	0.168*	-0.061*	0.259*	-0.159*	0.131*	-0.013	0.244*	1.000				
LDR	0.090*	-0.048*	-0.060*	-0.027*	-0.043*	0.071*	-0.101*	-0.234*	1.000			
DepositR	-0.161*	0.053*	0.231*	-0.321*	0.036*	0.088*	-0.076*	-0.057*	0.064*	1.000		
Shibor	-0.248*	0.221*	0.085*	-0.267*	-0.013	-0.017	-0.032*	-0.257*	-0.060*	0.173*	1.000	
GDPR	0.170*	-0.074*	0.165*	-0.572*	-0.002	0.036*	-0.132*	0.356*	0.102*	0.060*	-0.265*	1.000

注：* 表示 5% 的显著水平。

第十章

金融深化改革如何影响银行特许权价值

——基于利率市场化和存款保险制度的研究

第一节 引 言

特许权价值是银行因获准经营而取得的经营牌照的价值，代表着其能凭借严格的市场管制在未来持续经营中获得的超额垄断收益的净现值，本质上来说就是通过准入限制、利率管制和竞争限制等为银行创造的垄断租金（李燕平等，2008）。特许权价值作为银行未来盈利能力的反映，能够约束银行进行风险控制，成为提高银行稳健性的有效手段（曲洪建等，2013）。正是由于特许权价值的这种特殊作用，在关于银行的研究中，特别是金融危机之后，学者们都格外重视银行特许权价值的变化，甚至将其作为衡量银行业健康程度的指标（Calomiris 和 Nissim，2014；Sarin 和 Summers，2016；Chousakos 和 Gorton，2017；等）。

以往研究已经表明，银行经营失败、金融危机的爆发往往与银行特许权价值持续性下降密切相关（Marcus，1984；Keeley，1990；Fischer &Gueyie，2001；陆前进，2002）。历史上，美国最近的两次银行倒闭潮都与特许权价值持续下降有关。Keeley（1990）认为 20 世纪 80 年代美国储贷危机爆发的一个重要原因就是银行特许权价值下降；而 2008 年金融危机爆发前 5 年，美国的银行同样经历了特许权价值下降过程（如图 10－1）。需要引起注意的是，近 10 年来中国在推进金融领域深化改革的同时，银行特许权价值也呈现出日渐下降的趋势（如图 10－2）。因此，在目前中国金融深化改革的背景下，研究银行特许权价值的含义、变化趋势及影响因素对于中国金融业的稳定发展、金融改革的进一步深化都有着极为重要的现实意义。

利率市场化是中国金融领域最核心的改革之一，随着利率市场化改革的持续深化，使得银行间竞争不断加剧。而已有文献指出竞争的加剧会导致在位银行的特许权价值降低（Jensen，1989；Beck，2007；张庆君和何德旭，2013），也因此利率市场化对近年来银行特许权价值日渐下降的趋

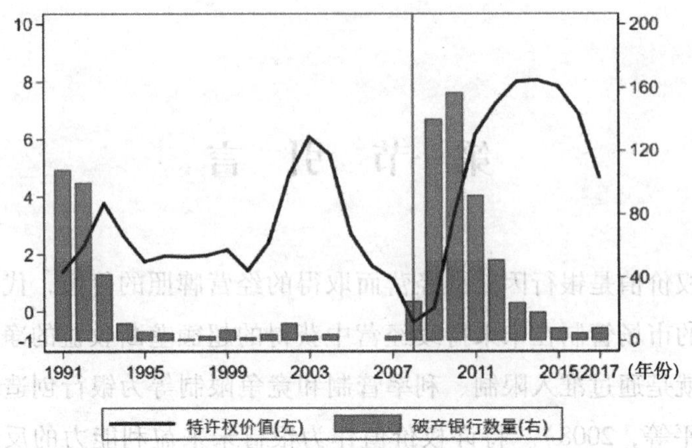

图 10－1　美国银行特许权价值与破产银行数量

资料来源：Bank Focus 数据库、FDIC 官网

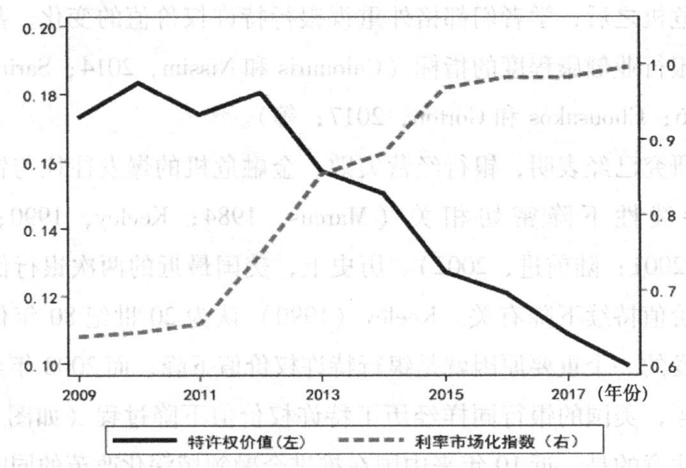

图 10－2　中国银行特许权价值与利率市场化

资料来源：国泰君安数据库、蒋海等（2018）

势产生了不可忽视的影响。但是利率市场化的推进并不一定会一直降低特许权价值，否则就很难解释为什么处于完全利率市场化下的美国银行的特许权价值在大多数时候高于中国银行的特许权价值①。这也正说明利率市

① 不论用本章测算的特许权价值指标（如图 10－1、图 10－2），还是常用的托宾 Q 值，在多数时候，美国银行的特许权价值都高于中国银行的。

场化对于特许权价值的影响机制是复杂的，而非一种单调的关系。

那么，令人感兴趣的是，作为最核心的金融深化改革之一的利率市场化对于银行特许权价值日渐下降趋势的具体影响机制是什么呢？纵观各国存款保险制度的建立均与利率市场化改革进程密切相关，中国也正是在利率市场化改革的关键时期建立了存款保险制度。存款保险制度作为现代金融安全网的三大支柱之一，是中国推进利率市场化改革过程中处置金融风险的重要平台和管理金融风险的关键制度设计。故一个自然而然的问题是，存款保险制度的实施对于特许权价值又是否会产生了影响？更重要的是，其从整体上加剧还是缓解了这种趋势？对于不同性质的银行是否具有不同影响？

在利率市场化改革趋于由基本完成向彻底完成转变的最后关键时期[①]，对上述问题的分析无论是对于银行的特许权价值本身，还是对于利率市场化进一步深化以及存款保险制度实施效果的政策评价而言，显然都是很有研究价值的。鉴于此，本章针对上述问题，不仅探讨了利率市场化进程与存款保险制度影响商业银行特许权价值变动的机理，而且还对于不同类别银行中表现出影响的异质性进行了研究，并借此讨论了利率市场化进程及存款保险制度实施的政策效应评价问题。

本章后续的结构安排如下：第一部分回顾了相关文献；第二部分对本章的理论机理进行分析，提出相应研究假说；第三部分对计量模型、指标的构建以及数据的选取进行了说明；第四部分是相应的实证估计结果及其分析；第五部分为稳健性检验；第六部分为本章小结。

---

① 2015 年 10 月 23 日，中国人民银行宣布放开人民币存款利率上限。这是利率市场化的重要里程碑，但并不意味着利率市场化的彻底完成。在一段时间内央行仍然在公布存贷款基准利率（纪敏等，2016）。仍然有窗口指导，因此目前的利率市场化正处于由“基本完成”转向“彻底完成”的重要时期。

第二节 文献回顾

与本章相关的文献主要有以下三类：第一类是关于银行特许权价值界定及其影响因素的文献。具体来说，研究初期文献偏重将特许权价值直接视为执业许可证的价值，也即特许经营许可证的价格，认为该价值是市场准入管制变量的函数，即市场准入管制越严格，该价值就相对越高（Buser, 1981）。后来 Guttenlag 和 Herring（1983）认为银行特许权价值等于银行从不完全垄断市场、规模经济和声誉等方面获得的未来净收入的现值，并且伴随银行的倒闭而消失。随着近几十年金融创新的发展、金融管制的放松和金融科技的进步，银行面临的竞争越来越大，与市场相关（Market - related）的特许权价值逐渐贬值，在银行特许权价值中已不重要，而与银行相关（Bank - related）的特许权价值成为决定特许权价值高低的关键因素。Furlong 和 Kwan（2006）、李燕平和韩立岩（2008）以及许国新和石琴（2009）的研究均表明银行的经营效率越高，特许权价值越高。Cebenoyan（1999）通过研究银行股权结构对特许权价值的影响，发现严重的代理冲突导致了银行特许权价值的降低。除此之外，Jones 等（2011）在对特许权价值的实证中也关注到了经济周期之类的宏观因素。

第二类是研究金融改革对特许权价值影响的文献。Keeley（1990）最先关注到金融改革对特许权价值的影响，其研究认为美国银行业管制的放松①加剧了行业竞争，降低了特许权价值，加之存款保险的单一固定费率模式，进而导致了 20 世纪 80 年代储贷危机的爆发。仅在 1982 年到 1990

① 美国于 1973 年取消资本流入限制。随后，对外国公司进入美国国内金融市场实行了自由化，并放松了对美国金融机构向外国贷款的管制。1980 年《存款机构放松管制与货币控制法案》通过，逐步取消了对定期存款和储蓄存款的利率上限管制；1982 年《加恩 - 圣杰曼存款机构法案》允许储蓄机构经营活期存款，发放商业贷款；允许银行持股公司跨州接收破产的储蓄机构等。这些规定基本上消除了各类存款机构在业务管制方面的差别。

年间，就造成2290家银行的破产倒闭①，是美国在“大萧条”之后的又一次银行倒闭潮。Hellmann（2000）通过建立存款竞争动态模型研究发现，取消存款利率管制的Q条例后，银行通过存款竞争，侵蚀了银行利润，降低了银行特许权价值。Furlong和Kwan（2006）指出，美国银行业监管法律的调整，是导致20世纪90年代特许权价值下降的重要原因。魏加宁（2013）研究认为韩国实行存款利率市场化，加之金融市场对外开放，使得韩国银行的特许权价值就处于下降状态。苑素静（2005）认为银行特许权价值下降和自有资本不足形成的恶性循环是韩国危机期间的典型特征。而对于中国，多数研究认为银行业改革的深化以及对外全面开放也都降低了特许权价值（孙犇和黄河，2010）。但韩立岩和李伟（2008）认为中国银行业对外全面开放，外资银行数量的增加对特许权价值产生了正向影响。

第三类是关于银行特许权价值度量的文献。特许权价值的度量方法可以分为以下几类。一是托宾Q值法。该方法为大多数学者采用（Keeley，1990；Demsetz等，1996；Nicolo，2000；Saunders和Wilson，2001；Osborne和Lee，2001；Stolz，2007）。托宾Q值不仅能直接反映银行由其市场定价能力所带来的垄断租金，而且包含了因管理差别和技术差别而带来的竞争优势租金，它涵盖了特许权价值的两个来源。然而，托宾Q值法是基于有效市场的前提之下，且此种衡量方法只适用于上市银行。Jones等（2011）的研究也表明使用托宾Q值衡量特许权价值，更易受市场“非理性繁荣”以及经济周期等因素的影响，他们认为托宾Q是一个糟糕的衡量特许权价值的方法。二是活期存款法。Keeley（1990）、Goyal（2005）、Haq等（2019）等认为以低于市场利率而获取存款的能力是银行特许权价值的重要组成部分，因此可以采用活期存款与存款总额的比值来衡量特许权价值。该方法虽然方便使用，但是只反映了部分特许权价值，忽略了很多与银行相关来源的特许权价值。与之类似的还有核心存款比率法（Jones等，2011）。三是资产负债法。陆前进（2002）使用银行的投资收益和负

① 数据来自FDIC官方网站。

债成本来计算银行的特许权价值。该方法在一定程度上反映了特许权价值，但是计算较为繁琐，同样忽视了与银行相关的特许权价值。四是税前利润法。李艳（2006）认为资产负债法忽略了银行除存款利息之外的成本费用，并考虑到超额利润可表示为会计利润减去机会成本，于是用税前利润代替税后利润构造了一种新的度量银行特许权价值的方法，即税前利润法。该指标是国内研究特许权价值常用的代理指标。除此之外，Schenck和Thornton（2016）采用净息差作为特许权价值的代理指标；董楠等（2017）采用PR模型得到的银行业市场竞争度来度量特许权价值。

纵观上述文献，本章发现仍有值得进一步探讨的空间。第一，部分文献已经注意到了金融改革的深化（特别是银行业对外开放等）会导致竞争加剧，降低商业银行特许权价值，但关于利率市场化及存款保险制度对特许权价值影响的理论探讨和实证研究却极其缺乏。第二，关于存款保险制度实施以来的政策影响评价方面，尤其是如何（特别是具体采用何种方法）来准确地评估其政策效应；不同性质的银行是否具有不同的政策效应，在目前的研究中则仍然涉及不多。第三，在特许权价值的衡量方面，国内学者大都采用仅适用于上市银行的托宾Q值或者产生于利率管制时代的税前利润法进行度量，因此特许权价值的度量方式方面可能也需要一些改进。因此本章希望在以上方面有所突破。

第三节　理论分析与研究假设

一、利率市场化进程与特许权价值变动

利率在从管制到放开的市场化过程中，对于不同来源特许权价值的影响机制是不同的。如前所述，银行特许权价值包括与市场相关的来源和与银行相关的来源，为了更细致地研究利率市场化影响特许权价值的机制，

有必要区分利率市场化是如何影响这两种来源的特许权价值。

（一）利率市场化对与市场相关的特许权价值的影响

与市场相关的特许权价值为银行在垄断竞争市场中，持续经营而获得的超额垄断利润的净现值，也即政府通过严格审查和限制性发放经营许可证来保证其为银行创造出来自市场准入壁垒、利率管制和竞争限制的垄断租金。因此“利率管制”“竞争限制”和“市场准入限制”三个渠道是与市场相关的特许权价值的重要来源渠道。

如图 10－3 所展示的从 2009 年至 2018 年银行特许权价值与净息差变动情况①。随着中国存贷款利率市场化的持续推进，特别是 2013 年中国贷款利率下限放开，在净息差不断收窄的同时，特许权价值也在持续走低。从图 10－3 可以直观地看出银行特许权价值与净息差有着很强的正相关关系。

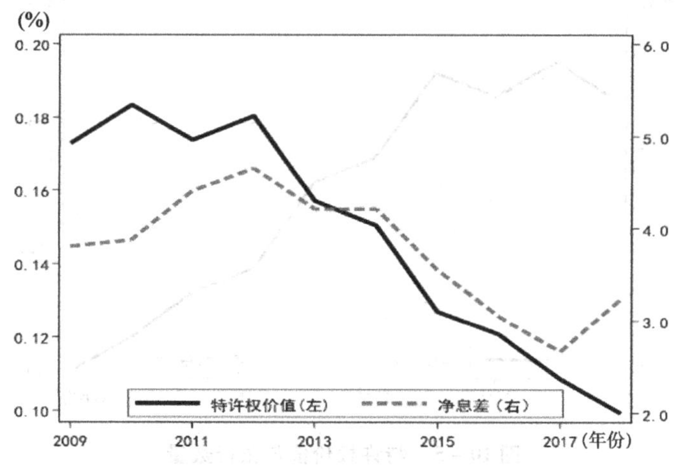

图 10－3　特许权价值与净息差

资料来源：国泰君安数据库

① 图 10－3—图 10－5 中的特许权价值都是基于银行实际贷款利率进行测算的特许权价值（BCV2）；净息差为实际贷款利率与实际存款利率之差；银行市场势力用银行存款份额表示。

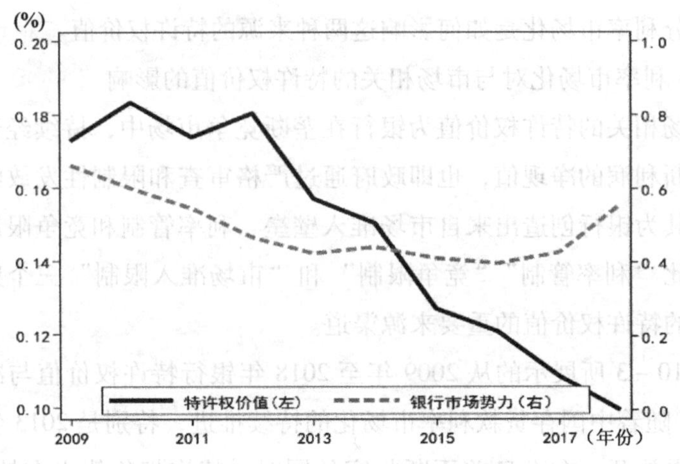

图 10－4　特许权价值与市场势力

资料来源：国泰君安数据库

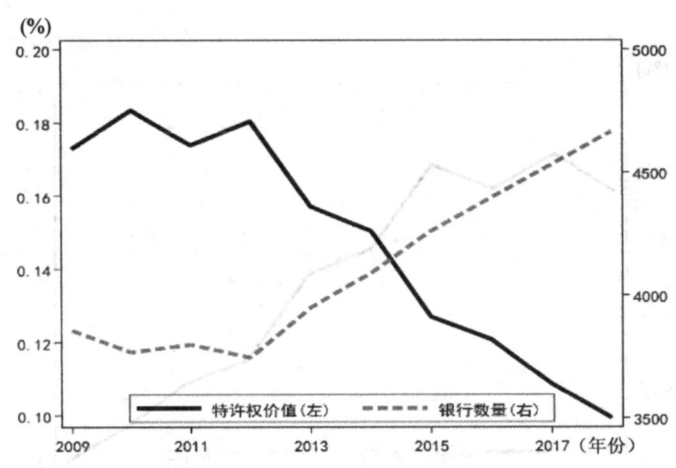

图 10－5　特许权价值与银行数量

资料来源：国泰君安数据库、银保监会

从理论上看，对于中国商业银行来说，存款和贷款是占银行主导地位的负债来源和资产投向。利率市场化的持续推进，存贷款利率管制的放松，银行间势必展开激烈竞争，而竞争的主要手段就是提高存款利率和降低贷款利率（尽管程度上会有差异）。这样就导致了净息差不断收窄，意味着银行基于“利率管制”渠道获取的垄断租金对于其特许权价值的贡献会变小。因此，利率市场化的不断深化将可能会使净息差对于特许权价值的影响变小。

利率市场化持续推进所导致的竞争加剧不仅体现在存贷款利率上，而且还体现在银行对于存款份额的争夺上。对于一家银行来说，其生存的基础、盈利的源泉来自于存款，因此其大部分特许权价值也应该来自于存款。利率市场化的推进，使银行可以通过提高利率来吸引或保留存款成为可能，这将使存款市场上的竞争更加激烈。因此拥有越多存款的银行，在其他条件相同的情况下，应该拥有更大的市场实力（Market Power）①。图10-4即表现的是特许权价值与用存款份额表示的银行市场势力的变动情况。可以看出近年来银行市场势力不断下降的趋势；特许权价值与银行市场势力同向变动，具有很强的正相关性。因此利率市场化也可能会降低由“竞争限制”渠道带给银行的垄断租金，也即随着利率市场化的推进，市场势力对特许权价值的影响可能变小。

此外“市场准入限制”的渠道也会影响特许权价值。一般说来，市场准入越严格，银行数量越少，特许权价值就越高。自2003年开始的以农村信用社改革为代表的银行业改革使银行数量（法人机构数量）急剧下降。如图10-5所示，2012年时，银行机构数量降至最低的3747家，其中农村信用社为1927家。但值得注意的是，至此之后，银行数量逐渐上升，截至2018年底，中国银行数量超过4500家。“市场准入限制”的放松实质上意味着银行数量越多，其特许权价值越低。因此这里需要区别由利率市场化带来的特许权价值的变动和由银行业准入限制改革带来的变动。

归结起来就是说，随着利率市场化进程的推进，净息差和市场势力对于银行特许权价值的影响将越来越小。

---

① 一般认为，市场势力度量的是单个银行高于边际成本的定价能力，反映的是银行与客户之间的讨价还价能力，能力越强，则市场势力越高，银行由此获得的超额利润也就越大（李明辉等，2018），这个概念表明市场势力更关注的是“价”。而在我国还没有实现完全的利率市场化的情况下，银行对于存款定价权很弱。一般说来，拥有存款越多的银行，拥有的营业网点也越多，能够提供的服务也越多，则其与客户讨价还价的能力越强，即市场势力越强。故而本章参照Jones等（2011）采用存款市场份额来表征银行市场势力，这个概念更关注的是存款的“量”。

（二）利率市场化对与银行相关的特许权价值的影响

与银行相关的特许权价值就是由各个银行本身的特征所决定的。Besanko 和 Thakor（2004）在探讨关系型融资（Relationship Banking）问题时提出，银行通过创造和持有对借款人的贷款债权，能生产出有关借款人的私人信息，这种私人信息是有价值的。这种与银行持续经营相关的私人信息作为一种无形资产，也属于与银行相关特许权价值的一部分。Demsetz 等（1996）、李燕平和韩立岩（2008）、许国新和石琴（2007）、马晓军和欧阳姝（2007）一致认为经营效率高的银行具有较高的特许权价值；Furlong 和 Kwan（2006）研究表明银行收入的多元化也会使其具有更高的特许权价值。可以看出，银行经营效率、业务模式等都是与银行相关来源的特许权价值的影响因素。

然而如果存贷款利率仍然处于管制状态下，银行不具有利率的自主决定权，那么上述有利于提高银行特许权价值的因素也难以发挥作用。而随着利率市场化的推进，银行获得了更多的利率自主权和业务灵活性，则其通过提高经营效率、改善业务模式以获取更大的特许权价值成为可能。因此，利率市场化将会增加与银行相关的特许权价值。综合上述分析，本章提出以下假说。

假说1：利率市场化减少了商业银行与市场相关的特许权价值，增加了与银行相关的特许权价值。

二、存款保险制度如何影响到特许权价值

（一）存款保险制度对特许权价值的影响：基础分析

历史上各国存款保险制度的建立与利率市场化改革进程密切相关①，

① 美国在1934年建立联邦存款保险制度以后的相当长一段时间里，世界上只有美国一家拥有此项制度。20世纪60年代以后，世界上出现了金融自由化浪潮，金融管制逐步放松，利率日益市场化，随之银行倒闭事件开始出现，各国以此为契机纷纷引入存款保险制度。20世纪80年代以后，受拉美债务危机及欧洲统一过程中对存款保险制度强制要求的影响，存款保险制度的普及进一步加快，截至2012年，已有111个国家或地区建立了或正在建设存款保险制度（魏加宁，2013）。

中国也是在利率市场化改革的关键时期建立了存款保险制度。存款保险制度作为维护金融安全的重要政策组成部分，是中国推进利率市场化改革的重要配套措施。它不仅可以保护存款人的利益，还可以降低银行挤兑风险、防范银行倒闭风险传染所导致的系统性危机，因此为世界各国广泛采用（尹雷和卞志村，2016）。

然而对于中国而言，由于长期存在全额隐性存款担保（中国人民银行《金融稳定报告》，2006），使得银行不会破产成为一致预期。时任央行行长周小川（2012）在探讨危机时对于金融机构救助的问题时表示，金融机构出现问题，中国政府基本上都是倾向于救助的，甚至曾经连“蚁力神”这样的非法集资也予以了补偿。因此，在日常经营中，这种全额隐性存款保险制度使得银行不必保持大量的头寸资金，从而提高资金的使用效率；也使得存款人不必刻意地根据风险状况选择银行，因为所有的银行都没有破产风险（即弱化了存款人市场约束）。而危机时，在全额隐性存款保险制度下，政府也会注入资金对问题银行予以救助。此外，由于这种隐形存款担保的存在，银行的冒险没有破产成本，其风险水平越高，则收益越大（姚东旻等，2013）。这些都表明，长久以来对于中国而言，全额隐性存款担保带给银行的价值已经内化成其特许权价值的一部分①。

结合中国存款保险制度实施的背景，即从完全的隐性存款担保转变成有限显性存款保险，银行受到的保护将减少而非增加，存款人的市场约束机制应该变得更强，而非更弱（纪洋等，2018）。存款人在意识到银行可能会破产后，会选择更安全的银行，或者要求更高的存款利率，这样势必会加剧银行间的存款竞争，导致银行净息差收窄，从而降低其特许权价值。

除了存款人市场约束机制外，存款保险还可能通过银行内部治理机制作用于特许权价值。姚东旻等（2013）从商业银行内部治理水平的视角，通过引入一个商业银行的委托代理模型来研究隐性存款保险和显性存款保险，其结果表明在引入显性存款保险制度后，商业银行会提高自身的内部

---

① 不仅对于中国，对于世界上其他存在隐性存款担保的国家或地区，其银行的特许权价值中也包含了隐性存款担保带来的价值。

治理水平。吴军和邹恒甫（2005）与曹元涛（2005）均以各自的模型研究表明由隐性存款保险制度到显性存款保险制度的转变可以提高银行的治理水平。而银行治理水平的提升意味着银行管理者努力工作、提高效率而提高成功收回贷款概率，进而提高了银行的特许权价值。

综合以上，可以看出存款保险制度的实施对于特许权价值可能存在两种影响机制，一是通过强化存款人市场约束机制，加剧银行间存款竞争，导致银行净息差收窄，降低了特许权价值；二是通过提升银行内部治理水平，使得银行管理者的效率提高，进而增加其特许权价值。据此，本章提出以下假说。

假说 2：存款保险可能强化存款人市场约束机制而降低特许权价值，也可能通过提高银行内部治理水平而提高特许权价值，总的效应等于正反两个方向效应的叠加。

（二）针对不同性质银行的分析

从上文分析可以看出，存款保险影响特许权价值可能与银行性质有关。首先，存款保险的建立意味着金融安全网的缩小，对于处在金融安全网中心的银行（如国有四大银行）影响较小，而对于处于安全网边缘的银行（如农商行等）可能有较大影响。

周小川（2012）指出，金融业是国民经济的命脉行业，中、农、工、建四大国有银行承担着政策性、半政策性、体制性的任务，而且这些机构涉及千家万户的利益，关系着社会稳定，因此四大行是不允许且也不能倒闭的。但是其他银行，显然就不具有如此超然的地位了。可以看出，四大行居于金融安全网的中心位置，存款保险的建立对其特许权价值影响可能有限；而处于安全网边缘位置的银行，意味着受到保护的减少，其特许权价值将受到较大影响。而从中国的银行体系来看，不同性质的银行处于金融安全网的不同位置，因此存款保险制度的实施对于不同性质的银行的特许权价值可能存在着异质性影响。

其次，从完全的隐性存款担保转变成有限显性存款保险，存款人市场约束机制的效应大小与银行性质有关。具体来说，存款人对于四大行仍然存在不会破产的预期，因此可以接受其存款利率为无风险利率；而对于其他银行，则可能根据其风险状况要求更高的存款利率。

最后，存款保险与银行性质相关。由于四大行天然的稳定性，基本上不可能破产或者被兼并，从隐性存款保险向显性存款保险的转变对于四大行降低道德风险的激励可能是很小的；而这种转变对于其他银行来说则可能并非如此，这意味着如果经营不善，制度层面是允许其破产或者被兼并的。基于此，本章提出以下假说。

假说3：存款保险的实施对于不同性质银行的特许权价值存在着异质性影响。

第四节 实证模型设定、变量说明和数据来源

一、模型设定

为了考察利率市场化对于特许权价值的影响，参照Jones等（2011）、李燕平和韩立岩（2008），本章设定如下基础模型：

$$BCV_{it} = \alpha_0 + \alpha_1 IRL_t + \alpha_2 MR_{it} + \alpha_3 IGAP_{it} + \alpha_4 Bnum_t + \alpha_5 Eff_{it} + \alpha_6 MBD_{it} + Z_{(i)t} + u_i + \varepsilon_{it} \quad (1)$$

其中，BCV_{it}表示的是第i家银行在t年的特许权价值。IRL_t代表利率市场化水平，MR_{it}代表银行市场势力，则α_2衡量的是“竞争限制”渠道对特许权价值的影响。$IGAP_{it}$代表银行的存贷净利差，α_3衡量的是“利率管制”渠道对于特许权价值的影响。银行业数量（Bnum）用于控制由于“市场准入限制”渠道对于特许权价值的影响。Eff为银行经营效率，MBD代表银行业务多元化程度。

Z表示其余影响特许权价值的各种变量因素。参照许国新和石琴（2007）以及Jones等（2011）等文献，本章分别选取存贷比（LDR）、资本充足率（CAP）、滞后一阶的平均总资产回报率（ROA_L）等反映银行

个体特征；选取经济增速（GDPR）、上证综指（LnSHIDX）反映宏观经济环境。u_i 表示银行不随时间改变的个体效应，ε_{it}为随机干扰项。

为了检验利率市场化对特许权价值的影响机制（即对应假说1），本章将在模型（1）的基础上设立如下模型：

$$BCV_{it} = \alpha_0 + \alpha_1 IRL_t + \alpha_2 MR_{it} + \alpha_3 IGAP_{it} + \alpha_4 Bnum_t + \alpha_5 Eff_{it} + \alpha_6 MBD_{it} + \beta\ IRL_t * X_{it} + Z_{(i)t} + \mu_i + \varepsilon_{it} \tag{2}$$

其中，被解释变量与主要解释变量的意义与上文相同，X 分别代表市场势力（MR）、净息差（IGAP）、银行经营效率（Eff）以及业务多元化程度（MBD）。本章通过引入利率市场化与市场势力的交互项（IRL * MR）及与净息差的交互项（IRL * IGAP）来探究利率市场化对于与市场相关特许权价值的影响机制；引入了利率市场化与银行经营效率的交互项（IRL * Eff）及其与业务多元化程度的交互项（IRL * MBD）来探究利率市场化对于与银行相关的特许权价值的影响机制。

为了检验存款保险对特许权价值的影响（即对应假说2），本章借鉴郭晔和赵静（2017）以及王晓博等（2015）的研究，可以利用统一的政策改革对不同类型微观个体的差异化影响，运用双重差分法（DID）分析存款保险的政策效应。设立模型如下：

$$BCV_{it} = \alpha_0 + \alpha_1 Treat_i * DI_t + \beta Control_{it} + \mu_i + \nu_t + \varepsilon_{it} \tag{3}$$

其中，DI 为显性存款保险制度的虚拟变量。由于中国 2015 年才实施显性存款保险制度，因此 DI 在 2015 年及其之后年份取值为 1，其余年度取值为 0。Treat 代表银行类别的虚拟变量，当其取 0 时，代表四大行，当其取 1 代表除四大行之外的其他银行。Control 代表基础模型（1）中所有的银行特征变量，v_t 为时间固定效应。

为了检验假说3，即存款保险的实施对于不同性质的银行存在不同影响，本章将样本分成股份制银行、城商行与农商行，对模型（3）再次进行估计。

二、变量说明

1. 特许权价值（BCV）：对于特许权价值的衡量，目前最为常见和普遍的度量方法是托宾Q法，采用公司市场价值与其资产重置成本的比值来表示。在完全竞争的市场中，企业所能获得的利润恰好等于其投入的资本，此时资产的市场价值等于账面价值，也等于重置成本，托宾Q值等于1。由于银行通常是非完全竞争的，能够获得一定的超额利润，这时市场对银行资产的定价超过其账面价值，因此银行资产的市场价值与账面价值的比值可以用来近似地衡量银行特许权价值的大小。

然而，托宾Q值法是基于有效市场的前提之下，且此种方法只适用于上市银行。鉴于此，李艳（2006）基于超额利润，构造了税前利润法来对特许权价值进行衡量，该指标是国内研究特许权价值较为常用的指标之一。其原理如下：

$$CV = \nu(P - C_c)$$

其中P为税前利润，C_c为资本成本，v为贴现因子，$\nu = 1/(1+\delta)$ $(\delta \neq -1)$。上式两边除以资本规模，可得：

$$BCV = \nu\left(\frac{P}{C} - \frac{C_c}{C}\right) = \nu(ROE' - r_c)$$

上式中，BCV代表的是单位资本的特许权价值，而ROE′表示为税前资本收益率。考虑到银行的资本成本不同，进一步，从长远角度出发，将银行业看作一个整体研究，此时r_c近似看作无风险收益率r_f，从而上式改写为：

$$BCV \approx v(ROE' - r_f)$$

其中r_f为无风险利率，用银行间7日拆借利率来表示，贴现因子中的δ采用1年期贷款利率表示。税前利润法从特许权价值的含义出发，并且使用了超额会计的定义，计算简单，国内有相当一部分的学者采用此方法度量中国银行业的特许权价值。

但是，r_f和δ对于所有银行而言都是一样，因此银行特许权价值的比较只是在做不同银行ROE′的比较，丧失了计算银行特许权价值的意义。基于此这里的贴现因子δ采用测算的银行实际贷款利率表示，即

δ=（利息收入/生息资产）

其原理是每一家银行都面临着不同的风险，根据风险与贴现率相匹配

的原则，本章采用各个银行的实际贷款利率，也即其机会成本代表其贴现率①。

因此本章将采用实际贷款利率计算的特许权价值为 BCV2 进行估计，同时为了稳健起见，采用李艳（2006）税前利润法衡量的特许权价值为 BCV1 作为稳健性检验。

2. 利率市场化 IRL：利率市场化指标是本章研究的关键解释变量。已有研究对于利率市场化的测度主要包括采用虚拟变量、存贷款基准利率以及多指标合成的利率市场化进程等。由于中国利率市场化是一个逐步深化的动态过程，虚拟变量赋值的方法不能反映出利率市场化动态变化的真实过程，而银行存贷款基准利率是由人民银行确定的，难以体现出利率市场化的关键因素和利率市场化渐进改革，也不适合作为利率市场化的度量（彭建刚等，2016）。

因此本章借鉴王舒军和彭建刚（2014）的做法，从货币市场利率、债券市场利率、存贷款市场利率和理财产品收益率 4 个方面选取 12 个指标来构建利率市场化水平的指标体系，各利率指标根据市场化的程度在（0—1）之间赋值，指标的权重由定性和定量相结合的层次分析法确定，专家均为具备实践经验的银行管理人员和从事金融理论研究的专业人士。然后通过加权平均法计算得到利率市场化指数。该指标体系能够全面地反映利率体系的构成，降低了人为主观因素，细化了赋值方法和权重设置标准，计算结果更为合理。

此外，本章将同时采用蒋海等（2018）所构建的利率市场化指数中的存贷款利率市场化 IRL_DL 作为 IRL 的替代指标进行稳健性检验。

3. 市场势力 MR：参考 Jones 等（2011）中的市场势力的构建方法，本章将使用银行当期存款与全国总存款的比值来表示。

4. 净息差 IGAP：借鉴左峥等（2014），首先计算银行利息收入与生息

---

① 使用实际贷款利率作为贴现率的原因在于，随着风险调整资本收益（RAROC）模型在我国商业银行系统内的广泛应用，基于 RAROC 的贷款定价方法已逐渐成为主流。商业银行通过设定相应的风险收益目标，将风险的预期损失转化为当期成本，并反推出合理的贷款价格（黄磊和李健全，2018）。因此实际贷款利率能从一定程度上反映出银行的风险水平。

资产的比值，将其作为实际贷款利率（LIR）；然后计算银行利息支出与计息负债的比值将其作为实际存款利率（DIR），则

$$IGAP = LIR - DIR$$

5. 银行业数量 Bnum：采用当年银行业数量的对数值表示。

6. 相关的银行特征变量。

其他控制变量的说明如表 10－1 所示。

表 10－1　　其他控制变量说明

	变量名	表示	定义	文献出处
银行特征变量	银行经营效率	Eff	非利息支出/营业收入	Niu（2012）、Bakkar 等（2017）等
	业务多元化程度	MBD	非利息收入/营业收入	Furlong 和 Kwan（2006）
	存贷比	LDR	总贷款/总存款	郭晔和赵静（2017）
	银行资本充足率	CAP	总资本/总资产	Keeley（1990）、Niu（2012）
	资产回报率的滞后一期	ROA_ L	利润/总资产	李燕平和韩立岩（2008）
宏观经济变量	实际 GDP 增长率	GDPR	银行总部所在省份的实际 GDP 的增长率	王道平（2016）、Soedarmono 和 Tarazi（2017）
	上证综指	LnSHIDX	上证综指取的自然对数	李燕平和韩立岩（2008）

三、数据来源

上述变量的研究数据主要来源于国泰安数据库、Wind 数据库，其中用于测算 MR 的银行业总存款以及银行业数量（Bnum）均来自银监会历年的年报；宏观变量来自国家统计局网站。考虑到数据的缺失和可得性以及更准确地评估存款保险制度的政策效应，本章删去了在 2015 年前后有缺漏值或者不连续的样本。最后选取了 2009—2018 年中国 214 家商业银行的年度数据构造面板模型，其中包括 5 家国有控股大型商业银行、12 家股份制商业银行、114 家城商行、83 家农商行。同时考虑到可能出现的离群值问题，本章对重要数据进行了头尾 1% 缩尾（Winsorize）处理。关键变量的描述

性统计如表 10 - 2 所示。

表 10 - 2　关键变量的描述性统计

变量名称	平均值	标准差	最小值	最大值	观测值数
BCV2	0.146	0.071	-0.032	0.420	1244
BCV1	0.148	0.072	-0.032	0.431	1244
IRL	0.861	0.131	0.639	0.996	1244
MR	0.006	0.019	0.000	0.119	1244
IGAP	0.036	0.016	0.003	0.111	1244
Bnum	8.324	0.073	8.229	8.448	1244
Eff	0.365	0.125	0.056	0.725	1244
MBD	0.006	0.012	0.000	0.077	1244
LDR	0.630	0.119	0.271	1.050	1244
CAP	0.025	0.016	0.004	0.114	1244
ROA_ L	0.014	0.006	0.002	0.036	1244
Treat	0.969	0.172	0.000	1.000	1244
DI	0.446	0.497	0.000	1.000	1244
GDPR	8.880	2.455	-2.500	17.400	1244
Ln_ SHIDX	7.942	0.188	7.657	8.172	1244

此外，图 10 - 1 中美国银行特许权价值的测算方法与 BCV2 定义相同，银行相关数据来自 Bank Focus 数据库，美国国债利率及联邦基金利率来自美联储官方网站，破产银行数据来自 FDIC 官方网站。

第五节　实证结果与分析

一、基础模型的估计

对于基础模型（1）的估计结果如表 10 - 3 所示。其中，第（1）列采用 OLS 进行估计；第（2）列采用固定效应模型进行估计①。本章通过似然比检验（LR test）检验了第（2）列个体效应的联合显著性（原假设 H_0：$\mu_i=0$），得到的 χ^2 值为884.03，相应的 p 值为0.000，表明存在个体效应。考虑到主要解释变量净息差（IGAP）、市场势力（MR）与被解释变量特许权价值可能由于双向因果而产生的内生性问题，本章以净息差和市场市场的一阶及二阶滞后项作为其工具变量，采用两阶段最小二乘法对模型进行了估计，其结果呈现在第（3）列。Anderson 检验（χ^2 值）和 Cragg – Donald 检验（F 值）均表明本章选取的工具变量是有效的。

对于被解释变量，前 3 列采用的是基于实际利率的测算的特许权价值（BCV2），第（4）—（6）列采用了李艳（2006）基于基准贷款利率的特许权价值（BCV1）。

从估计结果来看，利率市场化水平（IRL）与银行特许权价值呈现显著的负相关关系。随着利率市场化改革的不断推进，将导致银行特许权价值降低，这与前文的分析一致。但如果这种情况持续下去的话，银行可能会有更大的风险承担倾向。近年来，银行，特别是中小银行大力发展规避监管、具有较高风险的表外业务，便是验证这一逻辑的典型事实。从这一点讲，如果 2015 年推出存款保险制度可以缓解银行特许权下降的趋势，激励银行稳健审慎经营，则从特许权价值的角度来讲，这种政策就具有正面效应。

在控制了市场准入限制（以银行数量 Bnum 来衡量）等因素后，银行市场势力（MR）与银行特许权价值显著正相关，显示了银行对其产品的定价能力越强，越能获得更高的垄断利润。净息差（IGAP）与银行特许权价值显著正相关，表明了“利率管制”渠道对于特许权价值的重要影响。银行业数量（Bnum）显著为负，验证了“市场准入限制”渠道确为特许权价值的来源——其实也是特许权价值最根本的来源之一。中国银行业改革，特别是近年来开放外资银行准入、逐步放宽民营银行准入等所导致的银行数量上升，确实降低了银行特许权价值。

---

① 此外，本章还对第（2）列进行了 Hausman 检验，得到的 χ^2 值为 226.40，相对应的 p 值为 0.000，即应该采用固定效应模型，而非随机效应模型。

表 10-3　　基础模型的回归结果

变量名称	(1)	(2)	(3)	(4)	(5)	(6)
	OLS	FE	2SLS	OLS	FE	2SLS
IRL	-0.128***	-0.125***	-0.126***	-0.128***	-0.123***	-0.124***
	(-4.55)	(-4.18)	(-5.26)	(-4.53)	(-4.04)	(-5.13)
MR	0.298***	1.174**	1.740**	0.287***	1.169**	1.759**
	(6.22)	(2.17)	(2.06)	(5.98)	(2.17)	(2.07)
IGAP	0.357**	0.307*	0.754**	0.583***	0.550***	0.971***
	(2.56)	(1.93)	(2.34)	(4.30)	(3.71)	(3.00)
Bnum	-0.022	-0.150***	-0.125***	-0.006	-0.136***	-0.113**
	(-0.48)	(-3.24)	(-2.78)	(-0.13)	(-2.81)	(-2.50)
Eff	-0.190***	-0.261***	-0.257***	-0.201***	-0.268***	-0.265***
	(-12.38)	(-11.32)	(-18.31)	(-13.31)	(-11.65)	(-18.78)
MBD	0.162	0.459**	0.498***	0.167	0.466**	0.506***
	(1.31)	(2.27)	(3.36)	(1.35)	(2.30)	(3.39)
LDR	-0.060***	-0.018	-0.013	-0.061***	-0.021	-0.016
	(-4.14)	(-0.77)	(-0.82)	(-4.16)	(-0.92)	(-0.99)
ROA_ L	4.084***	1.303***	1.081***	4.060***	1.246***	1.037***
	(12.03)	(3.67)	(3.37)	(11.91)	(3.58)	(3.22)
CAP	-0.960***	-1.709***	-1.733***	-0.945***	-1.659***	-1.682***
	(-10.81)	(-7.19)	(-10.36)	(-10.74)	(-6.62)	(-10.01)
GDPR	0.004***	0.003*	0.003***	0.003***	0.003*	0.003***
	(4.34)	(1.87)	(3.30)	(4.15)	(1.74)	(3.10)
Ln_ SHIDX	0.005	0.019**	0.021***	0.007	0.022***	0.024***
	(0.52)	(2.40)	(2.97)	(0.78)	(2.80)	(3.31)
个体固定效应	No	Yes	Yes	No	Yes	Yes
观测值数	1244	1244	1220	1244	1244	1220
Adj - R^2	0.547	0.544	0.450	0.555	0.548	0.455
F 统计量	161.6	48.67	110.3	160.5	47.82	111.0
Anderson 统计量			118.9			118.9
Cragg - Donald 统计量			66.51			66.51

注：(1) ***、**、* 分别表示在1%，5%和10%水平上显著，括号内为基于稳健型标准误计算而得到的 t（Z）值；(2) 第（1）—（3）列被解释变量 BCV2（基于实际利率的特许权价值），第（4）—（6）列的被解释变量为 BCV1（李艳，2006）。

银行经营效率（Eff）的系数显著为负，说明银行效率越高，其特许权价值越大；业务多元化程度（MBD）系数显著为正，表明多元的业务将会给银行带来更大的特许权价值。

上述实证估计结果表明，银行净息差、市场势力、经营效率以及业务多元化程度都对特许权价值有着显著的影响，那么随着利率市场化的推进，这些因素对特许权价值的影响是否会发生变化呢？因此我们在模型（1）的基础上通过分别加入若干交互项来构建模型（2）来研究利率市场化对特许权价值的影响机制。

二、利率市场化对特许权价值的影响机制：对假说1的检验

表10－4报告了模型（2）的估计结果。第（1）、（2）列加入了利率市场化与净息差的交互项（IRL＊IGAP），其交互项的系数在1%的显著水平下显著为负，表明利率市场化弱化了净息差对于特许权价值的影响。随着利率市场化改革的推进，存贷款利率管制的放松，银行间势必展开激烈竞争，而竞争的主要手段就是提高存款利率和降低贷款利率，这样就削弱了银行与市场相关的特许权价值。第（3）、（4）列加入了利率市场化与市场势力的交互项（IRL＊MR），而交互项的系数并不显著，表明利率市场化对于市场势力作用于特许权价值影响有限。从银行市场势力方面来说，截至2018年底，中国商业银行资产总额为209.96万亿，其中国有大型银行资产总额为98.35万亿①，接近商业银行总资产的一半。因此中国银行市场结构仍然是以国有大型银行为主体的格局。国有大型银行的市场势力依旧很大，利率市场化对其影响程度有限。

第（5）、（6）列加入了利率市场化与银行经营效率的交互项（IRL＊Eff），其估计系数在1%的显著水平下为负，表明利率市场化提高了银行经营效率对特许权价值的影响。第（7）、（8）列加入了利率市场化与银行业务多元化程度的交互项（IRL＊MBD），其系数在1%的显著水平下显著为

---

① 数据来源：http：//www.cbirc.gov.cn/cn/doc/9106/910601/C990691733D644B39582DEFA3EF1EF69.html。

表 10-4　　利率市场化对银行特许权价值的影响机制

变量名称	(1)	(2)	(3)	(4)	(5)	(6)	(7)	(8)
	FE	2SLS	FE	2SLS	FE	2SLS	FE	2SLS
IRL	0.012	0.002	-0.116***	-0.116***	0.122***	0.129***	-0.158***	-0.175***
	(0.25)	(0.04)	(-3.77)	(-4.69)	(4.96)	(6.24)	(-5.62)	(-7.03)
MR	1.315***	1.749**	1.107*	1.697*	1.503***	2.179***	1.018**	1.549*
	(2.61)	(2.10)	(1.92)	(1.90)	(3.17)	(3.35)	(2.02)	(1.88)
IGAP	3.041***	3.585***	0.323**	0.952***	0.492***	1.117***	0.661***	1.873***
	(3.81)	(3.94)	(2.05)	(2.92)	(3.26)	(4.40)	(3.02)	(4.59)
Bnum	-0.201***	-0.155***	-0.161***	-0.125***	-0.080**	-0.042	-0.173***	-0.120***
	(-4.34)	(-3.33)	(-3.58)	(-2.78)	(-2.27)	(-1.19)	(-4.03)	(-2.72)
Eff	-0.261***	-0.264***	-0.261***	-0.265***	0.066***	0.069***	-0.304***	-0.323***
	(-11.62)	(-18.96)	(-11.43)	(-18.80)	(2.79)	(4.01)	(-13.03)	(-21.93)
MBD	0.456**	0.499***	0.509**	0.542***	0.202	0.247**	0.367*	0.387***
	(2.36)	(3.38)	(2.47)	(3.41)	(1.11)	(2.14)	(1.94)	(2.65)
IRL*IGAP	-3.234***	-2.985***						
	(-3.47)	(-2.92)						
IRL*MR			-0.584	-0.439				
			(-1.05)	(-0.62)				
IRL*Eff					-0.394***	-0.403***		
					(-17.77)	(-26.11)		
IRL*MBD							0.100***	0.146***
							(5.43)	(7.79)
控制变量	Yes	Yes	Yes	Yes	Yes	Yes	Yes	Yes
个体固定效应	Yes	Yes	Yes	Yes	Yes	Yes	Yes	Yes
观测值数	1244	1220	1244	1220	1244	1220	1244	1220
Adj-R^2	0.555	0.465	0.544	0.456	0.729	0.675	0.574	0.474
F统计量	57.89	113.8	49.55	110.8	97.13	246.0	61.88	120.1
Anderson统计量		118.8		117.4		115.7		82.49
Cragg-Donald统计量		44.28		43.71		64.49		44.36

注：(1) ***、**、*分别表示在1%、5%和10%水平上显著，括号内为基于稳健型标准误计算而得到的t (Z)值；(2) 被解释变量BCV2（基于实际利率的特许权价值）。如无特殊说明，下同。

正，表明利率市场化提高了业务多元化程度对特许权价值影响。上述估计结果表明，随着利率市场化的深化，银行经营效率、业务多元化程度对特许权价值的影响越来越大。

特许权价值来源主要包括与市场相关的部分和与银行相关的部分。上述第（1）—（4）列代表与市场相关的影响因素；第（5）—（8）列代表与银行相关的影响因素。随着利率市场化的不断推进，银行净息差对特许权价值的影响越来越小，表明与市场相关来源的特许权价值不断减少；银行经营效率及业务多元化程度对特许权价值的影响越来越大，意味着与银行相关来源的特许权价值在持续增加。

从上述分析可以看出，随着利率市场化的不断深入，银行完全可以通过提高经营效率、提高银行业务多元化程度来提升其特许权价值。这也就解释了为什么完全利率市场化的美国银行的特许权价值在大多数时候是高于中国银行的。虽然如此，但这并不意味着银行的特许权价值一定会提高，对于特许权价值长期下降的态势还是应给予关注。特许权价值长期处于下降态势可能会使银行更具有风险承担倾向，金融系统的风险聚集将产生严重的后果，也将不利于利率市场化的进一步推进。因此，适时推出有助于缓解银行特许权下降的态势、激励银行稳健经营的“配套”政策将是十分必要和紧迫的了，那么存款保险制度的推出是否能达到这样的效果呢？本章将进行进一步地分析。

三、存款保险对特许权价值的影响：对假说 2 的检验

从前文的分析可以看出，存款保险制度的实施对四大行的特许权价值影响微乎其微，而对于除四大行之外的其他银行则有显著影响。郭晔和赵静（2017）认为存款保险制度对于四大行的经营行为及风险无显著影响。由于风险与特许权价值密切的关系，这从侧面支持了上一节的结论。如图 10-6 为银行特许权价值变化趋势。从 2009 年以来，特许权价值一直呈下降趋势。中国存款保险制度于 2015 年起正式执行，图中竖线为政策发生当期。可以看出，四大行在政策实施后的基本上保持了原来的趋势；相反其

他银行的特许权价值在政策实施后，其下降趋势变缓。最后，即使存款保险的实施对于四大行特许权价值产生影响，那么本章基于双重差分法估计的仅是存款保险制度对于其他商业银行特许权价值影响的下限。

使用 DID 进行估计时一个重要前提是共同趋势假设，即如果没有受到政策影响的话，干预组个体与控制组个体的变化模式是一样的（赵西亮，2017）。验证共同趋势假设最直观的方法就是画出被解释变量的变化趋势图。如图 10－6 所示，可以看出从 2009 年至 2015 年，四大银行和其他银行的特许权价值的变化趋势基本一致。同时本章借鉴 Angrist 和 Jörn（2008）共同趋势检验的方法，构造如下模型：

$$BCV_{it} = \alpha_0 + \sum_{j=2010}^{2018} \alpha_j Treat * Year_j + \beta Control_{it} + \mu_i + \nu_t + \varepsilon_{it} \tag{4}$$

其中，j 表示年份，$Year_j$ 表示 j 年的虚拟变量，交互项系数 α_j 刻画了处理组（其他银行）相较于对照组（其他银行）的年度效应。如果在存款保险制度实施之前（$j < 2015$），α_j 不显著，表明处理组和对照组的结果变量在存款保险制度实施之前具有相似的变化趋势，满足共同趋势检验。

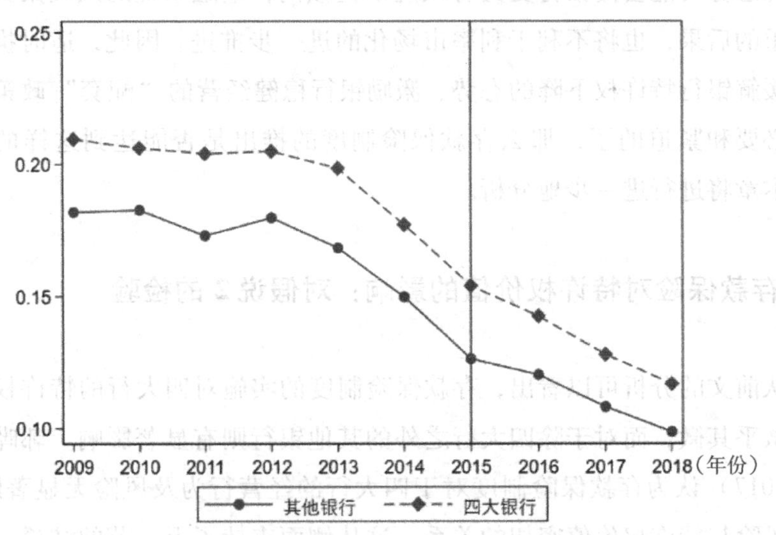

图 10－6　特许权价值（BCV2）变化趋势

资料来源：国泰君安数据库

共同趋势检验的结果如图 10－7 所示①。可以看出，在存款保险制度实施之前，交互项系数均不显著；而在存款保险制度实施后，交互项系数显著为正。这表明处理组和对照组银行在政策发生前满足共同趋势假设。

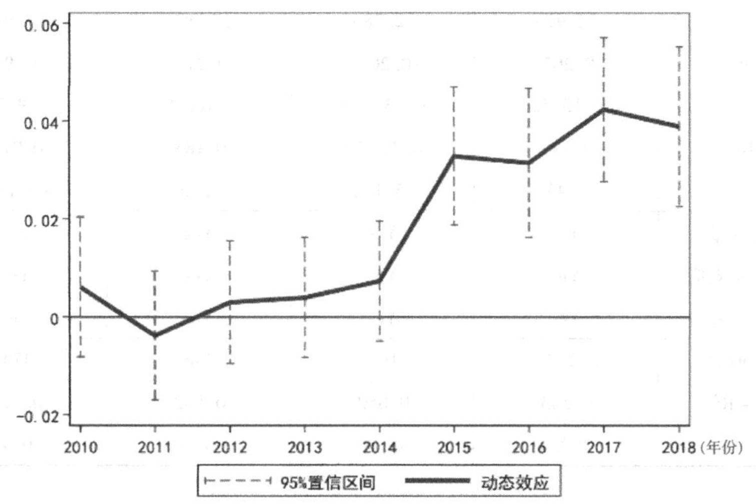

图 10－7 共同趋势检验

资料来源：作者整理

表 10－5 第（1）列呈现的是模型（3）的估计结果。可以看出 Treat * DI 系数显著为正，结合特许权价值长期处于下降的状态，表明存款保险制度使得这些银行的特许权价值少下降 0.036。这就说明存款保险制度对于其他银行具有正向效应，确实缓解了其特许权价值不断下降的趋势。

表 10－5 基于 DID 估计存款保险对银行特许权价值的影响

变量名称	(1)	(2)	(3)	(4)
	平均效应	股份制银行	城商行	农商行
Treat * DI	0.036***	0.045***	0.028***	0.012***
	(8.18)	(4.91)	(5.24)	(2.93)
MR	0.501***	0.415*	0.458*	0.429**
	(2.71)	(1.66)	(1.93)	(2.02)

① 模型（4）回归结果呈现在本章后的附表 10－1。

续表

变量名称	(1) 平均效应	(2) 股份制银行	(3) 城商行	(4) 农商行
IGAP	0.421***	0.996**	0.192	0.829***
	(2.91)	(2.38)	(1.05)	(3.59)
Eff	-0.205***	-0.209***	-0.211***	-0.198***
	(-13.52)	(-3.46)	(-10.00)	(-9.20)
MBD	0.194	0.417***	0.183	0.017
	(1.43)	(5.17)	(1.15)	(0.11)
控制变量	Yes	Yes	Yes	Yes
个体固定效应	Yes	Yes	Yes	Yes
时间固定效应	Yes	Yes	Yes	Yes
观测值数	1244	160	756	424
$Adj-R^2$	0.543	0.650	0.552	0.613
F 统计量	100.3	38.86	60.78	60.47

四、存款保险对特许权价值的异质性影响：对假说 3 的检验

为了检验假说3，即存款保险的实施对于不同性质的银行存在不同影响，本章将样本分成股份制银行、城商行与农商行，对模型（3）再次进行估计。其结果如表 10 - 5 的第（2）—（4）列所示。可以看出股份制商业银行、城商行、农商行的政策效应分别为 0.045、0.028、0.012，且均在 1% 的显著水平上显著。

为什么存款保险的政策效应随股份制银行、城商行、农商行依次递减？如前所述，存款保险可能强化存款人市场约束机制而降低特许权价值，也可能通过提高银行内部治理水平而提高特许权价值，总的效应等于正反两个方向效应的叠加。因此处于金融安全网越边缘位置的银行，存款保险对其特许权价值的负面效应就越强。而银行内部治理水平提高意味着银行管理者努力工作提高了成功收回贷款的概率（姚东旻等，2013），由

于不同类型银行借贷行为的市场化程度并不同①，使得存款保险通过这种机制提高特许权价值的程度并不同。具体来讲，股份制银行借贷行为市场化程度最高，城商行次之，农商行最后。因此存款保险带给股份制银行、城商行、农商行正面效应依次递减。那么在这三类银行中，存款保险对于股份制银行负面的效应最小，正面的效应最大，总的效应最大；而存款保险对于农商行负面的效应最大，正面的效应最小，总的效应最小。因此，存款保险的政策效应随股份制银行、城商行、农商行依次递减。

总体来看，存款保险制度的实施对于在近 10 年以来处于下降态势的银行特许权价值确实产生了正向的效应。对于除四大银行外的其他银行，平均处理效应为 0.036，即存款保险制度的推出使得其他银行的特许权价值平均少下降 0.036。从这一点来看，存款保险制度的实施确实缓解了利率市场化带来的银行特许权价值下降的问题。

五、存款保险制度的动态效应

如前分析以及观察图 10－7 可得，存款保险制度的实施可能会通过提升银行内部治理水平来提高其特许权价值。但是银行业务调整需要时间，因此存款保险制度对于实施后各期的影响可能不同。为了评估存款保险制度的动态效应，本章将建立模型（5）②：

$$BCV_{it} = \alpha_0 + \sum_{k=1}^{4} \alpha_k Treat * After_k + \beta Control_{it} + \mu_i + \nu_t + \varepsilon_{it} \tag{5}$$

其中 $After_k$ 表示政策实施 k 年后的虚拟变量，即当年份为政策实施 k

① 从银行股权结构来看，中国商业银行中的国有银行、地方性银行以及股份制银行的股权结构差异巨大，上述差异会导致银行在信贷对象选取上各有侧重。具体来说，国有四大行作为大型央企，信贷投放更倾向于支持大型央企的技术改造、产业升级、并购重组。地方性的城商行由于地方性色彩较为浓厚，其信贷投放也较多地支持地方国有企业。股份制银行的股权结构相对分散，缺少有支配影响的大股东，故其信贷行为的市场化程度较高（李明辉等，2018）。因此，股份制银行借贷行为市场化程度最高，城商行次之，农商行最后。

② 之所以使用模型（5）而非模型（4）来估计存款保险的动态效应，其原因在于模型（4）对比的基础是样本第 1 年（即 2009 年），动态效应估计的结果容易受第 1 年数据的影响；而模型（5）政策效应对比的基础相当于是存款保险制度实施前所有的年份（2009—2014 年），因此更不易受个别极端年份的影响。

年后为1，否则为0。因此模型（5）中交互项系数 α_1—α_4 分别表示存款保险制度实施1—4年的政策效应。其余变量定义如前。

表10-6报告了对于模型（5）的估计结果。其中第（1）列是存款保险制度实施对于其他银行影响的动态效应。可以看出存款保险制度实施后1—2年，其政策效应约为0.028和0.027；在实施后3—4年，政策效应为0.039和0.031。第（2）—（4）列是分别对股份制银行、城商行、农商行进行分样本估计的结果。其结果所呈现的规律基本上与第（1）列相同，即存款保险制度实施后第3—4年的政策效应大于第1—2年的。以上均表明存款保险制度的政策效应随着时间的推进在不断显现出来。

表10-6　存款保险制度的动态效应

变量名称	(1)	(2)	(3)	(4)
	动态效应	股份制银行	城商行	农商行
Treat * After1	0.028***	0.043***	0.025***	0.010**
	(5.65)	(3.39)	(4.69)	(1.97)
Treat * After2	0.027***	0.038***	0.027***	0.008*
	(4.66)	(3.18)	(4.25)	(1.71)
Treat * After3	0.039***	0.044***	0.033***	0.019***
	(7.10)	(3.53)	(5.50)	(3.48)
Treat * After4	0.031***	0.057***	0.027***	0.018**
	(4.59)	(4.98)	(3.63)	(2.55)
控制变量	Yes	Yes	Yes	Yes
个体固定效应	Yes	Yes	Yes	Yes
时间固定效应	Yes	Yes	Yes	Yes
观测值数	1244	160	756	424
Adj - R^2	0.882	0.782	0.901	0.771
F统计量	36.32	37.23	109.2	136.9

综合上述分析，从纵向来看，对于每类银行，存款保险制度实施后3—4年的政策效应均大于政策实施后1—2年的；从横向来看，在政策实施后的历年中，股份制银行的处理效应最大，城商行次之，农商行最后。当然存款保险的实施可能存在预期效应，也就是股份制商业银行预期到存款保险的实施而提前进行了资产配置的调整，从而使得在政策实施的当年

就有较强的政策效果。

由此可见，存款保险制度的实施对于不同性质银行的特许权价值的影响程度不一样。股份制商业银行以其资产配置能快速调整的能力，其政策效应在存款保险实施当年就比较强烈；而城商行和农商行的政策效应随着时间的推进而增强。

第六节 稳健性检验

为检验上述估计结果的稳健性，本章将分别进行以下稳健性检验。

一、利率市场化对特许权价值影响机制的稳健性检验

在研究利率市场化对银行特许权价值影响机制时，本章基于王舒军和彭建刚（2014）、蒋海等（2018）所构建的利率市场化指数虽然能够全面反映中国利率体系的变化，但是对于银行特许权价值影响更大的应是存贷款利率市场化。因此，本章采用蒋海等（2018）所构建的存贷款利率市场化指数（IRL_ DL）代替前文中的利率市场化指数（IRL）进行稳健性检验。其结果如表 10－7 所示。可以看出，与表 10－3、表 10－4 相比，其结果基本一致。表明利率市场化减少了商业银行与市场相关的特许权价值，增加了其与银行相关的特许权价值。

此外，考虑到特许权价值是一种不可观测变量，因此不论采用何种方法进行衡量都难免会出现衡量偏误。在前文中所采用是基于实际贷款利息测算的银行特许权价值，而在另一些其他文献中，计算非上市银行特许权价值更常采用的是李艳（2006）的基于基准贷款利率的特许期价值。因此本章将采用 BCV1（基于基准贷款利率的特许期价值）替代 BCV2 对模型（1）、（2）再次进行估计。与原估计结果相比，无论是采用 BCV1 还是 BCV2，其估计结果基本一致。限于篇幅，估计结果呈现在本章后的附表 10－2。

表 10 - 7 利率市场化对银行特许权价值影响机制的稳健性检验（*IRL_DL* 为利率市场化代理变量）

变量名称	(1)	(2)	(3)	(4)	(5)	(6)	(7)	(8)	(9)	(10)
	FE	2SLS	FE	2SLS	FE	2SLS	FE	2SLS	FE	2SLS
IRL_DL	-0.087***	-0.088***	0.010	0.004	-0.083***	-0.084***	0.139***	0.147***	-0.116***	-0.127***
	(-3.93)	(-4.60)	(0.29)	(0.12)	(-3.56)	(-4.40)	(6.36)	(8.27)	(-5.43)	(-6.59)
MR	1.286**	1.760***	1.319***	1.698**	0.873	1.414	1.533***	2.195***	1.104**	1.622*
	(2.33)	(3.66)	(2.61)	(2.04)	(1.36)	(1.40)	(3.13)	(3.24)	(2.21)	(1.95)
IGAP	0.307*	0.733*	2.115***	2.568***	0.318**	0.732**	0.461***	1.096***	0.634***	1.549***
	(1.96)	(1.85)	(4.00)	(4.04)	(2.02)	(2.25)	(2.97)	(4.16)	(2.95)	(3.82)
Bnum	-0.154***	-0.129**	-0.197***	-0.165***	-0.156***	-0.132***	-0.072*	-0.037	-0.170***	-0.131***
	(-3.31)	(-2.56)	(-4.11)	(-3.39)	(-3.34)	(-2.82)	(-1.91)	(-0.95)	(-3.79)	(-2.81)
Eff	-0.260***	-0.257***	-0.260***	-0.255***	-0.260***	-0.256***	0.028	0.031*	-0.301***	-0.307***
	(-11.41)	(-13.20)	(-11.59)	(-18.34)	(-11.38)	(-18.18)	(1.14)	(1.78)	(-13.01)	(-20.80)
MBD	0.459**	0.495***	0.457**	0.491***	0.518**	0.548***	0.227	0.271**	0.374*	0.397***
	(2.24)	(3.04)	(2.36)	(3.33)	(2.50)	(3.44)	(1.18)	(2.25)	(1.96)	(2.70)
IRL_DL * *IGAP*			-2.348***	-2.233***						
			(-3.56)	(-3.08)						
IRL_DL * *MR*					-0.481	-0.428				
					(-1.19)	(-0.82)				
IRL_DL * *Eff*							-0.378***	-0.387***		
							(-16.40)	(-23.59)		

续表

变量名称	(1)	(2)	(3)	(4)	(5)	(6)	(7)	(8)	(9)	(10)
	FE	2SLS	FE	2SLS	FE	2SLS	FE	2SLS	FE	2SLS
*IRL_DL * MBD*									0.100***	0.134***
									(5.37)	(7.06)
控制变量	Yes	Yes	Yes	Yes	Yes	Yes	Yes	Yes	Yes	Yes
个体固定效应	Yes	Yes	Yes	Yes	Yes	Yes	Yes	Yes	Yes	Yes
观测值数	1244	1220	1244	1220	1244	1220	1244	1220	1244	1220
Adj - R^2	0.542	0.448	0.554	0.457	0.542	0.449	0.705	0.647	0.571	0.458
F 统计量	53.56	103.0	58.14	113.2	49.89	110.1	91.11	219.1	62.64	118.7
Anderson 统计量		35.60		119.2		118.1		116.4		83.75
Cragg - Donald 统计量		17.97		44.46		43.98		64.90		45.09

二、安慰剂检验：存款保险制度提前实施对特许权价值的影响

从图 10-6 和图 10-7 以及前文的估计结果初步表明干预组个体与控制组个体存在共同趋势。下面将设计一个置换虚假的政策发生时间安慰剂实验（Placebo Test）进一步验证上述结论。其步骤如下：

1. 分别以 2010 年、2011 年、2012 年、2013 年（即存款保险制度实施前的 2—5 年）作为存款保险制度实施的时间，构造虚拟的政策变量（before5、before4、before3、before2）。

2. 用存款保险制度发生前的样本对模型（3）进行回归。基本思想是在存款保险制度实施前，四大行和其他银行在特许权价值上受其他因素（银行个体因素、宏观因素等）的制约，长期保持着稳定关系，因此其交互项的系数应该不显著，否则说明存在其他潜在因素影响着特许权价值的变动。

上述估计结果如表 10-8 所示。可以看到，虚拟的政策变量与 Treat 的交互项均不显著。说明随机构造的虚假政策冲击并未产生作用，这更有力地支持了干预组与控制组的共同趋势假设，说明前文的实证结果是可靠的。

表 10-8 安慰剂检验：置换虚假政策发生时间（2015 年之前样本）

变量名称	(1)	(2)	(3)	(4)
Before2 * Treat	0.002			
	(0.41)			
Before3 * Treat		0.001		
		(0.12)		
Before4 * Treat			0.001	
			(0.31)	
Before5 * Treat				-0.003
				(-0.65)
控制变量	Yes	Yes	Yes	Yes
个体固定效应	Yes	Yes	Yes	Yes

续表

变量名称	(1)	(2)	(3)	(4)
时间固定效应	Yes	Yes	Yes	Yes
观测值数	689	689	689	689
Adj - R^2	0.705	0.705	0.705	0.705
F 统计量	60.63	60.02	55.50	56.45

三、三重差分法

本章主要采用双重差分法来估计存款保险的政策效应，但这种估计策略可能存在的问题是除存款保险制度外，可能存在其他政策对于四大行和其他银行的特许权价值产生不一致的影响，从而使得估计结果产生偏差。例如2015年取消存贷比限制等政策。因此，本章将采用三重差分法（DDD）来克服这一问题。使用三重差分法需要找到另外一对不受存款保险制度影响的“处理组”和“对照组”。而《存款保险条例》第二条规定外国银行在中国境内设立的分支机构不适用该条例。基于此，本章将选择在华外资银行作为三重差分法的一对处理组和对照组。由于外资银行不受存款保险制度影响，此时第二对处理组和对照组的差异只会来源于其他政策的影响。然后将第一对处理组和对照组的差异（包含存款保险制度和其他政策的差异）减去第二对处理组和对照组的其他政策差异，就得到了存款保险制度的净效应。

因此，本章将构建如下三重差分模型：

$$BCV_{it} = \alpha_0 + \alpha_1 DI * Treat * NonFore + \alpha_2 DI * NonFore + \alpha_3 DI * Treat + \alpha_4 Treat * NonFore + \beta Control_{it} + \mu_i + \nu_t + \varepsilon_{it} \quad (6)$$

其中，NonFore为是否为外资银行的虚拟变量，当样本不属于外资银行时为1，其余为0。其余变量的定义如前。模型（6）的估计结果如表10-9所示。在这里，本章最关注的是 DI * Treat * NonFore 的估计系数，该系数代表了三重差分法估计的平均处理效应。可以看出，其结果与双重差分法估计结果基本一致。表明存款保险制度确实缓解了特许权价值长期下降的趋势，且存在着不同性质银行的异质性差异。

表 10 - 9　　三重差分法估计结果

变量名称	(1)	(2)	(3)	(4)
	平均效应	股份制银行	城商行	农商行
DI * Treat * NonFore	0.028 ***	0.050 ***	0.028 ***	0.022 **
	(5.47)	(3.47)	(5.56)	(2.52)
DI * NonFore	-0.042 ***	-0.072 ***	-0.041 ***	-0.032 ***
	(-4.51)	(-7.15)	(-4.39)	(-6.87)
DI * Treat①	—	-0.038 ***	—	0.007
		(-3.81)		(1.11)
Treat * NonFore	-0.021 ***	0.048 **	-0.020 ***	-0.020 **
	(-3.71)	(2.34)	(-3.56)	(-2.22)
控制变量	Yes	Yes	Yes	Yes
个体固定效应	Yes	Yes	Yes	Yes
时间固定效应	Yes	Yes	Yes	Yes
观测值数	1407	323	919	587
Adj - R^2	0.711	0.870	0.723	0.774
F 统计量	329.3	257.5	347.7	360.3

注：DI * Treat 在第（1）、（3）列估计时，由于共线性被 Stata 自动删除。

第七节　本章小结

近年来随着中国金融领域改革不断深化，银行的特许权价值持续下降，进而很可能导致银行风险承担增加，最终威胁中国的金融稳定，而金融领域的改革也将受到迟滞。据此，本章基于 214 家商业银行 2009—2018 年年度面板数据，从利率市场化改革和存款保险制度的视角探究了金融深化改革是如何影响商业银行特许权价值变动趋势的，研究发现：

第一，利率市场化的不断推进使得银行净息差对特许权价值的影响越来越小，表明与市场相关来源的特许权价值不断减少；银行经营效率及业务多元化程度对特许权价值的影响越来越大，意味着与银行相关来源的特许权价值在持续增加。随着利率市场化的深入，银行完全可以通过提高经营效率、提高银行业务多元化程度来提升其特许权价值。这也就解释了为什么完全利率市场化的美国银行的特许权价值在大多数时候是高于中国银行的。

第二，存款保险制度的实施对于特许权价值影响是正向的，且有力地缓解了除四大行（工、农、中、建）之外的其他银行特许权价值下降的态势，但综合来看，银行特许权价值仍然处于下降趋势。

第三，不同性质的银行其政策效应不同，具体来说，股份制商业银行、城商行、农商行三类银行平均处理效应递减，这可能是银行处于金融安全网的不同位置以及自身信贷关系市场化程度不同所导致的。进一步的政策动态效应估计还发现，存款保险制度的政策效应随着时间的推进在不断显现出来。

总的来说，随着利率市场化的不断推进，银行净息差对特许权价值的影响越来越小，使得市场相关来源的特许权价值不断减少，造成了近10年来特许权价值下降的态势；而存款保险制度的实施确实缓解了除四大银行外其他银行的这种态势，这将有利于抑制银行的道德风险，促使银行审慎经营，为进一步完全的利率市场化打下了坚实的基础。应该看到，实施存款保险制度给银行带来的提高内部治理的效应是一种长期效应，而随着时间的推进这种正向效应将不断显现出来。

特许权价值的意义在于它是银行自我约束的内因，也是其健康程度的表征。因此从政策启示角度来看：

第一，应该给予银行特许权价值一定关注。只要银行还有存在的必要，正常情况下其特许权价值应该为正值。而目前中国银行的特许权价值过低应该引起重视。而于银行业风险的管理，除了监管当局的监管和市场约束等外部约束机制，更应关注银行的自我约束机制，这一点是中国监管当局之前所轻视、甚至是忽略的。

第二，稳步推进利率市场化改革。利率市场化是中国金融改革的必须经历的过程，由此导致的特许权价值下降也是必然的历史过程，但这并不意味着放弃进一步的利率市场化。原因在于，利率市场化水平越高，越有利于银行通过提高经营效率和业务多元化程度的方式提升其特许权价值。因此还需稳步推动利率市场化改革，使利率市场化从“基本完成”向“彻底完成”转变。

第三，从各国的经验来看，利率市场化改革是一个漫长的过程，存款保险制度作为利率市场化改革的重要配套措施，对于推动改革和维护改革过程中的金融稳定起着不可替代的关键作用。存款保险制度还需要进一步完善其相关配套措施和机制体系建设，为进一步的、完全的利率市场化奠定基础。

附表 10－1　　共同趋势检验

变量名称	(1) BCV2
Treat * Year2010	0. 006
	(0. 84)
Treat * Year2011	－0. 004
	(－0. 56)
Treat * Year2012	0. 003
	(0. 47)
Treat * Year2013	0. 004
	(0. 64)
Treat * Year2014	0. 007
	(1. 18)
Treat * Year2015	0. 033 ***
	(4. 58)
Treat * Year2016	0. 032 ***
	(4. 06)
Treat * Year2017	0. 042 ***
	(5. 65)
Treat * Year2018	0. 039 ***
	(4. 68)

续表

变量名称	(1)
	BCV2
MR	0.060***
	(2.90)
IGAP	0.311***
	(3.38)
Eff	-0.095***
	(-6.30)
MBD	0.435***
	(12.79)
LDR	-0.061
	(-1.59)
ROA_ L	8.092***
	(17.48)
CAP	-2.109***
	(-14.20)
GDPR	0.002***
	(3.57)
个体固定效应	Yes
时间固定效应	Yes
观测值数	1244
Adj - R^2	0.899

附表 10 - 2　　利率市场化对银行特许权价值的影响机制稳健性检验 2

变量名称	(1)	(2)	(3)	(4)	(5)	(6)	(7)	(8)	(9)	(10)
	FE	2SLS	FE	2SLS	FE	2SLS	FE	2SLS	FE	2SLS
IRL_DL	-0. 084 ***	-0. 085 ***	0. 016	0. 007	-0. 079 ***	-0. 081 ***	0. 144 ***	0. 147 ***	-0. 116 ***	-0. 127 ***
	(-3. 73)	(-4. 41)	(0. 44)	(0. 19)	(-3. 38)	(-4. 22)	(6. 54)	(8. 27)	(-5. 46)	(-6. 62)
MR	1. 299 **	1. 786 ***	1. 333 ***	1. 725 **	0. 890	1. 466	1. 549 ***	2. 195 ***	1. 095 **	1. 636 **
	(2. 35)	(3. 72)	(2. 65)	(2. 07)	(1. 38)	(1. 44)	(3. 16)	(3. 24)	(2. 23)	(1. 98)
IGAP	0. 551 ***	0. 945 **	2. 411 ***	2. 765 ***	0. 562 ***	0. 944 ***	0. 706 ***	1. 096 ***	0. 918 ***	1. 837 ***
	(3. 74)	(2. 38)	(4. 62)	(4. 34)	(3. 79)	(2. 89)	(5. 01)	(4. 16)	(4. 97)	(4. 54)
Bnum	-0. 144 ***	-0. 121 **	-0. 188 ***	-0. 156 ***	-0. 146 ***	-0. 123 ***	-0. 061	-0. 037	-0. 162 ***	-0. 122 ***
	(-2. 96)	(-2. 44)	(-3. 64)	(-3. 21)	(-3. 00)	(-2. 62)	(-1. 59)	(-0. 95)	(-3. 57)	(-2. 64)
Eff	-0. 268 ***	-0. 264 ***	-0. 268 ***	-0. 263 ***	-0. 267 ***	-0. 264 ***	0. 023	0. 031 *	-0. 313 ***	-0. 319 ***
	(-11. 74)	(-13. 60)	(-11. 90)	(-18. 85)	(-11. 70)	(-18. 66)	(0. 93)	(1. 78)	(-14. 10)	(-21. 71)
MBD	0. 466 **	0. 502 ***	0. 464 **	0. 498 ***	0. 524 **	0. 551 ***	0. 231	0. 271 **	0. 370 *	0. 394 ***
	(2. 26)	(3. 07)	(2. 39)	(3. 36)	(2. 52)	(3. 44)	(1. 20)	(2. 25)	(1. 95)	(2. 69)
*IRL_DL * IGAP*			-2. 415 ***	-2. 215 ***						
			(-3. 69)	(-3. 05)						
*IRL_DL * MR*					-0. 476	-0. 397				
					(-1. 17)	(-0. 76)				
*IRL_DL * Eff*							-0. 382 ***	-0. 387 ***		
							(-16. 14)	(-23. 59)		

续表

变量名称	(1)	(2)	(3)	(4)	(5)	(6)	(7)	(8)	(9)	(10)
	FE	2SLS	FE	2SLS	FE	2SLS	FE	2SLS	FE	2SLS
IRL_DL * *MBD*									0.113***	0.146***
									(6.69)	(7.74)
控制变量	Yes	Yes	Yes	Yes	Yes	Yes	Yes	Yes	Yes	Yes
个体固定效应	Yes	Yes	Yes	Yes	Yes	Yes	Yes	Yes	Yes	Yes
观测值数	1244	1220	1244	1220	1244	1220	1244	1220	1244	1220
Adj - R^2	0.545	0.454	0.558	0.464	0.545	0.454	0.708	0.647	0.581	0.470
F 统计量	52.44	103.0	58.10	113.2	48.92	110.1	88.63	219.1	64.25	118.7
Anderson 统计量		35.60		119.2		118.1		116.4		83.75
Cragg - Donald 统计量		17.97		44.46		43.98		64.90		45.09

注：被解释变量为 *BCV1*（基于基准贷款利率的特许权价值）。

第十一章

理财产品发展、利率市场化与银行风险承担问题研究

第一节　引　言

自2005年起，理财产品持续快速发展。至2015年，理财产品账面余额达23.5万亿元，存续规模较上年增长8.48万亿元，而同年人民币新增存款仅为14.97万亿元。此外，理财产品不仅出现了鲜明的存款替代趋势，其收益率亦居高不下，而且已逐步发展成为某种表外的银行体系（苏薪茗，2014），或者说“银行的影子”（殷剑锋，2013），其对我国金融产生的影响需引起高度的重视并亟待深入的研究。

尤其需要加以关注的，是理财产品对其主要承担（经营）者商业银行的影响。2013年、2016年先后出现过的银行不良资产通过理财产品“出表”的行为①已经显示出，理财产品是银行经营中一个重要的调节器，且对其风险的影响是不可忽视的。

事实上，就银行的风险问题而言，Borio等（2008）提出的一条新的货币政策风险承担渠道发现，长期过度宽松的低利率货币政策会通过影响金融中介尤其是银行的风险感知和风险容忍度，造成银行体系风险的过度积累。该理论已经在多个国家的众多研究中得到广泛证实，然而，近年金鹏辉（2014）等人研究却发现，中国货币政策的风险承担渠道的影响表现得并不明显。

究其原因，依据Dell'Ariccia（2013、2014）的研究，政策利率是通过银行贷款利率的利率传递效应和影响存款利率由风险转移效应来影响银行的风险承担行为，其核心和实质在于利率是可以自然地被市场化调节的。我国曾经存在的商业银行利率管制显然极大地限制了这两种效应。那么，利率市场化的进程对此的影响为何，显然是很值得研究的。

特别值得注意的是，2013年、2016年的“不良资产出表”情况出现

① 银行将不良资产，尤其是不良贷款进行打包，以此为资产发行理财产品。

前均发生了贷、存款利率放开这样的重要事件。从这样的事实来看，利率市场化与理财产品之间可能具有较为复杂的关系（实际上，形形色色的理财产品曾经多多少少地承担着“绕过”利率管制的部分功能），且可能影响到两者对银行风险承担的作用。

那么，理财产品、利率市场化以及这两者之间复杂的作用关系对银行风险承担是否具有影响以及有着怎样的影响？这种影响是否包含其通过货币政策立场发挥的作用等？本章将对此进行较为全面的研究。

第二节 文献综述

一、货币政策对银行风险承担影响的研究现状

货币政策对银行风险承担的影响较为复杂，目前广为认可的是货币渠道和信贷渠道，其中信贷渠道又包括银行贷款渠道（King，1986）和资产负债表渠道（Bernanke 和 Gertler，1994）。这几种渠道均提到了货币政策对银行风险承担的影响。然而在这些传统的货币政策传导机制中，都假设银行等金融中介是风险中立的，因此在央行使用的传统货币经济模型中最主要的摩擦就是商品和服务的价格黏性，而银行等金融中介并没有发挥作用，只是一个被央行用来实施其货币政策的被动角色（Adrian 和 Shin，2010）。

金融危机的发生则表明，银行在货币政策的传导中并不是一个风险中立或风险容忍度为常数的机构。即银行本身对风险情况是有感知的，且这个感知影响到货币政策的传递（Maddaloni 和 Peydró，2013；Jiménez 等，2014）。基于这个概念，Borio 和 Zhu（2008）在银行风险承担的基础上提出了货币政策的风险承担渠道的概念，指出政策利率的改变对金融中介的风险感知和风险容忍度的影响，进而造成对资产组合的风险感知程度，对

资产定价、融资价格和非价格条款的容忍程度影响。其具体影响机理主要包括估值、收入和现金流效应、利率搜寻效应以及央行沟通和反应函数效应。这表明银行经营受到基准利率调控的作用程度，也会影响银行的风险承担。说明货币政策除了通过资产价格变化等因素影响银行风险承担外，还可能影响银行风险承担意愿。

Dell'Ariccia（2013、2014）的研究表明，政策利率通过银行贷款利率的利率传递效应和存款利率的风险转移效应影响银行风险承担，其核心和实质在于利率是可以自然由市场化调节的。那么，在利率管制的条件下，银行资产负债定价受到一定制约，就会限制银行的风险承担意愿的表达。

目前的研究还表明，不仅低的政策利率特别是长时期的低利率会增加银行的风险承担意愿或风险容忍度（Altunbas，2014），以下因素也会影响到银行风险承担意愿及其表达：

1. 宏观经济环境及其未来繁荣的可信度，如 Montes 和 Peixoto（2014）使用巴西银行业 2001—2011 年的数据研究表明，一个高的可信度对金融系统中的信贷风险提供了一个积极的评估。即一个有着稳定价格的金融环境降低了金融机构的风险感知并导致银行降低了他们的损失准备。

2. 宏观审慎或监管政策，如 Maddalonia 和 Peydro（2013）研究表明在 2008 年危机后，因为银行资本和流动性限制，低的政策利率对贷款条件放松的影响被降低了，即货币政策对贷款标准放松的影响被更加严格的银行资本监管或贷款价值比率的审慎政策所降低。

3. 银行微观特征变量（包括银行资本充足率、杠杆、流动性水平、银行规模、银行盈利能力等），如 De Nicolò（2010）研究表明银行的流动性和资本实力越强，其风险越低。且银行风险受流动性比率的影响似乎更为显著。Altunbas 等（2014）研究认为，在危机发生前，取得较高利润水平的某些银行恰好就是那些承担风险最多的银行。

4. 银行市场结构，如 Soedarmono 等（2013）认为，随着市场中银行数量增加，银行资本投入的收益减少。在达到一定门槛后，银行将会将其资本集中于自己擅长的一些特定领域以抵抗来自竞争者的威胁，而银行资本集中于特定领域的行为强化了市场中企业的逆向选择，银行风险承担加大。

5. 金融创新，如 Maddaloni 和 Peydro（2011）发现在欧元区和美国，资产证券化都导致贷款标准的放松，放大了来自低政策利率的影响。

6. 货币政策的跨境传递和汇率制度，如 Bruno 和 Shin（2013）的研究表明联邦储备局政策利率的选择的影响有一个国际维度和国内维度。更广泛地说是美元在全球银行业的角色打开了一个重要的跨境的金融环境传递问题。在他们的模型中，当美元利率下降，本地贷款利率和美元融资利率之间的价差增加。这样的较低的美元融资成本对全球金融条件有溢出效应。因为它会导致更大的跨境债务和因此而导致的接收国更宽松的信贷条件。

近年来，国内外大量学者开始研究这一问题。国内学者如宋琴和郑振龙（2010），徐明东和陈学彬（2011），江曙霞和陈玉婵（2012），方意和赵胜民（2012），张雪兰和何德旭（2012），牛晓健和裘翔（2013），张强和乔煜峰（2013），刘晓欣和王飞（2013），代军勋等（2014），金鹏辉（2014a，2014b），陈伟平和冯宗宪（2013），柯孔林（2010）等从多个不同的角度对货币政策对银行风险承担的影响进行了卓有成效的研究。这些研究反映出，货币政策，尤其是货币政策的立场，对于银行风险承担意愿及其表达是有着显著影响的，并且这种影响会通过银行风险承担表达出来。

二、理财产品对银行风险承担影响的研究现状

国内针对理财产品的研究不少，本章首先关注理财产品与我国货币政策之间关系。汪晶晶（2013）、李雅茜等（2014）、朱淼（2015）、尚敏等（2015）实证地检验了理财产品的规模及收益率与货币供应量的关系，得出理财产品发展对于货币供应量有显著影响的结论。由此可见，理财产品可能对于货币政策中介目标之一的货币供应量具有影响，也即理财产品可能对货币政策传导效应具有较为显著的影响。翟光宇（2016）也通过对银行个体的研究表明，在理财产品规模增长的条件下，银行资产负债结构发

生变化，以法定存款准备金率为代表的数量型货币政策工具冻结资金有限，信贷和法定存款准备金率的相关性减弱，货币政策效果被削弱。

其次，关注理财产品收益率与货币市场利率的关系。在这方面的研究中，李裕坤等（2014）用VAR方法证明，理财产品收益率和SHIBOR之间具有长期、稳定的均衡关系，后者是前者的Granger原因。孙易等（2015）实证证明，理财产品定价（即理财产品预期收益率）与银行间同业拆借利率、银行存贷比具有显著的影响关系。SHIBOR及银行间同业拆借利率市场化程度较高，这说明，理财产品收益率的基准利率是一种市场化程度较高的利率，且收益率与银行经营行为之间具有显著的相互作用[①]。

最后，关注理财产品与利率市场化之间关系。吴盼文等（2013）认为，理财产品为银行突破存款利率管制提供了途径，且表外理财产品对存款具有显著的替代效应。刘洋（2014）利用天津市的数据，实证地分析了理财产品规模持续扩张，其收益率对市场利率的参考意义也日益显现，对商业银行突破存款利率管制提供了重要的参考。许璇儿（2015）、丁美月（2015）对于理财产品对存款利率市场化的倒逼机制也有一定的论述。

可以看出，目前国内对于理财产品自身风险和理财产品对货币政策传导影响的研究较多，然而，还是缺乏理财产品对于银行风险承担影响方面的研究。这可能是因为一般认为理财产品作为银行表外业务，经营者商业银行只收取固定管理费用，可能有一定绩效奖励，然而影响不大，理财产品的风险变化缺乏银行风险承担影响。然而，参考国内一些针对影子银行对银行风险承担渠道影响的相关研究，我们发现，尹志超等（2014）的研究表明，金融业市场化提高了银行资产收益水平，降低了资产收益率的波动，但也使银行风险资产增加，银行资本充足率下降。李建军（2015）提出在体系内影子银行中，银行部门是系统性风险最主要的承担者。而毛泽盛（2012）、戴国强（2014）的研究表明，影子银行规模与银行体系稳定性之间存在阈值效应，即当影子银行规模低于阈值时，影子银行的发展有

---

① 孙易等（2015）提出，存贷比越高，显示银行盈利能力越强，但其风险越高。为了达到75%的监管水平，一般来说，银行会选择揽储提高存款规模，而非减少贷款。发行理财产品，尤其是收益稳定、风险较低的理财产品，便是吸收储蓄存款的重要手段之一。

利于提高银行体系的稳定性，相反则降低银行体系的稳定性。

综上，不难发现，理财产品由商业银行经营会影响银行风险承担。

三、利率市场化对银行风险承担影响的研究现状

利率市场化的相关研究中，张宗益和吴恒宇（2012），范育涛和费方域（2013），吴炳辉和何建敏（2014）等人通过分析得出，利率市场化会放大银行的流动性风险、信用风险、汇率风险及经营风险等多种风险。而上述研究，主要针对贷款利率市场化对银行风险的影响，考虑到我国利率市场化“先贷款、后存款”的特点及近期存款利率市场化突然放开，我们认为必须对展开对利率市场化更全面的研究。

左峥等（2014）首次从存贷利差缩窄的角度，实证研究存款利率市场化对银行风险水平的影响，结果表明存款利率市场化并不会提高银行风险水平。然而，彭星等（2014）进一步从价格竞争及其与存款利率市场化的交互作用对银行风险的影响方向实证研究，得出结果表明，存款利率市场化除了有可能降低银行资本化水平之外并不会提高银行风险水平，相反有利于缓解银行收入的波动性、降低银行破产概率。李成等（2015）也通过存贷款利率市场化指数，实证地验证了存款利率市场化对银行存贷比及银行核心资本充足率的影响，结果发现，利率市场化前中期，商业银行风险承担显著降低，且其对存贷款利率市场化最为敏感；小型商业银行具有更强的风险偏好。并提出，公有制占主体的产权属性是商业银行体系保持稳健的最重要原因；渐进式改革思路给商业银行足够的缓冲时间适应利率市场化；商业银行风险也可能以特殊的方式暂时隐藏或转嫁。然而，Keeley（1990）对存款利率市场化的研究结果表明，市场竞争会损害银行的特许权价值，并降低其破产的机会成本，银行因而会有更大的激励去承担额外的风险。

总结以上发现，尽管近年来国内对于理财产品、利率市场化及银行风险承担的相关研究均取得了很多的成果，但仍然有以下几点需引起重视：

其一，在理财产品对于银行风险承担影响的研究方面，国内研究中仅

有少数文献对此略有提及，然而均忽略了理财产品在银行经营中具有的初步绕过利率管制的特征以及存款替代的趋势造成的影响，且对理财产品如何影响银行风险承担机理方面的论述很不充分。

其二，在有关利率市场化对银行风险承担的影响的研究中，国内研究对不同方式利率市场化推进造成的不同影响分析不够透彻，且通常忽略了利率市场化通过货币政策立场对银行风险承担的作用，对利率市场化影响的刻画不够清晰、全面。

其三，我国的理财产品发展与利率市场化政策有密不可分的关系，利率市场化对理财产品市场发展具有重要影响，而理财产品也在一定程度上推动了利率市场化。然而国内对理财产品、利率市场化之间的复杂关系，及其对于商业银行风险承担影响分析着墨甚少，更缺乏两者通过货币政策理财对银行风险承担影响的讨论。

针对以上问题，本章拟从以下方面进行改进：（1）在货币政策立场影响银行风险承担的理论基础上，重点关注理财产品对于我国商业银行风险承担的影响，及其是否会影响货币政策立场对银行风险承担的作用；（2）将尝试对利率市场化做出不同方式的刻画，更清晰、全面地分析利率市场化对银行风险承担的影响，及这种作用是否会通过货币政策立场影响银行风险承担；（3）尝试分析理财产品及利率市场化间相互作用，进而对理财产品与利率市场化对银行风险承担作用，及这种共同作用是否通过货币政策立场影响银行风险承担做出一定的分析。

第三节 理论分析、模型设定及数据说明

一、理论机理及模型设定

货币政策立场对银行风险承担影响的检验：基准模型设定：参照 Altunbas 等（2012）、金鹏辉（2014）、方意（2012）等的模型设定方式，建立基准模型如下：

$$Risk_{it} = \gamma_0 + \beta Risk_{it-1} + \gamma_1 TGAP_{it} + \sum Control + \alpha_i + \varepsilon_{it} \quad (1)$$

参照 Altunbas（2012）、张雪兰等（2012）的研究，银行风险承担代理变量（Risk）的代理变量选为贷款损失准备与贷款总额比（LLR），并在后文使用不良贷款率（NPL）作为稳健性检验的代理变量。由于银行风险承担具有连续性，引入银行风险承担的滞后两期数据。

货币政策立场代理变量（TGAP）的选取参照 Altunbas 等（2012）的研究，选取真实利率与泰勒规则计算利率之差作为主要的解释变量。由于泰勒规则利率是由经济运行情况得出，使用真实利率与泰勒规则利率之差有助于控制名义利率变动的干扰，更直接地关注实际的政策立场。该变量上升意味着真实利率相对于泰勒规则利率上升，按通常的理解也就代表货币政策立场更为紧缩，银行处于收回市场流动性的过程中，风险承担会有所下降，因此预期该变量对应系数符号为负。反之，该变量下降，则变量对应系数符号为正。

Control 为可能影响银行风险承担的宏观经济变量及微观特征变量。α_i 代表银行的个体效应，以刻画未能进行控制的银行特征变量影响①。ε_{it} 为随机扰动项。

理财产品、利率市场化对银行风险承担的影响：理论分析及模型设定：依据 Dell'Ariccia（2013、2014）的研究，货币政策立场对银行风险承担的影响可能还依赖于银行经营的市场化水平，而理财产品、利率市场化对银行经营的市场化水平有较显著的影响。这显然会成为两者影响银行风险承担的渠道。

（一）理财产品对银行风险承担行为影响的理论分析及模型设定

理财产品一般为由商业银行或其他正规金融机构设计并发行，将所募集资金按合同约定方式进行投资，获得收益后根据合同将收益分配给投资

① 已有文献也对银行经营的担保能力、成长能力、流动性等因素进行控制，但实际操作中过多控制银行微观变量通常会出现比较明显的多重共线性问题，因此使用银行个体效应对其进行刻画。

人的金融产品。在我国，商业银行除自己发行外，还可以联合信托公司、保险公司、证券公司等发行银信、银保、银证理财产品。可以说，理财产品主要发行者为商业银行。从2004年至今，我国理财产品运作模式主要包括一对一模式和“资金池—资产池”模式。

一对一模式主要应用于单一信贷类理财产品，典型模式为银行将一个或多个贷款项目交由信托公司打包成为信托贷款计划，再由A银行或其他银行根据该信托计划的资金需求发行理财产品。然而，随着银监会于2010年下发的72号文，要求商业银行将表外信贷资产在2011年底前转入表内，该模式逐渐被“资金池—资产池”模式取代。“资金池—资产池”模式，即商业银行将理财产品所募集资金统一到一个资产池中进行投资管理，其整体投资收益作为确定各款理财产品收益的依据。

本章将从以下两个角度分析理财产品对于银行风险承担行为的影响：

1. 利益搜寻效应。我国存贷款基准利率差较大，在利率管制程度较高时期，银行可以较容易地获得较高的利差。然而，在我国存贷比要求的限制下，要增加贷款就必须要增加存款，这使得银行具有极强的“高息揽储”的激励。

值得注意的是，理财产品发展过程中一度出现过“刚性兑付”的风险①。如2012年、2013年间的中诚信托“诚至金开1号”、吉林信托“松花江2号”、中信信托“古冶1号”等理财产。在2014年，银监会发文禁止合约内包含任何刚性兑付内容，然而，截至2015年，我国每季度所发行的理财产品中，依旧有不少于1/3的产品为保证收益或保本浮动收益的理财产品在销售。根据规定②，这些理财产品吸纳的存款将被计入存款，形成表内负债。

由于存在以上问题，理财产品所募集资金也近似于高息“存款”，与高息揽储、通过第三方中介吸存并列成为银行募集资金的三种方式，每一

---

① 这可能是因为2005年左右，监管层提出要求各信托公司不出现单个信托产品风险。而其实质上是要求“确保到期资金的支付”，否则信托公司将会被叫停业务。当时各信托公司为了保住业务，不得不开启“刚性兑付”（吴庸，2014）。

② 根据央行《关于2013年金融机构统计制度有关事项的通知》，自2013年起，金融机构所有表内理财产品均纳入结构化存款统计。

种都会导致银行资金募集成本上升。确实，理财产品会带来手续费、收益分成等收入，但是，相对于其对资本募集成本的影响，理财产品形成存款，以便银行绕开存款比监管的作用更为重要。

理财产品收益率的上升，虽然会导致资金募集成本上升，但更重要的是银行借助理财产品形成的存款增多（或能够通过理财产品募集资金满足存贷比监管要求），就可以放出更多贷款，使银行收益上升。反之，理财产品收益率下降，理财产品形成存款量下降，使银行可放出的贷款量下降，进而导致银行收益下降。依据利益搜寻机制理论（BIS，2004；Rajan，2005；Borio，2008），银行具有黏性的回报率目标，当其实际收益下降大于目标收益率下降程度，会导致银行风险容忍度上升，进而使其风险承担水平上升。在当理财产品形成的存款额下降，导致贷款额下降引起银行实际收益下降时，会导致银行更容易提升自身所承担风险。所以，不妨称这种机制为理财产品的"利益搜寻效应"。

本章将采用理财产品到期收益率与1年期存款基准利率之差（YTM）作为利益搜寻效应代理变量。该变量能够更好地衡量理财产品收益率相对于银行存款利率的上涨，更好地反映出理财产品业务取代存款业务导致的成本上升，在使用理财产品资金扩大存款规模以满足存贷比监管要求的情况中，以其为代理变量能更直观地衡量成本影响和利益搜寻效应影响究竟哪个更重要。

按前文所述，该变量上升意味着在吸收资金方面，理财产品相对存款的成本上升，也就代表着银行实际收益的相对下降，进而触发银行的利益搜寻机制，推动银行风险承担水平上升。因此，预期变量系数符号可能为负。

模型设定如下：

$$Risk_{it} = \gamma_0 + \beta Risk_{it-1} + \gamma_1 TGAP_{it} + \gamma_2 YTM_{it} + \sum Control + \alpha_i + \varepsilon_{it} \tag{2}$$

2. 预期效应。理财产品市场的快速发展，既出于银行募集资金、逃避金融监管的目的，又出于居民对抗通货膨胀、追求闲置资本更高收益的目的。由于理财产品利率市场化程度较高，银行为获得资金必须尽可能提高理财产品收益率以吸引资金。这使得理财产品不仅在规模上引人注意，其大幅高于存款基准利率、甚至可能高于贷款基准利率的收益率也相当引人注目。根据所得数据，本章绘制理财产品收益率和银行存贷款利率对比图如图 11 - 1 所示。

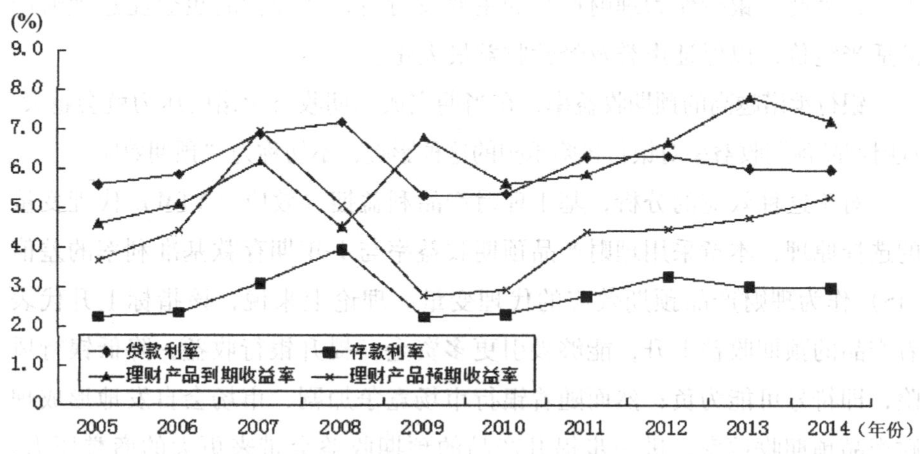

图 11 - 1 理财产品收益率与存贷款基准利率对比

由图 11 - 1 可见，理财产品收益率大幅高于 1 年期存款基准利率，2012 年后，理财产品到期收益率甚至高于贷款基准利率。除去 2007、2008 两个时点①，理财产品到期收益率大幅高于预期收益率，说明样本期内，银行实现预期收益承诺的动力较强。

理财产品预期收益率高于存款基准利率幅度越大，越有可能吸收更多的资金。然而，市场上资金是有限的，理财产品预期收益提高带来的银行收益增加并非线性的。一方面，理财产品直接形成的收入主要是手续费，但是在竞争激烈的理财产品市场上，手续费的收入并不是随理财产品规模线性提高的；另一方面，理财产品作为“高息揽储”的手段使存款成本上升，随着存款中理财产品募集的资金比例上升，银行实际的资金募集成本也会上升，导致银行实际收益的下降。所以，随着募集成本上升，理财产

① 2007 年，央行收紧货币政策，2008 年，货币政策由紧转向适度宽松，银行出于“金融脱媒”和紧缩压力，为募集资金而提升理财产品收益。且 2007、2008 年间，理财产品以激进型为主，挂钩股票、指数的理财产品层出不穷。然而，在 2007 年 10 月至 2008 年 10 月之间，美国次贷危机后，中国股市持续下跌，挂钩汇率、美国股市的理财产品纷纷出现负收益情况，导致预期收益难以实现。

品预期收益提高带来的银行收益增加是边际递减的。

并且，当期理财产品预期收益不能实现，会导致该理财产品及经营者声誉下降，进而使下一期资金募集（尤其是以理财产品方式募集）的成本上升，因此，银行作为理财产品的主要发行者，在经营时也会注意理财产品适当定价，以保证声誉及经营收益最大化。

银行承诺越高的预期收益率，在当期完成预期收益承诺的压力就会越大。理财产品预期收益率对银行风险承担的这种影响，不妨称为“预期效应”。

对于这种效应的分析，基于理财产品利益搜寻效应（YTM）代理变量的选择原理，本章采用理财产品预期收益率与1年期存款基准利率的差值（IS）作为理财产品预期效应的代理变量。理论上来说，该指标上升代表着产品的预期收益上升，能够吸引更多资金，提升银行收益，降低银行风险，即符号可能为负；然而随着银行市场竞争加剧，市场会自发地形成理财产品预期收益率，进一步提升产品的预期收益会带来更大的商誉压力，迫使银行为维护自身产品信用而提升自身风险承担，这将使变量系数符号为正。使用理财产品预期收益率与1年期存款基准利率的差值能够更好地估计出两者哪个占据主要地位。模型设定如下：

$$Risk_{it} = \gamma_0 + \beta\, Risk_{it-1} + \gamma_1\, TGAP_{it} + \gamma_3\, IS_{it} + \sum Control + \alpha_i + \varepsilon_{it} \tag{3}$$

3. 两种效应通过货币政策立场对银行风险承担造成的影响。银行在面对同笔融资需求时，存贷业务与理财产品业务所形成的“贷款”对应的资金募集成本不同，后者明显高于前者，导致银行收益下降。因此，银行不会倾向用理财产品方式发放贷款。然而，存贷业务会受到存贷比、贷款规模等政策及监管约束，而理财产品约束较弱，银行可以将风险较高或超出贷款额度限制的贷款包装为理财产品进行销售，这种行为使商业银行在避开管制的同时获得收益、占据市场。

推测这种行为会受到银行风险承担意愿的影响。管制较为严格时期，贷款通常供不应求，银行的风险承担意愿可能更多通过理财产品反映出来。即随着银行风险承担意愿变化，放贷意愿上升，而贷款规模限制使银行不得不利用理财产品方式发放更多“贷款”，导致理财产品对银行风险承担影响也随之上升。

基于这样的分析，设定模型（4）、模型（5）：

$$Risk_{it} = \gamma_0 + \beta Risk_{it-1} + \gamma_1 TGAP_{it} + \gamma_2 YTM_{it} + \varphi_1 TGAP_{it} \times YTM_{it} + \sum Control + \alpha_i + \varepsilon_{it} \tag{4}$$

$$Risk_{it} = \gamma_0 + \beta Risk_{it-1} + \gamma_1 TGAP_{it} + \gamma_3 IS_{it} + \varphi_2 TGAP_{it} \times IS_{it} + \sum Control + \alpha_i + \varepsilon_{it} \tag{5}$$

货币政策立场并不能改变银行的利益搜寻机制，因此推测货币政策立场变量的上升，即货币政策相对收紧会强化理财产品的利益搜寻效应，即模型（4）中交互项变量系数预期为负。

货币政策立场变动不会改变理财产品的预期收益由市场形成这一点，也就难以降低个别银行进一步提升产品预期收益带来的影响。然而，货币政策立场的放宽可能会降低资金获取的难度，因此可能会削弱预期效应效果，即模型（4）中交互项变量系数可以预期为负。

（二）利率市场化对银行风险承担影响的理论分析及模型设定

参照已有研究，利率市场化代理变量设定方面，首先考虑以虚拟变量。在对比 2012 年存款利率上限调整时点及 2013 年贷款利率完全开放时点后，考虑到我国银行业的不良资产形成受到贷款利率影响更大，本章选择 2013 年设定时间虚拟变量，作为利率市场的单边直接衡量。

其次，我们通过设置利率市场化指数，综合双边的利率市场化政策，对其整体影响进行分析。在考察以存贷款利差作为利率市场化量化指标（左峥，2014）、设置利率市场化进程指数（Bandiera，2000；陶华雄，2013；王舒军，2014；平安公司报告，2014）等方法之后，我们选择了平安公司（2014）发布的利率市场化系列报告中银行业利率市场化指数的设定方法，对样本期内银行业利率市场化水平作出衡量，作为本章的利率市场化指数代理变量。

利率市场化会影响银行的风险承担。一方面，Denizer（1997），王耀青（2014）等认为，利率市场化主要通过加剧银行竞争的方式影响银行风险承担行为。另一方面，根据 Cubillas 和 González（2014）的研究，金融自由化（包括利率市场化）在发展中国家也通过增加风险承担机会的方式对银行风险承担造成影响。因此，我们参照李成等（2015）的方法，加入利率市场化代理变量以考察利率市场化对于银行风险承担行为的影响。

依据风险承担渠道理论相关研究，货币政策立场对银行风险承担的影响可能依赖于利率市场化的程度。当利率市场化水平上升时，银行获得更大的资产负债自主定价权力，以及获得更大的存贷款自主选择权，此时货币政策立场对银行风险承担的作用能够表现得更为明显。

因此，本章借鉴 Altunbas（2012）、徐明东和陈学彬（2012）、方意和赵胜民（2012）等学者的研究，加入交互项以刻画利率市场化通过货币政策立场对银行风险承担的影响。模型设置如下：

$$Risk_{it} = \gamma_0 + \beta Risk_{it-1} + \gamma_1 TGAP_{it} + \gamma_4 IRL_{it} + \varphi_3 TGAP_{it} \times IRL_{it} + \sum Control + \alpha_i + \varepsilon_{it} \tag{6}$$

其中 IRL 代表衡量利率市场化的代理变量，按上述论述，预期变量符号为正。由于货币政策立场变动可能会通过影响资金获取的难易程度影响竞争的激烈程度，可以预期货币政策立场变动可能会削弱利率市场竞争的迫切程度，因此预期交互项变量符号为负。

（三）理财产品、利率市场化交互作用对银行风险承担影响的理论分析及模型设定

理财产品作为一种资产管理业务，很难严格规范其收益率范围，其发展使商业银行在经营上具有了更大的调整空间。商业银行借助理财产品，在一定程度上避开了监管政策，促进了商业银行突破利率管制，在一定程度上加速了我国的利率市场化进程。不少学者认为，理财产品可以被视为银行业利率市场化的替代品（盛方富，2013；中国人民银行海口中心支行课题组，2013）。

由实际情况看利率市场化对理财产品的影响，2012 年二季度，2013 年三季度，2015 年一季度、三季度，2016 年一季度等①，在利率市场化推进

① 2012 年二季度，理财产品发行总量环比下降 10.3%；2013 年三季度环比增长 9%，然而小于二季度理财产品环比增长 28%；2015 年一季度产品发行量环比减少 39%；2015 年三季度产品发行量环比减少 8%；尚无 2016 年一季度理财产品准确数据。2015 年二季度发行数目环比上升，而资金规模环比下降 3%；2015 年四季度发行数量略降，发行规模仍然保持增长，增速低于三季度，暂不列入举例。以上信息来源于《银行家》，并结合 Wind 数据库已有数据进行验证。

后，理财产品市场均出现了增速放缓甚至回落的情况。其中，2013 年三季度和 2016 年一季度还反映出一定程度的银行不良资产“出表”的需求，即不良贷款打包成理财产品出售。

由此，可以看出理财产品及利率市场化会受到对方影响。所以，还需要进一步考察理财产品、利率市场化对银行风险承担具有怎样的共同影响。

1. 理财产品收益率与利率市场化交互作用的影响。

随着利率市场化的推进，银行存贷款定价自由水平上升，竞争的上升将导致银行业整体净息差下降，个体银行“高息揽储”的空间也将随之被压缩。那么，理财产品在现阶段作为揽储手段的重要性也会受到影响。

对于以到期收益率与一年期存款基准利率之差衡量的理财产品利益搜寻效应来说，由于理财产品利率一般大幅高于存款利率，其“揽储”成本也高于存款，随着银行存款利率上升、息差在竞争中逐步下降，理财产品成本上升对经营造成的影响，可能出现超过其揽储以满足存贷比所带来的利润的倾向，那么，可以推测理财产品的利益搜寻效应则会下降。因此，推测交互项（YTM × IRL）的系数符号为正，而交互项（TGAP × YTM × IRL）的系数符号则取决于利率市场化和利益搜寻效应中对银行风险承担影响更大的因素。

基于该分析，本章设立模型如下：

$$Risk_{it} = \gamma_0 + \beta Risk_{it-1} + \gamma_1 TGAP_{it} + \gamma_2 YTM_{it} + \gamma_4 IRL_{it} + \varphi_1 TGAP_{it} \times YTM_{it} + \varphi_3 TGAP_{it} \times IRL_{it} + \varphi_4 YTM_{it} \times IRL_{it} + \varphi_6 TGAP_{it} \times YTM_{it} \times IRL_{it} + \sum Control + \alpha_i + \varepsilon_{it} \tag{7}$$

对以预期收益率和一年期存款基准利率之差衡量的理财产品预期效应来说，一旦理财产品作为资金募集手段的重要性下降，银行在理财产品经营对下期资金募集成本的重视程度就会下降，其经营压力也有所下降，导致预期效应对银行风险承担影响减弱，因此推测交互项（IS × IRL）的系数符号为负。由于利率市场化和理财产品预期效应均是通过银行自发形成利率水平，在货币政策立场调节下，两者可能会进一步相互削弱，因此预期交互项（TGAP × IS × IRL）的系数符号可能为负。

为检验本章分析，具体的模型设定如下：

$$Risk_{it} = \gamma_0 + \beta Risk_{it-1} + \gamma_1 TGAP_{it} + \gamma_3 IS_{it} + \gamma_4 IRL_{it} + \varphi_2 TGAP_{it} \times IS_{it} + \varphi_3 TGAP_{it} \times IRL_{it} + \varphi_5 IS_{it} \times IRL_{it} + \varphi_7 TGAP_{it} \times IS_{it} \times IRL_{it} + \sum Control + \alpha_i + \varepsilon_{it} \quad (8)$$

2. 理财产品规模对利率市场化作用影响。

理财产品较高的收益率带来的另一方面影响，即理财产品规模的快速扩大。因此，本章对理财产品规模变化对银行风险承担造成的影响作出一定分析。

我国理财产品规模一直上升较快，每年发行的理财产品总规模已由2005年的2000亿高速发展至2005年近百万亿的规模水平。考虑到理财产品期限通常较短，其年度发行总规模可能将部分购买理财产品的资金重复记入，也可能存在理财产品及当年新增存款间相互流动的情况，本章更关注理财产品的当年年末存续额。数据显示，年末存续额增长速度也是非常快的。图11－2、图11－3对比展示了理财产品规模与新增存款的增长趋势。

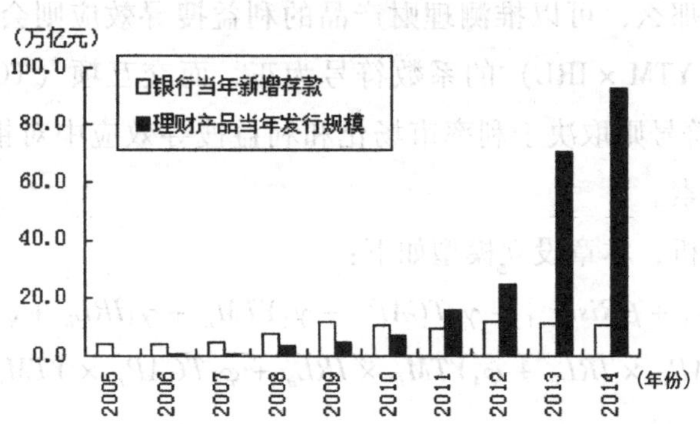

图11－2　理财产品发行规模与新增存款规模趋势

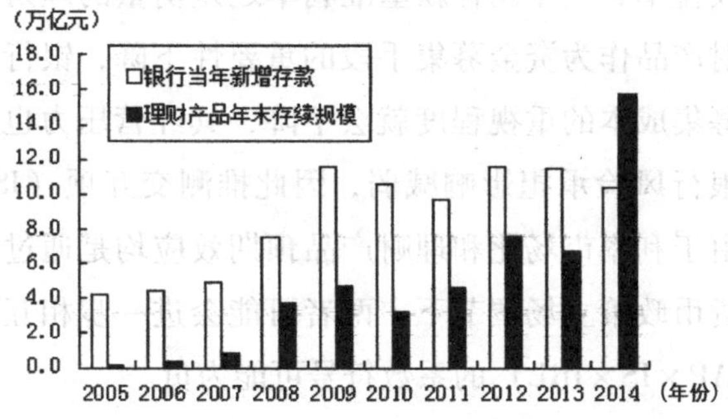

图11－3　理财产品年末存续规模与银行新增存款规模趋势

理财产品作为表外业务，银行不直接承担其经营产生的风险。本章认为，理财产品规模变化对银行风险承担影响，可能通过以下途径：

（1）在现实情况中，银行以理财产品作为存量考核下的“冲量”工具[①]，逃避严格的监管指标限制。理财产品规模扩大可能强化其对银行资本结构掩盖作用，银行资本状况有所恶化，使银行在面对政策变化冲击时风险暴露可能性也随之上升。

（2）利率市场化的推进对理财产品规模具有较大影响。根据直观的观察，2012 年二季度，2013 年三季度，2015 年二季度、四季度，2016 年一季度，随着利率市场化推进，理财产品市场出现规模增速放缓甚至回落情况。故还需实证检验这两者的关系，并进一步地分析两者之间的关系是否对银行风险承担造成了影响。

（3）除了理财产品收益率所引起的利益搜寻效应、预期效应外，其规模也可能影响货币政策立场对银行风险承担的作用。再次通过直观观察，发现在货币政策较为宽松的 2009—2011 年间，年度理财产品增幅均较小，反之，在货币政策紧缩时期，年度理财产品增幅则较大，甚至在 2013 年，出现了季度增幅放缓而年度增幅飙升的情况。这是否能说明，货币政策立场对于理财产品规模也具有较大的影响，两者共同作用对银行风险承担的影响，还需要本章进一步通过实证验证。

（4）由于理财产品规模、利率市场化两者关系复杂，且均可能通过货币政策立场影响银行风险承担，因此还需检验三者的交互作用对银行风险承担的影响。

基于这样的思路，本章加入理财产品规模代理变量（FOB），实证模型如下：

$$Risk_{it} = \gamma_0 + \beta Risk_{it-1} + \gamma_1 TGAP_{it} + \gamma_5 FOB_{it} + \gamma_4 IRL_{it} + \varphi_8 TGAP_{it} \times FOB_{it} + \varphi_3 TGAP_{it} \times IRL_{it} + \varphi_9 FOB_{it} \times IRL_{it} + \varphi_{10} TGAP_{it} \times FOB_{it} \times IRL_{it} + \sum Control + \alpha_i + \varepsilon_{it} \tag{9}$$

① 理财产品的发售通常要求该客户在银行开立账户，理财资金到期后会自动划转到该账户，即一旦成为某一银行的理财客户，其资金在某些时刻便会成为银行的存款。

按照前文论述，预期变量（FOB）系数符号为正，交互项（FOB×TGAP）符号为正，交互项（FOB×IRL）符号为负。交互项（TGAP×FOB×IRL）符号则取决于货币政策立场和利率市场化中对理财产品规模影响更大的因素。

二、变量及数据来源

本章选取了2005—2015年间100家银行的年度数据构造面板模型，其中包括股份制银行20家，其余中小银行80家①。

1. 被解释变量。

银行风险承担行为（Risk）：采用贷款损失准备与贷款总额比（LLR）作为主要的代理变量②，并使用不良贷款率（NPL）作为稳健性检验中的代理变量。数据来源于Bankscope数据库。为了减小异方差影响，对两类数据均进行了对数处理；为了剔除极端值的影响，对银行的特征数据进行了头尾1%的缩尾（Winsorize）处理。

2. 主要解释变量。

（1）货币政策立场（TGAP）：参照Altunbas等（2012）的做法，将真实利率与泰勒规则计算得到的规则利率进行比较，取其差衡量货币政策立场。采用1年期贷款基准利率减去通货膨胀率作为真实利率，并参照张雪兰（2012）的做法，以平滑方式计算泰勒规则利率，计算表达式为：

$$r_t = \lambda r_{t-1} + (1-\lambda)[r^* + \pi_t + \alpha(\pi_t - \pi^*) + \beta(y_t - y^*)/y^*]$$

其中，r^*为长期利率，$(\pi_t - \pi^*)$为通胀缺口，$(y_t - y^*)/y^*$为产出缺口，设定平滑指数$\lambda = 0.85$，并假设货币当局在调整利率时对通胀和产出缺口同等关注，通胀权重α和产出缺口权重β均设定为0.5。进而，参

① 股份制银行包括16家上市银行及国内4家非上市股份制商业银行，包括广发银行、浙商银行、渤海银行、恒丰银行。80家中小银行包括上海银行、徽商银行、哈尔滨银行等63家城市商业银行及成都农商银行、重庆农商银行等17家农商银行等。样本中不包括政策性银行、邮政储蓄银行及外资银行。

② 参考审稿人所提出的Chen（2012）、Sun（2012）的研究文献，本章选定贷款损失准备与贷款总额比（LLR）作为银行风险承担代理变量。在此对审稿人提出的宝贵意见表示感谢。

考邢毓静等（2009）选取长期均衡利率为1%，以目标通货膨胀率为2%计算通胀缺口，以HP滤波法（Hodrick－Prescott，λ＝400）计算所得潜在GDP计算产出缺口。在稳健性检验中，将使用存贷款基准利率差（RS）[①]、M2增长率、1年期存、贷款基准利率（Interest）等作为货币政策立场的代理变量，数据来源于同花顺数据库。

（2）理财产品相关变量：理财产品的利益搜寻效应（YTM）、预期效应（IS）以理财产品到期、预期收益率与1年期存款基准利率之差作为代理变量。其中，理财产品到期收益率、预期收益率数据来源于相关年报、殷剑锋相关著作及Wind数据库，1年期存款基准利率数据来源于中国人民银行网站。在稳健性检验中，将使用与理财产品到期收益率较为接近的信托产品年收益率、与理财产品定价关系较为密切的三月同业拆借利率作为代理变量。

理财产品规模（FOB）包括理财产品年度发行规模、年末存续规模，本章选择以年末存续规模与当年新增存款比值数据作为理财产品规模代理变量。理财产品存续规模数据来源于Wind数据库，并参照相关年报及殷剑锋相关著作，当年新增存款数据来源于同花顺数据库。

（3）利率市场化指标（IRL）：本章将通过银行利率市场化指数及贷款利率市场化政策时间虚拟变量两种方式对利率市场化政策进行度量。具体度量方式已在前文作出论述。在稳健性检验中，本章以平安证券公司公布的利率市场化系列报告（2014）中方法计算包含银行及非银行两方面的整体利率市场化指数作为代理变量。

3. 控制变量（Control）。

参考张雪兰（2012）的研究，加入实际GDP增长率（GDPR）进行控制。同时，选择银行资产规模（十亿元）的对数值（Size）、资本充足率（CAP）、资产回报率（ROA）作为银行资产规模、资本状况、盈利状况方面的微观控制变量，并将微观控制变量全部取对数。数据来源于Bankscope数据库。

---

① 由1年期贷款基准利率减去1年期存款基准利率而得。

4. 数据的描述性统计。

根据以上数据描述，给出数据统计如表 11 -1 所示。

表 11 -1　　模型所涉及变量及数据的描述性统计

变量名称	均值	标准差	最小值	最大值
lnLLR	0. 93	0. 48	-3. 22	3. 09
lnNPL	0. 17	0. 91	-4. 61	3. 73
TGAP	0. 25	0. 36	-0. 26	0. 95
YTM	3. 20	1. 16	0. 56	4. 80
IS	1. 65	0. 92	0. 52	3. 88
FOB	0. 53	0. 44	0. 05	1. 51
IRLB	0. 78	0. 06	0. 75	0. 92
GDP	9. 98	2. 14	7. 30	14. 20
lnSize	4. 68	1. 88	0. 61	9. 93
lnCAP	2. 50	0. 29	1. 02	6. 10
lnROA	-0. 02	0. 58	-4. 61	1. 13

第四节　实证结果

一、货币政策立场对银行风险承担影响的检验：基准模型的估计

将运用混合面板回归估计、固定效应模型①及差分 GMM、系统 GMM 方法对模型（1）进行估计。并且，结果中列出了判断扰动项是否存在二阶相关的扰动项序列相关的 AR（2）结果及判断工具变量是否存在过度识别问题的 Sargan 检验结果的 P 值，P 值大于 0. 1 则说明本章所选择工具变量是有效的。结果如表 11 -2 所示。

① 豪斯曼检验结果为 0. 0004，拒绝随机效应假设，故选择固定效应模型。

表 11－2　　货币政策对我国银行风险承担行为影响的再检验结果

被解释变量：LLR	(1) OLS	(2) FE	(3) Diff_ GMM	(4) Sys_ GMM
$lnLLR_{t-1}$			0.48 (1.44)	0.70*** (6.03)
$lnLLR_{t-2}$			－0.32* (－1.89)	－0.08** (－1.96)
TGAP	－0.07* (－1.74)	－0.05 (－0.94)	－0.12*** (－3.12)	－0.14*** (－4.42)
GDP	－0.07*** (－4.15)	－0.04*** (－2.68)	－0.02* (－1.70)	－0.02* (－1.66)
lnSIZE	0.01 (0.29)	0.13*** (2.71)	0.07 (0.84)	－0.01 (－0.35)
lnCAP	－0.18 (－0.93)	－0.05 (－0.63)	0.06 (0.45)	－0.06 (－0.38)
lnROA	0.09 (1.08)	0.08* (1.74)	－0.09 (－1.64)	－0.10** (－2.09)
常数项	1.94*** (3.72)	0.77* (1.74)	0.53 (1.11)	0.80* (1.82)
观测值	514	514	240	338
R^2	0.1296	0.1486		
AR（2）（P 值）			0.588	0.379
Sargan 检验（P 值）			0.299	0.107

注：*** 表示统计量在 1% 水平上显著，** 表示统计量在 5% 水平上显著，* 表示统计量在 10% 水平上显著，括号内为 t 值。

表 11－2 为基准模型估计结果，可以看出，以真实利率减去泰勒规则利率衡量货币政策立场，其对于银行风险承担的影响始终为负，即我国货币政策宽松度上升（TGAP 下降），将显著地导致银行风险承担水平的上升，符合货币政策风险承担渠道理论。对比使用混合回归及考虑银行个体效应的固定效应模型对静态面板的估计结果，可以看出考虑银行个体效应是合理的。使用 GMM 模型对动态面板进行估计结果证明银行风险承担确实具有连续性。

控制变量结果与前人研究得出结论基本保持一致。

二、理财产品、利率市场化对银行风险承担影响的估计

（一）理财产品对银行风险承担的影响

对模型（2）—（5）均进行系统 GMM 估计，结果见表 11－3。

表 11－3　　理财产品对我国银行风险承担行为影响的估计结果

被解释变量：LLR	(5)	(6)	(7)	(8)
$lnLLR_{t-1}$	0.77*** (6.14)	0.76*** (6.02)	0.65*** (5.35)	0.69*** (6.06)
$lnLLR_{t-2}$	－0.11** (－2.38)	－0.08 (－1.59)	－0.06 (－1.44)	－0.07 (－1.59)
TGAP	－0.11** (－2.21)	－0.15 (－0.76)	－0.13*** (－4.23)	－0.13** (－2.37)
YTM	－0.11*** (－2.78)	－0.11** (－1.94)		
TGAP × YTM		－0.07** (－2.27)		
IS			0.04** (2.34)	0.04** (2.41)
TGAP × IS				0.00 (－0.04)
GDP	－0.01 (－1.08)	－0.02 (－1.57)	－0.03** (－2.56)	－0.03*** (－2.67)
lnSIZE	0.01 (0.25)	－0.01 (－0.33)	－0.03 (－0.83)	－0.03 (－0.66)
lnCAP	－0.04 (－0.22)	－0.09 (－0.49)	－0.03 (－0.24)	－0.04 (－0.27)
lnROA	－0.10** (－2.14)	－0.12** (－2.27)	－0.10** (－2.20)	－0.11** (－2.32)
常数项	0.59 (1.13)	0.94 (1.35)	0.92** (2.00)	0.87* (1.88)

续表

被解释变量：LLR	(5)	(6)	(7)	(8)
观测值	338	338	338	338
AR（2）（P值）	0.321	0.208	0.479	0.469
Sargan 检验（P值）	0.195	0.242	0.155	0.135

注：***表示统计量在1%水平上显著，**表示统计量在5%水平上显著，*表示统计量在10%水平上显著，括号内为t值。

表11-3中，列（5）、（6）为理财产品到期收益率与1年期存款基准利率差对银行风险承担影响的估计结果，系数为负。这说明，理财产品虽然导致了银行资金募集成本上升，但是，其协助银行绕开存贷比、贷款规模监管限制，获得更大的经营效益的作用更大，本章对理财产品的利益搜寻效应说明是合理的。

同时，理财产品的利益搜寻效应显著强化了货币政策立场对银行风险承担的影响。即理财产品协助银行绕开贷款规模限制，使理财产品对银行风险承担影响上升，也使银行经营市场化水平上升，导致货币政策立场对银行风险承担意愿的影响能够更充分地表达。

列（7）、（8）为理财产品预期收益率与1年期存款基准利率差对银行风险承担影响估计结果。可以看出，理财产品预期效应对货币政策立场对银行风险承担作用不具有显著影响。这说明，银行具有满足预期收益率承诺的动力和压力，但是，或者银行通过理财产品募集资金获得的经营收益能够弥补这种风险，或者这种作用对银行风险承担作用有限，不至于引起银行风险承担随之发生变化。一种可能的情况，即银行在满足某款理财产品预期收益会导致自身损失较大时，会拒绝“刚性兑付”。

从实际情况来看，理财产品作为银行资金募集渠道，虽然导致了资金募集成本上升，但是其协助银行避开存贷比、贷款规模等限制，提高银行经营收益方面作用更大。如2007年股市上涨，居民储蓄存款持续下降。为吸引资金，银行多发行打新、股票挂钩等高风险收益的理财产品，并为争夺客户资金展开较为激烈的理财产品竞争。2007年理财产品的发展导致了随后银行经营的巨大变化。

然而，理财产品是银行的表外业务，其风险承担不计入银行表内，因此其经营压力对银行风险承担影响不明显。并且，典型事实如 2007 年、2008 年的许多理财产品，在金融危机后并未出现“刚性兑付”的问题。

（二）利率市场化对银行风险承担的影响

对模型（6）进行系统 GMM 估计，结果如表 11 -4 所示。

表 11 -4　利率市场化对我国银行风险承担行为影响的估计结果

被解释变量：LLR	(9)	(10)	(11)	(12)
$lnLLR_{t-1}$	0.65*** (5.59)	0.68*** (5.50)	0.77*** (6.72)	0.74*** (6.89)
$lnLLR_{t-2}$	-0.06 (-1.37)	-0.07 (-1.43)	-0.10** (-2.43)	-0.10** (-2.43)
TGAP	-0.15*** (-4.75)	-0.70 (-0.35)	-0.14*** (-4.33)	-0.15*** (-4.54)
IRL	0.57** (2.04)	0.21 (1.14)		
TGAP × IRL		-0.74** (-2.27)		
IRLD			0.24** (2.38)	0.17* (1.82)
TGAP × IRLD				-0.42** (-2.08)
GDP	-0.44 (-1.06)	-0.68 (-0.67)	-0.68 (-1.54)	-0.73* (-1.69)
lnSize	-0.01 (-1.17)	-0.01 (-1.23)	-0.02 (-1.66)	-0.02 (-1.67)
lnCAP	-0.04 (-1.01)	-0.03 (-0.79)	0.00 (0.04)	-0.01 (-0.18)
lnROA	-0.05 (-0.34)	-0.05 (-0.35)	-0.06 (-0.37)	-0.05 (-0.33)
常数项	-0.10** (-2.08)	-0.10** (-1.96)	-0.11** (-2.29)	-0.10** (-2.04)
观测值	338	338	338	338

续表

被解释变量：LLR	(9)	(10)	(11)	(12)
AR（2）（P值）	0.281	0.278	0.310	0.289
Sargan 检验（P值）	0.129	0.149	0.239	0.165

注：*** 表示统计量在1%水平上显著，** 表示统计量在5%水平上显著，* 表示统计量在10%水平上显著，括号内为t值。

上表为利率市场化相关估计结果。列（9）、（10）为以指数整体衡量利率市场化水平的估计结果，列（11）、（12）为以2013年及以后值为1的时间虚拟变量的估计结果。研究发现，无论以何种方式衡量利率市场化的推进，利率市场化对银行风险承担均具有正向影响，而利率市场化与货币政策立场交互项显示，利率市场化水平上升增强了货币政策立场对银行风险承担的影响。

依照前文所提及，Denizer（1997），王耀青（2014）等认为利率市场化会通过加剧银行竞争影响银行风险承担，Cubillas和González（2014）认为利率市场化通过增加银行风险承担机会方式导致银行风险承担上升。结合表11-4中的实证结果并结合已有研究，不难看出：

利率市场化导致了银行竞争加剧。很明显，我国的股份制银行之间、中小银行之间竞争非常激烈，近年来，股份制银行和中小银行间竞争水平也有所上升，这使得利率市场化能通过促使银行竞争加剧而影响银行风险承担。

同时，也应当承认利率市场化也通过提供更多银行风险承担机会的方式，对银行风险承担造成影响。利率市场化水平上升，使银行受到利率管制水平下降，自主定价权力上升，可以使相应的高风险贷款能够获得的收益上升。在市场竞争加剧或由其他情形导致银行风险容忍度变化时，银行有能力且有相应激励去选择高风险贷款项目，导致其风险承担水平上升。

最后，就货币政策立场影响而言，当货币政策宽松水平上升时，银行风险容忍度上升，这种风险承担意愿变化导致银行更倾向于选择高风险、高收益的贷款。随着利率市场化水平提高，银行自主定价权力上升，此时，利率市场化赋予银行的权力使其能更充分地实现自身风险承担意愿，货币政策立场对银行风险承担的作用能够表现得更为明显，导致银行风险容忍度变化。故而，利率市场化增强了货币政策立场对银行风险承担行为的影响。

（三）理财产品、利率市场化共同作用对银行风险承担影响的估计

使用系统 GMM 对模型（7）、（8）、（9）进行估计，结果如表 11－5 所示。

表 11－5　利率市场化、理财产品发展对我国银行风险承担的影响

被解释变量：LLR	IRLD			IRL		
	（13）YTM	（14）IS	（15）FOB	（16）YTM	（17）IS	（18）FOB
$lnLLR_{t-1}$	0.77*** （6.22）	0.73*** （6.09）	0.72*** （5.96）	0.73*** （5.68）	0.75*** （6.12）	0.72*** （5.38）
$lnLLR_{t-2}$	−0.08 （−1.62）	−0.06 （−1.39）	−0.07 （−1.47）	−0.09 （−1.11）	−0.14 （−1.09）	−0.07 （−0.83）
TGAP	−0.11 （−0.53）	−0.20*** （−2.85）	−0.35 （−1.45）	−0.93*** （−2.65）	0.14 （0.09）	−4.57 （−0.65）
YTM	0.00 （−0.02）			−1.55 （−1.54）		
YTM×TGAP	−0.07 （−1.17）			−0.85 （−1.38）		
YTM×IRL				2.00** （2.57）		
YTM×IRL×TGAP	−0.12 （−1.31）			−0.92 （−1.22）		
IS		0.06** （2.56）			0.74 （0.11）	
IS×TGAP		0.10 （1.26）			−1.22 （−0.17）	
IS×IRL					−1.04 （−0.12）	

续表

被解释变量：LLR	IRLD			IRL		
	(13) YTM	(14) IS	(15) FOB	(16) YTM	(17) IS	(18) FOB
IS × IRL × TGAP		-0.05 (-0.43)			0.99 (0.08)	
FOB			0.61 * (1.79)			39.27 (0.87)
FOB × TGAP			0.55 (1.08)			25.50 (1.23)
FOB × IRL						-51.58 (-0.85)
FOB × IRL × TGAP			0.86 ** (1.92)			47.81 (0.97)
IRL	0.20 (1.06)	0.07 (1.07)	0.14 (1.11)	11.26 *** (2.64)	5.26 (0.35)	7.08 ** (1.92)
TGAP × IRL				(ommited)	(ommited)	(ommited)
GDP	-0.02 (-1.64)	-0.04 *** (-3.36)	0.03 (1.03)	0.00 (-0.05)	0.01 (0.04)	-0.05 (-0.36)
lnSize	-0.02 (-0.54)	-0.02 (-0.56)	-0.02 (-0.44)	-0.02 (-1.26)	-0.03 (-0.61)	-0.03 (-0.74)
lnCAP	-0.09 (-0.47)	-0.06 (-0.44)	-0.05 (-0.35)	-0.35 (-0.54)	-0.18 (-0.37)	-0.28 (-0.26)
lnROA	-0.12 ** (-2.15)	-0.13 *** (-2.66)	-0.13 ** (-2.56)	-0.24 (-1.54)	-0.16 ** (-2.32)	-0.33 ** (-2.51)
常数项	0.95 (1.39)	0.92 * (1.89)	0.02 (0.02)	-7.98 ** (-2.58)	-3.36 (-0.27)	-4.22 ** (-2.50)
观测值	338	338	338	338	338	338
AR(2)(P值)	0.261	0.212	0.166	0.606	0.799	0.552
Sargan 检验(P值)	0.137	0.126	0.153	0.331	0.375	0.480

注：*** 表示统计量在1%水平上显著，** 表示统计量在5%水平上显著，* 表示统计量在10%水平上显著，括号内为t值。

表11－5中，列（13）至（15）为理财产品与银行业利率市场化虚拟变量的估计结果，列（16）至（18）为理财产品与由2013年起设定为1的利率市场化指数的估计结果。

列（13）、（16）为理财产品的利益搜寻效应、利率市场化对银行风险承担影响的估计结果，结合表11－3估计结果进行分析可以得出进一步的研究结果，即由交互项YTM×IRL估计结果来看，利率市场化削弱了理财产品对银行风险承担的利益搜寻效应。这意味着随着利率市场化水平的上升，银行需要理财产品协助绕开存贷比、贷款规模限制的需求降低，导致理财产品的利益搜寻效应对银行风险承担造成的影响下降。另一方面，理财产品的利益搜寻效应对利率市场化的作用有所增强，符合理财产品是利率市场化的“先锋”的观点。

从交互项YTM×IRL×TGAP结果来看，理财产品利益搜寻效应和利率市场化的共同作用保持对货币政策的风险承担渠道的增强作用。

从理财产品的预期效应、利率市场化对银行风险承担影响的估计结果列（14）、（17）来看，除预期效应外，其余估计结果系数均不显著。

列（15）、（18）为理财产品规模、利率市场化对银行风险承担影响的估计结果。可以看出，理财产品规模变化对银行风险承担影响不显著。这是因为理财产品作为表外业务，其风险不由银行承担，因此理财规模变化对银行风险承担影响不显著。

由理财产品规模与利率市场化的交互项FOB×IRL的实证结果来看，随着利率市场化水平上升，理财产品规模对银行风险承担出现负向影响。结合事实来看，一方面，可能是由于商业银行将不良贷款打包成理财产品销售，即2013年、2016年商业银行不良贷款的“出表”行为。另一方面，则如前文提到的几次，利率市场化推进后，理财产品市场均出现了增速放缓甚至回落的情况。这种两者间仍然较为模糊的“此消彼长”情况，也可能成为利率市场化削弱理财产品对银行风险承担的部分原因。

由交互项FOB×TGAP的估计结果，可以看出理财产品规模对货币政策立场对银行风险承担的影响有所削弱。这或许是因为理财产品作为“银行的影子”，是银行调整自身经营策略以获得更高收益的一种手段，在货币政策立场从紧时，银行扩大理财产品规模有助于银行提升自身收益，削弱货币政策变化影响，而理财产品对银行风险承担影响上升。而在货币政策立场放松时，银行对理财产品需求下降，此时，理财产品的增长主要出于居民获得更高闲置资本收益的目的和银行吸引更多客户的目的。

从实际情况来看，2007 年货币政策收紧时理财产品规模快速上升；2009—2011 年间货币政策较为宽松，理财产品规模增长减缓；2012 年货币政策从紧，理财产品再次开始快速增长，都说明，货币政策立场变化带动了理财产品规模的变化。尤其是 2012 年后，货币政策收紧伴随着利率市场化的快速推进，出现了个别季度理财产品增速下降，全年增速却大幅上升的情况。结合上文，说明利率市场化对理财产品的规模可能有一定影响，但货币政策立场造成的影响更大。

最后，对比交互项 FOB × IRL × TGAP 的估计结果可以看出，两者的共同作用削弱了货币政策立场对银行风险承担的影响。这说明，相较于利率市场化，理财产品规模和货币政策立场对银行风险承担的影响更为主要。这也意味着，银行经营理财产品，会导致货币政策立场调控作用的下降。

这可能与理财产品高度市场化的特点有关。利率市场化解除商业银行利率管制，通过影响银行自主定价，调节银行经营，进而影响理财产品。显然，理财产品的市场化经营可以及时调整，以削弱此类相对片面的冲击。货币政策立场变化则导致经济情势发生变化，使得理财产品市场难以通过调节削弱冲击，而银行在调节过程中风险容忍度发生变化，在受到严格监管条件下，发放贷款意愿上升，一定程度上通过理财产品反映出来，导致理财产品规模扩大。如此，使货币政策立场对理财产品规模的影响更大。

反过来，也可以说，理财产品调节以适应利率市场化推进的作用是比较弱的，而其试图削弱货币政策立场变化的作用是比较强的，因此，导致了三者的共同作用的估计结果与理财产品规模、货币政策立场共同作用的估计结果符号一致的情况。

第五节 稳健性检验

为讨论基准模型估计结果的稳健性，本章将从以下角度补充分析：(1) 调整模型中主要的解释变量，更全面地分析货币政策对银行风险承担行为的影响；(2) 调整模型中被解释变量，进一步检验本章的研究结论；(3) 划分不同类型商业银行对研究结果进行检验。

一、解释变量的稳健性检验

该部分研究具体包括：(1) 以银行存贷基准利率利差（RS）、M2 增长率（M2）、一年期贷款基准利率（Interest）、一年期存款基准利率（Deposit）等变量作为货币政策立场代理变量进行检验；(2) 以和理财产品经营具有较高相似度的信托产品年收益率（Trust）替代到期收益率，与理财产品定价联系较紧密的三月同业拆借利率（Inter）分别替代预期收益率进行检验；(3) 以平安公司利率市场化报告（2014）中整体的利率市场化指数（IRLT）作为利率市场化的代理变量进行检验。

使用系统 GMM 进行稳健性检验，简列出结果如表 11-6 所示。

表 11-6　替换主要解释变量的稳健性检验结果

被解释变量：LLR	(1)	(2)	(3)	(4)	(6)	(5)	(7)
$lnLLR_{t-1}$	0.65*** (5.79)	0.55*** (4.32)	0.65*** (5.65)	0.66*** (5.68)	0.71*** (5.46)	0.67*** (5.26)	0.65*** (5.23)
$lnLLR_{t-2}$	-0.06 (-1.39)	0.00 (-0.06)	-0.06 (-1.46)	-0.07 (-1.54)	-0.07 (-1.41)	-0.05 (-1.14)	-0.06 (-1.24)
TGAP					-0.29 (-0.21)	-0.11 (-1.48)	-0.68 (-0.26)

续表

被解释变量：LLR	(1)	(2)	(3)	(4)	(6)	(5)	(7)
RS	-0.20*** (-4.81)						
M2		-0.02*** (-4.52)					
Interest			0.09*** (3.91)				
Deposit				0.09*** (2.85)			
Trust					-0.04 (-0.50)		
TGAP × Trust					-0.06 (-0.32)		
Inter						0.04** (2.24)	
TGAP × Inter						0.02 (1.10)	
IRLT							0.48 (0.25)
TGAP × IRLT							-0.68 (-0.20)
观测值	338	338	338	338	338	338	338

注：***表示统计量在1%水平上显著，**表示统计量在5%水平上显著，*表示统计量在10%水平上显著，括号内为t值。

列（1）为使用存贷款基准利差作为货币政策立场代理变量得到的估计结果。得到估计系数值为负，即说明银行存贷款基准利差减小会导致银行净息差下降，进而使银行风险承担水平上升。列（2）为使用M2增长率作为货币政策立场代理变量得到估计结果，系数方向与金鹏辉等（2014）的结论相符。

列（3）、（4）为使用1年期存、贷款基准利率得到的估计值系数均为正，与已有研究结论不符。这可能是因为基准利率上升导致贷款人的还款压力上升，而诱发不良贷款率上升。且基准利率上升可能引起资产价格下跌，导致银行抵押物价值有所下降，进而使银行不良贷款率上升，其作用可能掩盖了我国的银行风险承担意愿表现。

列（5）、（6）为以信托产品年收益率、同业拆借利率作为理财产品到期收益率、预期收益率替代变量得到的结果，其符号方向与已得出结论相同，基本验证了本章对理财产品对银行风险承担影响的分析。

列（7）为以平安公司利率市场化报告（2014）中整体利率市场化水平指数作为利率市场化代理变量的稳健性分析，得出的结果与原有结论相同。

二、被解释变量的稳健性检验

该部分研究可以分为两方面：（1）使用不良贷款率（NPL）作为银行风险承担的稳健性检验代理变量；（2）使用改进了数据处理方法后的贷款损失准备与贷款总额比（LLR）进行再次估计。处理数据方法参考 Simar (2003)①，依据本章所获得数据绘制散点图如图 11－4 所示。可以看出贷款损失准备与贷款总额比经过对数处理后，其值大部分处于［0，2］区间内，因此以此为依据，选择该区间内数据使用 GMM 方法进行估计。

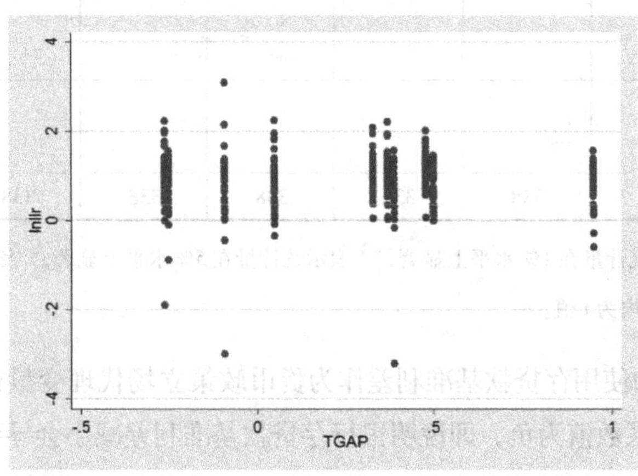

图 11－4　贷款损失准备与贷款总额比（LLR）与实际利率与泰勒规则利率之差（TGAP）散点图

① 按照审稿人建议，此处使用新的处理方法进行估计。

简列出主要解释变量估计结果如表 11－7 所示。

表 11－7　替换风险承担代理变量的稳健性检验结果

	被解释变量：NPL				被解释变量：LLR			
	(8)	(9)	(10)	(11)	(12)	(13)	(14)	(15)
$\ln NPL_{t-1}$	0.51*** (4.12)	0.29** (2.47)	0.50*** (5.15)	0.47*** (3.91)				
$\ln NPL_{t-2}$	−0.08 (−0.97)	−0.29*** (−3.79)	0.02 (0.17)	−0.01 (−0.08)				
$\ln LLR_{t-1}$					0.93*** (4.30)	1.16*** (5.92)	1.02*** (5.34)	1.06*** (5.54)
$\ln LLR_{t-2}$					−0.16** (−2.02)	−0.24** (−1.93)	−0.14 (−0.94)	−0.20 (−1.32)
TGAP	−0.06 (−0.84)	−1.31** (−2.30)	−0.29** (−2.01)	−6.66 (−0.79)	−0.16 (−0.21)	−0.59 (−0.14)	−0.48 (−0.34)	−0.73 (−0.82)
YTM		−0.24*** (−4.67)				−0.13** (−2.50)		
TGAP × YTM		−0.49*** (−2.81)				−0.53** (−2.26)		
IS			0.10 (1.49)				−0.13 (−0.95)	
TGAP × IS			0.28 (1.21)				0.47 (1.49)	
IRL				1.20 (0.19)				1.04** (2.45)
TGAP × IRL				−8.72 (−0.77)				−6.73 (−1.62)
观测值	338	338	338	338	289	289	289	289

注：*** 表示统计量在 1% 水平上显著，** 表示统计量在 5% 水平上显著，* 表示统计量在 10% 水平上显著，括号内为 t 值。

表 11－7 中，列（8）、（12）为在使用不良贷款率变动数据作为银行风险承担的代理变量时，泰勒规则利率对银行风险承担影响估计结果。列（9）、（13）为理财产品到期收益率与 1 年期存款基准利率之差对银行风险

承担影响的估计。列（10）、（14）为理财产品预期收益率与一年期贷款基准利率之差对不良贷款率变动率的影响估计。列（11）、（15）为银行业利率市场化指数对银行风险承担影响的估计。从估计结果来看，结果的显著性上有所变化，但是变量方向基本符合已得出的结论。

三、不同类型商业银行的稳健性检验

如果将理财产品视为“银行的影子”，理财产品提供的价格也算是商业银行的“平行资金价格”，朱宁等（2014）的研究中曾特别提到这一点。因此，本章分别考察了理财产品经营对股份制商业银行和非股份制商业银行的影响。

若分类考察大中型股份制商业银行和中小型商业银行所受影响，使用的估计样本数会大幅下降，尤其是大中型股份制商业银行，样本数目仅略大于样本的时间长度，不能满足 GMM 方法的要求，因此我们改为使用 LS-DV 方法对其进行估计。简单列出结果如表 11－8 所示。

表 11－8　　不同类型商业银行风险承担的分析结果

被解释变量：LLR	大中型股份制商业银行			中小型商业银行		
	(16)	(17) YTM	(18) IS	(19)	(20) YTM	(21) IS
$lnLLR_{t-1}$	0.78*** (4.64)	0.98*** (5.09)	0.79*** (5.09)	0.59*** (4.65)	0.60*** (4.83)	0.58*** (4.80)
$lnLLR_{t-2}$	0.01 (0.06)	0.04 (0.42)	0.03 (0.33)	−0.05 (−1.40)	−0.04 (−0.89)	−0.04 (−1.25)
TGAP	−0.15*** (−5.09)	−0.67 (−1.61)	−0.13** (−2.01)	−0.10** (−2.21)	−0.43 (−1.40)	−0.08 (−1.02)
YTM		−0.01 (−0.43)			−0.02 (−0.64)	
TGAP × YTM		−0.11** (−2.55)			−0.15 (−1.68)	

续表

被解释变量：LLR	大中型股份制商业银行			中小型商业银行		
	(16)	(17) YTM	(18) IS	(19)	(20) YTM	(21) IS
IS			0.02 (1.06)			0.05** (2.40)
TGAP × IS			−0.02 (−0.36)			0.00 (−0.06)
观测值	111	111	111	227	227	227

注：*** 表示统计量在1%水平上显著，** 表示统计量在5%水平上显著，* 表示统计量在10%水平上显著，括号内为t值。

表11－8结果显示，大中型股份制银行的风险承担渠道表现略高于其他商业银行，进一步分析，发现这可能是大中型股份制商业银行受到货币政策风险承担渠道影响更大所导致的。而商业银行是否是大中型股份制银行对本章研究结论影响不大。

第六节　本章小结

根据以上分析结果，我们可以得出以下结论：

第一，理财产品的利益搜寻效应对银行风险承担具有负向影响，且增强了货币政策立场对银行风险承担的影响作用。证明理财产品形成存款、突破存贷比监管、贷款规模限制的作用强于其对资金募集成本的影响，并强化了货币政策立场对银行风险承担的影响。但理财产品的预期效应则对银行风险承担不具有显著影响，且未通过货币政策立场对银行风险承担造成影响。

第二，利率市场化对银行风险承担具有正向的影响，且增强了货币政策立场对银行风险承担的作用。说明利率市场化确实通过促进银行竞争、提供给银行更多风险承担机会等方式对银行风险承担造成影响，并借由赋予银行自由定价的权力，增强了银行风险承担意愿的表达，增强了货币政策立场对银行风险承担的影响。

第三，利率市场化削弱了理财产品对银行风险承担的影响，这可能与商业银行将自身不良贷款打包为理财产品有关，也可能由于利率市场化和理财产品规模间较为模糊的“此消彼长”的关系。然而，货币政策立场变化足以影响宏观经济情势，对理财产品规模的影响更大。随着货币政策收紧，理财产品规模上升，可以说，货币政策收紧强化了理财产品对银行经营的影响，并最终导致三者的共同作用对银行风险承担的正向影响。

依据以上的结论，我们提出如下的政策建议：

首先，必须要注意理财产品对银行风险承担的影响，完善对理财产品的监管，加快提升对理财产品信息的透明化要求，对经营高风险理财产品的银行进行重点监管，防止理财产品风险影响银行经营甚至导致银行破产。其次，坚持利率市场化，加快利率走廊制度建设，尤其应当注意基准利率对于银行经营行为的调控作用，适当运用宽松型货币政策，合理调控银行风险承担。再次，必须在坚持推进利率市场化的同时，注意调整理财产品定位，引导理财产品转变为利率市场化政策的积极补充，引导理财产品的存款替代趋势缓和过渡，保证银行存款与理财部门的协调发展。最后，敦促银行提高自身存贷款定价能力、风险控制能力等经营能力，强化银行风险控制意识，预防银行业的系统风险。

第十二章

宽松性刺激政策、利率市场化和银行风险承担渠道变化

第一节 引 言

2008 年的全球金融危机爆发迄今为止已经 10 年了，近年，逐渐出现了一些对金融危机 10 周年及其对中国经济影响进行回顾与反思的文章，如 Chen Z 等（2017）认为中国的四万亿财政刺激政策引起了巨额的银行信贷。Bai 等（2016）提到四万亿元财政刺激计划是由表外公司（称为地方融资工具）提供资金，这些公司都是代表地方政府进行借贷，其认为地方政府的表外支出可能会使总生产率和 GDP 增长率持续下降。张斌（2017）表明 2009 年开始实施的刺激政策促使银行放松了地方融资平台的信贷标准。同时其研究发现，刺激政策无法阻止 2010 年以后的经济增速下降，虽然经济刺激政策短期内能缓冲金融危机的冲击，但长期来看，却引发了不利后果，并且这种不利影响已引起了学者的注意。

而在银行风险承担渠道方面，尽管银行风险承担渠道这一货币政策传导渠道的重要性已经被学界充分意识到且目前已积累了不少的相关研究成果[①]，但却鲜有文献讨论银行风险承担渠道的变化，特别是，针对经济刺激计划与银行风险承担渠道关系的研究更是少之又少。

在这些少量的研究中，国外主要对经济刺激政策中的量化宽松进行研究，譬如 Caldentey（2017）认为量化宽松政策使资产管理公司中另类投资资产占总资产的比例上升，这反映了风险偏好的上升和对收益的追求，最终加大了金融体系的不稳定性。Kandrac 等（2016）的研究表明量化宽松导致了较高的贷款增长率，增加了贷款组合中的风险信贷，引起银行风险承担上升。

至于中国的经济刺激政策，除了前文提到的 Chen Z 等（2017）的分析，还有些研究表明，2008 年后金融危机的经济刺激政策促使银行大肆放

① 银行风险承担渠道指货币政策立场或政策利率的变化影响了银行的风险感知或风险容忍度，由此进而影响了资产组合的风险程度、资产的定价和资金延期的价格条款和非价格条款。

贷（彭建刚和谢超颖，2017），在信贷规模扩张下产生了“天量信贷”（李茫茫等，2016）。陆静等（2014）发现，贷款总规模的扩张中，银行更容易降低信贷标准，忽视风险。特别值得一提的是，陈昕朋（2016）基于不同时间段的数据进行检验，结果发现银行风险承担渠道在金融危机后变得明显，且其对发生变化的原因进行分析，认为四万亿经济刺激计划会对银行风险承担渠道产生影响，但是利率市场化对银行风险承担渠道的影响比四万亿经济刺激计划更加明显。

虽然四万亿刺激政策在2010年后便退出，但由于大量与之配套的信贷投入了建设周期长的基础建设工程，会引发2010年后巨额信贷展期的需求，可能对银行风险承担具有持续性的影响。更值得注意的是，与此同时中国利率市场化改革于2012年进入了加速发展阶段。在宽松性刺激政策影响未完全消退的情形下，研究金融危机爆发后银行风险承担渠道的变化问题，显然很有必要把利率市场化进程的加快纳入考虑范围。这是因为国外关于银行风险承担的研究本来就是在基于利率市场化的背景下进行的，银行的存贷款利率对政策利率的变动比较敏感。若没有利率市场化，银行存贷款利率仍受管制，银行利差固定，其结果是银行缺乏承受风险的动力和机会。利率市场化后，低政策利率会降低银行的贷款利率，在利益搜索等机制作用下，银行才能有意愿及机会为高风险企业发放贷款，收取高利率，银行风险承担渠道才能充分发挥作用。

当前关于中国利率市场化与银行风险承担关系的相关研究并没有得出一个统一的结论。项后军和闫玉（2017）以及项后军等（2016）分别从理财产品的角度，以及引入单边的贷款利率市场化虚拟变量、利率市场化指数等方式，均发现利率市场化会增加银行风险承担。也有文献认为利率市场化不会引起银行风险承担增加。李仲林（2015）进行实证研究后发现，随着利率市场化的推进，总体上商业银行风险承担呈下降趋势。李成等（2015）认为在利率市场化的前中期，商业银行的风险承担会下降。得出类似结论的研究还有李成和刘生福（2015）、张雨婷等（2016）。而少量文献认为，利率市场化对银行风险承担的影响在不同的利率市场化阶段是不一样的。吴国平等（2016）得出的结论是随着利率市场化的发展，银行风险承担呈现“U”形趋势，即先降低后提高。黄晓薇等（2016）发现利率市场化程度较低时，“风险转移效应”显著，银行风险承担下降；当利率市场化程度超过临界值时，“风险转移效应”被削弱，银行风险承担上升。

综上所述，一方面，综合研究经济刺激政策和银行风险承担渠道变化的文献确实较少；另一方面，即便陈昕朋（2016）注意到宽松性刺激政策引起了银行风险承担渠道的变化，但其最终结论却认为其间加快的利率市场化才是引起银行风险承担渠道发生变化的主要原因，在没有对宽松性刺激政策进行量化研究的情况下过于强调了利率市场化的影响，忽略了结束刺激政策后企业（以及许多地方政府融资平台）的信贷展期需求。

基于此，作为本章的边际贡献，本章不仅重新从理论上分析宽松性刺激政策在2010年后对银行风险承担的影响，而且还引入了宽松性刺激政策的实体变量，对宽松性刺激政策和利率市场化对银行风险承担渠道变化的影响进行了实证分析，试图从银行风险承担渠道的角度出发，更加客观地评论剧烈的宽松性刺激政策和渐进式的利率市场化改革措施的影响效果。

针对上述问题，本章的余下部分安排如下：第二部分通过年度数据，对中国银行风险承担渠道是否在金融危机爆发以后发生变化进行实证研究；第三部分深入探讨了剧烈的宽松性刺激政策和渐进式的利率市场化对中国银行风险承担渠道变化的影响；第四部分是稳健性检验；第五部分是研究结论。

第二节　对金融危机前后银行风险承担渠道是否发生变化的初步估计

为了考察中国银行风险承担渠道是否在金融危机爆发后发生变化，本章用155家银行2007—2014年①的年度数据进行实证研究。由于本章要验证金融危机爆发后中国风险承担渠道是否发生变化，且年度数据的时间序列比较短，因此155家银行的年度数据划分为包括2007—2014年的全样本年度数据和仅包括2009—2014年金融危机后的样本数据②，对比两组回归结果中货币政策立场的代理变量系数，检验金融危机爆发后，中国银行风险承担是否对货币政策立场的变化更加敏感，银行风险承担渠道是否发生变化。

一、模型设定

本章参考张雪兰和何德旭（2012）、Kashif等（2016）、王晋斌和李博（2017）等的模型，使用模型（1）检验银行风险承担渠道是否在金融危机爆发后变得更加明显：

$$RISK_{i,t} = \beta_0 + \beta_1 RISK_{i,t-1} + \beta_2 TGAP_t + \sum_{k=3}^{5} \beta_k B\_Control_{i,t} + \beta_6 GDPR_t + \varepsilon_{i,t} \tag{1}$$

模型（1）中被解释变量为RISK，是银行风险承担代理变量。由于考虑到银行当期的风险容忍度或风险识别程度可能会受到前一期的影响，也即当期的银行风险承担可能会受到前期风险承担的影响，同时也为了平滑变量数据本身的波动性，因此在解释变量中加入滞后一期的银行风险承担变量。我们预计系数β_1为正，代表当期风险承担会受到滞后一期风险承担的正向影响。TGAP是货币政策立场的代理变量，衡量货币政策的相对宽

① 宽松性刺激政策引发的不良贷款问题已在2014年全面爆发，2015年开始银行会加大对不良贷款的处置力度，银行的冒险行为会变得谨慎。在这种情况下，宽松性刺激政策造成的银行风险承担影响会逐渐减弱。而利率市场化改革在2015年全部完成，存款利率上限取消，银行的存贷款利差会进一步收缩，银行的利益追逐机制会更明显。并且同年内还出台了存款保险制度，利率市场化改革完成后，存款保险制度的成立可能进一步增大银行的道德风险。因此，利率市场化在2015年后对银行风险承担的影响会明显比宽松性刺激政策的影响大。在这种情况下，研究2015年后宽松性刺激政策和利率市场化对银行风险承担的影响，这种做法的实质意义并不大。

② 在后文的稳健性检验中，会利用季度数据把时间段划分为金融危机前和金融危机后来进行更为直接的比较。

松程度。为用一个更严格的标准来测度银行风险承担渠道，TGAP 取值为利率偏差（Altunbas 等，2010）。预期 TGAP 对应的回归系数符号为负，意味着货币政策越宽松，银行承担的风险越大。

另外，Altunbas 等（2012）、牛晓健和裘翔（2013）、王周伟和王衡（2016）等研究发现银行的异质性也会影响银行风险承担渠道，因此模型中引入了银行的微观因素，用 B_ Control 表示。而宏观经济基本面也会影响银行风险承担渠道，所以引入 GDP 增长率作为控制变量。

二、数据变量说明

1. RISK：代表银行风险承担。因为风险加权资产比例更能体现出银行在事前对风险的主动承担倾向，因此在年度数据中，本章使用风险加权资产比例（RWARATIO）作为银行风险承担的代理变量。

2. TGAP：代表货币政策相对宽松程度。本章选取的数据是 90 天同业拆借利率和标准的泰勒利率①之差。

3. B_ Control：代表银行微观控制变量，本章选取以下三个指标：

（1）CAP：代表银行资本充足率。一般而言，资本充足率越大，银行风险承担越小。

（2）SIZE：代表银行资产规模，选取的数据是银行总资产的对数，不同规模的银行在风险管理、经营策略等方面存在差异，因而对货币政策的变动反应也会不同，但学者对规模与银行风险之间的关系研究结论并不一致。

（3）ROAA：代表银行盈利指标，是平均总资产收益率。一般而言，平均总资产收益率越大，银行达到预期收益可能性越大，即利益搜寻激励越小，银行风险承担越低。

4. GDPR：宏观经济的代理变量，为 GDP 的增长率。

---

① Taylor（1993）提出标准的泰勒规则利率：$i_t = r^* + \pi_t + \alpha_1(\pi_t - \pi^*) + \alpha_2 y_t$，其中，$i_t$ 是联邦短期名义利率目标值，r^* 是长期均衡实际利率，π_t 是通货膨胀率，π_t^* 是短期通胀目标，y_t 是产出缺口，并将通胀和产出缺口系数都设为 0.5，并且 r^* 和 π_t 取值都为 2%。

年度数据中的银行微观数据来源于全球银行与金融机构分析库，包括155家银行①，TGAP的计算所需数据和GDP数据来自中经网－中国经济统计数据库和国家统计局网站。年度数据描述性统计见表12－1和表12－2②。

表12－1　全样本组：2007—2014年数据统计性描述

变量名	观察值	均值（%）	标准差（%）	最小值（%）	最大值（%）
RWARATIO	575	58.96	12.41	18.42	88.15
TGAP	1240	-1.844	3.276	-5.461	4.837
CAP	904	15.74	9.635	7.190	73.07
SIZE	914	18.33	1.792	14.72	23.36
ROAA	884	1.035	0.527	-0.502	2.355
GDPR	1240	9.486	2.085	7.270	14.20

表12－2　金融危机爆发后的样本组：2009—2014年数据统计性描述

变量名	观察值	均值（%）	标准差（%）	最小值（%）	最大值（%）
RWARATIO	486	58.85	12.65	18.42	88.49
TGAP	930	-0.681	2.983	-5.006	4.837
CAP	730	16.24	10.16	9.2	76.97
SIZE	745	18.46	1.744	14.78	23.45
ROAA	731	1.043	0.504	-0.462	2.314
GDPR	930	8.678	1.198	7.270	10.63

三、实证估计

本章利用获取的数据构建了面板模型，由于实证模型中包括解释变量的滞后项，为解决内生性问题，实证方法采用系统广义矩估计（SYS－GMM），具体回归结果见表12－3。

① 155家银行包括5家国有银行、12家股份制商业银行、33家外资银行和105家地方性商业银行。

② 为了剔除极端值的影响，本章对每一组的银行特征数据进行了头尾1%的缩尾（Winsorize）处理。稳健性检验的季度数据回归中对银行特征数据进行了同样的处理。

表 12-3 年度数据回归结果

	全样本组：2007—2014 RWARATIO	金融危机后样本组：2009—2014 RWARATIO
$RWARATIO_{t-1}$	0.482 *** (0.014)	0.635 *** (0.058)
TGAP	-0.135 *** (0.041)	-0.319 * (0.192)
CAP_i	-0.382 *** (0.034)	-0.748 *** (0.084)
SIZE	-0.041 (0.315)	-0.928 (0.758)
ROAA	-3.174 *** (0.841)	-8.911 *** (1.943)
GDPR	-2.052 *** (0.157)	-1.947 *** (0.355)
常数项	58.79 *** (7.156)	77.88 *** (15.01)
AR（2）（p 值）	0.137	0.236
Sargan（p 值）	0.128	0.111
观测值	413	339

注：（1）下标 t-i 表示变量的滞后 i 期值，如果没有注明下标的，则表示变量的当期值；（2）***、**、*分别表示在1%、5%和10%水平上显著相关；（3）括号内表示标准差。

表 12-3 同时给出了回归残差项二阶序列相关检验［AR(2)(p 值)］和工具变量过度识别检验的结果［Sargan（p 值）］，两者的 p 值均超过 0.1，说明回归残差项无二阶自相关且工具变量是有效的。155 家银行年度数据的两组回归结果显示，TGAP 的系数分别在 1% 和 10% 的水平上显著为负。这表明，一方面，宽松性的货币政策降低了利率，将使银行的风险承担变大，证明了中国存在银行风险承担渠道；另一方面，对比两个不同时间段的 TGAP 系数可知，在 2009—2014 年期间，TGAP 的系数绝对值明显大于全样本时期内（2007—2014 年）的 TGAP 的系数绝对值（分别为 0.319 和 0.135），这可以解读为 2009—2014 年中国银行风险承担对货币政

策立场变化的反应比样本整体（当然也包括其间的2007—2008年）更加敏感，银行风险承担渠道传导渠道变得更加明显。

因此，通过对比两组数据的回归结果，可以说明中国银行风险承担渠道在金融危机爆发之后发生明显变化，也就是说在金融危机爆发之前，中国银行风险承担渠道这一传导渠道并不明显，而金融危机爆发之后，中国这一货币政策传导渠道变得更加明显。至于银行特征值和宏观基本面等变量，其回归结果也基本符合大多数学者的研究结论。

接下来，本章将对银行风险承担渠道变化的原因进行更为深入的分析。

第三节 对金融危机后银行风险承担渠道变化情况的再分析

一、宽松性刺激政策视角下的银行风险承担渠道变化

考虑到2008年实施的一系列宽松性刺激政策，如四万亿财政刺激政策以及宽松性货币政策，这些政策对经济发展造成了极大影响。数据显示，宽松性刺激政策实施后，2009年前6个月新增人民币贷款就高达7.41万亿元，比2008年同期增长202.15%。这表明，宽松性刺激政策推动了银行的信贷规模扩张，银行有可能在放贷的过程中降低贷款标准以增大贷款规模。温州信贷危机就正是此轮宽松性刺激政策引发的信贷泡沫造成的后果。在彼时刺激政策造成的银根宽松时期，温州地区的金融机构为完成信贷投放任务，降低了贷款标准，将大量贷款投向许多本已经属于过剩产能的中小企业，麻烦的是，获得过度信贷的某些企业甚至又借此将资金投向了房地产、矿产等行业。随后，由于刺激政策退出以及房地产调控等因素，既无法续贷又无法靠房产顺利地变现来支撑流动性，其结果是某些企

业的资金链条开始发生断裂，由于这些企业存在着互相担保的链条，又引起了连锁反应，最后引致了温州信贷危机的爆发，银行机构出现了较大的亏损并承担了大量的风险。又譬如宽松性刺激政策引发的银行贷款彼时大量投向了城投平台的基建工程和产能过剩行业。后者以钢铁行业为例，从2012年开始，钢铁企业出现严重的产能过剩问题，但当时却因宽松性刺激政策获得巨额贷款。其后由于钢材市场持续低迷，钢铁企业出现大规模的违约，银行贷款难以收回也因此承担了大量的风险。

事实上诸多的数据也显示，2011年第三季度开始，商业银行的不良贷款额开始持续上升，不良贷款率也呈现出上升趋势。银行不良贷款额和不良贷款率的上升主要归咎于银行信贷的放松，这进一步说明，宽松性刺激政策使银行放松了放贷条件，加重了银行的风险承担。

$$RISK_{i,t} = \beta_0 + \beta_1 RISK_{i,t-1} + \beta_2 TGAP_t + \sum_{k=3}^{5} \beta_k B\_Control_{i,t} + \beta_6 GDPR_t + \rho_1 BL_t + \varepsilon_{i,t} \quad (2)$$

模型（2）的样本选取155家银行2009—2014年的年度数据。Chen Z等（2017）认为2009年的宽松性刺激政策是由银行贷款推动的，大量的银行贷款投向了公路、铁路、水利等大型基建工程。宽松性刺激政策的实施时间虽然主要集中在2009年和2010年，但是，宽松性刺激政策并不可能在2010年后立刻退出，而且这些大型工程很有可能无法在2年内完工，在2010年后将面临巨大的信贷展期需求。因此，本章参考Chen Z等（2017）的做法，用BL［BL_t =（LOAN/GDP）$_t$ − mean（LOAN/GDP）$_{2004—2008}$］作为宽松性刺激政策的代理变量，表示宽松性刺激政策引起的信贷扩张程度，其具体求法为：t取值范围为2009到2014，mean（LOAN/GDP）$_{2004—2008}$表示取2004—2008年的LOAN/GDP平均值，则BL实际上是2009—2014年的LOAN/GDP减去2004—2008年的LOAN/GDP平均值。另外，GDP为国内生产总值，LOAN为银行贷款总额，数据来源于中国人民银行。根据BL的构建方式，BL越大，表示信贷扩张程度越大。根据上述分析，BL的回归系数ρ_1应该显著为正，表示信贷扩张程度越大，银行风险承担越大，其他解释变量的符号方向应该与模型（1）一致。

二、纳入利率市场化进程后的再估计

对于银行风险承担渠道，根据 Borio 和 Zhu（2008）的原始定义，金融中介是发挥货币政策银行风险渠道作用的主体，而银行是中国重要的金融中介。因此，银行盈利能力的变化和金融管制的变化可能会引起银行风险承担渠道发生变化。利率市场化将会减少银行利差，压缩银行传统存贷款业务的盈利空间，加剧银行间的竞争，直接损害了银行的盈利能力。银行为了维持原有的盈利水平，向具有较高风险的企业提供贷款，收取较高的贷款利率，承担更大的风险。

另外，利率市场化将强化利率信号在经济中的传导作用，存贷款利率对政策利率的变动更加敏感。在低利率政策下，银行的存贷款利率随之下降，银行的实际收益率将低于预期收益率。因为收益率也存在“刚性”，银行高管及股东将难以忍受收益率的下降，为维持高收益，会增加银行的风险承担，强化银行风险承担渠道。

中国为了促进金融业的持续健康发展，进一步深化金融改革，从 2004 年开始逐渐进行存贷款利率市场化改革，在本章的样本期内则进行了很关键的一步——于 2012 年多次调整贷款利率下限和存款利率上限水平，并且在 2013 年 7 月 20 日全面开放贷款利率下限，加快了利率市场化进程。在宽松性刺激政策引发的巨大信贷需求的情况下，放松利率管制，银行风险承担渠道是否会进一步加强？本章将利用实证分析讨论利率市场化对银行风险承担的影响，在模型（2）的基础上，再添加利率市场化的代理变量（IRLI），构造模型（3）：

$$RISK_{i,t} = \beta_0 + \beta_1 RISK_{i,t-1} + \beta_2 TGAP_t + \sum_{k=3}^{5} \beta_k B\_\ Control_{i,t} + \beta_6 GDPR_t + \rho_1 BL_t + \rho_2 IRLI_t + \varepsilon_{i,t} \quad (3)$$

IRLI 为利率市场化指数①，衡量的是利率市场化程度，IRLI 越大，利率市场化程度越大。因此，预期 IRLI 的回归系数符号为正，即利率市场化

① 具体计算方法参考王舒军（2014）。

程度越高，银行承担的风险越大。模型（3）中的其余变量和模型（2）一样，理论上，其余解释变量系数符号也与模型（2）保持一致，在此不再赘述，同样是采用2009—2014年的数据。

具体的估计结果表12-4所示。

表12-4　银行风险承担渠道变化的影响因素回归结果

	(1) RWARATIO	(2) RWARATIO	(3) RWARATIO
$RWARATIO_{t-1}$	0.257*** (0.057)	0.186*** (0.035)	0.201*** (0.029)
TGAP	-1.420*** (0.336)	-1.748*** (0.274)	-0.352*** (0.069)
CAP	-0.369*** (0.060)	-0.436*** (0.034)	-0.329*** (0.031)
SIZE	1.764** (0.804)	-3.186*** (0.548)	-0.366*** (0.081)
ROAA	-0.885 (1.075)	-1.817*** (0.607)	-0.049* (0.029)
GDPR	-0.735*** (0.258)	0.159 (0.405)	0.004 (0.043)
BL	78.65*** (14.73)	78.00*** (18.03)	0.274*** (0.080)
IRLI		28.27*** (9.125)	0.233*** (0.081)
常数项	4.391 (16.19)	72.79*** (14.46)	
AR（2）（p值）	0.566	0.554	0.685
Sargan（p值）	0.183	0.296	0.120
观测值	340	340	340

注：（1）下标t-i表示变量的滞后i期值，如果没有注明下标的，则表示变量的当期值；（2）***、**、*分别表示在1%、5%和10%水平上显著相关；（3）括号内为标准差。

模型（2）的实证结果如表12－4列（1）所示，结果显示，一方面，变量BL的系数明显为正，表明信贷扩张会增加银行风险承担，也就是说，宽松性刺激政策使银行风险承担行为更加主动。另一方面，对比2009—2014年的2次回归结果，加入变量BL后和没有加入变量BL的TGAP系数，发现加入变量BL后的TGAP系数绝对值大于没有加入BL的绝对值（分别是1.420和0.319），这说明，宽松性刺激政策加强了银行风险承担渠道的传导作用。综合这两方面的分析，宽松性刺激政策加重了银行的风险承担，是银行风险承担渠道变得更加明显的原因。而模型（3）的回归结果则如表12－4列（2）所示，结果显示，IRLI的系数显著为正，利率市场化程度越大，银行风险承担越大，类似于宽松性刺激政策，在保持低政策利率或宽松性货币政策的情况下，利率市场化促使银行更加积极承担风险。并且，观察TGAP的系数，其绝对值大于模型（2）回归结果中TGAP系数的绝对值（分别是1.748和1.420）。这进一步说明，利率市场化引起了银行风险承担的增加，使得银行风险承担对货币政策立场更加敏感，加强了银行风险承担渠道的传导作用。总体而言，利率市场化和宽松性刺激政策一样，也是造成银行风险承担渠道变得更加明显的原因。

三、进一步分析

宽松性刺激政策下，加快利率市场化进程进一步使银行风险承担渠道变得更加明显，但这两者之中，到底谁对银行风险承担的影响比较大，尚且还没有明确的定论。陈昕朋（2016）在没有对四万亿财政刺激政策进行实证检验的情况下，认为利率市场化才是引起银行风险承担渠道变化的主要原因。

而上文中的实证则表明，宽松性刺激政策和利率市场化都能引起银行风险承担的增加，但是这两种政策实施的方式、路径和力度有所不同，因此这两种政策对银行风险承担的冲击可能不一样。2009年开始实施的宽松性刺激政策是一种剧烈的政策措施，是中国在面对全球金融危机时，在发达国家经济普遍低迷的情况下，为使中国经济增长保持良好态势、抑制失业率持续上涨的一系列扩张性刺激措施，有可能会对银行风险承担产生比较重大的影响。而利率市场化虽然对中国金融机构而言是一种根本性改革，但为了维持金融稳定，中国采取的是渐进式改革，只是在2012年后加快了改革速度，但即便2012年加快了利率市场化的进程，仍然是一种渐进式下的逐步有限放开利率管制的过程。

考虑到模型（3）的回归结果已显示（表12-4列（2）），宽松性刺激政策的系数明显大于利率市场化的系数，也就是说，宽松性刺激政策对银行风险承担的影响大于利率市场化的影响。为了更加准确地显示宽松性刺激计划和利率市场化对银行风险承担的影响程度，消除宽松性刺激政策和利率市场化变量的量纲上的差异，接下来进一步对模型（3）中的所有变量进行标准化处理后再回归①。标准化的结果无常数项，因此最终的回归结果如表12-4列（3）所示。

观察变量标准化后的回归结果，可以发现，宽松性刺激政策的系数依旧明显大于利率市场化的系数，说明宽松性刺激政策对银行风险承担的影响大于利率市场化，是引起银行风险承担渠道发生变化的主要原因，进一步的理论分析如下：

2009—2010年这2年内，银行给基础设施等建设周期较长的项目发放了大量贷款。虽然基建项目有政府的隐性担保，短期内不会影响银行风险承担，但是这些项目需要未来较长的时间才能产生收益，存在收益和还款期限的错配问题。前期的贷款投放越多，后期的信贷展期需求越大。而2010年后，城投平台的表内贷款受到限制，银行便以委托贷款的表外贷款模式对基建项目进行融资。这些委托贷款中的委托方和借款人可能互不相识，是由银行撮合的，甚至还有些银行对这种贷款进行了隐性担保②。表内信贷展期需求越大，委托贷款的需求也就越大。

为规避信贷约束产生的委托贷款，充分揭示出表外业务监管不足、风险隐形化以及信息不对称等问题，需要指出，宽松性刺激政策对银行风险

① 即原始数值减去均值后再除以标准差。

② 搜狐财经，《隐现“抽屉协议”银行操作欲一箭三雕》，2014年9月18日．https：//business. sohu. com/20140918/n404414871. shtml

承担的影响不仅仅在于其本身引起的表内信贷扩张问题，还在于其带来的后遗症——促进银行大规模进行表外业务，承担更多的风险。

然而，中国利率市场化采用的是渐进式改革的方式，虽然在2012年后进入逐渐开始提速，但也并未即刻放开存贷款利率，尚且存在其他众多金融管制，使存贷款利率缺乏“随行就市”的必要条件，导致利率市场化实质进展并不明显，事实上，利率市场化并不单单放开存贷款利率，而应是利率真正由市场决定。但中国银行的信贷投放情况，在很大程度上仍囿于政策指令的限制。例如，2010年后，为抑制宽松性刺激政策带来的信贷投放冲动，中国再次对信贷投放规模进行控制。贷款规模的管制使资金数量和资金价格脱离了关系。并且中国采用的是渐进式的利率市场化改革，在2014年之前，银行存款利率仍受到控制，存款保险制度尚未建立，存款利率市场化的程度还很低。银行的存贷款利率并没有真正反映市场上资金的需求和供给。另一个不可忽视的问题是，2008年末开始，大型银行存款准备金率一度上升至20%，对银行的可放贷资金产生了极大的约束，迫使银行把表内信贷转向表外信贷，存贷款利率并没有反映表外信贷这部分资金需求。

故此，彼时中国对银行存贷业务的管制力度还是相当大的，存贷款利率无法反映资金的供求关系，银行利差也难以根据市场上资金供求的变化做出反应。并且由于银行贷款的稀缺性，银行并不愿意主动降低贷款利率。在2013年7月取消贷款利率下限后，金融机构第三季度的贷款平均利率反而比第二季度上升了14个基点①，银行的利差并未因利率市场化受到很大的冲击。

综上所述，信贷规模的控制（彼时的存贷比限制也未取消）和法定存款准备金制度都导致了银行的存贷款利率偏离了市场上资金需求和供给的平衡价格，最终使存贷款利率难以真正地实现“市场定价”，银行利差也难以真正因利率市场化而收窄。利率市场化的实质进程远落后于其名义进程（即便是2015年存款利率市场化完全放开后，仍存在窗口指导形式的

---

① 人民网，《推进利率市场化后存贷款利率走势展望》，2015年5月16日，http：//finance. people. com. cn/money/n/2015/0516/c218900 - 27009903. html

利率管制），对银行风险承担渠道的影响比较弱。

宽松性刺激政策一方面导致银行在发放贷款时放松贷款审批要求，另一方面贷款的展期需求促使银行形成了大量的表外贷款，明显增加了银行的风险承担，但相较而言，利率市场化的实质进程落后于名义进程，对银行风险承担渠道的作用并不是很大。这从侧面说明，短时期内发生的力度较大的政策变动会对银行等金融机构造成剧烈的冲击，而渐进式的利率市场化改革比较温和（甚至过于温和），再加上某些外部的必要条件的管制情况未能同步放松，导致改革带来的冲击并没有想象中那样剧烈。

因此，结合实证结果和理论分析，最终可认为剧烈的宽松性刺激政策对银行风险承担的影响强于渐进式的利率市场化，宽松性刺激政策才是引起银行风险承担渠道发生变化的主要原因。金融危机期间的宽松性刺激政策，即便能够抑制短期内的经济下行，但要考虑长期内金融体系，尤其是银行业内承担的风险。当期银行体系内累积风险，必然会影响到未来为实体经济的服务质量。从长远角度来看，金融危机期间的宽松性刺激政策或许难以维持经济的健康运行。

第四节　稳健性检验

为了检验以上实证结果的稳健性，本章在此利用稳健性检验再次证明上述实证结果。

一、银行风险承担渠道是否发生变化：基于季度数据的再分析

由于155家银行的年度数据特征值缺失得比较多，数据不太完整，可能会影响回归结果，而且因为2007—2008年这2年的时间相对过短，较难和2009年之后的情况进行对比分析。因此本章利用16家上市银行的季度数据对银行风险承担渠道的变化进行回归检验和比较分析。

（一）季度数据模型及数据时间范围

季度数据的模型和年度数据的模型（1）一样。除了银行风险承担的代理变量改为贷款拨备率，其余各变量和年度数据一样，只不过时间频率改为季度。同样，季度数据也分为两组样本数据，分别是2007年第一季度到2008年第四季度（2007.01—2008.04）的金融危机前数据，以及2009年第一季度到2014年第四季度（2009.01—2014.04）的金融危机后样本数据。

（二）季度数据描述性统计

截至2014年第四季度上市银行共有16家。上市银行季度微观数据来源于同花顺iFind数据库，宏观控制变量以及TGAP计算所需数据来源于国家统计局网站和中经网－中国经济统计数据库。季度数据描述性统计见表12－5和表12－6。

表12－5　上市银行金融危机爆发前样本组数据描述性统计

变量名	观察值	均值（%）	标准差（%）	最小值（%）	最大值（%）
LLR	80	2.31	0.683	0.961	4.114
TGAP	128	－6.721	3.735	－12.99	0.165
CAP	83	12.4	4.27	3.88	30.67
SIZE	111	27.64	1.38	24.93	29.91
ROAA	105	0.290	0.109	0.066	0.477
GDPR	128	4.72	9.69	－11.7	14.19

表12－6　上市银行金融危机爆发后样本组数据统计性描述

变量名	观察值	均值（%）	标准差（%）	最小值（%）	最大值（%）
LLR	358	2.262	0.599	0.961	4.353
TGAP	384	－0.267	4.526	－8.748	8.502
CAP	349	11.83	1.402	8.530	15.53
SIZE	376	28.55	1.247	25.59	30.61
ROAA	384	0.298	0.062	0.134	0.418
GDPR	384	2.972	11.27	－18.16	13.00

（三）季度数据回归结果

类似于年度数据的处理方法，还是使用系统广义矩估计，具体回归结果见表12－7。

表12－7　上市银行回归结果

	金融危机前样本组：200701—200804	金融危机后样本组：200901—201404
	LLR	LLR
LLR_{t-1}	0.804**	1.101***
	(－0.318)	(0.052)
TGAP	－0.005	－0.008***
	(0.029)	(0.002)
CAP	－0.016	－0.009
	(0.067)	(0.010)
SIZE	－0.205	－0.026
	(0.907)	(0.015)
ROAA	－0.735	－0.733***
	(0.701)	(0.224)
GDPR	－0.005	－0.002***
	(0.006)	(0.001)
常数项	6.441	0.668*
	－25.34	(0.378)
AR（2）（p值）	0.720	0.330
Sargan（p值）	0.999	0.648
观测值	32	316

注：（1）下标t－i表示变量的滞后i期值，如果没有注明下标的，则表示变量的当期值；（2）***、**、*分别表示在1%、5%和10%水平上显著相关；（3）括号内为标准差。

通过利用上市银行季度数据进行回归，可以发现，在以银行贷款拨备率衡量银行风险承担的模型中，两个不同时间段的回归结果显示，金融危机前的TGAP系数为负，并且不显著，金融危机后，TGAP系数在1%水平上显著为负，并且金融危机后样本组的TGAP系数绝对值大于金融危机前系数的绝对值，并且系数绝对值的增长幅度比较大。AR（2）及Sargan检验也都通过了检验。

观察季度数据的回归结果，可以认为：在金融危机爆发之前，中国银行风险承担渠道这一货币政策传导路径相对而言很明显，而金融危机爆发后之后，这一传导渠道变得越来越明显。

二、关于银行风险承担渠道变化的主要原因的稳健性检验

为了再次验证宽松性刺激政策和利率市场化都能使银行风险承担渠道发生变化，而宽松性刺激政策的影响对银行风险承担渠道的影响强于利率市场化，在稳健性检验中，再次利用155家银行2009—2014年年度数据，依次改变宽松性刺激政策变量、利率市场化变量和同时改变利率市场化变量以及宽松性刺激政策变量，同样采用模型（3）进行回归。

首先，替换模型（3）中宽松性刺激政策的代理变量。国家在实行宽松性刺激政策时，同时出台了宽松的财政政策和货币政策，导致2009年至2010年期间，不仅贷款数量急剧上升，货币供应量也大幅度上升，因此稳健性检验中先保持利率市场化的代理变量不变，用广义货币供应量和GDP的比值（用M2GDP表示）作为宽松性刺激政策的代理变量，用模型（3）进行回归检验。

其次，替换模型（3）中利率市场化的代理变量，用1—3年期的贷款利率和一年期存款利率的利率差作为利率市场化的代理变量，用IR表示，同时不改变模型（3）中宽松性刺激政策原本的代理变量，用模型（3）进行回归检验。

最后，同时改变宽松性刺激政策和利率市场化的代理变量，用模型（3）进行回归检验。在进行这3次回归检验时，对所有变量都进行标准化处理。最终，稳健性检验结果如表12-8所示。

表12-8　银行风险承担渠道变化的影响因素稳健性检验回归结果

	(4)	(5)	(6)
	RWARATIO	RWARATIO	RWARATIO
$RWARATIO_{t-1}$	0.337***	0.290***	0.300***
	(0.024)	(0.0234)	(0.0224)
TGAP	-0.213***	-0.0769	-0.0865
	(0.056)	(0.157)	(0.101)

续表

	(4) RWARATIO	(5) RWARATIO	(6) RWARATIO
CAP	-0.443 *** (0.027)	-0.464 *** (0.0287)	-0.455 *** (0.0270)
SIZE	-0.597 *** (0.081)	-0.581 *** (0.0841)	-0.607 *** (0.0818)
ROAA	-0.035 (0.030)	-0.026 (0.028)	-0.040 (0.027)
GDPR	0.022 (0.033)	-0.220 *** (0.053)	-0.121 * (0.069)
M2GDP	0.283 ** (0.127)		0.267 *** (0.095)
IRLI	0.147 (0.129)		
BL		0.173 * (0.104)	
IR		-0.098 ** (0.047)	-0.073 * (0.040)
AR（2）（p 值）	0.181	0.753	0.745
Sargan（p 值）	0.223	0.220	0.162
观测值	339	339	339

注：（1）下标 t-i 表示变量的滞后 i 期值，如果没有注明下标的，则表示变量的当期值；（2）*** 表示统计量在 1% 水平上显著，** 表示统计量在 5% 水平上显著，* 表示统计量在 10% 水平上显著；（3）括号内为标准差。

替换变量后，根据表 12-8 的回归结果，宽松性刺激政策的系数都显著为正，并且宽松性刺激政策变量的系数都大于利率市场化变量的系数绝对值。表 12-8 中列（4）的回归结果表明宽松性刺激政策显著为正，但利率市场化的系数不显著，而且绝对值小于宽松性刺激政策的系数，表明宽松性刺激政策的效果更加明显。由于表 12-8 列（5）和列（6）的利率市场化的代理变量是利率差，利率差越小，表示利率市场化程度越大，因此，利率差的系数为负说明，利率市场化越明显，银行风险承担越大，但其系数绝对值依旧小于宽松性刺激政策。

综合分析，稳健性检验进一步反映了宽松性刺激政策和利率市场化都会引起银行风险承担上升，但渐进式的利率市场化并不是金融危机后银行风险承担渠道变得明显的主要原因，力度很大的宽松性刺激政策才是银行风险承担渠道发生变化的主要原因。

第五节　本章小结

本章探究了银行风险承担渠道在金融危机发生前后的变化，并进一步分析了宽松性刺激政策和利率市场化对银行风险承担的影响，通过理论和实证分析，得出了以下 3 点结论。

第一，本章通过比较不同时间范围内银行风险承担渠道，发现中国银行风险承担渠道在金融危机爆发后发生了变化，且在危机后变得更加明显。

第二，金融危机爆发后，宽松性刺激政策确实增加了银行的风险承担，银行风险承担渠道的作用更加明显。利率市场化进一步增加了银行的风险承担，强化了银行风险承担渠道的作用。2008 年后，在宽松性刺激政策和利率市场化的共同作用下，中国银行风险承担渠道变得更明显。

第三，经过深入考察宽松性刺激政策和利率市场化，且综合地分析这两者对银行风险承担渠道的影响后，发现利率市场化对增强银行风险承担渠道的影响有限，宽松性刺激政策才是中国银行风险承担渠道发生明显变化的主要原因。

利率市场化改革并没有对银行风险承担产生重大影响，侧面说明银行彼时的自主定价能力依然比较低，窗口指导等现象依旧普遍（这种情况直到今天也仍然存在），市场竞争程度不够大，因此，稳步推进彻底的利率市场化改革是一个正确的方向。只有通过彻底的利率市场化改革，才能最终打破金融垄断，提高银行的自主定价能力和创新能力，为金融机构注入活力，也为货币政策由数量型到价格型的真正转型创造条件。

第十三章

多重市场竞争与银行风险承担
——基于利率市场化及不同监管维度的视角

第一节　引　言

我国的利率市场化改革始自 1996 年银行间同业拆借利率的放开，其中历经了贷款利率上下限的取消以及存款利率上限的浮动，而 2015 年 10 月 24 日存款利率上限的放开则标志着我国历时近 20 年的利率市场化改革基本完成。与此同时，我国银行业的竞争格局也在发生着转变，其竞争手段由机构扩张逐渐转变为同质化的价格竞争，尤其是后者作为当下银行机构的主要竞争方式，它的演变与银行风险间的联系也变得愈加密切。此外，我国为了适应利率市场化的脚步也正逐步地由“利率双轨制”渐进地转变为单向的“市场轨”以进一步地强化市场利率的作用。故而，以上种种举措都会对我国银行的价格竞争产生至关重要的影响，从而导致银行的风险承担发生变化并进而影响到银行体系的稳健性。因此，随着政策趋势的发展以及银行市场竞争程度的不断加强，学术界越来越重视市场价格竞争对银行风险承担的影响。基于上述情况，本章在当前背景下对银行市场竞争与银行风险承担的关系进行研究具有较大的理论与现实意义。

那么，银行间竞争与其风险承担之间的关系到底如何？国外学界对此的研究主要包括“竞争—脆弱”和“竞争—稳定”两种观点，前者多是从存款市场竞争的角度出发，认为过度的竞争会降低银行的特许权价值并增加银行的风险承担。如 Marcus（1984）认为存款市场的竞争会使得银行特许权价值萎缩，从而引致银行风险承担的增大。Keely（1990）的研究也表明低竞争情况下的银行能够从特许权价值中获得租金，从而使其具有谨慎投资的正向激励，由于其破产成本较高，故导致银行的风险承担较小。此外，也有不少学者将银行竞争纳入金融深化的框架，来讨论银行竞争对银行风险承担的影响，从而在经验研究方面支持了“竞争—脆弱”的观点（Jimenez 等，2010；Beck 等，2013）。后者大多基于贷款市场竞争的视角，所得结论恰恰相反，即研究发现激烈的银行竞争会降低贷款利率，从而减少了借款者从事高风险项目的激励及借款违约的可能性（Boyd 和 De Nicolo，2005；Schaeck 和 Cihak，2008；Fu 等，2014）。除此之外，还有一些学者从非线性的角度探析了市场竞争对银行风险承担的影响，认为银行竞争与风险承担之间存在着类似“U”形曲线的非线性关系（Martinez 等，2010；Wagner，2010；Jimenez 等，2013）。

国内关于银行竞争与其风险承担关系的研究大致可分为两类：一类是仅考虑银行竞争与其风险行为的关系但忽略了利率市场化的大背景（如杨天宇和钟宇平，2013；蒋海和陈静；2015；林德发和汪宜香，2018；等）。另一类研究则考虑了中国利率市场化改革的大背景（张宗益等，2012；江曙霞和刘忠璐，2016；余晶晶等，2019）。然而，现有文献由于各种因素限制只是“笼统”地研究了利率市场化对贷、存款市场的影响，并未考虑贷、存款利率市场化的背景下各自市场竞争对银行风险承担产生了怎样的影响。此外，很少有文献区分贷、存款市场从而构建各自的利率市场化指数并综合使用来进行更为细致而全面的研究。更重要的是，贷款下限和存款上限放开作为利率市场化两个很关键的环节，为之后的金融机构利率彻底转向“市场轨”奠定了重要的现实基础。

此外，利率市场化的逐步完善使得银行笼罩着巨大的利润增长压力，为了追逐新的利润增长点，理财产品和同业业务等创新型业务应运而生，成为银行实现利润增长多元化的战略性选择。然而这些业务在实现盈利的同时，其逃避监管的方式和行为也可能造成银行业风险的过度积累。因此，在利率市场化改革的大背景下，加强银行业的监管也成为了不容忽视的重要环节。就目前而言，我国监管机构加强对金融机构的外部监管已成为普遍趋势①。从国内文献方面来看，关于金融创新与银行风险行为的研究基本专注于对理财产品与同业业务的探讨，如不少学者从理财产品与银行风险的角度进行了相关研究（周凯等，2013；高蓓等，2016；胡诗阳

① 如作为银行监管主力的银监会正在逐渐完善流动性管理以及杠杆率管理等一系列监管准则，用以提升监管的有效性。并且自 2013 年 3 月银监会发布了《关于规范商业银行理财业务投资运作有关问题的通知》（即“8 号文”）开始，各种监管文件的出台多重点集中于理财产品及同业业务等领域，这些都增加了监管的针对性。

等，2019；等）。还有一些学者基于银行同业业务与金融机构的稳定性进行了相关方面的探讨（肖崎，2014；黄小英等，2016；周再清等，2017；等）。但上述文献的局限性在于，鲜有学者从理财产品的竞争面出发，考虑创新型业务的市场竞争对银行风险承担的影响如何。因为利率市场化过程与理财产品市场的竞争演变息息相关，故而其会对银行的风险乃至风险承担产生不可忽视的影响。且理财产品市场的竞争并非受单一市场利率放开的影响，而是涉及整个利率市场化改革进程，因此在完整的利率市场化整体进程框架下对该问题进行研究也是相当必要的。

最后，从银行监管与其风险承担的关系来看，多年来学术界对于两者的关系并未达成一致的共识。国外多数学者认为银行监管可以达到降低银行风险行为的效果（如 Agoraki 等，2011；Kandrac 和 Schlusche，2017）。然而，与之相反的是，有些学者则认为资本监管可能会通过侵蚀银行的特许权价值，从而鼓励银行的投机行为（Gonzalez，2005；Williams，2014；Shehzad 和 Haan，2015）。国内有关银行监管的经验研究则主要着眼于资本监管的视角，且对资本监管与银行风险的关系也并未得出一致的结论。相当一部分学者支持“资本监管有效论”（如成洁，2014；梁琪和李政，2014；余晶晶等，2019；等）。但也有另外一些文献的结果与之相悖，他们发现了资本监管的无效性甚至负面性效果（如许友传，2011；赵静等，2017；蒋海和杨利，2017；等）。然而，现有的相关文献并未考虑全面地从多个监管维度来探究我国的银行监管对银行风险承担的影响，仅近期潘敏和魏海瑞（2015）和张宇驰和揭月慧（2017）从多个监管维度考察了其对于银行风险承担的影响效应，然而前者仅考虑了监管对银行风险的影响，并未基于利率市场化的大背景，后者则是从传统的资本监管视角考察了其与银行风险的关系。

因此，纵观该领域的研究，本章发现，国内外学者虽然考虑了利率市场化及其竞争和银行监管对我国商业银行风险承担的影响，但还存在着一些改进空间，对此本章拟从以下几个方面进行扩展和补充。

其一，现有关于利率市场化及其市场竞争对银行风险承担影响的研究文献，多只考虑了贷款利率市场化及其市场竞争如何影响银行风险承担，以及“笼统的”考虑了利率市场化背景下存款市场竞争对银行风险承担的影响，且对于利率市场化进程指数的度量也多停留在整体的层面。对此，本章首先基于贷、存款利率市场化分离开来的视角，研究了银行的贷、存款市场竞争分别如何影响了其风险承担；其次，通过区分贷、存款市场进而构建各自的利率市场化指数并结合整体进程指数综合使用，以此进行了更为细腻全面的研究。

其二，既有文献多是基于理财产品发展或规模指标层面来讨论其对金融机构风险造成的影响，并未考虑其竞争面的因素。而本章则是从其市场竞争的视角切入，将理财产品市场当作一个典型的创新型业务市场来考虑其竞争，并基于完整的利率市场化整体进程框架讨论了利率市场化改革背景下理财产品市场的竞争如何影响了银行的风险承担。

其三，学界也几乎未曾在利率市场化与金融监管强化的背景下讨论创新型业务快速发展时其市场竞争与银行风险承担之间的关系。而事实上，理财产品市场由于与利率市场化进程密切相关，故而其市场竞争尤显激烈，所以特别需要加强监管。与此同时，监管因素在当前利率市场化几近完成的转轨背景下对传统贷、存款市场的影响和重要性也是显而易见的。因此本章从多重外部监管视角出发，并在利率市场化改革的背景下完整的考察了传统贷、存款市场以及创新理财产品市场的竞争如何影响了银行的风险承担，从而弥补了前人在这方面的空缺。

第二节　研究设计

一、利率市场化改革背景下多重市场竞争对银行风险承担的影响研究

（一）贷款利率市场化视角下银行贷款市场竞争对其风险承担影响的机理与模型设定

首先，本章先考虑贷款利率市场化下的贷款市场竞争对银行风险承担

的影响。从机理上看，其作用机制在于贷款市场的竞争会使得银行在一定程度上降低贷款利率以应对市场竞争，但这依赖于利率市场化水平，若贷款利率下限并未放开时，即使银行有降低利率的意愿，也可能受限于利率下限的约束而无法合理降低利率；进一步地，若当贷款利率市场化程度有所变化（尤其是贷款利率下限放开）时，贷款价格竞争会加剧，在该效应下，银行很可能会降低贷款利率从而吸引企业更多的借款以获取收益。

此外，贷款利率下限的放开也使银行相对更有能力去降低贷款利率。从现实方面来看，除去极端的金融危机时期，相比 2013 年之前，2013 年往后的银行贷款利率确实有了相对大幅的下降，如 2012 年左右 3 年期银行贷款利率还处在 6.3% 以上的高位，但到 2015 年贷款利率已降至 4.98%，2016 和 2017 年更是仅有 4.75%，5 年期贷款利率也是如此。这导致了贷款利率的压缩，从企业方面来看，由于贷款利率的下降，一方面会使得其偿债能力上升，另一方面也减少了其违约概率，故而银行会减少对高风险贷款项目的利率追逐，其风险承担下很可能会进一步下降。故由上述分析可以得到假设 1。

假设 1：贷款利率下限的放开会增强贷款市场竞争对银行风险承担的抑制作用。

在经验研究方面，为了检验上述假设是否成立，本章以 2013 年 7 月贷款利率下限的放开作为贷款利率市场化的时间节点，来考察贷款利率下限放开、市场竞争与银行风险承担间的作用关系到底如何。具体参考张雪兰和何德旭（2012）等设定动态面板模型如下：

$$Risk_{it} = \alpha_0 + \alpha_1 Risk_{it-1} + \alpha_2 Rllerner_{it} + \alpha_3 LIRM_{\_dumt} + \alpha_4 Rllerner_{it} * LIRM_{\_dumt} + \sum_{n=1}^{9} \beta_n X_n + \mu_i + \varepsilon_{it} \tag{1}$$

其中，i 表示第 i 家个体银行，t 代表第 t 年，ε_{it} 为随机干扰项。$Risk_{it}$ 代表银行风险变量，$Rllerner_{it}$ 代表贷款市场竞争，$LIRM_{\_dumt}$ 表示贷款利率市场化，$Rllerner_{it} * LIRM_{\_dumt}$ 代表贷款市场竞争与贷款利率市场化的交互项，X 代表一系列影响银行风险承担的其他重要因素。考虑到市场竞争对银行风险承担的影响机制主要体现为市场竞争加剧会影响银行的收益，而利率市场化则会影响银行的净利差收益，基于此，本章在微观层面分别控制了银行规模（SIZE）、资本资产比（CAR）、资产回报率（ROA）、成本收入比（CIR）和净息差（NIM）；在宏观层面，本章则控制了显性存款保险制度（IDI）、经济增长（EGREGR）、产出缺口（GAP）和货币政策（MP）。

（二）存款利率市场化视角下的研究：基于银行存款市场竞争的机理与模型设定

本章考虑存款利率市场化下其市场竞争对银行风险承担的影响。该作用机制在于存款利率上限的放开使得银行吸取存款变得更加困难，因此容易产生“高吸揽储”的行为，而存款利率的提升同时会使得银行的负债和经营成本上升，进而导致存款市场竞争的加剧，这会降低银行的市场实力和边际利润，为了应对日趋激烈的竞争以及弥补自身利润的损失，银行投资高风险高收益的冒险激励会增强，最终引致其风险承担的增大。

然而，从现实方面来看，虽然 2015 年 10 月我国放开了金融机构存款利率浮动上限，但这是否意味着我国利率市场化已经彻底完成呢？也不尽然。一方面，各地在央行的指导下建立了利率自律定价机制，对存款利率上浮行为进行软约束，存款利率上浮比例不高于 50%。而事实上我国多数银行存款利率上浮比例均低于 40%，以 2018 年为例，中国工商银行、招商银行 1 年期定期存款利率较基准仅上浮 16.7%，高压负债端的平安银行 1 年期定期也仅上浮 30%，部分代表性银行的利率上浮如图 13－1 所示。

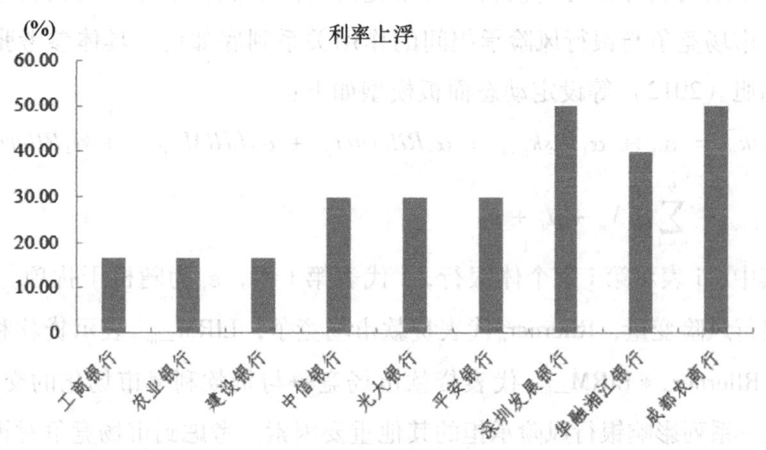

图 13－1 2018 年部分代表性银行利率上浮百分比

而另一方面，2016 年初开始实施的 MPA 考核制度也纳入了银行定价行为。这就限制了存款利率市场化带来的冲击和效果，即我国的存款利率还未真正完全市场化。故存款利率上限放开后，银行存款市场竞争变化能否从实质上显著地作用于银行风险承担还有待后文实证的考察。由此本章得出假设 2。

假设 2：存款利率上限的放开很可能不会增加存款市场竞争对银行的风险承担的正向影响。

同样，为了验证上述假设是否成立，本章以 2015 年 10 月存款利率上限的放开作为存款利率市场化的时间节点，以此来衡量存款利率市场化与市场竞争对银行的风险承担影响较之原来发生了何种变化。模型设定如下：

$$Risk_{it} = \alpha_0 + \alpha_1 Risk_{it-1} + \alpha_2 Rdlerner_{it} + \alpha_3 DIRM\__{dumt} + \alpha_4 Rdlerner_{it} * DIRM\__{dumt} + \sum_{n=1}^{9} \beta_n X_n + \mu_i + \varepsilon_{it} \quad (2)$$

其中，$Rdlerner_{it}$表示存款市场竞争，$DIRM__{dumt}$代表存款利率市场化，$Rllerner_{it} * DIRM__{dumt}$为存款市场竞争与存款利率市场化的交互项，其余变量均与模型（1）相一致。

（三）利率市场化整体进程下的研究：基于理财产品市场竞争的影响机理及其模型设定

上述研究考虑的是传统的存贷款市场竞争对银行风险承担的影响。然而，无论是现实的情况还是学界近些年的相关研究（如周凯等，2013；高蓓等，2016）均告诉我们，创新型业务对我国银行的影响也在不断扩大。随着利率市场化近几年的加速推进，首先是贷款利率市场下限的放开对存贷利差产生了一定的影响，而后 15 年存款利率上限的放开使得这种趋势进一步扩大，虽然因为利率浮动机制的约束未曾达到完全的效果，但两大阶段性利率市场化的步骤的确对银行所依赖的传统存贷款业务造成了相当大的冲击，于是银行通过理财和同业市场等表外业务绕过监管的手段愈演愈烈。从某种程度上来说，这些创新可以视作为受约束的利率市场化进程中金融机构弥补利润损失和追逐利润增长的替代性衍生品。因此，利率市场化的推进对于理财产品和同业业务市场的发展和竞争的影响是不言而喻的：一方面压缩了净息差，使得银行利润下降，经营成本上升，导致银行对理财产品和同业业务的依赖增强，尤其是近些年理财产品的发行逐渐变得家喻户晓，规模也在不断扩大，这类银行新型产品的快速发展在给银行带来新的利润增长的同时也造成了一系列问题，如“刚性兑付”等所引致的银行风险承担的增加；另一方面，银行对理财市场等业务依赖度的增强导致了理财产品市场的总体数量越来越多，而且银行推行理财产品的方式也变得越来越多样化，这必然引致了理财产品市场竞争的加剧。虽然国有银行作为理财产品早期发行的主力军在近 2 年势头有所减缓，但数量众多的地方性银行的理财产品发行和竞争却逐年增加，已渐有超过国有银行之势头。因此有必要研究利率市场化改革背景下理财市场的竞争如何影响了银行风险承担。

如图 13 –2 所示，理财产品的发行数量自 2010 年开始持续上升，至 2016 年 12 月已达到 9537 只，是 2010 年 12 月的 6 倍左右。此外，非保本型理财产品的发行比例也在逐年增加，从 2010 年 1 月的 42.7% 上升到 2015 年 12 月的 74.4%。因非保本型理财产品属于代客理财，并未计入资产负债表，故未曾受到银行资本监管指标的约束。但由于我国银行业存在刚性兑付，一旦该类型的理财产品发生违约，为了维护自身声誉，往往是由银行本身来承担非保本型理财产品的违约损失。

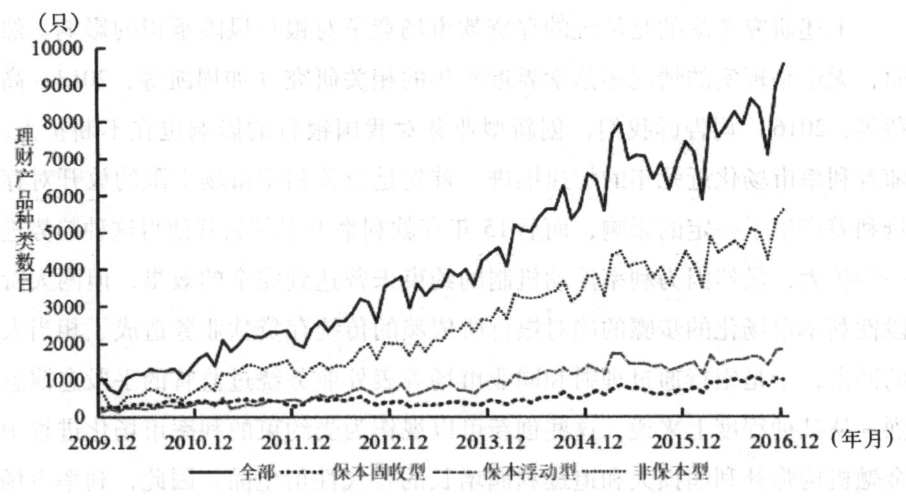

图 13 –2 理财产品发行市场概况

基于上述理论分析和典型事实，本章得到假设3。

假设3：利率市场化进程的推进会增加理财产品市场竞争对银行风险承担的正向影响。

为了验证假设3，本章构建了如下模型进行考察：

$$Risk_{it} = \alpha_0 + \alpha_1 Risk_{it-1} + \alpha_2 Rfplerner_{it} + \alpha_3 IRMI_t + \alpha_4 Rfplerner_{it} * IRMI_t + \sum_{n=1}^{9} \beta_n X_n + \mu_i + \varepsilon_{it} \tag{3}$$

其中，$Rfplerner_{it}$代表理财产品市场竞争，$IRMI_t$表示综合的利率市场化指数①，$Rfplerner_{it} * IRMI_t$表示理财市场竞争与利率市场化指数的交互项。

二、利率市场化与不同监管维度下银行多重市场竞争对其风险承担的影响研究

为了应对利率市场化加速推进下我国当前日趋激烈的银行竞争以及愈发活跃的理财等创新型业务所带来的问题和挑战，来自外部监管机构的监管力度也在日益加强，新的监管公文不断发布，现场检查以及违规惩戒等监管措施也屡屡出台，为的就是在当前利率市场化改革背景下能够防范风险的积累和爆发从而维护金融市场的稳定。从机理上看，外部监管的引入会通过发挥监管公文的预防和示警作用（减少虚假宣传等不正当竞争以及对一些违规和高风险的操作进行警告从而使得银行更为谨慎地做出决策）、事中检查的直接威慑作用（有效的现场检查会给予银行最直接的冲击，为了应对检查而不得不审慎经营以降低其自身的风险承担，但事中现场检查的弊端在于要耗费大量的人力物力等成本，且在效率上也很可能有所缺乏）以及事后惩罚的约束作用（通过对违规和不当操作的银行进行资金和权限等方面的惩罚约束，以降低银行的风险承担，但缺点在于可能具有较大的滞后性）从而约束银行的风险承担行为。但是，这一系列监管措施是

① 已有研究表明，贷款和存款的利率市场化都会对理财产品的发展造成一定的影响，故在此处我们采用整体的利率市场化指数来考察利率市场化背景下理财产品市场竞争对银行风险承担的影响。

否真正有效地引导并规范了银行之间的竞争及理财等新业务的发展也是很值得从实证方面进行研究和探讨的。

因此，为了探究利率市场化改革与不同监管维度背景下银行市场竞争对其风险承担的影响，本章借鉴 Delis 和 Staikouras（2011）与潘敏和魏海瑞（2015），根据监管检查的流程顺序，将银行监管分为事前、事中和事后监管，探讨在贷存款利率市场化的背景以及多个监管维度下，传统贷、存款市场以及理财市场的竞争如何影响了银行的风险承担。模型设定如下：

$$Risk_{it} = \alpha + \alpha_1 Risk_{it-1} + \alpha_2 Rklerner_{it} + \alpha_3 IRM_t + \alpha_4 Sup_{mt} + \alpha_5 Rklerner_{it} * IRM_t + \alpha_6 Rklerner_{it} * Sup_{kt} + \alpha_7 IRM_t * Sup_{mt} + \alpha_8 Rklerner_{it} * IRM_t * Sup_{mt} + \sum_{n=1}^{9} \beta_n X_n + \mu_i + \varepsilon_{it} \tag{4}$$

其中，k = l，d，fp；m = 1，2，3。IRM_t分别包括了前文模型中的贷、存款利率市场化虚拟变量以及利率市场化指数，$Rklerner_{it} * IRM_t * Sup_{kt}$表示各市场竞争、对应的利率市场化与多个监管维度的交互项。

三、变量选取与说明

（一）被解释变量

银行风险承担（Risk）：综合各方面如数据缺失、获取难度等考虑，本章参照 Laeven 和 Levine（2009）以及潘敏和魏海瑞（2015）选取 Z - Score 作为风险承担的主要代理变量，并采用不良贷款率（张雪兰和何德旭，2012）作为稳健性替换变量。Z - Score 的计算方法如下：

$$Z_{it} = \frac{ROA_{it} + CAR_{it}}{\sigma(ROA_{it})} \tag{5}$$

其中，CAR 表示资本资产比，ROA 代表总资产回报率（ROA），σ（ROA）表示总资产回报率的标准差，本章采用 3 年滚动数据计算得到 σ（ROA）。由定义可知，Z - Score① 越大，银行所承担的风险越小。

① 此外，鉴于 Z - Score 具有较高的偏倚度，本章对所有的 Z - Score 做对数处理。且银行一般的 Z - Score 均为正值，若有个别负值，本章则取其相反数以作统一。

（二）核心解释变量：各市场 lerner 指标的构建

1. 各类市场竞争指标的选取。

关于市场竞争变量的度量，如前所述，先前国内的文献多衡量的是贷款市场竞争变量，近期的文献也仅有为数不多的学者（如郭晔和赵静，2017；和江曙霞和刘忠璐，2016；等）在利率市场化框架下度量了存款市场竞争，并关注了其对银行风险承担的影响，故当前对于市场竞争的度量还存在着改进的空间，本章对于市场竞争的度量主要分为两个部分，第一个是传统的存贷款市场竞争衡量，第二个则是对创新型业务理财产品市场竞争的衡量。在度量方法上，传统的 SCP 结构范式由于其种种缺陷（如未曾区分集中度和竞争以及严苛的前提假设等）而饱受诟病，而后的实证研究大多表明市场集中度和竞争的关系链条其实是很薄弱的（如 Carbo 等，2009；等）。故本章选择当前主流研究（如 Berger，2009；Fu 等，2014；刘莉亚等，2017；等）使用较多的 lerner 指数来度量市场竞争的情况。此外，我国的利率市场化改革遵循了分阶段逐步放开贷、存款利率的节奏，且衍生出了理财产品等创新型业务，因此有必要区分传统的贷、存款市场和理财产品市场。故针对我国的特殊情况，在分析传统的贷款和存款市场竞争以及理财产品市场竞争时，我们借鉴 Forssback 和 Shehzad（2015）以及张宗益等（2012）的方法分别构建出贷款市场、存款市场以及理财产品市场的 Lerner 指数。

2. 对应边际成本的估算。

为了区分贷款市场、存款市场以及理财产品市场的竞争程度，假设银行有三种产出，分别为贷款（Loans）、存款（Deposits）和理财产品（Financial Products），两种投入分别为资金价格（Capital Price）和非利息运营支出（Non - interest Operating Expense）。由此可以得出估计边际成本的超越对数函数为：

$$\ln C_{it} = \beta_0 + \sum_{m=1}^{3}\lambda_m \ln(Y_{mit}) + \sum_{k=1}^{2}\alpha_k \ln(W_{kit}) + \sum_{k=1}^{2}\sigma_k \ln(W_{kit})T + \sum_{m=1}^{3}\delta_m \ln(Y_{mit})T + \sum_{k=1}^{2}\sum_{j=1}^{2}\varphi_{kj}\ln(W_{kit})\ln(W_{jit}) + \sum_{m=1}^{3}\sum_{n=1}^{3}\eta_{mn}\ln(Y_{mit})\ln(Y_{nit}) +$$

$$\sum_{k=1}^{2}\sum_{m=1}^{3}\mu_{km}\ln(W_{kit})\ln(Y_{mit}) + \beta_1 B_i + \theta_1 T + \theta_2 T^2 + \zeta_{it} \tag{6}$$

其中，总成本 C 为 3 种产出 Y_m，2 种投入价格 W_k，银行哑变量（B_i），时间趋势 T 及其平方项的函数，扰动项为 ζ。该函数的回归满足投入价格同质以及交叉价格具有对称性的约束条件：即

$$\sum_{k=1}^{2}\alpha_k = 1, \sum_{k=1}^{2}\sigma_k = 0, \sum_{k=1}^{2}\varphi_{kj} = 0, \sum_{k=1}^{2}\mu_{km} = 0, \varphi_{kj} = \varphi_{jk}, \eta_{mn} = \eta_{nm}$$

由总成本对 3 类产出分别求偏导可以得到贷款市场、存款市场以及理财产品市场的边际成本如下：

$$mc_{1it} = \partial C_{it}/\partial Y_{1it} = [\lambda_1 + 2\eta_{11}\ln(Y_{1it}) + \eta_{12}\ln(Y_{2it}) + \eta_{13}\ln(Y_{3it}) + \mu_{11}\ln(W_{kit}) + \mu_{21}\ln(W_{kit}) + \delta_1 T]\frac{C_{it}}{Y_{1it}} \tag{7a}$$

$$mc_{2it} = \partial C_{it}/\partial Y_{2it} = [\lambda_2 + 2\eta_{22}\ln(Y_{2it}) + \eta_{21}\ln(Y_{1it}) + \eta_{23}\ln(Y_{3it}) + \mu_{21}\ln(W_{1it}) + \mu_{22}\ln(W_{2it}) + \delta_2 T]\frac{C_{it}}{Y_{2it}} \tag{7b}$$

$$mc_{3it} = \partial C_{it}/\partial Y_{3it} = [\lambda_3 + 2\eta_{33}\ln(Y_{3it}) + \eta_{31}\ln(Y_{1it}) + \eta_{32}\ln(Y_{2it}) + \mu_{31}\ln(W_{1it}) + \mu_{32}\ln(W_{2it}) + \delta_3 T]\frac{C_{it}}{Y_{it}} \tag{7c}$$

最终，经推导可得贷款市场、存款市场以及理财产品市场的 lerner 指数分别为：

$$llerner_{it} = (lr_{it} - mc_{1it})/lr_{it} \tag{8a}$$

$$dlerner_{it} = (dr_{it} - mc_{2it})/dr_{it} \tag{8b}$$

$$fplerner_{it} = (fpr_{it} - mc_{3it})/fpr_{it} \tag{8c}$$

3. 变量选取与估算。

对于总成本，本章采用管理费用作为代理变量；2 种投入的代理变量分别为利息支出/负债总额（Forssback 和 Shehzad，2015）和营业费用/总资产（张宗益等，2012），3 种产出分别用贷款资产总额、存款总额和理财产品总额来代理；贷款、存款和理财产品①的利率分别由 3 年期贷款利率、

① 考虑到保本理财在 2014 年监管文件中已纳入普通存款且在分析传统存款市场时会有混淆性（如对存款有替代效应）等一系列原因，本章实证中的主要理财数据均为非保本理财产品。

1 年期存款利率和理财产品到期收益率来衡量。最终，本章构建的市场竞争变量如下：包括 llerner、dlerner 和 fplerner，分别表示贷款市场竞争、存款市场竞争和理财产品市场竞争的情况。但由于 lerner 指数与竞争程度是反向变动的，因此为了分析方便，本章在模型设定中均使用 Rklerner = 1 - klerner，其中 k = l，d 和 fp，以正向度量银行贷款、存款和理财产品市场的竞争程度，即 RkLerner 越大，各市场的竞争程度越激烈。

（三）其他解释变量

1. 利率市场化变量（包括 $LIRM\_{_{dum}}$、$DIRM_{_{dum}}$和 $IRMI_t$）。本章通过设置时间节点虚拟变量分别代理贷款利率市场化和存款利率市场化①，就贷款利率市场化而言，2013 年及之前取值为 0，2013 年以后取值为 1。而对于存款利率市场化，2015 年及之前取值为 0，2015 年之后取值为 1。至于综合的利率市场化指数，本章分别参照平安证券（2014）年度报告中的做法构建利率市场化指数（IRMI1）以及借鉴王舒军和彭建刚（2014）的做法构建利率市场化指数（IRMI2）来进行测度。

2. 银行监管变量（包括 lnSup1、lnSup2 和 lnSup3）。参考 Delis 和 Staikouras（2011）以及潘敏和魏海瑞（2015）的研究，本章将银行监管变量分为三个维度，分别代表事前、事中以及事后监管，其代理变量分别为每年发布监管公文的频率的对数值（lnSup1）②、现场检查平均机构覆盖率的对数值（lnSup2）③ 以及金融机构的违规惩戒次数的对数值（lnSup3）。具体的监管数据见图 13 - 3。

---

① 前人的研究由于时间所限，在贷款利率市场化及存款利率市场化的时间节点选择时多采取的 2004 年及 2012 年作贷款和存款利率市场化的代理变量，然而，众所周知存贷款方面对银行利率能真正造成较大影响和冲击的利率放开分别为存款利率上限以及贷款利率下限的放开，故本章选择 2013 年及 2015 年作为时间节点一定程度上弥补了前人研究的缺陷和不足。

② 值得注意的是，银监会年报的“部门规章即规范性文件目录”中除了针对商业银行发布的监管公文，还包括了对信托公司、小额信贷公司等金融机构发布的监管公文。因此，我们将针对非银行金融机构发布的监管公文予以剔除，只考虑对商业银行风险、信息披露等方面产生影响的文件。

③ 由于银监会年报中只公布了到 2014 年的现场检查平均机构覆盖率数据，故借鉴潘敏和魏海瑞（2015）的处理，在后文的实证研究中，对于事中监管这一维度而言，我们只考察 2009—2014 年的情况。

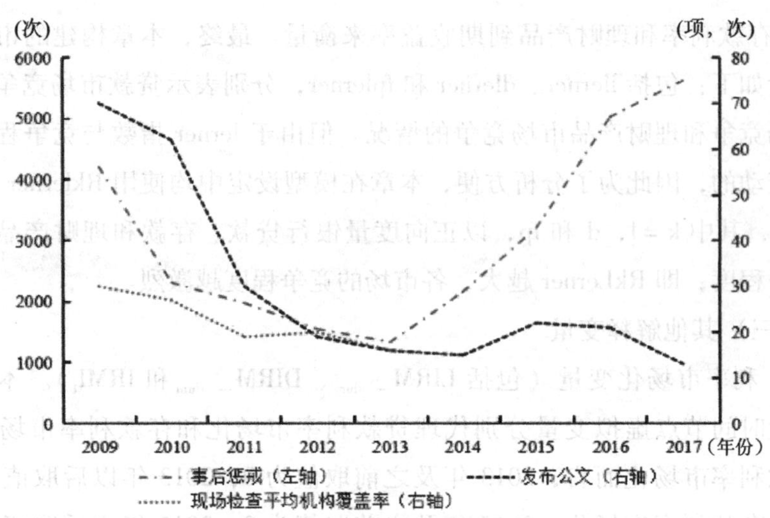

图 13－3 不同维度的银行监管实况

由图 13－3 可以清楚地看到，首先事后监管的次数远远超过了事前和事中监管，表明事前和事中监管的力度有待加强；其次，事后监管的高频率也说明了银行为了规避监管，的确有很多违规性操作，但这并不代表都可以等到“亡羊”才考虑“补牢”，由此更迫切地显示需要增加事前和事中监管；最后，无论是事前、事中还是早期的事后监管措施的数量均在 2009 年达到了峰值，这意味着我国为了应对金融危机所可能带来的负面操作，银监会的监管强度明显增加。

（四）控制变量

各重要控制变量的选取如表 13－1 所示。

表 13－1　　控制变量定义及说明

控制变量	变量名称	定义与说明
银行微观控制变量	银行规模（SIZE）	采用总资产的对数来衡量
	资本资产比（CAR）	即资本对资产的比率
	资产收益率（ROA）	一般盈利较多的银行，利率追逐的激励较小，因而可能具有较低的风险承担
	成本收入比（CIR）	即银行的营业费用对营业收入的比率
	净息差（NIM）	即银行净利息收入和银行全部生息资产的比值

续表

控制变量	变量名称	定义与说明
宏观环境控制变量	存款保险制度（IDI_ dum）	参照郭晔和赵静（2017），在2015年之前，赋值为0；2015年及之后，赋值为1
	经济增长率（EGR）	采用名义GDP的增长率来衡量
	产出缺口（GAP）	采用经济产出缺口来度量经济周期性，即实际产出和潜在产出之差与潜在产出的比值，本章采用CF滤波（Christiano和Fitzgerald，2003）剔除趋势，外生参数设定为CF（6，32）
	货币政策（MPL和MPD）	采用1—3年期（6个月）贷、存款基准利率作为贷、存款竞争市场的货币政策代理变量

四、数据来源与描述性统计

本章的银行特征数据主要来源于Bankscope数据库、Wind数据库、国泰安数据库、中国银行理财网与银监会各年度报告，宏观统计数据来自国家统计局网站，货币政策的利率数据来自于中经网－中国经济统计数据库。考虑到数据的缺失和可得性，我们选取了2009—2017年65家银行的年度数据构造面板模型，其中包括5家国有商业银行、10家股份制商业银行和50家地方性商业银行。数据的描述性统计见表13－2①。

表13－2　全样本描述性统计

变量	均值	标准差	最小值	最大值
Z－Score	4.699	0.856	1.287	7.287
NPL	1.254	0.989	0.000	16.69
Rllerner	0.673	0.124	0.286	0.940
Rdlerner	0.394	0.124	0.0434	0.722
Rfplerner	0.546	0.117	0.255	0.899
LIRM	0.444	0.497	0.000	1.000

① 为了剔除极端值的影响，我们对银行的特征数据进行了头尾1%的缩尾（Winsorize）处理。

续表

变量	均值	标准差	最小值	最大值
DIRM	0.222	0.416	0.000	1.000
IRMI1	68.98	7.604	58.63	82.05
IRMI2	0.831	0.145	0.652	0.983
lnSup1	3.211	0.571	2.565	4.248
lnSup2	3.020	0.254	2.708	3.401
lnSup3	7.904	0.486	7.201	8.635
IDI	0.333	0.472	0.000	1.000
SIZE	19.29	1.783	15.52	23.98
CAR	12.96	2.283	3.240	40.35
ROA	0.999	0.386	-0.433	2.360
NIM	8.065	1.311	6.700	10.63
CIR	54.48	10.26	36.81	84.83
EGR	8.065	1.311	6.700	10.63
GAP	-0.0009	0.020	-0.035	0.031
MPL	5.639	0.621	4.750	6.419
MPD	2.249	0.660	1.300	3.077

第三节　实证分析

一、贷、存款利率市场化下银行贷存款市场竞争对其风险承担的影响

首先，考虑到被解释变量的滞后性等所可能带来的内生性问题，本章主要采用系统广义矩（SYS-GMM）①对模型（1）—（4）进行估计，通过引入被解释变量的滞后一期作为工具变量以克服一定的内生性，达到科

① 系统广义矩估计一般分为一步纠偏（One-step）和两步纠偏（Two-step）估计，考虑到数据的分布及实际情况，本章采用带有稳健的一步纠偏法对模型进行广义矩估计。

学合理的估计结果。

其次，考虑到我国银行业具有较大的异质性，因此不同类别银行的市场竞争程度对银行风险承担的影响可能存在着差别，进而在贷、存款利率市场化下的表现也存在着异质性。故本章在对全样本银行进行估计的基础上又将其分为国有银行①、全国股份制银行和地方性银行，以考察我国的贷、存款利率市场化背景下其市场竞争会对各类银行的风险承担产生怎样的异质性影响。初步的回归结果如表 13 - 3 所示。且为了保证 SYS - GMM 的自相关问题满足估计条件，表 13 - 3 中均列出了一、二阶自相关检验的结果，可以看出，各广义矩估计的二阶自相关 P 值基本大于 0.1，表明估计不存在高阶自相关。

表 13 - 3　全样本及各类银行贷、存款利率市场化下其市场竞争对银行风险承担的影响

解释变量	(1) 贷款市场竞争				(2) 存款市场竞争			
	全样本	国有	股份制	地方	全样本	国有	股份制	地方
	GMM	LSDV	GMM	GMM	GMM	LSDV	GMM	GMM
L. Z - Score	0.470*** (0.068)	0.264*** (0.092)	0.381*** (0.129)	0.442*** (0.088)	0.354*** (0.084)	0.169 (0.172)	0.473*** (0.141)	0.260*** (0.088)
Rllerner	0.470*** (0.068)	1.966* (1.050)	6.167* (3.257)	0.570*** (0.133)				
Rdlerner					-0.166*** (0.033)	-0.350* (0.190)	-0.768*** (0.107)	-1.145*** (0.030)
$LIRM_{\_dum}$	0.289** (0.120)	0.084 (1.250)	1.059** (0.424)	0.391*** (0.124)				
$DIRM_{\_dum}$					-2.370*** (0.784)	-1.367 (4.609)	-3.939*** (1.199)	-2.463** (1.037)
Rllerner * $LIRM_{\_dum}$	0.045*** (0.008)	0.009 (1.490)	2.312** (1.079)	0.784*** (0.204)				

① 鉴于国有商行的个体维度≪时间维度，故本章采用偏差校正的 LSDV 法对其进行估计，并基于 Arello - Bond 命令得到估计结果。

续表

解释变量	(1) 贷款市场竞争				(2) 存款市场竞争			
	全样本	国有	股份制	地方	全样本	国有	股份制	地方
	GMM	LSDV	GMM	GMM	GMM	LSDV	GMM	GMM
$Rdlerner * DIRM_{-dum}$					-2.108	-2.586	-5.791	-2.458***
					(1.358)	(10.293)	(4.650)	(0.700)
SIZE	0.501**	3.317	0.335**	0.486**	0.170	3.078	-0.735*	0.246**
	(0.311)	(3.822)	(0.140)	(0.219)	(0.342)	(2.206)	(0.379)	(0.102)
CAR	0.038**	0.278**	0.127	0.036**	0.043***	0.469***	0.011	0.035**
	(0.019)	(0.134)	(0.108)	(0.016)	(0.011)	(0.148)	(0.145)	(0.017)
ROA	1.591***	2.968***	2.868***	1.240***	0.732*	5.007***	1.111***	0.669***
	(0.316)	(0.595)	(0.526)	(0.413)	(0.436)	(1.245)	(0.129)	(0.158)
NIM	0.221*	0.602***	0.303**	0.182***	0.116**	0.242**	0.491***	0.170***
	(0.115)	(0.169)	(0.137)	(0.015)	(0.053)	(0.105)	(0.109)	(0.010)
CIR	-0.021***	-0.038***	-0.003	-0.013	-0.006	0.045	-0.025***	-0.007
	(0.008)	(0.000)	(0.019)	(0.010)	(0.010)	(0.049)	(0.007)	(0.010)
IDI_{-dum}	-0.460**	-1.548**	-1.595***	-0.263*	-0.797***	-1.325*	-1.049**	-0.427*
	(0.231)	(0.613)	(0.448)	(0.147)	(0.250)	(0.651)	(0.497)	(0.258)
EGR	-0.006	-0.076	-0.143***	-0.068*	-0.228**	0.235	-0.375*	-0.171*
	(0.081)	(0.429)	(0.042)	(0.035)	(0.107)	(0.282)	(0.193)	(0.099)
GAP	-5.640***	-23.28***	-16.45***	-3.767**	-15.19**	-66.49***	-9.219**	-13.26*
	(1.878)	(8.58)	(6.337)	(1.672)	(7.483)	(13.48)	(3.991)	(7.536)
MPL1	0.281**	0.755***	0.221	0.544**	0.796**	2.113***	1.189**	0.482
	(0.126)	(0.134)	(0.378)	(0.255)	(0.391)	(0.561)	(0.537)	(0.406)
常数项	-11.59	/	4.754	-12.08*	3.010	/	26.20	1.015
	(7.259)	/	(12.06)	(7.240)	(7.809)	/	(18.12)	(7.628)
控制个体效应	是	否	是	是	是	否	是	是
Observations	408	39	76	293	400	39	69	292
AR(1)P值	0.000	/	0.007	0.000	0.000	/	0.003	0.000
AR(2)P值	0.154	/	0.205	0.247	0.553	/	0.526	0.374

注：括号内为标准差，*、**、***分别表示在10%、5%和1%的显著水平上显著。下同。

从经验研究的结果来看，由表13-3可知，首先对于贷款市场而言，各类样本的Rllerner回归系数均显著为正，表明贷款市场竞争显著抑制了全样本银行及各类分样本银行的风险承担；进一步地，结合交互项系数来看，贷款利率市场化显著增强了全样本银行、股份制银行和地方银行的贷款竞争对其风险承担的抑制作用，但对国有银行的影响并不突出，由此验证了假设 1。一个可能的解释是，贷款利率下限的放开导致我国银行贷款价格竞争加剧，迫使其降低贷款利率从而吸引企业更多地借贷其资产以获取收益，而贷款利率的下降，一方面使得企业偿债能力上升，另一方面也降低了贷款企业的违约概率，这会减少银行的不良贷款并弱化其对高风险贷款项目的利率追逐，从而降低了银行的风险承担。但由于国有银行在我国具有一定的垄断优势，贷款利率市场化对其价格竞争造成的影响较小，因而并未显著强化其贷款竞争对银行风险承担的抑制作用。

其次，对存款市场而言，各类样本的 Rdlerner 系数都显著为负，这意味着存款市场竞争显著提升了全样本银行及各类分样本银行的风险承担；而结合交互项的回归结果，可以发现对全样本银行、国有银行和全国股份制银行，存款利率上限的放开并未进一步增强存款竞争对其风险承担的正向影响，但地方银行则不然，故假设 2 得到验证。究其原因，可能是由于存款利率市场化的非完全性和利率浮动约束机制限制了存款利率市场化作用于国有银行和全国股份制银行的效果；相比之下，由于地方银行其利率上浮机制约束较小，且竞争更为激烈，因此存款利率上限放开对其影响相对较为突出。

最后，从各个重要控制变量的回归结果来看，基本与前人研究中的回归结果相一致，故此处不再赘述。

二、利率市场化整体进程视角下理财市场竞争对银行风险承担的影响

在研究了传统的贷存款市场竞争对银行风险承担影响的情况下，值得注意的是，创新型业务对我国银行的影响也逐渐变得不可忽视。如众多银行为了应对利率市场化的挑战衍生了一系列创新型业务，如理财产品和同业业务，这类银行创新产品的迅猛发展如同一把“双刃剑”，在弥补银行

利润损失的同时很可能也造成了一系列的风险，因此接下来本章将从实证方面研究利率市场化改革背景下理财市场的竞争如何影响了银行风险承担。基于模型（3）的研究结果如表13-4所示。其中（1）是以Z-Score作为被解释变量且以IRMI1作为利率市场化度量方式的估计结果，（2）则是以NPL作为被解释变量且以IRMI2作为利率市场化衡量方式的回归结果。

表13-4　全样本及各类银行利率市场化进程与理财市场竞争对银行风险承担的影响

解释变量	（1）被解释变量：Z-Score				（2）被解释变量：NPL			
	全样本	国有	股份制	地方	全样本	国有	股份制	地方
	GMM	LSDV	GMM	GMM	GMM	LSDV	GMM	GMM
L. Z-Score	0.416***	0.186	0.447***	0.372***	0.599***	0.472***	0.077	0.508***
	(0.070)	(0.210)	(0.120)	(0.070)	(0.058)	(0.163)	(0.197)	(0.077)
Rfplerner	-19.68**	-5.658**	-39.39***	-19.25***	3.383***	6.684*	5.170***	8.121***
	(7.753)	(2.649)	(14.58)	(5.46)	(0.897)	(3.460)	(1.062)	(2.208)
IRMI1	-0.101***	-0.002**	-0.297***	-0.597***				
	(0.035)	(0.000)	(0.118)	(0.112)				
IRMI2					0.006***	0.133**	0.200***	0.175**
					(0.001)	(0.056)	(0.061)	(0.068)
Rfplerner * IRMI1	-0.257**	-0.015***	-0.556***	-0.255***				
	(0.109)	(0.002)	(0.155)	(0.081)				
Rfplerner * IRMI2					0.056**	0.113**	0.172**	0.125***
					(0.027)	(0.049)	(0.073)	(0.006)
IDI_ dum	-0.289***	-1.478**	-0.952*	-1.096***	0.251***	0.603***	0.388***	0.198**
	(0.105)	(0.653)	(0.529)	(0.217)	(0.081)	(0.183)	(0.127)	(0.094)
SIZE	0.454	0.116	0.685***	0.564**	-0.132	0.618	-0.586***	-0.272**
	(0.291)	(4.250)	(0.224)	(0.263)	(0.177)	(1.547)	(0.134)	(0.108)
CAR	0.025***	0.222*	0.108***	0.021***	-0.038**	-0.127**	-0.060***	-0.038**
	(0.007)	(0.132)	(0.036)	(0.005)	(0.017)	(0.057)	(0.023)	(0.017)
ROA	1.264***	2.857***	2.955***	0.960***	-0.134***	-0.192***	-0.506**	-0.208
	(0.319)	(0.565)	(0.457)	(0.369)	(0.032)	(0.028)	(0.192)	(0.128)

续表

解释变量	(1) 被解释变量：Z - Score				(2) 被解释变量：NPL			
	全样本	国有	股份制	地方	全样本	国有	股份制	地方
	GMM	LSDV	GMM	GMM	GMM	LSDV	GMM	GMM
NIM	0.003 ***	0.293 **	0.616 *	0.253 ***	-0.134 **	-0.129 ***	-0.195 **	-0.120 *
	(0.000)	(0.117)	(0.330)	(0.128)	(0.060)	(0.025)	(0.089)	(0.064)
CIR	0.011	-0.103 ***	-0.113 ***	-0.002	0.004 **	0.002 ***	0.106 ***	0.006
	(0.007)	(0.034)	(0.015)	(0.011)	(0.002)	(0.000)	(0.007)	(0.006)
EGR	-0.022	-0.091	-0.213 *	-0.263 **	-0.003	0.166	0.095 *	0.123 ***
	(0.105)	(0.336)	(0.112)	(0.121)	(0.031)	(0.112)	(0.058)	(0.039)
GAP	-3.097 ***	-13.25 ***	-4.712 ***	-1.657 ***	9.842 ***	17.42 ***	8.573 **	9.213 ***
	(0.776)	(3.375)	(1.094)	(0.400)	(2.027)	(6.181)	(3.632)	(2.639)
MPL1	0.216 *	0.239 ***	1.093	0.906 **	-0.443 ***	-0.704 ***	-0.249 *	-0.425 **
	(0.116)	(0.065)	(0.722)	(0.346)	(0.124)	(0.271)	(0.141)	(0.170)
常数项	-15.46 **	/	1.628	-17.43 **	1.139	/	-14.27	4.702
	(6.875)	/	(24.69)	(8.586)	(2.541)	/	(8.761)	(3.536)
Individual effect	Yes	No	Yes	Yes	Yes	No	Yes	Yes
Observations	416	39	70	307	415	39	69	307
AR (1) P值	0.000	/	0.000	0.021	0.011	/	0.002	0.002
AR (2) P值	0.391	/	0.355	0.127	0.265	/	0.504	0.607

基于表 13 -4 的回归结果，可以清楚地看到，无论是以全样本还是三类银行为考察对象，以 Z - Score 为被解释变量时 fplerner 的回归系数均显著为负，而基于 NPL 为被解释变量的 fplerner 回归系数符号刚好相反且均统计显著，这意味着理财产品市场竞争的增加会显著提升我国银行业整体及各类银行的风险承担。很可能的原因是，从 2010 年开始发行量持续攀升的理财产品使得市场竞争异常激烈，且由于其刚性兑付、将资产打包出售以及非保本理财属于表外业务可能会通过绕过和规避监管等原因无形中增加了银行的风险承担。此外，交互项的结果显示，以 Z - Score（NPL）为被解释变量的 fplerner * IRMI 回归系数同样为负（正）且显著，代表着在利率市场化程度较高的情况下，银行业整体及各类分样本银行理财产品市场竞争的增加均会进一步提升银行的风险承担。利率市场化进程的推进强化

了理财产品市场竞争对银行风险承担的提升作用，由此假设3得到了验证。一个可能的解释是，利率市场化进程的不断推进给银行利润、存贷利差等造成了一定的压力，而不断发行理财产品（包括同业业务等）正是我国商业银行为了应对利率放开的挑战所做出的战略性选择（周凯等，2013）。因此，商业银行作为发行理财产品的主力军利率市场化的推进就像一针“催化剂”，在一定程度上通过加剧了理财产品市场的竞争，进一步地增加了银行的风险承担。

三、利率市场化、不同监管维度与多重市场竞争对银行风险承担的影响

对于传统的贷款市场和理财产品市场①，本章基于模型（4）以研究随着贷款利率市场化及其整体进程的推进下，事前、事中以及事后监管是否显著影响了贷款及理财产品市场竞争对银行风险承担的作用②。表13－5是在贷款利率市场化及其整体进程与多重监管维度视角下，银行各类市场竞争影响银行风险承担的研究结果。

表13－5　利率市场化与多重监管下理财产品市场竞争对银行风险承担的影响

解释变量	（1）贷款竞争市场			（2）理财产品市场		
	事前监管	事中监管	事后监管	事前监管	事中监管	事后监管
	GMM	GMM	GMM	GMM	GMM	GMM
L. Z－Score	0.479***	0.544***	0.475***	0.443***	0.433***	0.424***
	(0.068)	(0.093)	(0.074)	(0.064)	(0.115)	(0.072)

① 由于前文结果显示存款市场交互项的估计结果并不显著，故对后续纳入多重监管维度的考察并无实际意义，因此本章在此仅探讨贷款市场和理财产品市场的影响。

② 对于纳入多重监管之后的研究，考虑到研究的复杂性和侧重点，本章此处仅对银行业整体情况进行了研究，以方便聚焦重点和避免变量和分类情况过多带来的一系列问题，后文的稳健性检验也是如此。

续表

解释变量	(1) 贷款竞争市场			(2) 理财产品市场		
	事前监管	事中监管	事后监管	事前监管	事中监管	事后监管
	GMM	GMM	GMM	GMM	GMM	GMM
Rllerner	3.859** (1.825)	5.842** (2.492)	17.37** (7.00)			
Rfplerner				−45.10* (23.22)	−63.01*** (11.84)	−91.77*** (15.59)
$LIRM_{\_dum}$	13.80** (6.566)	0.151** (0.071)	31.71** (13.78)			
IRMI1				−0.658** (0.268)	−0.166** (0.066)	−3.401** (1.564)
lnSup1	2.437* (1.288)			16.20*** (5.929)		
lnSup2		0.488 (1.805)			0.470 (0.397)	
lnSup3			5.224* (2.622)			28.07* (14.84)
Rllerner * $LIRM_{\_dum}$	13.28* (7.115)	0.134** (0.068)	5.484** (2.419)			
Rfplerner * IRMI1				−0.826** (0.360)	−3.964** (1.695)	−1.654** (0.661)
Rllerner * lnSup1	1.637*** (0.202)					
Rllerner * lnSup2		2.280 (2.938)				
Rllerner * lnSup3			2.275** (0.975)			
Rfplerner * lnSup1				20.97** (8.562)		
Rfplerner * lnSup2					20.12 (16.04)	

续表

解释变量	(1) 贷款竞争市场			(2) 理财产品市场		
	事前监管	事中监管	事后监管	事前监管	事中监管	事后监管
	GMM	GMM	GMM	GMM	GMM	GMM
Rfplerner * lnSup3						13.12 (13.96)
$LIRM_{-dum}$ * lnSup1	5.382 ** (2.421)					
$LIRM_{-dum}$ * lnSup2		0.373 ** (0.170)				
$LIRM_{-dum}$ * lnSup3			4.115 ** (1.500)			
IRMI1 * lnSup1				0.228 *** (0.087)		
IRMI1 * lnSup2					0.060 * (0.032)	
IRMI1 * lnSup3						0.342 * (0.204)
Rllerner * $LIRM_{-dum}$ * lnSup1	4.972 * (2.546)					
Rllerner * $LIRM_{-dum}$ * lnSup2		0.348 (0.461)				
Rllerner * $LIRM_{-dum}$ * lnSup3			6.760 ** (3.395)			
Rfplerner * IRMI1 * lnSup1				0.359 *** (0.132)		
Rfplerner * IRMI1 * lnSup2					0.293 (1.483)	
Rfplerner * IRMI1 * lnSup3						0.103 (0.198)
Controls	Control	Control	Control	Control	Control	Control
Observations	408	287	408	416	289	416
AR(1)P 值	0.000	0.000	0.000	0.000	0.000	0.000
AR(2)P 值	0.291	0.187	0.219	0.364	0.747	0.582

由表 13 - 5 的估计结果可知，在纳入了监管因素以后，基于贷款市场的考察结果显示，事前和事后监管的引入显著增强了贷款利率市场化与市场竞争对银行风险承担的抑制作用，但事中监管却没有起到有效的作用。可能的原因在于，事前的监管公文能在一定程度上避免因贷款利率市场化所带来的虚假宣传等不当竞争，且减少了对高风险项目的贷款投资，从而使得银行的风险承担降低，维护了金融稳定。而事中监管未起作用的原因很可能是事中现场检查的难度大、成本高，因此事中检查的次数也相对较少，并且现场检查的方式既缺乏针对性也较为滞后，这些原因都可能导致引致现场检查的有效性不足，很可能浪费了人力、物力资源却并未起到应有的作用，无法对银行风险承担产生较大的影响。而事后监管惩戒力度的加大能够在一定程度上给竞争不断加剧的商业银行造成一定的威慑和约束，减少了银行之间的不正当竞争行为，在贷款利率市场化的背景下，促进银行合理竞争并审慎经营，降低其风险承担。

此外，针对理财产品市场的考察结果可知，事前监管的确在实质上弱化了利率市场化与理财市场竞争对银行的风险承担的提升作用，但事后监管却未能显著地降低两者对银行的风险承担的正向影响。究其原因，可能的解释是，近年来，银监会发布了大量关于理财等创新业务的监管公文。比如，在 2013 年 3 月，银监会发布了“8 号文”，严格要求并规范了理财资金的信息披露、投资方向及资金管理等问题，并且后续多个关于治理理财业务的公文陆续出台。从实证结果来看，这些监管公文的发布的确起到了一定的预防和警示作用，有效地约束了利率市场化后银行创新型业务增加，有效地降低了银行的风险承担水平。但相对地，事后监管的缺陷在于，监管法律颁布的速度较之金融创新的速度有所滞后，往往是新型产品出现后，相关监管部门才会颁布相应的法律法规。故针对金融创新方面的法律法规缺失，不利于监管部门查处和惩戒银行通过金融创新等方式逃避监管的行为。即使银监会的事后惩戒力度增加，但是在对金融创新方面的违规惩戒方面还是缺乏的，并不能对银行在金融方面给以威慑作用，即违规惩戒的力度未能有效地约束利率市场化后创新型业务竞争的增加，从而导致银行风险承担增加的后果。

第四节　稳健性检验

一、初步稳健性检验：基于贷、存款利率市场化指数构建与样本剔除的考察

为了保证上述实证结果是稳健的，对于贷、存款利率市场化下其市场竞争对银行风险承担的影响，鉴于前文中对于利率市场化的变量构造均是采取的虚拟变量节点，虽然是为了区分并体现贷款下限放开和存款上限放开的较新时点，但也有些“简单粗暴”，过于“一刀切”。故本章在此首先通过借鉴吴国平等（2016）构造贷款利率市场化指数（LIRMI）和存款利率市场化指数（DIRMI），来避免由于时间节点选取问题所造成的可能的不利影响。其中，贷、存款利率市场化指数的构建原理和过程如下。

第一步是指标选取。利率市场化的本质是由市场取代货币当局成为利率的决定者，其动态演变过程包括三个方面：由负到正的实际利率水平，从管制到自由的利率决定方式以及由有限到无限的利率浮动区间。鉴于此，本章构建的贷、存款利率市场化指数共囊括了三级指标。其中一级指标包括实际利率水平、利率决定方式和利率浮动范围三个指标。其中，实际利率水平无二级和三级指标，而利率决定方式①的二级指标包括贷款市场利率和存款市场利率，而贷款市场利率的三级指标则包括长、短期贷款利率，外币贷款利率和城市（农村）信用社贷款利率，存款市场利率的三级指标涵盖了居民定期储蓄存款利率和外币存款利率。

第二步是确定权重。本章沿用吴国平等（2016）一文中所采用的各级指标权重。对于一级指标均取1/3，对于二级指标权重，选择市场规模占

① 与吴国平等（2016）保持一致，本章中利率浮动范围的二级指标和权重均与利率决定方式相同。

比来衡量。而三级指标权重确定与二级指标类似，只是利率细化为了各个细分利率。第三步是给各个指标赋值，对于实际利率水平和利率浮动范围采用区间等分法，而对于利率决定方式则采取虚拟变量法进行赋值。最后一步为合成指标，根据各个指标的权重，采用加权平均的方式合成年度的贷、存款利率市场化指数。

我们将度量货币政策的1—3 年期贷款基准利率同时替换为3—5 年贷款基准利率。此外，在前文的回归中，作为控制变量的存款保险制度实施时间为2015 年5 月1 日，故从2015 年当年取值为1 可能也需进一步地验证是否可靠，所以在此我们进一步将2015 年剔除，来检验本章实证结果的可靠性。稳健性检验的结果如表13 -6 所示。

表13 -6　全样本及各类银行贷、存款利率市场化下其市场竞争对银行风险承担影响的稳健性检验

解释变量	(1) 贷款市场竞争				(2) 存款市场竞争			
	全样本	国有银行	股份银行	地方银行	全样本	国有银行	股份银行	地方银行
	GMM	LSDV	GMM	GMM	GMM	LSDV	GMM	GMM
L. Z - Score	0.333***	0.369***	0.382***	0.501***	0.302***	0.178	0.510***	0.222**
	(0.101)	(0.124)	(0.056)	(0.143)	(0.098)	(0.171)	(0.159)	(0.102)
llerner	1.103***	4.872**	6.152**	0.952***				
	(0.264)	(2.092)	(2.512)	(0.148)				
dlerner					-0.371***	-0.518*	-1.303***	-1.267***
					(0.126)	(0.262)	(0.231)	(0.454)
LIRMI	0.228**	0.735	4.208***	0.740***				
	(0.110)	(3.035)	(1.126)	(0.003)				
DIRMI					-2.320***	-1.155	-5.168***	-2.352**
					(0.840)	(4.598)	(1.998)	(1.088)
llerner * LIRMI	0.686***	0.796	4.442*	0.581***				
	(0.201)	(4.459)	(2.492)	(0.207)				
dlerner * DIRMI					-1.649	-2.840	-6.962	-1.861**
					(1.455)	(10.255)	(4.936)	(0.807)
IDI_{-dum}	-0.629**	-6.277**	-6.880***	-1.854**	-1.331***	-0.948*	-0.347*	-1.405***
	(0.274)	(2.962)	(1.211)	(0.848)	(0.469)	(0.491)	(0.181)	(0.571)

续表

解释变量	(1) 贷款市场竞争				(2) 存款市场竞争			
	全样本	国有银行	股份银行	地方银行	全样本	国有银行	股份银行	地方银行
	GMM	LSDV	GMM	GMM	GMM	LSDV	GMM	GMM
SIZE	0.348	3.878	1.598**	0.686***	-0.177	3.184	1.211*	-1.378*
	(0.214)	(6.410)	(0.814)	(0.108)	(0.401)	(2.204)	(0.673)	(0.701)
CAR	0.041***	0.193**	0.155	0.044**	0.036***	0.461***	0.107	0.101
	(0.015)	(0.056)	(0.133)	(0.014)	(0.012)	(0.147)	(0.120)	(0.460)
ROA	1.145***	0.799***	1.589	0.782**	0.607*	4.846***	0.101***	0.031**
	(0.417)	(0.249)	(1.084)	(0.388)	(0.337)	(1.236)	(0.020)	(0.015)
NIM	0.187***	0.603**	0.668**	0.380**	0.133***	0.942**	0.335*	0.566***
	(0.014)	(0.266)	(0.331)	(0.161)	(0.027)	(0.443)	(0.187)	(0.169)
CIR	-0.013*	-0.089***	-0.033	-0.042*	-0.007	0.042	-0.021***	-0.117***
	(0.007)	(0.008)	(0.033)	(0.022)	(0.010)	(0.048)	(0.007)	(0.022)
EGR	-0.028	-0.380	-0.751***	-0.265	-0.308***	0.218	-0.790**	-0.109**
	(0.091)	(2.152)	(0.141)	(0.208)	(0.119)	(0.281)	(0.384)	(0.050)
GAP	-8.637***	17.24*	59.89***	-9.170***	-16.646**	-63.77***	-34.30**	-0.248*
	(2.546)	(9.06)	(20.23)	(2.165)	(7.838)	(12.81)	(14.09)	(0.129)
MPL2	0.401**	1.744***	3.893***	1.844*	0.971**	2.116***	2.522**	0.674
	(0.157)	(0.295)	(0.882)	(1.094)	(0.428)	(0.559)	(1.274)	(0.454)
常数项	-7.826	/	62.68***	24.69	11.52	/	36.96*	9.334
	(11.12)	/	(22.31)	(21.16)	(9.196)	/	(22.04)	(10.22)
Individual effect	是	否	是	是	是	否	是	是
Observations	312	34	66	212	340	34	60	246
AR(1) P值	0.000	/	0.000	0.000	0.000	/	0.001	0.001
AR(2) P值	0.428	/	0.329	0.258	0.325	/	0.372	0.378

由表13-6的估计结果可知，分别通过构建贷、存款利率市场化指数替换虚拟变量时点后，在此基础上同时替换货币政策变量并剔除了2015年存款保险制度样本所进行的稳健性检验结果显示，无论是对全样本还是分样本的各类银行而言，两类竞争市场GMM估计的关键解释变量与一系列控制变量的符号及显著性基本与前文相一致。由此表明前文关于贷、存款利率市场化与其市场竞争对银行风险承担影响的初步估计结果是稳健的。

二、进一步的稳健性检验：替换综合进程指数及纳入多重监管视角的探讨

对于考虑多重监管视角下的稳健性考察，本章此处以不良贷款率作为被解释变量，对于贷款利率市场化变量，本章仍以前文构建的贷款利率市场化指数（LIRMI）进行替换，并沿用王舒军和彭建刚（2014）的利率市场化指数（IRMI2）作为利率市场化整体进程的稳健性衡量指标，来检验前文贷款利率市场化及整体进程下各市场竞争在纳入多重监管因素框架后对银行风险承担影响的稳健性。基于多个监管维度的贷款市场与理财产品市场的稳健性检验结果如表 13－7 所示。

表 13－7　利率市场化进程下理财产品市场竞争与多重监管对银行风险承担影响的稳健性检验

解释变量	（1）贷款竞争市场			（2）理财产品市场		
	事前监管	事中监管	事后监管	事前监管	事中监管	事后监管
	GMM	GMM	GMM	GMM	GMM	GMM
L. NPL	0.504***	0.583***	0.504***	0.569***	0.608***	0.582***
	(0.073)	(0.077)	(0.077)	(0.063)	(0.072)	(0.061)
Rllerner	-1.982***	-1.241*	-11.89*			
	(0.312)	(0.673)	(7.111)			
Rfplerner				18.99**	13.07***	6.532***
				(9.887)	(3.124)	(1.623)
LIRMI	-4.943***	-0.122***	-6.309***			
	(1.072)	(0.038)	(1.218)			
IRMI2				0.447**	0.151*	1.153*
				(0.223)	(0.087)	(0.646)
lnSup1	-0.584***			-4.341***		
	(0.276)			(1.462)		
lnSup2		-0.417			-0.191	
		(0.774)			(0.208)	

续表

解释变量	(1) 贷款竞争市场			(2) 理财产品市场		
	事前监管	事中监管	事后监管	事前监管	事中监管	事后监管
	GMM	GMM	GMM	GMM	GMM	GMM
lnSup3			-1.553* (0.853)			-11.31* (5.994)
Rllerner * LIRMI	-5.875*** (1.714)	-0.115** (0.057)	-14.23* (7.719)			
Rfplerner * IRMI2				0.928*** (0.312)	1.169*** (0.430)	0.764** (0.332)
Rllerner * lnSup1	-0.443*** (0.104)					
Rllerner * lnSup2		1.316 (1.730)				
Rllerner* lnSup3			-1.536* (0.862)			
Rfplerner * lnSup1				-7.106** (3.317)		
Rfplerner * lnSup2					-6.188 (8.627)	
Rfplerner * lnSup3						-0.617 (6.422)
LIRMI * lnSup1	-2.025* (1.112)					
LIRMI * lnSup2		-0.256* (0.151)				
LIRMI * lnSup3			-2.746** (1.371)			
IRMI2 * lnSup1				-0.083*** (0.020)		
IRMI2 * lnSup2					-0.051* (0.029)	

续表

	(1) 贷款竞争市场			(2) 理财产品市场		
解释变量	事前监管	事中监管	事后监管	事前监管	事中监管	事后监管
	GMM	GMM	GMM	GMM	GMM	GMM
IRMI2 * lnSup3						-0.156* (0.083)
Rllerner * LIRMI * lnSup1	-2.390* (1.313)					
Rllerner * LIRMI * lnSup2		-0.284 (0.212)				
Rllerner * LIRMI * lnSup3			1.822* (1.032)			
Rfplerner * IRMI2 * lnSup1				-0.110*** (0.100)		
Rfplerner * IRMI2 * lnSup2					-0.172 (0.558)	
Rfplerner * IRMI2 * lnSup3						-0.005 (0.090)
Controls	Control	Control	Control	Control	Control	Control
Observations	411	302	411	415	301	415
AR(1)P 值	0.000	0.000	0.000	0.000	0.000	0.000
AR(2)P 值	0.628	0.123	0.318	0.382	0.469	0.444

基于表 13-7 的估计结果，我们可以看到，在采用不良贷款率作为被解释变量并替换利率市场化指数后，经验估计的结果并未产生大的波动，在利率市场化的大背景下纳入事前、事中和事后监管的因素考虑后，除了与 Z-Score 含义相反所引致的符号相反外，各变量的回归结果均与前文并无二致。即对贷款市场，稳健性检验的结果仍显示事前和事后监管可以显著增强贷款市场竞争与利率市场化对银行风险承担的负向影响；而对理财产品市场，仅有事前监管的作用是显著的。由此表明前文对应的估计结果较为稳健。

第五节 本章小结

2015年10月存款利率上限的放开宣告了我国利率市场化的基本完成，在此大背景下，作为金融市场和学界关注焦点的银行市场竞争也势必会变得更为激烈，因此，其背后密切相关的银行风险受到了何种影响，以及在传统存贷款市场以及创新型业务市场价格竞争激烈的今天，针对相关金融风险而制定的监管政策在其中又起到了何种作用，都是值得我们关注的问题。基于此，本章通过构建动态面板模型并采用SYS－GMM作为主要估计方法对其进行了研究，并得出了如下的基本结论。

首先，对传统贷、存款市场而言，无论是对银行业还是各类分样本银行，贷款市场竞争均显著抑制了其风险承担，但存款市场竞争却显著提升了其风险承担；进一步地，贷款利率市场化增强了银行业、股份制银行和地方银行的贷款竞争对其风险承担的抑制作用，但对国有银行的影响并不突出，而存款利率市场化并未增加银行业、国有银行及股份制银行的存款竞争对其风险承担的提升作用，却对地方银行有较为显著的影响。

其次，以创新型业务市场为考察对象时，本章发现，未考虑利率市场化整体进程时，理财产品市场的竞争也会显著地提升银行的风险承担，而利率市场化进程则会进一步强化理财产品市场竞争对银行风险承担的这种正向影响。

最后，纳入多重监管因素考虑下，以贷款市场为探究对象的研究结果显示事前和事后监管会有效地强化贷款利率市场化与其市场竞争对银行风险承担的抑制作用，然而事中监管却并未起到显著作用；除此之外，以理财产品市场作为研究对象的结果则表明，仅有事前监管能够明显地弱化在利率市场化进程下理财产品市场竞争对银行风险承担的提升作用。而事中和事后监管的效应均不明显。

基于以上研究结果，本章得到了如下政策启示：

第一，在利率市场化改革几近完成的背景下，市场竞争对于银行风险承担的影响变得愈加不可忽视，虽然我国的“利率双轨制”仍然存在，但不可否认的是利率市场化的推进仍然大大改变了市场竞争对银行风险承担的影响。本章建议我国应当在恰当的时机逐步放开“利率双轨制”，使得其由“基准利率与市场利率并存”的限制轨道转为单向的“市场轨”，由市场利率来主导性地自由调节我国的利率体系，如此我国的银行市场竞争才能更好地发挥自身的作用。如通过贷款市场的“风险转移效应”更有效地降低银行的贷款利率，以减少银行的风险承担。除此之外，由于存款市场竞争及其利率市场化受到的限制较大，因此“市场轨”的转变将对存款市场竞争等方面造成更为明显的影响，但该变化并非是坏事，其在金融发展上可能会更匹配当今金融市场的演变。

第二，与此同时，对于存款市场和理财产品市场而言，假使在我国的利率体系已经转向了“市场轨”的前提下（这也是金融市场往后发展的趋势），本章的研究表明利率市场化的完全放开会显著增加其市场竞争对银行风险承担的正向影响。这就需要强化金融监管作为外部监督的手段，通过更完善的多重监管措施来规避和惩罚银行因为利率市场化导致的激烈竞争从而进行不规范操作以及更加冒险以追逐利润的行为，从而降低银行的风险承担并提升银行的稳健性。此外，从结果来看，我国针对金融机构的事前监管被证明是最有效的，而事中和事后监管的效率程度都还不够，一方面，对事后监管的有效惩戒力度还需要酌情加强，这也与最近几年的事后违规惩戒力度不断加强的事实相符合，如此才能在走向“市场轨”的最后关键时刻遏制住金融风险；另一方面，尤其是事中监管作为现场检查最关键的一环，动员了大量人力、物力资源却并未起到应有的作用，这一点需要引起重视，监管部门需要考虑如何更有效地动员人力、物力、财力以强化现场检查的有效性，如此才能够充分发挥金融监管应有的作用，以更好地维护金融稳定。

第十四章

结 束 语

本书前面的内容基本上按照原初课题的研究计划与目的来设定，最后结束语这一章则颇有一些不同，将按照本书作者自己认为（偏好）的重要性，重新将部分重点内容排序而成，主要是以下几个方面：

1. 排在第一的是货币政策风险承担渠道的准确识别以及风险非中性的元理论分析。

因为，这一块涉及的是整个本书或者说货币政策风险承担渠道研究中的基础性、根本性的问题。其重要性是毋庸置疑的。

2. 排在第二的是理财产品、利率市场化与银行风险承担问题的研究。

这一块涉及的是一些金融创新业务（或者说影子银行等）对利率市场化与银行风险承担之间关系的影响问题。其重要性比起本书原初设计之时日益凸显。

3. 排在第三的是利率市场化与存款保险下的银行风险（基于特许权价值等视角）。

考虑到银行特许权（特许权价值）在目前仍然较严格的银行准入管制制度背景下所具有的特殊意义，那么，研究利率市场化及存款保险制度对（这一在中国金融管制背景下具有特殊意义的）银行特许权价值的影响，及进而对银行风险的影响，具有重要的研究价值。

4. 排在第四的是利率市场化与存款保险制度影响下的银行风险承担（市场约束的视角）。

利率市场化与存款保险制度的影响效应实际上最终需要在市场约束等方面体现出来，故这一研究也是不容忽视的。

需要说明的是，因为利率市场化进程下的银行风险承担渠道研究（直接效应、价格约束效应等）这一部分是最初本书设计中最重要的问题，试图分析为何某些文献的研究中银行风险承担不显著问题，本书在充分考虑了利率市场化进展的研究后显示，这一渠道确实是显著的。但考虑到这个问题在前文中已经得到了非常充分的阐述，故这里不再赘述。

下面依次具体进行简短的回顾总结：

(1) 货币政策风险承担渠道的准确识别问题。主要的研究进展如下。首先，本书在使用不良贷款率作为银行风险承担渠道变量时，将“资产负债表渠道”和“银行贷款渠道”剥离开来，更准确、更科学地度量了银行风险承担渠道变量。其次，本书在前人的基础上进一步考察了类金融加速器机制。且尝试通过控制贷款基准利率和银行资产价值剥离出银行贷款渠道和资产负债表渠道的影响，从而更科学、更准确地度量了银行风险承担渠道。

得出的重要结果如下。如前所述，①实际利率越低于政策利率，银行利率追逐的激励就越大，银行风险承担越高。本书还发现若未剥离资产负债表和银行贷款渠道的影响，对于利率追逐机制（尤其是考虑数量型货币政策后）的作用效果会有所低估。②利率追逐机制在我国占主导地位，但其重要性的绝对程度小于国外；此外类金融加速器作用机制越明显，银行风险承担越大。

本书这一块的创新表现在：首先，相比以往研究，在度量银行风险承担渠道指标上有所创新，由于国内学者在使用不良贷款率度量银行风险承担渠道时，很难将传统的“银行贷款渠道”和“资产负债表渠道”剥离开来，因而度量的并非“真正的”银行风险承担渠道，本书这一块改进了这一缺陷。其次，针对银行风险渠道的三大机制：利益追逐机制（利益搜寻机制）、类金融加速器机制和央行沟通反馈机制，国内几乎鲜有学者考察类金融加速器机制等，本书对此进行了考察。

（2）货币政策银行风险承担渠道“存在性”问题。货币政策的银行风险承担渠道研究而言是极为基本和关键的，作为本书的重要进展，录于此。

主要的研究进展：在前人的基础上试从代理理论和银行非风险中立的视角解释了我国货币政策银行风险承担渠道的“存在性”问题，并在国内首次通过银行的贷款五级分类数据，借鉴平安证券（2014）的做法构建了贷款质量指数，从而更科学地验证了我国货币政策银行风险承担渠道的存在性。结果发现，我国确实是存在着货币政策银行风险承担渠道的，但国内所使用的不良贷款率、贷款损失准备金率以及Z值等更多地体现着银行的被动风险承担意义，而货币政策银行风险承担渠道更多体现的是银行的主动风险承担，因此贷款质量指数的构建更好地度量了银行风险承担渠道，在一定程度上弥补了传统度量指标的缺陷。本书这一块的特色是从风险非中性的角度巧妙地构造数据集证实中国货币政策的银行风险承担渠道确确实实是存在的。

（3）理财产品视角的利率市场化与银行风险承担问题研究。主要的研究进展如下。理财产品市场持续发展，已对我国金融特别是银行方面产生了相当程度的影响。与此同时，利率市场化进程也在不断推进中。然而，这两者对银行经营特别是对银行风险承担影响的研究还十分缺乏。有鉴于此，本书这一部分利用2005—2015年100家商业银行面板数据进行针对性研究：理财产品、利率市场化以及这两者之间复杂的作用关系对银行风险承担是否具有影响以及有着怎样的影响？这种影响是否包含其通过货币政策立场发挥的作用。针对以上问题，本书这一部分从2方面进行改进：①在货币政策立场影响银行风险承担的理论基础上，重点关注了理财产品对于我国商业银行风险承担的影响，及其是否会影响货币政策立场对银行风险承担的作用；②尝试分析理财产品及利率市场化间相互作用，进而对理财产品与利率市场化对银行风险承担作用，及这种共同作用是否通过货币政策立场影响银行风险承担做出一定的分析。

重要结果：①理财产品的利益搜寻效应对银行风险承担具有负向影响，增强了货币政策立场对银行风险承担的影响；②利率市场化推进将通过促进银行竞争、赋予银行更多风险承担机会方式对银行风险承担产生正向影响，且借此增强了货币政策立场对银行风险承担的影响；③利率市场化的推进会削弱理财产品对银行风险承担的作用，而货币政策立场收紧则强化了理财产品的影响，后者的作用较前者更强，导致3种因素的共同作用对银行风险承担产生了正向的影响。

本书这一部分的研究显示这些金融创新业务在利率市场化对银行风险承担渠道影响中所扮演的角色，需要引起高度的重视。

（4）利率市场化与存款保险下的银行风险（基于特许权价值等视角）。

①分析特许权价值等视角的存款保险制度对银行风险影响的问题。主要的研究进展：首先，从市场约束方面看，中国存款保险制度的实施应该是强化了市场约束机制。因为市场约束的关键在于信息披露，而差别费率

本身就是一种信息——关于银行经营状况的最权威信息。例如，一家存款保险费率高的银行给市场提供了其经营状况不佳的信息。此外，为核定每家银行的适用费率，中国人民银行会对所有银行进行评级，评级结果除用于核定费率外，还为中国人民银行进行早期纠正措施提供了重要依据。而面临早期纠正措施（比如补充资本）的银行就向市场提供了其经营不善的信息。因此，不论是存保费率、评级结果，还是可能面临的早期纠正措施，都向市场传递了银行的经营状况信息，这些都有利于强化市场约束机制。其次，从银行治理方面看，中国存款保险制度应该是提高了银行治理水平。银行风险越高，需要缴纳的保费越多，越可能面临更多的监管限制措施，这就促使银行提高对贷款的监管水平，进而提高其治理水平。由此不难看出，以往关于存款保险制度的研究并不符合中国的现实情况；只讨论单纯的存款保险制度，而不关注存款保险制度的核心特征，同样难以解释中国的存款保险制度。鉴于此，本书基于中国 190 家银行 9 年的面板数据研究中国存款保险制度的有效性，进而研究存款保险制度改革对银行风险的影响。

重要结果：中国存款保险制度的实施弱化了特许权价值及资本比率与银行风险间的负向关系，表明存款保险政策的推出确实有效。对不同性质银行的估计表明，存款保险的实施对国有 5 大银行没有显著效果，但对其他银行具有一定效果。存款保险的实施确实一定程度上降低了高风险银行的风险，但由于保费并不完全基于风险进行调整，致使低风险银行缴纳了多于自身风险水平的保费，因而激励了低风险银行调高风险。这表明中国存款保险制度有效的同时也产生了一定的副作用。但需要再次说明的是，低风险银行面对盈利压力适当提高风险无可厚非，但当所有低风险银行都基于自身利益最大化而提高自身风险时，就会导致囚徒困境的局面，从而推高整个银行业风险，甚至导致系统性风险。

本书这一部分的研究创新主要体现在：

首先，在机理上重点关注存款保险内在特征对银行风险的影响。具体而言，关注差别费率和早期纠正措施在存款保险影响银行风险行为的过程中发挥何种作用，以及对银行风险造成的影响。

其次，采用间接方法估计存款保险的有效性。根据前文相关文献，银行特许权价值、资本比率及规模与银行风险有稳定的关系，本书通过比较这3个变量在存款保险制度实施前后与银行风险关系的变化来推断存款保险制度的有效性。

再次，在数据方面，本书样本数量相对较大且时间上较新。样本包括190家银行数据；其中各类银行均占一定比例，具有代表性；且时间上覆盖了存款保险实施前6年和实施后3年时间，可较好地观察银行风险对存款保险政策做出的反应。最后，还研究了存款保险实施效果是否存在银行机构异质性及其原因。

②作为金融安全网三大核心支柱之一的存款保险制度，其建立的目的之一是防范和化解金融风险。然而既有研究却表明存款保险制度的实施显著增加了银行的风险，这显然与存款保险制度实施的初衷是相悖的。有鉴于此，本文结合中国存款保险制度从完全隐性转变成有限显性的特殊背景，基于存款保险制度推出中国119家银行2009—2017年的微观数据，采用因果中介分析的一般方法，试图超越传统因果推断中的平均处理效应（Average Treatment Effect，ATE），更细致地探讨存款保险制度通过某一具体机制影响银行风险的平均因果中介效应（Average Causal Mediation Effect，ACME），从而有利于弄清存款保险制度作用的发挥机制。

重要结果：研究发现，特许权价值确实是显性存款保险制度影响银行风险的一个重要机制，即显性存款保险制度实施后减少了对于银行的保护，削弱了原本由隐性存款保险带给银行的特许权价值，从而引致银行具有更高的风险承担动机，进而造成银行风险的上升。此外，本书这一部分还对其他可能的中介机制进行了检验及比较分析，并提出银行风险管理实践中应兼顾外部监管和银行自我约束等政策建议。

本书这一部分的边际贡献在现有文献的基础上主要有以下三点：

首先，结合中国存款保险制度建立的特殊背景，提出显性存款保险制度影响银行风险的特许权价值（Charter Value）中介机制。其实早先关于存款保险制度和银行风险关系研究（主要以美国学者为主导）的分析框架及隐含假设与中国的实际情况并不相符（Talley 等，2016；纪洋等，

2018)。美国在推行存款保险制度前，政府对银行几乎没有干预和保护，其隐含假设是存款保险制度实施前银行完全不受保护，显性存款保险增加了对银行的保护，从而诱发了道德风险。由于中国是从完全隐性存款保险转变成有限显性存款保险，银行受到的保护将减少；加之新实施的存款保险制度实行基准费率与风险差别费率相结合的费率设定模式，这些因素都有利于强化银行内部治理机制和存款人的市场约束机制；此外，近年来银行外部监管也逐渐加强，这些都表明存款保险制度导致银行风险上升的主要原因更多的是银行内部因素，而非外部因素。由于特许权价值具有抑制银行风险承担的自我约束（Self - discipline）效应，因此本书这一部分试图分析显性存款保险制度通过降低银行特许权价值，从而使其自我约束效应减弱，最终使得银行风险上升的作用机制。

其次，采用目前较为前沿的因果中介分析方法，超越传统因果推断中的 ATE，量化存款保险制度通过特许权价值这一具体机制影响银行风险的平均因果中介效应，从而验证这一特定机制的存在性和影响程度。尽管基于潜在结果框架的模型（如双重差分法等）是近年来最为常见的政策处理效应估计方法，但这类估计模型仅仅只能够得到政策处理的平均效应，对于具体的因果传导机制无法提供更多的信息。而因果中介分析可以识别在处理变量（Treatment）和结果变量（Outcome）之间的因果路径（Causal Pathway）上的中介变量（Mediator），从而可以识别和检验某一特定的因果中介机制。

不仅如此，本书这一部分还进一步检验和评估分析了其他可能存在的因果中介机制。关于存款保险制度影响银行风险的原因，不同研究给出了不同的解释。本书这一部分不仅基于因果中介分析进一步检验和评估这些竞争性假说，还提出了更有针对性的政策建议。

③基于利率市场化和存款保险制度的视角讨论银行特许权价值下降趋势问题。主要研究进展：利率市场化是中国金融领域最核心的改革之一，随着利率市场化改革的持续深化，使得银行间竞争不断加剧。而已有文献指出竞争的加剧会导致在位银行的特许权价值降低，因此，利率市场化对近年来银行特许权价值日渐下降的趋势产生了不可忽视的影响。但是利率

市场化的推进并不一定会一直降低特许权价值，否则就很难解释为什么处于完全利率市场化下的美国银行的特许权价值在大多数时候高于中国银行的特许权价值。这也正说明利率市场化对于特许权价值的影响机制是复杂的，而非一种单调的关系。

那么，令人感兴趣的是，作为最核心的金融深化改革之一的利率市场化对于银行特许权价值日渐下降趋势的具体影响机制如何呢？纵观各国存款保险制度的建立均与利率市场化改革进程密切相关，中国也正是在利率市场化改革的关键时期建立了存款保险制度。存款保险制度作为现代金融安全网的三大支柱之一，是中国推进利率市场化改革过程中处置金融风险的重要平台和管理金融风险的关键制度设计。故一个自然而然的问题是，存款保险政策的实施对于特许权价值又是否会产生影响？

更重要的是，其从整体上是加剧还是缓解了这种趋势？对于不同性质的银行是否具有不同影响？在利率市场化改革趋于由基本完成向彻底完成转变的最后关键时期（不久前刚刚宣布的存贷款利率并轨才大致完成了利率市场化由“基本完成”向“彻底完成”），对上述问题的分析无论是对于银行的特许权价值本身，还是对于利率市场化进一步深化以及存款保险制度实施效果的政策评价而言，显然都是很有研究价值的。鉴于此，本书这一部分针对上述问题，不仅探讨了利率市场化进程与存款保险制度影响商业银行特许权价值变动的机理，而且还对于不同类别银行中表现出影响的异质性进行了研究，并借此讨论了利率市场化进程及存款保险制度实施的政策效应评价问题。

重要结果：总的来说，随着利率市场化的不断推进，银行净息差对特许权价值的影响越来越小，使得市场相关来源的特许权价值不断减少，造成了近十年来特许权价值下降的态势；而存款保险政策的实施确实缓解了除四大银行外其他银行的这种态势，这将有利于抑制银行的道德风险，促使银行审慎经营，为进一步完全的利率市场化打下了坚实的基础。应该看到，实施存款保险政策给银行带来的提高内部治理的效应是一种长期效应，因此对于这一政策的积极效应可能还未充分显现，很值得进一步的观察。

进而，特许权价值的意义在于它是银行自我约束的内因，也是其健康程度的表征。因此从政策启示角度来看，首先应该给予银行特许权价值一定关注。只要银行还有存在的必要，正常情况下其特许权价值应该为正值，因而目前中国银行的特许权价值过低应该引起重视。而于银行业风险的管理，除了监管当局的监管和市场约束等外部约束机制，更应关注银行的自我约束机制，这一点是中国监管当局之前所轻视甚至是忽略的。

其次，稳步推进利率市场化改革。利率市场化是中国金融改革必须经历的过程，由此导致的特许权价值下降也是必然的历史过程，但这并不意味着放弃进一步的利率市场化。原因在于，利率市场化水平越高，越有利于银行通过提高经营效率和业务多元化程度的方式提升其特许权价值。因此还需稳步推动利率市场化改革，使利率市场化从“基本完成”向“彻底完成”转变。

最后，从各国的经验来看，利率市场化改革是一个漫长的过程，存款保险制度作为利率市场化改革的重要配套措施，对于推动改革和维护改革过程中的金融稳定起着不可替代的关键作用。存款保险制度还需要进一步完善其相关配套措施和机制体系建设，为进一步的、完全的利率市场化奠定基础。

（5）利率市场化与存款保险下的银行风险承担（市场约束的视角）。主要研究进展：首先，在利率市场化的背景下探讨了市场约束对银行风险承担的影响。其次，以外资银行在华分支机构作为对照组，采用基于合成控制法的双重差分估计研究了存款保险制度的实施对银行风险承担影响的处理效应并综合考察了利率市场化、市场约束及存款保险制度对银行风险承担的影响。

重要结果：①我国银行整体的市场约束能显著抑制其风险承担，但分类的结果则表明地方性银行的市场约束效应最明显，大型银行次之，外资银行则不显著；进而，在考虑利率市场化因素之后，除外资银行以外的市场约束效应均有所增强，尤其是，利率市场化对价格约束效应的作用要远强于其对数量约束效应的影响。②基于合成控制法的估计结果表明，存款保险制度通过市场约束对地方银行的影响更明显，且存款保险制度通过价格约束对银行风险承担的影响较之其通过数量约束的作用效果要更强。③综合而言，存款保险制度会增加利率市场化通过市场约束作用于银行风险承担的正向影响。

参考文献

1. 巴曙松，严敏，王月香．我国利率市场化对商业银行的影响分析．华中师范大学学报．2013（4）：27－37.

2. 巴曙松，张阿斌，朱元倩．中国银行业市场约束状况研究——基于巴塞尔新资本协议第三支柱视角．财经研究．2010（12）：49－61.

3. 白钦先，李安勇．试论西方货币政策传导机制理论．国际金融研究．2003（6）：4－8.

4. 卞志村，王颖．活期存款、流动性监管与银行风险承担．金融监管研究．2015（6）：1－18.

5. 曹元涛．隐性存款保险制度、显性存款保险制度与中国的选择．经济学动态．2005（6）：48－53.

6. 曾淑华．中国存款保险制度出台对村镇银行的影响研究．经济研究导刊．2016（10）：82－84.

7. 陈海强，范云菲．融资融券交易制度对中国股市波动率的影响——基于面板数据政策评估方法的分析．金融研究．2015（6）：159－172.

8. 陈昕朋．多视角下的货币政策风险承担渠道问题研究．华侨大学．2016.

9. 陈玉婵，钱丽珍．货币政策与银行风险承担．金融论坛．2012（4）：15－19.

10. 成洁．资本监管约束下银行资本与风险调整．统计研究．2014（2）：68－74.

11. 代军勋，海米提·瓦哈甫．资本约束、银行特质性与货币政策敏感性——基于中国银行业的实证. 国际金融研究. 2014 (8): 61 - 68.

12. 戴国强, 方鹏飞. 利率市场化与银行风险——基于影子银行与互联网金融视角的研究. 金融论坛. 2014 (8): 13 - 19.

13. 翟光宇. 货币政策、理财产品与微观主体存贷款选择——基于上市银行2004—2013年季度数据的实证分析. 当代经济科学. 2016 (1): 36 - 47.

14. 翟光宇. 中国商业银行市场约束研究. 北京: 中国社会科学出版社, 2015.

15. 董楠, 伏霖, 徐思. 直接融资对我国银行业特许权价值的影响——基于 Panzar - Rosse 模型的实证研究. 国际金融研究. 2017 (6): 65 - 74.

16. 段军山, 杨帆, 高洪民. 存款保险、制度环境与商业银行风险承担——基于全球样本的经验证据. 南开经济研究. 2018 (3): 136 - 156.

17. 方红星, 金玉娜. 可感知内部控制质量: 度量方法与初步检验. 财经问题研究. 2013 (10): 18 - 25.

18. 方意, 陈敏. 经济波动、银行风险承担与中国金融周期. 世界经济. 2019 (2): 3 - 25.

19. 方意, 赵胜民, 谢晓闻. 货币政策的银行风险承担分析——兼论货币政策与宏观审慎政策协调问题. 管理世界. 2012 (11): 9 - 19.

20. 方意. 货币政策与房地产价格冲击下的银行风险承担分析. 世界经济. 2015 (7): 73 - 98.

21. 冯宗宪, 陈伟平. 中国货币政策对银行风险承担行为的影响研究——基于异质性视角. 商业经济与管理. 2013 (9): 78 - 86.

22. 高蓓, 张明, 邹晓梅. 影子银行对中国商业银行经营稳定性的影响——以中国14家上市商业银行理财产品为例. 经济管理. 2016 (6): 138 - 153.

23. 郜栋玺, 项后军. 多重市场竞争与银行风险承担——基于利率市场化及不同监管维度的视角. 财贸经济. 2020 (7): 83 - 98.

24. 郜栋玺. 市场约束、显性存款保险制度与银行风险承担——基于回归控制法的研究. 金融监管研究. 2020 (2): 35 - 50.

25. 郭晔，赵静．存款保险制度、银行异质性与银行个体风险．经济研究．2017（12）：134－148.

26. 郭晔，赵静．存款竞争、影子银行与银行系统风险——基于中国上市银行微观数据的实证研究．金融研究．2017（6）：85－98.

27. 韩立岩，李伟．外资银行进入与中国商业银行特许权价值．世界经济．2008（10）：22－32.

28. 何凯，苏梽芳．基于SFAVAR的银行业风险承担波动的影响因素研究．金融经济学研究．2014（2）：75－85.

29. 胡诗阳，祝继高，陆正飞．商业银行吸收存款能力、发行理财及其经济后果研究．金融研究．2019（6）：94－112.

30. 黄磊，李健全．商业银行贷款利率决定因素研究——基于贝叶斯模型平均法．金融监管研究．2018（11）：95－109.

31. 黄小英，许永洪，温丽荣．商业银行同业业务的发展及其对货币政策信贷传导机制的影响——基于银行微观数据的GMM实证研究．经济学家．2016（6）：24－34.

32. 黄晓薇，郭敏，李莹华．利率市场化进程中银行业竞争与风险的动态相关性研究．数量经济技术经济研究．2016（1）：75－91.

33. 纪敏，张翔，牛慕鸿，马骏．货币政策通过银行体系的传导．中国人民银行工作本章．2016.

34. 纪洋，边文龙，黄益平．隐性存保、显性存保与金融危机：国际经验与中国实践．经济研究．2018（8）：20－35.

35. 江曙霞，陈玉婵．货币政策、银行资本与风险承担．金融研究．2012（4）：1－16.

36. 江曙霞，刘忠璐．存贷款市场竞争对银行风险承担的影响有差异吗——基于中国利率市场化改革的讨论．经济管理．2016（6）：1－15.

37. 洪永淼，方颖，陈海强，等．计量经济学与实验经济学的若干新近发展及展望［J］．中国经济问题，2016（2）：126－136.

38. 蒋海，陈静．宏观经济波动、市场竞争与银行风险承担——基于中国上市银行的实证分析．金融经济学研究．2015（3）：46－57.

39. 蒋海，杨利．监管压力、市场竞争力与银行稳健性——基于中国48家商业银行的实证分析．广东财经大学学报．2017（3）：45－56.

40. 蒋海，张小林，陈创练．利率市场化进程中商业银行的资本缓冲行为．中国工业经济．2018（11）：61－78.

41. 金鹏辉，张翔．货币政策对银行风险承担的影响——基于银行业整体的研究．金融研究．2014（2）：16－29.

42. 金鹏辉，张翔．我国货币政策的风险承担渠道存在吗．投资研究．2014（3）：17－34.

43. 金鹏辉，张翔．银行过度风险承担及货币政策与逆周期资本调节的配合．经济研究．2014（6）：73－85.

44. 柯孔林．银行资本监管与风险承担行为研究．北京：经济科学出版社，2010：46－71.

45. 李成，刘生福．利率市场化鼓励商业银行过度风险承担吗——来自中国银行业的经验证据．经济管理．2015（12）：91－102.

46. 李成，杨礼，高智贤．利率市场化对商业银行风险承担的影响研究．金融经济学研究．2015（5）：55－71.

47. 李华威．银行资本与货币政策风险承担渠道：理论模型与中国实证研究．金融经济学研究．2014（3）：34－43.

48. 李建军，薛莹．中国影子银行部门系统性风险的形成、影响与应对．数量经济技术经济研究．2014（8）：117－130.

49. 李茫茫，王红建，李青原．金融危机、天量信贷与银行债务契约——来自我国上市公司的经验证据．经济评论．2016（4）：129－140.

50. 李明辉，黄叶苨，刘莉亚．市场竞争、银行市场势力与流动性创造效率——来自中国银行业的证据．财经研究．2018（2）：103－114.

51. 李晓庆，刘江慧．我国银行风险承担行为的存款市场约束效应研究——基于结构方程模型的银行风险承担度量．山东社会科学．2016（9）：128－133.

52. 李雅茜．理财产品收益率对货币供应量影响的实证研究．统计与决策．2014（17）：153－156.

53. 李艳. 中国商业银行特许权价值：1994—2003［J］. 上海金融. 2006（2）：26－30.

54. 李艳，张涤新. 中国商业银行特许权价值：基于面板数据的实证研究. 当代财经. 2006（3）：40－45.

55. 李燕平，韩立岩. 特许权价值、隐性保险与风险承担——中国银行业的经验分析. 金融研究. 2008（1）：76－87.

56. 李裕坤，刘用明. 基于VAR的银信理财产品收益率与Shibor的协整分析. 商业研究. 2014（9）：52－56.

57. 李政，梁琪，方意. 中国金融部门间系统性风险溢出的监测预警研究——基于下行和上行ΔCoES指标的实现与优化. 金融研究. 2019（2）：40－58.

58. 李仲林. 利率市场化与商业银行风险承担. 财经科学. 2015（1）：36－46.

59. 连玉君，程建. 投资—现金流敏感性：融资约束还是代理成本. 财经研究. 2007（2）：37－43.

60. 梁琪，李政. 系统重要性、审慎工具与我国银行业监管. 金融研究. 2014（8）：32－46.

61. 林德发，汪宜香. 银行业竞争是否导致商业银行过度风险承担——基于15家商业银行面板数据的实证检验. 现代财经（天津财经大学学报）. 2018（6）：63－73.

62. 刘莉亚，余晶晶，杨金强，等. 竞争之于银行信贷结构调整是双刃剑吗——中国利率市场化进程的微观证据. 经济研究. 2017（5）：133－147.

63. 刘晓欣，王飞. 中国微观银行特征的货币政策风险承担渠道检验——基于我国银行业的实证研究. 国际金融研究. 2013（9）：75－88.

64. 刘洋. 银行理财产品对存款利率市场化推动作用的探讨——基于天津市理财产品市场的实证分析. 华北金融. 2014（11）：40－43.

65. 陆静，王漪碧，王捷. 贷款利率市场化对商业银行风险的影响——基于盈利模式与信贷过度增长视角的实证分析. 国际金融研究. 2014（6）：50－59.

66. 陆前进．银行的特许权价值分析及政策含义．立信会计高等专科学校学报．2002（3）：1－633.

67. 马草原，王岳龙．公众“规模偏好”与银行市场约束异化．财贸经济．2010（2）：5－10.

68. 马晓军，欧阳姝．中美两国商业银行特许权价值及影响因素的比较研究．金融研究．2007（4）：53－71.

69. 毛泽盛，万亚兰．中国影子银行与银行体系稳定性阈值效应研究．国际金融研究．2012（11）：65－73.

70. 缪海斌．利率市场化与银行风险承担——基于结构冲击的视角．金融监管研究．2015（5）：1－15.

71. 牛晓健，裘翔．利率与银行风险承担——基于中国上市银行的实证研究．金融研究．2013（4）：15－28.

72. 潘敏，魏海瑞．提升监管强度具有风险抑制效应吗——来自中国银行业的经验证据．金融研究．2015（12）：64－80.

73. 彭建刚，王舒军，关天宇．利率市场化导致商业银行利差缩窄吗——来自中国银行业的经验证据．金融研究．2016（7）：48－63.

74. 彭建刚，谢超颖．三期叠加背景下不良贷款的影响因素及其对策．武汉金融．2017（8）：23－28.

75. 彭星，李斌、黄治国．存款利率市场化会加剧城市商业银行风险吗——基于中国24家城市商业银行数据的动态GMM检验．财经科学．2015（10）：1－10.

76. 曲洪建，孙明贵，张相贤．特许权价值、公司治理和银行稳健性——基于特许权价值和公司治理交互作用的视角．财贸研究．2013（5）：120－130.

77. 尚敏，余丽霞，邱靖平．商业银行理财产品对货币政策信贷传导机制的影响．西南民族大学学报：自然科学版．2015（3）：391－396.

78. 尚文程，刘勇，张蓓．银行特许权价值、风险和竞争——来自于中国上市银行的证据．财经问题研究．2012（1）：38－44.

79. 盛方富．我国存款利率市场化的制约因素及突破渠道——基于银行理财产品市场化定价的实证分析．企业经济．2013（5）：178－181.

80. 宋科，李振．宏观无风险政策、杠杆率与银行风险承担．金融监管研究．2019（10）：1－19.

81. 苏薪茗．银行理财产品是庞氏骗局吗——基于中国银行业理财产品市场的实证分析．金融论坛．2014（11）：43－52.

82. 苏薪茗．银行理财业务机制研究．中国社会科学院研究生院 2014.

83. 孙犇，黄河．我国银行特许权价值的决定因素分析．金融理论与实践．2010（8）：14－17.

84. 孙晓琳，秦学志，陈田．监管宽容下资本展期的存款保险定价模型．运筹与管理．2016（1）：150－156.

85. 孙易，赵晗．银行间同业拆借利率及理财产品定价的实证研究．中国物价．2015（5）：45－47.

86. 陶雄华，陈明珏．中国利率市场化的进程测度与改革指向．中南财经政法大学学报．2013（3）：74－79.

87. 陶雄华，罗瀛，解宇．货币政策预期与商业银行风险承担行为关联性研究．统计与决策．2014（12）：158－160.

88. 田国强，赵禹朴，宫汝凯．利率市场化、存款保险制度与银行挤兑．经济研究．2016（3）：96－109.

89. 汪晶晶，范致镇，倪清．银行理财产品规模对中国货币政策的影响分析．金融纵横．2013（3）：17－23.

90. 王道平，杨骏．利率市场化、存款保险制度与银行风险．南开学报．2014（6）：117－128.

91. 王道平．利率市场化、存款保险制度与系统性银行危机防范．金融研究．2016（1）：50－65.

92. 王晋斌，李博．中国货币政策对商业银行风险承担行为的影响研究．世界经济．2017（1）：25－43.

93. 王舒军，彭建刚．中国利率市场化进程测度及效果研究——基于银行信贷渠道的实证分析．金融经济学研究．2014（11）：75－85.

94. 王晓博，辛飞飞，冯净冰．存款保险制度下银行存贷业务道德风险的影响因素．管理评论．2015（7）：33－42.

95. 王晓博，徐秋韵，辛飞飞．存款保险制度对银行利率风险影响的实证研究．管理科学学报．2019（5）：110－126.

96. 王耀青，金洪飞．利率市场化、价格竞争与银行风险承担．经济管理．2014（5）：93－103.

97. 王永钦，陈映晖，杜巨澜．软预算约束与中国地方政府债务违约风险：来自金融市场的证据．经济研究．2016（11）：96－109.

98. 王永钦，陈映辉，熊雅文．存款保险制度如何影响公众对不同银行的信心——来自中国的证据［J］．金融研究．2018（06）：109－122.

99. 王周伟，王衡．货币政策、银行异质性与流动性创造——基于中国银行业的动态面板数据分析．国际金融研究．2016（2）：52－65.

100. 魏加宁．从完善金融安全网的角度看中国存款保险制度设计．新金融评论．2013（2）：114－141.

101. 吴国平，谷慎，郭品．利率市场化、市场势力与银行风险承担．山西财经大学学报．2016（5）：33－43.

102. 吴军，邹恒甫．存款保险、道德风险与银行最优监管——一个分析框架及其在中国的应用．统计研究．2005（2）：35－37.

103. 吴盼文，黄革，何雁明．理财产品发展加速利率市场化进程．银行家．2013（8）：104－107.

104. 吴秋实，李兆君．银行业竞争、特许权价值与风险承担研究述评．中南财经政法大学学报．2010（3）：65－69.

105. 项后军，郜栋玺，陈昕朋．货币政策银行风险承担渠道“存在性”问题的再检验——基于代理理论和银行非风险中立的视角．财经论丛．2017（8）：36－43.

106. 项后军，郜栋玺，陈昕朋．基于“渠道识别”的货币政策银行风险承担渠道研究．管理世．2018（8）：55－66.

107. 项后军，郜栋玺．利率市场化、存款保险制度与银行风险承担——基于市场约束的研究．南方经济．2019（8）：1－20.

108. 项后军，李丽雯，陈昕朋．宽松性刺激政策、利率市场化与银行风险承担渠道．金融经济学研究．2018（3）：3－14.

109. 项后军，李昕怡，陈昕朋．理解货币政策的银行风险承担渠道——反思与再研究．经济学动态．2016（2）：87－100.

110. 项后军，巫姣，陈昕朋．货币政策银行风险承担渠道影响因素及其非对称性研究综述．西南金融．2016（6）：28－35.

111. 项后军，项伟康，陈昕鹏．利率市场化视角下的货币政策风险承担渠道问题研究．经济理论与经济管理．2016（10）：70－83.

112. 项后军，闫玉．理财产品发展、利率市场化与银行风险承担．金融研究．2017（10）：99－114.

113. 项后军，张清俊，于洋．金融深化改革如何影响银行特许权价值——基于利率市场化和存款保险制度的研究．国际金融研究．2020（4）：76－86.

114. 项后军，张清俊．存款保险制度是否降低了银行风险：来自中国的经验证据．世界经济．2020（3）：117－141.

115. 项后军，张清俊．中国的显性存款保险制度与银行风险．经济研究．2020（12）：165－181.

116. 肖浩，孔爱国．融资融券对股价特征性波动的影响机理研究：基于双重差分模型的检验．管理世界．2014（8）：30－43.

117. 肖崎．我国银行同业业务发展对货币政策和金融稳定的影响．国际金融研究．2014（3）：65－73.

118. 熊海芳，王志强．利率平滑与央行政策偏好的非对称性——中国的证据．金融研究．2013（11）：41－54.

119. 徐明东，陈学彬．货币环境、资本充足率与商业银行风险承担．金融研究．2012（7）：50－62.

120. 许国新，石琴．我国上市银行特许权价值自律效应的实证研究．中国软科学．2009（1）：20－27.

121. 许友传，何佳．隐性保险体制下城市商业银行的市场约束行为．财经研究．2008（5）：40－51.

122. 许友传．信息披露、市场约束与银行风险承担行为．财经研究.

2009（12）：118－128.

123. 许友传．资本约束下的银行资本调整与风险行为．经济评论．2011（1）：79－86.

124. 姚东旻，颜建晔，尹烨昇．存款保险制度还是央行直接救市？——一个动态博弈的视角［J］．经济研究．2013（10）：43－54.

125. 颜海波．中国建立存款保险制度所面临的困境与选择．金融研究．2004（1）：29－36.

126. 杨天宇，钟宇平．中国银行业的集中度、竞争度与银行风险．金融研究．2013（1）：122－134.

127. 杨谊，蒲勇健，陆玉．我国银行官方监管目标与市场约束的实证研究．管理世界．2009（1）：168－169.

128. 杨新兰．资本监管下银行资本与风险调整的实证研究．国际金融研究．2015（7）：67－74.

129. 姚志勇，夏凡．最有存款保险设计——国际经验与理论分析．金融研究．2012（7）：98－111.

130. 殷剑峰，王增武．影子银行与银行的影子．北京：社会科学文献出版社，2013.

131. 尹雷，卞志村．利率市场化、存款保险制度与银行危机——基于跨国数据的实证研究．国际金融研究．2016（1）：49－59.

132. 尹志超，吴雨，林富美．市场化进程与商业银行风险——基于中国商业银行微观数据的实证研究．金融研究．2014（1）：124－138.

133. 余红．存款保险制度、规模偏好与存款人市场约束——基于我国上市商业银行的实证研究．中国集体经济．2018（20）：91－93.

134. 余晶晶，何德旭，仝菲菲．竞争、资本监管与商业银行效率优化——兼论货币政策环境的影响页．中国工业经济．2019（8）：24－41.

135. 苑素静．韩国金融危机中银行特许权价值降低的实证分析．现代财经．2005（12）：33－37.

136. 张斌．中国经济转型综合症．国际经济评论．2014（4）：21－36.

137. 张健华，王鹏．银行风险、贷款规模与法律保护水平．经济研究．2012 (5)：18 -30.

138. 张俊超．存款保险制度对商业银行个体风险承担的影响——基于我国上市银行的实证分析．财会月刊．2019 (10)：131 -140.

139. 张强，张宝．货币政策传导的风险承担渠道研究进展．经济学动态．2011 (10)：103 -107.

140. 张庆君，何德旭．特许权价值、市场竞争与银行稳定研究述评．金融理论与实践．2013 (10)：98 -103.

141. 张雪兰，何德旭．货币政策的风险承担渠道：传导路径、不对称性与内在机理．金融评论．2012 (1)：71 -81.

142. 张雪兰，何德旭．货币政策立场与银行风险承担——基于中国银行业的实证研究 (2000—2010)．经济研究．2012 (5)：31 -44.

143. 张屹山，张代强．前瞻性货币政策反应函数在我国货币政策中的检验．经济研究．2007 (4)：20 -32.

144. 张宇驰，揭月慧．监管改革、银行竞争与风险承担．财经问题研究．2011 (10)：52 -59.

145. 张雨婷．利率市场化对我国商业银行风险承担的影响——基于面板模型的实证分析．南京财经大学学报．2016 (3)：54 -59.

146. 张正平，何广文．我国银行业市场约束力的实证研究 (1994—2003)．金融研究．2005 (10)：42 -52.

147. 张正平，何广文．隐性保险、市场约束与我国银行业改革．金融研究．2005 (10)：42 -52.

148. 张宗益，吴恒宇，吴俊．商业银行价格竞争与风险行为关系——基于贷款利率市场化的经验研究．金融研究．2012 (7)：5 -14.

149. 赵珈，王翠琳，许菡，张蔚然．政府监管、市场约束对商业银行风险的影响．财会月刊．2015 (2)：114 -119.

150. 赵静，王海杰，卢方元．银行治理视角下资本监管对银行风险承担的影响研究．南京社会科学．2017 (8)：32 -40.

151. 赵胜民，陈蒨．存款保险制度能够降低银行风险吗——基于116个国家面板数据的研究．国际金融研究．2019 (7)：56 -65.

152. 赵西亮．基本有用的计量经济学．北京：北京大学出版社，2017.

153. 中国人民银行. 中国金融稳定报告 2016. http：//www. pbc. gov. cn/jinrongwendingju/ 146766/146772/3094028/index. html.

154. 中国人民银行．中国金融稳定报告 2017. http：//www. pbc. gov. cn/jinrongwendingju/ 146766/146772/3350823/index. html.

155. 中国人民银行．中国金融稳定报告 2018. http：//www. pbc. gov. cn/jinrongwendingju/ 146766/146772/3656006/index. html.

156. 钟海燕，冉茂盛．政府干预、内部人控制与公司投资．管理世界. 2010（7）：98－108.

157. 钟伟，黄海南．利率市场化系列报告之八　无量之纲：我国利率市场化指数的构建及国际比较，平安证券公司，2012.

158. 周凯，张兰，张明凯．关于利率市场化中商业银行同业业务的发展与思考．世界经济与政治论坛．2013（4）：155－161.

159. 周小川．金融危机中关于救助问题的争论，金融研究．2012（9）：1－19.

160. 周再清，甘易，胡月．商业银行同业资产特性与风险承担行为——基于中国银行业动态面板系统 GMM 的实证分析．国际金融研究．2017（7）：68－77.

161. 朱宁，王兵，于之倩．基于风险偏好的中国商业银行不良贷款影子价格研究．金融研究．2014（6）：67－81.

162. 左峥，唐兴国，刘艺哲．存款利率市场化是否会提高银行风险——基于存贷利差收窄的一个视角．财经科学．2014（2）：20－29.

163. Abadie, A. , and J. Gardeazabal, The Economic Costs of a Conflict: a case study of Basque Country. American Ecnomic Review, 2001, Vol. 93: 112－132.

164. Acharya, Avidit, Matthew Blackwell, and Maya Sen. Explaining Causal Findings Without Bias: Detecting and Assessing Direct Effects. American Political Science Review. 2016, 110. 3: 512－529.

165. Acharya, V. & H. Naqvi (2012), "The seeds of a crisis: A theory of bank liquidity and risk taking over the business cycle", Journal of Financial Economics 106 (2): 349 – 366.

166. Adrian, T. & H. S. Shin (2010), "Financial Intermediaries and Monetary Economics", In: Benjamin M. Friedman and Michael Woodford (eds.), Handbook of Monetary Economics 3: 601 – 650.

167. Agoraki, M – E. K., M. D. Delis and F. Pasiouras. Regulations, Competition and Bank Risk – taking in Transition Countries [J]. Journal of Financial Stability, 2011, No. 7: 38 – 48.

168. Alessandri P, Haldane A. G. Banking on the State [J]. Cahiers DétudesAfricaines, 2009, 15: 448.

169. Altunbas, Y., L. Gambacorta & D. Marques – Ibanez (2010), "Bank risk and monetary policy", Journal of Financial Stability 6 (3): 121 – 129.

170. Altunbas, Y., L. Gambacorta & D. Marques – Ibanez (2012), "Do bank characteristics influence the effect of monetary policy on bank risk?", Economics Letters 117 (1): 220 – 222.

171. Altunbas, Y., L. Gambacorta & D. Marques – Ibanez (2014), "Does monetary policy affect bank risk – taking?", International Journal of Central Banking 10 (1): 95 – 135.

172. Angelini, P., S. Neri & F. Panetta (2011), "Monetary and macroprudential policies", Working Paper, N0. 801, Bank of Italy Temi di Discussione.

173. Anginer, Deniz, A. Demirgüc – Kunt and M. Zhu, How Does Deposit Insurance Affect Bank Risk? Evidencefrom the Recent Crisis. Journal of Banking & Finance, 2014, 48 (11): 312 – 321.

174. Angkinand, A. P., W. Sawangngoen yuang and C. Wihlborg, 2010, "Financial Liberalization and Bank Crisis: A Cross – country Analysis", International Review of Finance, No. 1: 263 – 292.

175. Angkinand, Apanard, and Clas Wihlborg. Deposit Insurance Coverage, Ownership, and Banks' Risk – Taking in Emerging Markets [J]. Journal of International Money and Finance. 2010, 29. 2: 252 – 274.

176. Angrist, Joshua D., and Jörn – Steffen Pischke. Mostly Harmless Econometrics: An Empiricist's Companion [M]. Princeton University Press, 2008.

177. Arellano M, Bond S. Some Tests of Specification for Panel Data: Monte Carlo Evidence and an Application to Employment Equations [J]. Review of Economic Studies, 1991, 58 (2): 277 – 297.

178. Arellano M, Bover O. Another Look at the Instrumental Variable Estimation of Error – Components Models [J]. Journal of Econometrics, 1995, 68 (1): 29 – 51.

179. Armen Hovakimian, Edward J. Kane and LucLaeven, 2002, "How Country and Deposit Insurance Characteristics Affect Bank Risk – Shifting?", NBER Working Paper, No. 9322.

180. Athey, S., and Imbens, G., Identification and Inference in Nonlinear Difference – In – Difference Models. Econometrica, 2006, 74 (2): 431 – 497.

181. A. N. Berger. "Market Discipline in Banking", Proceedings of a Conference on Bank Structure and Competition [Z]. Federal Reserve Bank of Chicago, 1991.

182. Bai C E., C. T. Hsieh, and Z. Song., 2016. The Long Shadow of China's Fiscal Expansion. Brookings Papers on Economic Activity 2016: 129 – 181.

183. Bakkar, Yassine and Rugemintwari, Clovis and Tarazi, Amine, Charter Value and Bank Stability Before and After the Global Financial Crisis of 2007 – 2008 (October 14, 2017). Available at SSRN: https: //ssrn. com/abstract = 2800616 or http: //dx. doi. org/10. 2139/ssrn. 2800616.

184. Baltagi B H. Econometric Analysis of Panel Data [M]. Econometric analysis of panel data. John Wiley, 2001: 747 – 754.

185. Beck T, Demirgüc - Kunt A, and Levine R. Finance, Inequality and the Poor [J]. Journal of EconomicGrowth, 2007, 12, 27 - 49.

186. Beck, T., O. D. Jonghe and G. Schepens. Bank Competition and Stability: Cross - country Heterogeneity [J]. Journal of Financial Intermediation, 2013, No. 22: 218 - 244.

187. Berger, A. N., L. F. Klapper, R. Turk - Ariss. Bank Competition and Financial Stability [J]. Journal of Financial Services Research, 2009, Vol. 35, No. 2: 99 - 118.

188. Bernanke B. S. & A. S. Blinder (1988), "Credit, Money, and Aggregate Demand", The American Economic Review 78 (2): 435 - 439.

189. Bernanke, B. S. & K. N. Kuttner (2005), "What explains the stock market's reaction to Federal Reserve policy?", The Journal of Finance 60 (3): 1221 - 1257.

190. Bernanke, B. S. & M. Gertler (1989), "Agency costs, net worth, and business fluctuations", The American Economic Review 79 (1): 14 - 31.

191. Bernanke, B. S. & M. Gertler (1995), "Inside the Black Box: The Credit Channel of Monetary Policy", The Journal of Economic Perspectives 9 (4): 27 - 48.

192. Bernanke, B. S., M. Gertler & S. Gilchrist (1994), "The financial accelerator and the flight to quality", No. w4789, National Bureau of Economic Research.

193. Besanko D, Thakor A. V. Banking Deregulation: Allocational Consequences of Relaxing Entry Barriers [J]. Journal of Banking & Finance, 2004, 16 (5): 909 - 932.

194. Blattner, T. et al (2008), "The predictability of monetary policy", No. 83, European Central Bank.

195. Blinder, A. S. et al (2008), "Central Bank Communication and Monetary Policy: A Survey of Theory and Evidence", Journal of Economic Literature 46 (4): 910 - 945.

196. Bond S R. Dynamic Panel Data Models: A Guide to Micro Data Methods and Practice [J]. Portuguese Economic Journal, 2002, 1 (2): 141 - 162.

197. Bonfim, D. and C. Soares, 2014, "The Risk - Taking Channel of Monetary Policy - Exploring All Avenues", Social Science Electronic Publishing.

198. Borio, C. and P. Lowe (2004): "Securing sustainable price stability: Should credit come back from the wilderness?", BIS Working Papers, no 15, April.

199. Borio, C. & H. Zhu (2012), "Capital regulation, risk - taking and monetary policy: a missing link in the transmission mechanism?", Journal of Financial Stability 8 (4): 236 - 251.

200. Boyd, J. H. and G. De Nicolo. The Theory of Bank Risk Taking and Competition Revisited [J]. The Journal of Finance, 2005, Vol. 4, No. 3: 1329 - 1343.

201. Brandao Marques, L., R. Correa & H. Sapriza (2013), "International evidence on government support and risk taking in the banking sector", IMF Working Paper, No. 13/94, International Monetary Fund.

202. Brissimis, S. N & M. D. Delis (2010), "Bank heterogeneity and monetary policy transmission", No. 1233, European Central Bank.

203. Buch, C., S. Eickmeier& E. Prieto (2014), "In search for yield? Survey - based evidence on bank risk taking", Journal of Economic Dynamics and Control 43: 12 - 30.

204. Buser S A, Chen A. H, Kane E J. Federal Deposit Insurance, Regulatory Policy, and Optimal Bank Capital [J]. The Journal of Finance, 1981, 36 (1): 51 - 60.

205. Caldentey E P., 2017. Quantitative Easing (QE), changes in global liquidity and financial instability [J]. Working Papers.

206. Calomiris C W, Nissim D. Crisis - related Shifts in the Market Valuation of Banking Activities [J]. Journal of Financial Intermediation, 2014, 23 (3): 400 - 435.

207. Calomiris C W. Is Deposit Insurance Necessary? A Historical Perspective [J]. Journal of Economic History, 1990, 50 (2): 283 - 295.

208. Campbell, J. Y. & J. H. Cochrane (1999), "Risk - taking channel, bank lending channel and the "paradox of credibility": Evidence from Brazil", Economic Modelling 39: 82 - 94.

209. Carbo', S. , Humphrey, D. , Maudos, J. , Molyneux, P. Cross - Country Comparisons of Competition and Pricing Power in European Banking [J]. Journal of International Money and Finance, 2009, 28, (1): 115 - 134.

210. Carpena, Fenella, B. Zia. The Causal Mechanism of Financial Education: Evidence from Mediation Analysis. Journal of Economic Behavior & Organization, 2020, 177: 143 - 184.

211. Cebenoyan A. S, Cooperman E. S, Register C. A. Ownership Structure, Charter Value, and Risk - Taking Behavior for Thrifts [J]. Financial Management, 1999, 28 (1): 43 - 60.

212. Chen Z. , He Z. , and Liu C. , 2017. The Financing of Local Government in China: Stimulus Loan Wanes and Shadow Banking Waxes [J]. Social Science Electronic Publishing. .

213. Chen, K. H. (2012) . Incorporating risk input into the analysis of bank productivity: application to the Taiwaness banking industry. Journal of Banking & Finance, 36, 1911 - 1927.

214. Chernykh, L. , and Cole, R. A. , Does Deposit Insurance Improve Financial Intermediation? Evidence from the Russian Experiment. Journal of Banking and Finance, 2011, Vol. 35 (2): 388 - 402.

215. Chousakos K, Gorton G B. Bank Health Post - Crisis [J]. Social Science Electronic Publishing, 2017.

216. Christiano, L. J. and T. J. Fitzgerald. The Band Pass Filter [J]. International Economic Review, 2003, Vol. 44, No. 2: 435 - 465.

217. Clarida, R. , J. Gali and M. Gertler, 2000, "Monetary Policy Rules and Macroeconomic Stability: Evidence and Some Theory", Quarterly Journal of

Economics, 115 (1), pp. 147 – 180.

218. Cubillas, F. Gonzalez. Financial Liberalization and Bank Risk – taking: International Evidence [J]. Journal of Financial Stability, 2014 (11).

219. Demirgüc – Kunt, E. Detragiache. Does Deposit Insurance Increase Banking System Stability? An Empirical Investigation [J]. Journal of Monetary Economics, 2002, 49 (7).

220. B. C. Daniel, J. B. Jones. Financial Liberalization and Banking Crises in Emerging Economies [J]. Journal of International Economics, 2007 (1).

221. Delis M, Staikouras P. Supervisory effectiveness and bank risk [J]. Review of Finance, 2011, 15 (3): 511 – 543.

222. Delis, M. D. & G. P. Kouretas (1999), "Interest rates and bank risk – takingl", Journal of Banking & Finance 35 (4): 840 – 855.

223. Dell'Ariccia, G., L. Laeven& G. Suarez (2013), "Bank Leverage and Monetary Policy's Risk – Taking Channel: Evidence from the United States", IMF Working Paper, No. 13/143, International Monetary Fund.

224. Dell'Ariccia, G., L. Laeven& R. Marquez (2014), "Real interest rates, leverage, and bank risk – taking", Journal of Economic Theory 149: 65 – 99.

225. Demirgüc – Kunt, A. and E. Detragiache, Financial Liberalization and Financial Fragility. Proceedings of the World Bank Annual Conference on Development Economics, 1999.

226. Demirgüc – Kunt, A. and H. Huizinga, Market Discipline and Deposit Insurance. Journal of Monetary Economics, 2004: 375 – 399.

227. Demirgüe – Kunt, Kane E J. Deposit Insurance Around the Globe: Where Does It Work? [J]. Journal of Economic Perspectives, 2002, 16 (2): 175 – 195.

228. Demsetz R, Saidenberg M, Strahan P. Banks with Something to Lose: The Disciplinary Role of Franchise Value [J]. 1996.

229. Denizer C. “The Effects of Financial Liberalization and New Bank Entry on Market Structure and Competition in Turkey” [J]. Social Science Electronic Publishing, 1997.

230. Diamond, D. W. & R. G. Rajan (2012), “Illiquid Banks, Financial Stability, and Interest Rate Policy”, Journal of Political Economy 120 (3): 552 –591.

231. Diamond DW, Dybvig PH. “Bank Runs, Deposit Insurance, and Liquidity”. Journal of Political Economy. 1983, 91 (3): 401 –419.

232. Disyatat, P. (2011), “The bank lending channel revisited”, Journal of money, Credit and Banking 43 (4): 711 –734.

233. Duan J. C. The Garch Option Pricing Model [J]. Mathematical Finance, 2010, 5 (1): 13 –32.

234. Dubecq, S., B. Mojon and X. Ragot, 2009, “Fuzzy Capital Requirements, Risk – Shifting and the Risk.

235. Efron, B. and R. Tibshirani, 1993, “An Introduction to the Bootstrap”, Chapman and Hall, New York.

236. Ennis H, Malek H S. Bank Risk of Failure and the Too – Big – To – Fail Policy [J]. 2005, 91 (Spring): 21 –44.

237. Erlend Nier, UrselBaumann, 2006, “Market discipline, disclosure and moral hazard in banking”, Working Paper, 15 (3): 332 –361.

238. Farhi, E. & J. Tirole (2009), “Collective moral hazard, maturity mismatch and systemic bailouts”, NEBR Working Paper Series No. No. w15138, National Bureau of Economic Research.

239. Fischer K P, Gueyie J P, Ortiz E C. Risk – Taking and Charter Value of Commercial Banks from the Nafta Countries [J]. 2001, 13: 2027 –2043.

240. Fischer M, Hainz C, Rocholl J, et al. Government Guarantees and Bank Risk Taking Incentives [R]. CESifo Group Munich, 2014.

241. Flannery M J, Rangan K P. Partial Adjustment Toward Target Capital Structures [J]. Journal of Financial Economics, 2006, 79 (3): 469 –506.

242. Forbaeck J. , Ownership structure, market discipline, and banks' risk – taking incentives under deposit insurance. Journal of Banking & Finance, 2011, 35: 2666 – 2678.

243. Forssbaeck J. , Shehzad C T. The Conditional Effects of Market Power on Bank Risk – Cross – Country Evidence [J]. Review of Finance, 2014: rfu044.

244. Freixas, X. & J. C. Rochet (2008), Microeconomics of banking, (Vol. 2), MIT Press, Cambridge.

245. Freixas, X. , A. Martin & D. Skeie (2011), "Bank liquidity, interbank markets, and monetary policy", Review of Financial Studies 24 (8): 2656 – 2692.

246. Fu M, Lin Y, Molyneux P. Bank Competition and Financial Stability in Asia Pacific [J]. Journal of Banking & Finance, 2014, 38 (1): 64 – 77.

247. Furlong F T, Kwan S. Sources of Bank Charter Value [J]. Manuscript, FRB San Francisco. http://www.fdic.gov/bank/analytical/cfr/2006/sept/FFurlong.pdf, 2006.

248. T. Feyzioglu, N. Porter, E. Takats. Interest Rate Liberalization in China [Z]. IMF Working Paper, 2009.

249. Galloway T M, Lee W B, Roden D M. Banks' Changing Incentives and Opportunities for Risk Taking [J]. Journal of Banking & Finance, 1997, 21 (4): 509 – 527.

250. Gertler, M. & N. Kiyotaki (2010), "Financial intermediation and credit policy in business cycle analysis", Handbook of monetary economics 3 (11): 547 – 599.

251. Gonzalez, F. Bank Regulation and Risk – taking Incentives: An International Comparison of Bank Risk [J]. Journal of Banking & Finance, 2005, No. 29: 1153 – 1184.

252. Gropp R, Vesala J M. Deposit Insurance and Moral Hazard: Does the Counterfactual Matter? [J]. Papers, 2001, 42 (4): 551 – 574.

253. Gropp R, Vesala J. Deposit Insurance, Moral Hazard and Market Monitoring [J]. Proceedings, 2004, 8 (May): 75 - 107.

254. W. C. Gruben, J. Koo, R. R. Moore. Financial Liberalization, Market Discipline and Bank Risk [Z]. Center for Latin America Working Papers, 2003.

255. Gunther J W, Robinson K J. Empirically Assessing the Role of Moral Hazard in Increasing the Risk Exposure of Texas Banks [J]. Financial Industry Studies Working Paper, 1990.

256. Haldane, A. G., 2009, Rethinking the Financial Network, available at http: //www. Bankofengland. Co. uk/publications/speeches/2009/8peech386. pdf.

257. Heckman J J. Building Bridges Between Structural and Program Evaluation Approaches to Evaluating Policy. [J]. Journal of Economic Literature, 2010, 48 (2): 356 -398.

258. Heckman J J. Micro Data, Heterogeneity, and the Evaluation of Public Policy: Nobel Lecture [J]. Journal of Political Economy, 2001, 109 (4): 673 -748.

259. Hellmann T, Murdock K, Stiglitz J. Financial Restraint: Towards a New Paradigm [J]. Role of Government in East Asian Economic Development, 1997: 163 -208.

260. Hellmann, T. F., K. C. Murdock and J. E. Stiglitz, 2000, "Moral Hazard in Banking and Prudential Regulation: Are Capital Requirements", The American Economic Review, 90 (1): 147 -165.

261. Holmstrom, B. & J. Tirole (1997), "Financial intermediation, loanable funds, and the real sector", the Quarterly Journal of economics 112 (3): 663 -691.

262. Hooks L M, Robinson K J. Deposit Insurance and Moral Hazard: Evidence From Texas Banking in the 1920s [J]. Journal of Economic History, 2002, 62 (3): 833 -853.

263. Houston J F, Lin C, Lin P, et al Creditor Rights, Information Sharing, and Bank Risk Taking [J]. Journal of Financial Economics, 2010, 96 (3): 485 -512.

264. Hsiao, H. S. Ching, and K. W. Shui, A Panel Data Approach for Program Evaluation: Measuring the Benefits of Political and Economic Integration of Hong Kong with Mainland China. Journal of Applied Econometrics, 2012, 27 (5): 705 -740.

265. Imai K, Keele L, Tingley D, et al. Causal Mediation Analysis Using R [M]. Advances in Social Science Research Using R. Springer New York, 2010.

266. Imai K, Keele L, Yamamoto T. Identification, Inference and Sensitivity Analysis for Causal Mediation Effects [J]. Statistical Science, 2010, 25 (1): 51 -71.

267. Imai K, Keele L, Tingley D. A General Approach to Causal Mediation Analysis. [J]. Psychological Methods, 2010, 15 (4): 309 -34.

268. Iménez, G. , J. A. Lopez, J. How Does Competition Impact Bank Risk - Taking? [J]. Working Papers, 2010, 9 (2): págs. 9 -35.

269. Ioannidon, V. P. , and M. F. Penas, 2010, "Deposit Insurance and Bank Risk - taking: Evidence from Internal Loan Ratings", Journal of Financial Intermediation, 19 (1): 95 -115.

270. Ioannidou, V. , S. Ongena& J. L. Peydró (2014), "Monetary Policy, Risk - Taking, and Pricing: Evidence from a Quasi - Natural Experiment", Review of Finance 18 (6): 407 -428.

271. Ioannidou, Vasso, and J. D. Dreu, The Impact of Explicit Deposit Insurance on Market Discipline. Dnb Working Papers, 2006, 124 -139.

272. Jackson, H. E. and M. J. Roe. Public and Private Enforcement of Securities Laws: Resource - based Evidence [J]. Journal of Financial Economics, 2009, No. 93: 207 -238.

273. Jiménez, G. et al (2013), "How does competition affect bank risk -

taking?", Journal of Financial Stability 9 (2): 185 - 195.

274. Jiménez, G. et al (2014), "Hazardous Times for Monetary Policy: What Do Twenty - Three Million Bank Loans Say About the Effects of Monetary Policy on Credit Risk - Taking?", Econometrica 82 (2): 463 - 505.

275. Jo B. Causal Inference in Randomized Experiments With Mediational Processes [J]. Psychological Methods, 2008, 13 (4): 314.

276. Jones J S, Miller S A, Yeager T J. Charter value, Tobin's and Bank Risk During the Subprime Financial Crisis [J]. Journal of Economics & Business, 2011, 63 (5): 372 - 391.

277. Kandrac J, Schlusche B. Quantitative Easing and Bank Risk Taking: Evidence from Lending [J]. Finance and Economics Discussion Series, 2017.

278. Kane E J. The Gathering Crisis in Federal Deposit Insurance [J]. Mit Press Books, 1985, 1.

279. Kane, E. J. (1989), The S & L insurance mess: how did it happen?, MIT Press, Cambridge.

280. Kaniska D., M. Escrihuela - Villar, S. Sánchez - Pagés., On the relationship between market power and bank risk taking. Journal of Economics, 2015, 177 - 204.

281. Karas, Alexei, William Pyle, and Koen Schoors. Deposit Insurance, Banking Crises, and Market Discipline: Evidence from a Natural Experiment on Deposit Flows and Rates [J]. Journal of Money, Credit and Banking. 2013, 45. 1: 179 - 200.

282. Kashif, Muhammad, S. F. Iftikhar, and K. Iftikhar., 2016. "Loan growth and bank solvency: evidence from the Pakistani banking sector." Financial Innovation 2 (1), 22.

283. Kashyap, A. K. & J. C. Stein (2000), "What do a million observations on banks say about the transmission of monetary policy?", American Economic Review 90 (3): 407 - 428.

284. Kashyap, A. K., J. C. Stein and D. W. Wilcox, 1993, "Monetary

Policy and Credit Conditions: Evidence from the Composition of External Finance", American Economic Review, Vol. 83, No. 1, pp. 78 -98.

285. Keeley M C. Deposit Insurance, Risk, and Market Power in Banking [J]. American Economic Review, 1990, 80 (5): 1183 -1200.

286. King G, Tomz M, Wittenberg J. Making the Most of Statistical Analyses:, Improving Interpretation and Presentation [J]. American Journal of Political Science, 2000, 44 (2): 347 -361.

287. King, S. R. (1986), "Monetary transmission: through bank loans or bank liabilities?", Journal of Money, Credit and Banking 18 (3): 290 -303.

288. Konishi M, Yasuda Y. Factors Affecting Bank Risk Taking: Evidence from Japan [J]. Journal of Banking & Finance, 2004, 28 (1): 215 -232.

289. Kraemer H C, Kiernan M, Essex M, et al. How and Why Criteria Defining Moderators And Mediators Differ Between the Baron & Kenny and MacArthur Approaches [J]. Health Psychology Official Journal of the Division of Health Psychology American Psychological Association, 2008, 27 (2 Suppl): 101 -8.

290. Laeven, L., R. Levine. Bank Governance, Regulation and Risk taking [J]. Journal of Financial Economics, 2009, No. 93: 259 -275.

291. Laidler, D. (1999), "Passive money, active money, and monetary policy", Bank of Canada Review 20 (Summer): 15 -25.

292. Laidler, D. (2002), "The transmission mechanism with endogenous money", In: Arestis, Desai & Dow (eds.), Money Macroeconomics and Keynes: Essays in Honour of Victoria Chick, vol. 1, Routledge Press.

293. Lepetit L, Nys E, Rous P, et al Bank Income Structure and Risk: An Empirical Analysis of European Banks [J]. Journal of Banking & Finance, 2008, 32 (8): 1452 -1467.

294. López, M., F. Tenjo and H. Zárate, 2011, "The Risk - Taking Channel and Monetary Transmission Mechanism in Colombia", A presentation prepared for the 2nd BIS CCA Conference on "Monetary Policy, Financial Stabil-

ity and the Business Cycle", Ottawa.

295. Maddaloni, J. Peydró. The Low Monetary Rates Paradox, Banking Stability and Credit: Evidence from the Euro Area [R]. Paper presented at the 12th Jacques Polak Annual Research Conference, 2011.

296. Maddaloni, A. & J. L. Peydró (2011), "Bank risk – taking, securitization, supervision, and low interest rates: Evidence from the Euro – area and the US lending standards", Review of Financial Studies 24 (6): 2121 –2165.

297. Maddaloni, A. & J. L. Peydró (2013), "Monetary policy, macroprudential policy and banking stability: evidence from the euro area", No. 1560, European Central Bank.

298. Manski, Charles F. Identification for Prediction and Decision [M]. Harvard University Press, 2009.

299. Marcus A J, Shaked I. The Valuation of FDIC Deposit Insurance Using Option – Pricing Estimates [J]. Journal of Money Credit & Banking, 1984, 16 (4): 446 – 460.

300. Martinez P., M. S., Schmukler, S. L., Do depositors punish banks for bad behavior?. Journal of Finance, 2001, pp. 1029 –1051.

301. Martinez – Miera, D., R. Repullo. Does Competition Reduce the Risk of Bank Failure? [J]. Review of Financial Studies, 2010, Vol. 23, No. 10: 3638 –3664.

302. Matsuyama, K. (2007), "Credit traps and credit cycles", The American Economic Review 97 (1): 503 –516.

303. Mazzoli, M. (1998), Credit, Investments and the Macroeconomy: A Few Open Issues, Cambridge University Press.

304. De Mendonça, H. F. & G. J. de Guimarães e Souza (2009), "Inflation targeting credibility and reputation: the consequences for the interest rate", Economic Modelling 26 (6): 1228 – 1238.

305. Merton, R. C., 1977, "An analytic derivation of the cost of deposit insurance and loan guarantees An application of modern option pricing theory",

Journal of Banking & Finance, 1 (1): 3 - 11.

306. Micajkova V. Deposit Insurance in Times of Financial Crisis [J]. South - Eastern Europe Journal of Economics, 2013, 11 (2): 165 - 176.

307. Mishkin F. S. (1995), "Symposium on the Monetary Transmission Mechanism", The Journal of Economic Perspectives 9 (4): 3 - 10.

308. NA Tarashev H Zhu, 2007, "Modelling and Calibration Errors in Measures of Portfolio Credit Risk", BIS Working Papers, No. 230.

309. Ngalawa H, Tchana F T, Viegi N. Banking Instability and Deposit Insurance: the Role of Moral Hazard [J]. Journal of Applied Economics, 2016, 19 (2): 323 - 350.

310. De Nicolo G. Size, Charter Value and Risk in Banking: An International Perspective [J]. International Finance Discussion Papers, 2000 (May): 197 - 215.

311. De Nicolò, G. et al. (2010), "Monetary Policy and Bank Risk Taking", IMF Staff Position Note.

312. Osborne D K; Lee S. Effects of Deposit Insurance Reform on Moral Hazard in US Banking [J]. Journal of Business Finance & Accounting, 2001, 28 (7 - 8): 979 - 992.

313. Paligorova, T. & J. Santos (2012), "Monetary policy and bank risk - taking: Evidence from the corporate loan market", Working Paper, Reserve Bank NY.

314. Peresetsky. Market Discipline and Deposit Insurance in Russia [J]. Journal of Monetary Economics, 2008, 51 (2): 375 - 399.

315. Rajan R. G. (2005), "Has Financial Development Made the World Riskier?", NEBR Working Paper Series No. w4789, National Bureau of Economic Research.

316. Ramayandi, A., U. Rawat & H. C. Tang (2014), "Can Low Interest Rates be Harmful: An Assessment of the Bank Risk - Taking Channel in Asia", Working Paper No. 123, Asian Development Bank.

317. Ronn E I, Verma A K. Pricing Risk – Adjusted Deposit Insurance: An Option – Based Model [J]. Journal of Finance, 1986, 41 (4): 871 – 895.

318. Roosa, R. V. (1951), "Interest rates and the central bank", In: Trade, and Economic Growth: Essays in Honor of John Henry Williams: 95 – 270, New York: Macmillan Press

319. Schaeck K, Čihák, Martin. How Does Competition Affect Efficiency and Soundness in Banking? New Perspectives and Empirical Evidence [J]. Social Science Electronic Publishing, 2008, 35 (3): págs. 81 – 100.

320. Schenck N A, Thornton J H. Charter Values, Bailouts and Moral Hazard in Banking [J]. Journal of Regulatory Economics, 2016, 49 (2): 172 – 202.

321. Schotter A, Yorulmazer T. On the Dynamics and Severity of Bank Runs: An Experimental Study [J]. Journal of Financial Intermediation, 2009, 18 (2): 217 – 241.

322. Shehzad C T, De Haan J . Supervisory powers and bank risk taking [J]. Journal of International Financial Markets, Institutions and Money, 2015, 39: S1042443115000578.

323. Shrieves R E, Dahl D. The Relationship Between Risk and Capital in Commercial Banks [J]. Journal of Banking & Finance, 1992, 16 (2): 439 – 457.

324. Simar, L. (2003). Detecting outliers in frontier models: a simple approach. Journal of Productivity Analysis, 20, 390 – 424.

325. Sobel M E . Identification of Causal Parameters in Randomized Studies With Mediating Variables [J]. Journal of Educational & Behavioral Statistics, 2008, 33 (2): 230 – 251.

326. Stiglitz, J. E. & A. Weiss (1981), "Credit rationing in markets with imperfect information", The American economic review 71 (3): 393 – 410.

327. Sun, L. and Chang, T. – P. (2012). A comprehensive analysis of the effects of risk measures on bank efficiency: evidence from emerging Asian

countries. Journal of Banking & Finance, 35, 1727 – 1735.

328. Svensson L. E. O. & M. Woodford (2004), "Implementing Optimal Policy through Inflation Forecast Targeting", In: Bernanke B. S. & Woodford M. (eds.), The Inflation Targeting Debate, University of Chicago Press, Chicago.

329. W. Soedarmono, F. Machrouh, A. Tarazi. Bank Competition, Crisis and Risk Taking: Evidence from Markets in Asia [J]. Journal of International Financial Markets, Institutions and Money, 2013, (23).

330. Talley, Samuel, Mas, Ignacio. Deposit Insurance in Developing Countries [J]. Policy Research Working Paper, 2016.

331. Tandelilin, Eduardus, S. Husnan, and M. M. Hanafi, Bank Risk and Market Discipline. Journal of Indonesian Economy & Business, 2015.

332. Taylor and B. John, 1993, "Discretion versus Policy Rules in Practice", Carnegie – Rochester Conference Series on Public Policy 39.

333. ton, R. C., An analytic derivation of the cost of deposit insurance and loan guarantee. Journal of Banking& Finance, 1977, 3 – 11.

334. Wagner W . Loan Market Competition and Bank Risk – Taking [J]. Journal of Financial Services Research, 2010, 37 (1): 71 – 81.

335. Wheelock D C, Kumbhakar S C. "The Slack Banker Dances:" Deposit Insurance and Risk – Taking in the Banking Collapse of the 1920s [J]. Explorations in Economic History, 1994, 31 (3): 357 – 375.

336. Williams, B. Bank Risk and National Governance in Asia [J]. Journal of Banking & Finance, 2014, No. 49: 10 – 26.

337. Windmeijer F. A Finite Sample Correction for the Variance of Linear Efficient Two – Step GMM Estimators [J]. Journal of Econometrics, 2005, 126 (1): 25 – 51.

338. Wooldridge J M. Econometric Analysis of Cross Section and Panel Data [M]. MIT Press, 2010.

后 记

本书为广东省普通高校省级创新团队（社会科学类）资产管理创新团队（2018WCXTD004）和国家自然科学基金面上项目“利率市场化视角下的货币政策风险承担渠道问题研究”（71573224）的研究成果。经过多年持续不懈的努力，我们圆满完成了预定的研究计划，研究期间逐渐积累研究成果，在高质量学术期刊《经济研究》《管理世界》《世界经济》《中国工业经济》《金融研究》《财贸经济》《经济学动态》《国际金融研究》等上发表论文18篇。全书正文各章内容的压缩版大部分发表在前述高水平学术期刊上。

本书每章的写作分工如下：第一章为项后军，第二章为项后军、李心怡和陈昕朋；第三章为项后军、郜栋玺和陈昕朋，第四章为项后军和郜栋玺、陈昕朋，第五章为项后军和项伟康、陈昕朋，第六章郜栋玺，第七章为项后军和郜栋玺，第八章为项后军和张清俊，第九章为项后军和张清俊，第十章为项后军、张清俊和于洋，第十一章为项后军和闫玉，第十二章为项后军和李丽雯、陈昕朋；第十三章为郜栋玺和项后军，第十四章为项后军。这里面除我之外的所有参与者均为我的学生，其中，最出色的是张清俊、郜栋玺、陈昕朋等人。当然所有这些都是整个研究团队师生的心血，我和学生们的工作量各占50%。在此，特别感谢整个研究团队的通力合作以及辛勤研究。

还要感谢书稿最后编辑出版时黄一鸣、孙成己、田蕾、耿锦慧等同学的辅助工作。

此外，我还要感谢我的家人和朋友们的大力支持，及广东金融学院很多领导、同事特别是金融与投资学院很多同事的支持。特别感谢中国财政经济出版社吕小军老师。最后，谨以此书纪念我逝去多年的伯母邓文莲女士（从小到大的抚养之恩，不是母亲胜似母亲），以及我逝去的弟弟项寒和侄儿项晟华。

最后，我还要特别感谢我的夫人和儿子对我求学以及研究工作多年的全力支持。这么多年我亏欠他们实在是太多了。